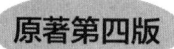

Taking Charge of ADHD
The Complete Authoritative Guide for Parents
(Fourth Edition)

如何养育多动症孩子
给父母的全面指南

[美] 拉塞尔·A. 巴克利（Russell A. Barkley）/ 著

王思睿　邹丽娜 / 译

图书在版编目（CIP）数据

如何养育多动症孩子：给父母的全面指南／（美）拉塞尔·A.巴克利（Russell A. Barkley）著；王思睿，邹丽娜译. —北京：中国轻工业出版社，2024.1（2025.10重印）

ISBN 978-7-5184-4340-6

Ⅰ.①如… Ⅱ.①拉…②王…③邹… Ⅲ.①儿童多动症－儿童教育－特殊教育－家庭教育－指南 Ⅳ.①G782-62 ②G766-62

中国国家版本馆CIP数据核字（2023）第200213号

版权声明

Copyright © 2020 The Guildford Press
A Division of Guilford Publications,Inc.
Published by arrangement with The Guilford Press

保留所有权利。未经中国轻工业出版社书面授权，任何人不得以任何方式（包括但不限于电子、机械、手工或其他尚未被发明或应用的技术手段）复印、拍照、扫描、录音、朗读、存储、发表本书中任何部分或本书全部内容，以及其他附带的所有资料（包括但不限于光盘、音频、视频等）。中国轻工业出版社未授权任何机构提供源自本书内容的电子文件阅览、收听或下载服务。如有此类非法行为，查实必究。

责任编辑：林思语　　　责任终审：张乃柬
文字编辑：潘　南　　　责任校对：刘志颖
策划编辑：戴　婕　　　责任监印：吴维斌

出版发行：中国轻工业出版社（北京鲁谷东街5号，邮编：100040）
印　　刷：三河市鑫金马印装有限公司
经　　销：各地新华书店
版　　次：2025年10月第1版第5次印刷
开　　本：787×1092　1/16　印张：30.5
字　　数：310千字
书　　号：ISBN 978-7-5184-4340-6　定价：128.00元

读者热线：010-65181109
发行电话：010-85119832　010-85119912
网　　址：http://www.chlip.com.cn　http://www.wqedu.com
电子信箱：1012305542@qq.com
版权所有　侵权必究
如发现图书残缺请拨打读者热线联系调换
251662Y2C105ZYW

译 者 序

多动症，虽然很多人对它耳熟能详，但这个词一直都承受着太多的误解，有太多困扰着家长的认知误区。

误区一：多动症就是过分"活泼好动"。

顾名思义，多动症就是"多动"嘛。事实是，除了多动之外，多动症孩子还会表现出注意力不集中、冲动、易怒、情绪不稳定等情况，不能把多动症简单等同于"多动"。

误区二：多动症是家庭教育出了问题。

事实是，多动症的发病与遗传、环境等多因素有关。家庭教育虽然会影响孩子的行为发展，但不是导致多动症的直接原因。

误区三：多动症是小孩的问题，孩子大了就好了。

虽然部分多动症患者的症状会随着年龄增长逐渐减轻，但并非所有人都会如此，有些孩子儿时有多动症，成年后依旧有多动症。

现在，是时候科学地认识多动症了。

多动症是注意缺陷／多动障碍（Attention-Deficit/Hyperactivity Disorder, ADHD[①]）的俗称，它是指发生于儿童时期，与同龄儿童相比，以明显注意集中困

[①] 为了便于阅读，下文仍使用"多动症"指代 ADHD。

难、注意持续时间短暂、活动过度或冲动为主要特征的一种综合征。当前学界将多动症定义为一种神经发育障碍，它在男孩身上出现的概率要高于女孩。2021年，包括中国优秀的多动症研究者、北京大学第六医院的王玉凤教授在内的来自27个国家的80名该领域的著名研究人员在学术期刊《神经科学与生物行为综述》（Neuroscience and Biobehavioral Review）上发表了一篇名为"世界多动症联盟国际共识声明：关于多动症的208个基于证据的结论（The World Federation of ADHD International Consensus Statement: 208 Evidence-based Conclusions about the Disorder）"的论文。论文回答了一个长期以来困扰着人们的问题：为什么有的人会患上多动症。文中基于大量科学研究事实给出了结论，对于大多数多动症患者来说，是遗传和环境风险因素累积起来导致了这种疾病的发生。

先懂多动症，再懂治疗。

对于所有的家长来说，从听到自己的孩子被诊断为多动症，到主动了解多动症，再到最后接受多动症，这是一个相当漫长且极其煎熬的过程。家长自然而然地希望短、平、快地解决多动症这个问题。于是，他们把各种疗法一个劲儿地施加到孩子身上：带着孩子尝试各种运动方法，辗转于各种医疗机构，去各大医院挂各种专家号，频繁更换各种心理咨询师，寻求各种行为疗法和药物治疗……由于认识不到这可能是一场多管齐下的"持久战"，很多家长陷入了如下循环：抱着极高的预期尝试新手段，见不到立竿见影的效果便放弃，转而投向下一种治疗方案，或者暂时看到了希望，但不久后迎来更大的失望，在此期间情绪跌宕起伏，身心俱疲。

我的建议一直都是"先懂多动症，再懂治疗"。要想改善多动症问题，我们必须先花时间和精力去了解多动症。《如何养育多动症孩子》（原著第四版）（Taking Charge of ADHD: The Complete, Authoritative Guide for Parents，4th edition）正是这样一本搭建桥梁、弥合"鸿沟"的著作。作者拉塞尔·A. 巴克利（Russell A. Barkley）博士是国际公认的儿童和成人注意缺陷/多动障碍领域的专业研究人员，他目前以美国弗吉尼亚联邦大学医学院精神病学临床教授（2016年至今）的身份致力于广泛传播关于父母如何养育多动症儿童的科学信息。

2015年，我曾有幸翻译了本书英文版的第三版，该版本于2016年由中国轻工业出版社出版后，在读者中引发了极好的反响。很多医生自发地将本书推荐给来求诊的家长，这真让我又惊喜又惶恐。在本书英文版的第四版面世后，当我得知又能与中国轻工业出版社"万千心理"的戴婕编辑合作，再次将巴克利博士的新作呈现给读者时，我的内心除了喜悦还有荣幸。荣幸之余又怕辜负了这样一本好书，于是我邀请邹丽娜博士与我合作翻译，才有了今日能奉献给读者的这部佳作。与第三版相比，第四版有两大突出的特点：前沿性与实用性。巴克利博士在第四版中融入了近年来最新的多动症研究成果，同时强化了给家长的实用技巧建议，这些实用技巧着重体现在本书第三部分"管理多动症孩子的生活：在家和在校该如何做"。去年，我携手丽娜博士翻译了同为巴克利博士所著的《多动症孩子养育指南：给父母的12项原则》①（*12 Principles for Raising a Child with ADHD*）。如果说《多动症孩子养育指南》是一本简明易读、行文直击重点，且能让家长快速"上手"的实操手册，那么《如何养育多动症孩子》则是一本把关于多动症的方方面面向读者系统性地娓娓道来的书。

在本书即将付梓之际，我和丽娜博士内心的感受颇多，也颇为复杂。我们的内心充满着对巴克利博士的崇敬，他是一位致力于帮助全世界受困于多动症的家庭的专业人士，我们感动于他对这些家庭的大爱。我们的内心充满着希望，希望我们这些年系统性地对多部多动症书籍的翻译工作能够将关于多动症的科学的内容、实用的指导传达给家长。若我们的工作能给予他们一些心灵的慰藉，那将是我们作为儿童心理工作者最开心的事！当然，我们的内心也充满着感激，感谢一直给予我们指导、支持与鼓励的戴婕编辑，感谢中国人民解放军总医院第七医学中心的申州医生和北京民康医院的丁琳医生对本书部分内容的建议与审校，感谢学者王飞峙先生及毕业于美国哈佛大学儿童发展与心理学专业的孙梦老师为本书

---

① 本书于2022年5月由中国轻工业出版社出版。

提供的极有价值的意见与建议。最后，我和丽娜博士还要特别地感谢我们各自的女儿申翊和王溥园，她们不但让我们有机会成为更好的自己，也让我们对儿童心理工作者这份职业的责任与意义有了更多、更深刻的理解与体悟！

王思睿

2023 年 8 月于北京

谨以本书献给两位非凡的家长——
桑德拉·F. 托马斯（Sandra F. Thomas）和玛丽·福勒（Mary Fowler），
他们发起的运动让全美国意识到了多动症儿童遭受的痛苦

序 言

孩子比成人更加活跃，更加生机勃勃，更难保持自己的注意力，也更加冲动。在遵从指示与坚持完成工作方面，孩子比成人的问题更多，对此无须大惊小怪。因此，当家长抱怨自己的孩子难以保持注意力、难以控制自己的行为，或者难以抑制自己的冲动时，其他人可能想都不想就对家长说，这些问题对于孩子来说实在是再平常不过的了，这就是孩子的天性，家长没什么可担忧的。如果哪个孩子的行为问题让人觉得似乎有点过分了，即便是用要求孩子的标准来看也有些过分了，那么这种情况也许是因为孩子还小，有点不成熟，很可能长大后就不会有这些问题了。

很多时候，这种论调是正确的——但是，有时并非如此。在一些情况下，孩子的注意力持续时间过短，活跃水平过高，对冲动控制的能力太差，导致她在这些方面的行为表现即便对于她所处的那个年龄段而言，也显得非常极端。大多数人周围都会有这样的孩子——他在完成学校课业时有困难，无法和邻居家的孩子和睦相处，如果没有家长的监督就不能完成家务，这些也会成为家庭冲突的导火索。

如果这些方面的行为问题变得非常严重，严重到损害了一个孩子正常的适应功能，而且这些问题很可能无法随着孩子年龄的增长而自行消退，那么，我们就不能说这是正常情况了。如果你的孩子就是这样的，那么对问题轻描淡写或单纯希望孩子的成长和成熟能解决问题不但是一种谬误，也会对孩子的心理和社会幸福感造成潜在的伤害。这样做的危害还可能波及孩子的未来，影响你和其他家庭成员，因为你们才是每天要面对这样一个孩子的人。

如果孩子在注意力方面存在问题，如多动、抑制能力缺失，并且这些问题达到了一定的严重程度，那么孩子就可能患上了一种发育障碍，被称为注意缺陷/多动障碍，或者简称为多动症。本书就是关于多动症的。它是写给家中有多动症孩子的家长，以及其他愿意更多了解这种障碍及其管理方法的人。本书的目的是帮助家长在照料多动症孩子的过程中掌握主动权，因为患有多动症的孩子通常对成人的照料有着巨大的需求，通过掌握主动权的方式，家长可以确保整个家庭的健康，无论是在整体层面还是在个体层面。

在这个领域中，给家长的指导类图书已经出版了许多。其中绝大部分还是不错的，在临床工作中，我会向家长推荐一些书。那么，为什么我还要写这本书？答案是，目前市面上的书在向家长教授关于多动症的前沿知识方面还远远不够，更重要的是，这本书更大的价值体现在为饱受这种障碍困扰的人提供帮助。写给家长看的绝大部分图书都成功地做到了向家长传递多年来在临床领域积累的针对多动症孩子及其家庭治疗方法的信息，但这些书未能做到的是，将这些多动症治疗方法与当前最新的科学发现结合起来。自从本书的第一版出版之后，已经过去了30年，这期间关于多动症研究的发展是令人瞩目的。每周有25~50篇关于多动症的文章发表在科学期刊上，每年至少1300篇。然而，在绝大多数关于多动症的书中，作者提供的结论和建议都源自自己的临床经验，而这些内容通常是不正确的。例如，在过去10年间，对于多动症的分子遗传学研究以非常迅猛的速度在发展，并且时至今日也一直保持着这样的势头。目前至少已经鉴别出12条与多动症存在确定关系的基因，研究者预计，在接下来的几年时间里，还会有一些其他基因能够被鉴别出来。科学家已经对完整的人类基因组进行了扫描，希望能够找到与多动症患病风险相关的基因，结果发现似乎至少有25~40个位点与这种障碍相关。脑成像研究同样提示我们，多动症与一些脑区相关，研究甚至将这些脑区的部分活动与障碍的严重程度以及一些风险基因联系在了一起。科学研究在大步向前推进，各种研究成果也迅速积累起来。

  这些研究发现对于家长而言具有重要的意义。这些研究成果不断对本书之前版本所倡导的结论提供了支持，即多动症在很大程度上是一种由生物因素引发的障碍，多动症有着证据确凿的基因/遗传学基础。这些发现同时也为未来十年对多动症的诊断与治疗指明了方向，因为这意味着对多动症使用基因检测手段最终可能成为现实。因此，针对这种疾病就可能研发出更加安全且有效的药物治疗方案。对于家长来说，他们需要知晓这些研究的进展，从而能够对多动症有更加深入的了解，也能够更加科学地应对那些不理智的批评声音：有些人坚持认为，多动症的病因是父母教养不当，糟糕的饮食习惯，过度使用计算机、智能手机或者看电视太多。

  例如，在过去几十年间，大多数临床专业人士对多动症有着各种各样的错误观念：多动症是父母教养不当造成的；在进入青少年期之后，孩子的多动症会自动痊愈；兴奋剂只对儿童起效（对年纪大一些的青少年和成人无效），而且药物只应当在上学期间服用；避免饮食中的食品添加剂和糖对几乎所有多动症孩子都是有好处的——以上种种观念其实都没有科学发现作为支持证据。最近，有些作者声称，导致多动症的原因是玩电子游戏过度、使用计算机或看电视过度，或者现代文化加快了生活节奏。但是，现在我们了解到，很多患有多动症的孩子都是天生具备该障碍的某种基因型个体，对于这样的孩子来说，即便成长为青少年，他们中许多人的问题也不会自动消失，而无论是孩子、青少年还是成人，多动症药物都是能够日常服用的，此外，在饮食结构中改变糖分摄入对大多数多动症人士来说收效甚微。我们还知道，多动症并不是由玩电子游戏、看电视和现代快节奏的生活所致。仅仅40年的研究，就给我们的认识带来了如此翻天覆地的变化！事实上，在过去10年时间里，一些令人兴奋，甚至有些深刻的改变业已发生，就在我撰写本书的同时，改变仍在继续。这些改变带来的不仅是对多动症病因更好的理解，而且是对多动症本质更加丰富的科学掌握，这一切迅速改变了我们对这种障碍的看法。

例如，过去10年的科学研究已经发现，多动症最主要的症状可能不是注意力的问题，而是自我调节（self-regulation）的问题：我们的自我感如何发展，得以让我们在更广阔的社会行为范畴内约束自己。自我控制的问题确实会导致注意力的问题，在这本书中你还会看到，多动症患者还面临很多其他困难。因此，甚至注意缺陷/多动障碍这个名字现在看起来可能都是不正确的，虽然出于各种法律和监管的原因，时至今日我们仍在沿用这个术语。由于这种障碍会让孩子在尝试应对日常生活中的各种挑战时举步维艰又困难重重，导致他们在成长过程中难以应对来自家庭、学校和社会的对自我控制越来越高的要求，因此将其贴上注意障碍的标签，实则是对它的一种轻视。同时，将这种障碍称为一种注意缺陷，也难以说明它的本质：它实际上以各种各样的方式破坏了个体对自己和他人负责的能力。例如，我自己的研究以及后续他人的研究都显示，有多动症的儿童和成人在涉及时间的行为管理上存在缺陷。他们的时间管理通常很糟糕。他们不能像其他人一样使用时间知觉来指导自己的行为，因此，他们不能有效地管理自己的时间，无法在最后期限内完成任务，也缺乏对未来的规划，这些都是其他人所具备的能力。即便是短到10～20秒这样的时间间隔，他们也不擅长管理。对于多动症孩子来说，他们似乎将时间遗忘了，他们永远无法像同龄人那样逐渐掌握有效管理时间的能力。

即便多动症会造成种种伤害，很多人还是对这种障碍的严重性持怀疑态度，这丝毫不奇怪。我们每个人偶尔都会有注意力不集中的时候，孩子尤其如此。于是，有些人断言，克服冲动与急躁取决于有没有全力以赴——这只是意志力的问题。真的是这样吗？教师、亲戚、邻居以及其他人也许曾经试图这样劝服你。他们并不理解你的处境：你的孩子在行为上有明显的偏差，这才是问题的本质，孩子的这些行为不仅仅是对某些环境的反应或教养不当的结果。电视和平面媒体上的许多报道都给这种疾病增添了一抹传奇"色彩"：多动症仅仅是给那些爱冒险的孩子贴上精神病学诊断标签用的，特别是男孩——他们就像汤姆·索亚与哈克·费恩①的现代版。有些非主流宗教团体曾经质疑过多动症这种障碍是否真实存在，并且对多动症的药物治疗进行了猛烈抨击，在某些情况下，主要媒体的误导和不知情的记者无意中也成了"帮凶"。如果能够对科学文献进行深入了解，你就会清楚地发现，上述观点相当荒谬，但是关于多动症这样或那样的未经科学证实的言论还是存在，家长还是会继续周期性地被这些言论"轰炸"。对于所有这些误解，本书都会加以回应，相关内容见关于多动症本质及其成因的章节。

与那些广为流传但实则荒谬的观点相反，现在我开始相信，这种被称为多动症的现象是一种存在于儿童身上的能力紊乱，它会导致儿童无法使用记忆中的信息来指导有关时间和未来的自我控制行为，抑制儿童对此时此刻的情境做出即时反应。换句话说，多动症孩子从根本上无法利用时间观念以及他们所知的关于过去和未来的信息来引导自己的行为。在这些孩子身上无法发展出一种能力，即无法把对此时此地的注意力转移到生活中接下来要发生的事情以及更普遍意义的未来上。当孩子只关注当下时，他的冲动行动就是有意义的。孩子只是想做当下有趣的事情，逃避当下无法获得奖励的事情，尽可能地提高即时满足感。从孩子的角度来看，总是活在"现在"。但如果孩子被期望专注于未来，以及需要做些什么来有效地迎接未来，就会是一场灾难。思考、预测未来以及为未来做准备的能力对我们人类组织、计划和目标导向的能力至关重要，它直接决定了我们对自己冲动的控制程度。它能让我们挣脱当前的束缚并着眼于未来。与将多动症视为注意力障碍的观点相比，这种认为多动症是大脑执行（自我调节）系统的神经遗传性疾病的观点，大大提升了多动症及其后续问题的重要性。这种观点解释了为什么多动症人士和他人的行为方式有所不同，为我们提供了尊重他们的基础，并且让我们更加深刻地了解多动症是如何损害个体的日常生活的。关于这一点，以及它对于了解多动症具有什么意义，本书将进一步论述。事实上，最初我写这本书

---

① 汤姆·索亚（Tom Sawyer）和哈克·费恩（Huck Finn）都是美国著名作家马克·吐温（Mark Twain）的长篇小说《汤姆·索亚历险记》（*The Adventures of Tom Sawyer*）中的人物。——译者注

的主要原因是为了让父母了解这个观点，而我修改这本书的主要目的是更新这个观点。我相信，相对于其他观点或理论，这个观点更加接近与多动症有关的科学事实。

在本书的第四版中，你会发现大量新的科学数据——关于多动症的成因、有效的治疗手段、健康风险、你能做什么来保护你的孩子（全新的第十五章），以及关于经典药物与时俱进的信息和新近医药的新信息。还有其他治疗方法的最新信息，等等。我相信你会在新版中找到最新的研究成果和临床进展，我希望它们能让你、你的孩子以及你的整个家庭受益。

另一个促使我写这本书的理由是我看到了家长的需求，他们需要以科学的方式寻找所需的信息，或寻求专业人士的帮助。科学的方式就是既保持好奇又心存怀疑，去追寻但又不断质疑任何信息背后的原理。因此，本书的另一个目标是给家长提供一些工具，帮助他们很好地获取信息，同时又能对自己听到或读到的所有内容保持质疑的态度——包括本书中的信息。与本书第一版出版时相比，现在我们更需要一种既乐观又充满求知欲的批判精神。因为身处当代的我们现在正在经历一场名副其实的信息爆炸，这主要是由于个人计算机的日益普及，特别是互联网和相关社交媒体的发展和广泛普及。每一个拥有计算机或平板电脑以及网络连接，或者智能手机的家庭，现在都可以直通"信息高速公路"。不幸的是，在"高速公路"上得到的往往不是关于某个主题的最准确信息。因为这些信息没有得到过同行评议或批判，你看到的常常可能是一些草药或其他产品的几乎不加掩饰的推销说辞，甚至是非主流宗教或政治团体宣传的幌子。不仅与多动症相关的网站会产生误导，博客、社交媒体上的帖子和聊天室也会产生误导。在这些网络平台上，每个人都能轻率地甩出自己的观点，且毫无相关领域的研究资质，也没有相关的科学信息作为支持证据。我对这些博客、帖子和聊天室的访问使我确信，那里交流的绝大多数信息基本上都是不科学的，而且常常是错误的。所以，无论是在当地的图书馆、书店，还是在网络上，都不要放松警惕。

本书提供的指导建议，来自我在过去40多年里对几千个多动症儿童家庭的临床工作和研究。本书的内容也源于我个人的经历与体验，我一直在自我提升的旅途上不断前行，努力成为一个更好的人，一个父亲（现在是祖父）、丈夫、科学家、教师、督导，以及临床专家。在这本书中，没有任何一条结论是由单一案例得出的；我的观点不是由某一本书塑造的；也不存在灵光一闪式的顿悟。相反，随着在工作中不断接触每一个新家庭、阅读每一本该主题的新书，以及教授每一名新学生，我越来越意识到了某些原则的重要性。与我教给家长的管理技巧，或传达给家长的关于多动症的最新信息及治疗方案不同，这些原则跨越了各种各样的情境、家庭和问题领域。对于多动症孩子的家长来说，这些原则能够帮助他们形成为孩子采取的任何行动的基础态度。

一些家长把孩子送到我这里来评估，我在本书中提供的信息和建议与我给这些家长提供的信息相似。本书中的建议是从广泛的科学研究中总结得出的，大致相当于 20~25 次临床咨询或治疗的内容。即便如此，你可能也无法从这一本书中获得你需要的所有内容。尽管多动症是所有儿童心理障碍中得到最多研究的一种，但作为临床科学家，我和我的同事至今仍然面临着许多未揭开的谜团。此外，在一些公众和教育机构眼中，多动症还是一个被误解且充满着各种争议的问题。

本书试图依靠当前对多动症科学而准确的了解，拨开多动症的重重迷雾，去伪存真。如前所述，确实有一些特定问题现在还无从知晓，或者没有确定的科学证据。对此，我们的研究将会继续。与此同时，每一名多动症人士都是独一无二的。我必须让你基于自己的孩子以及家庭的独特情况来量身定制合适的信息与建议。当你对如何处理自己孩子的某些具体问题仍心存疑问时，我强烈建议你寻求所在社区的专业人士的帮助，寻找那些真正了解多动症的专业人士，看看他们能否为你提供帮助。

在这本书中，你会发现许多你需要知道的关于多动症的知识，并且你会看到为了把孩子养育成一个具有良好适应功能的成人，你和孩子的生活将要做出哪些改变。自始至终，提供书中内容的目的是让你成为有执行力的家长，培养你的科学求知欲，并且教你以原则为核心来行动。虽然本书所呈现的内容受到了我 40 年来临床工作中接触到的许多人的影响，但是，书中的观点完全是我个人的观点，或者是（在合著章节中）与我合著的作者的观点。

我要再次对吉尔福特出版社（The Guilford Press）的基蒂·摩尔（Kitty Moore）、西摩·温加滕（Seymour Weingarten）以及鲍勃·马特洛夫（Bob Matloff）表达我的谢意，感谢他们对本书的支持，让这本书得以从初稿到最终出版，感谢他们对本书前三个版本以及现在的第四版的支持。在吉尔福特"大家庭"中，我要特别感谢克里斯汀·M. 本顿（Christine M. Benton）对本书所有版本的编辑和策划的巨大投入，她不断的鼓励让我能够以最有效的方式说出我想要说及需要说的话。本书能够面世，主要得益于她的工作。

最后，我要继续感谢在为孩子寻求帮助时，与我分享他们生活的成千上万多动症儿童的父母。你将从这本书中学到的很多内容，都是他们教我的。我只希望，我可以继续从他们的经验中汲取养分，来帮助阅读本书的你与你的孩子。

作者说明

在这本书中，我会交替使用男性和女性代词来指代一个人。随着语言的不断发展，这么做是为了提高阅读的便利性，而不是对那些认同其他人称代词的读者的不尊重。我真诚地希望所有人都能感受到被包容。

本书案例中的儿童及其家庭均来自真人真事，出于隐私保护的需要，我对相关内容做了改编；任何可能识别人物身份的细节描述都获得了当事人的许可。

目　录

引言　　为多动症儿童的父母提供服务　　1
　　养育多动症孩子所面临的挑战　　6
　　成为以原则为核心的家长　　8
　　成为有执行力的家长　　14
　　成为懂科学的家长　　17
　　在本书中你会发现什么　　20

第一部分　　了解多动症

第一章　　什么是注意缺陷/多动障碍　　25
　　"为什么他们不为那个孩子做点什么呢？"　　25
　　事实与谎言　　29
　　看待多动症的角度　　34
　　你见过这样的孩子吗？　　36
　　多动症是什么？　　43
　　孩子的自我控制能力去哪儿了：一种多动症新观点　　66

第二章 "我的孩子到底怎么了？" 69

任何事都是为那些擅长等待的人准备的：多动症与大脑执行功能 70

执行功能和自我调节的社会目的 87

执行功能的发展 92

第三章 什么引起了多动症？ 95

找出原因，很有挑战 95

成因：现有的证据 98

第四章 什么不会引起多动症？ 119

吃什么也许与多动症无关 119

哪些人有患多动症的风险？ 129

第五章 该有怎样的期待 133

多动症难以量化 134

多动症随着成长而变化 137

多动症症状随情况不同而变化 144

与多动症相关的其他问题 146

多动症孩子如何与其他孩子相处？ 153

结语 153

第六章 多动症孩子的家庭环境 155

多动症孩子和母亲的互动 157

多动症孩子和父亲的互动 158

多动症孩子和兄弟姐妹的互动 160

多动症如何影响亲子互动？　　160

随着时间推移，父母如何对孩子的不当行为做出反应　　161

父母的精神问题　　163

这一切对于作为父母的你来说，意味着什么？　　165

第二部分　　负起责任：如何成为有执行力的成功家长

第七章　　决定让孩子做多动症评估　　169

什么时候你应该考虑寻求专业评估？　　169

你应该寻找什么类型的专业人士？　　171

继续前进　　178

第八章　　为评估做准备　　179

为心理学评估或精神病学评估做准备　　179

你该期待什么　　183

当你预约评估时　　183

评估当天　　184

医学检查　　189

最后一步：进行诊断　　191

第九章　　如何面对多动症诊断　　197

你可能有何反应　　197

了解可供选择的治疗方案　　201

了解关于多动症的知识　　202

采用有执行力的教养原则　　204

第十章　给父母的话　209

　　避免压力事件　210

　　应对那些无法避免的人或事　211

　　进行个人休整　213

　　应对自己的多动症　220

第三部分　管理多动症孩子的生活：在家和在校该如何做

第十一章　八个步骤改善孩子的行为　225

　　该方案适合你吗？　226

　　如何使用该方案　227

　　第一步：学会给予孩子积极关注　228

　　第二步：使用有力的关注来获得孩子的配合　233

　　第三步：给出更有效的指令　235

　　第四步：教孩子不要打扰你的活动　238

　　第五步：设立家庭代币制度　239

　　第六步：学会用建设性方法惩罚不当行为　244

　　第七步：扩展对计时隔离的使用　250

　　第八步：学会在公共场所管教孩子　250

　　当未来出现行为问题时　254

　　结语　255

第十二章　在家管理孩子　257

　　解决新问题的方法　257

　　帮助孩子为过渡做好准备　261

使用"只有……才能……"策略　262

第十三章　如何帮助孩子处理与同伴之间的问题　265

处理他人的嘲笑　270

在家里建立积极的同伴关系　271

在社区中建立积极的同伴关系　273

寻求学校的帮助　275

与兄弟姐妹打交道　277

第十四章　顺利度过青春期　283

时间维度以及父母与青少年关于控制权的冲突　284

黄金生存法则　285

青少年发展与多动症：速成班　286

应对态度与合理预期　287

建立家庭规则和邻里规则　292

监督和执行规则　294

有效沟通　297

用问题解决步骤与孩子处理冲突　299

明智地使用专业帮助　306

去度假并保持幽默感　306

拓展阅读　306

第十五章　建立健康的生活方式　309

着眼于长期健康状况　312

营养　314

锻炼　316

屏幕时间和网络游戏　　317

睡眠卫生　319

口腔卫生　324

可预测的日常活动　324

监督孩子　325

性　326

青少年驾驶　329

第十六章　顺利进入校园　341

为多动症孩子选择学校　343

为孩子选择教师　345

关于教室和课程的几点建议　349

什么类型的教育计划最适合多动症孩子？　352

孩子应该留级吗？　354

第十七章　加强学校和家庭教育　357

学校管理的一般原则　358

课堂行为管理方法　360

家庭奖励方案　371

训练多动症孩子出声思考、提前思考　377

管理多动症青少年的学业问题　378

第十八章　对孩子的学校表现保持合理的预期　383

家庭生活经验　385

家长的优先事项　387

第四部分　多动症的药物治疗

第十九章　经批准的兴奋剂类药物　393
不能轻易相信的事情　395
兴奋剂类药物是如何发挥作用的　402
副作用　408
孩子应该服用兴奋剂或其他药物吗?　414
兴奋剂类药物如何开具　418
什么时候应该停药?　419

第二十章　其他药物　421
托莫西汀　421
胍法辛缓释片　423
可乐定缓释片　425
三环类抗抑郁药　427
盐酸安非他酮　431

家长支持服务　433
推荐读物　439
参考文献　451

本书购买者可以登录 www.wqedu.com，下载及复印本书中的资料，以便个人使用或给来访者使用。

引　言

为多动症儿童的父母提供服务

"帮帮我,我正失去自己的孩子!"

30多年前,即1990年,一群家长和专业人士正付出艰辛的努力来为多动症孩子争取政府的特殊教育服务,我便是其中一员。在我全神贯注地与美国联邦和州政府周旋期间,我学到了人生中深刻的一课——这一课让我明白了,为了孩子的学业成就,成人需要承担起艰巨的任务,这也是本书所倡导的。

最好的临床医生说,他们从一些病人身上学到的东西和病人从他们身上学到的东西同样丰富,唯一的前提条件是,病人能够听从医嘱、遵从医嘱,并且服从医嘱。我所学到的特殊一课发生在若干年前一个忙碌的清晨,我当时在一家多动症诊所执业,教会我这一课的是一位聪慧的母亲,她的家庭正面对着进退维谷的状况,她自己可能没有意识到她对我的影响有多大,她可能也没有意识到,她的启迪令我的行医执业发生了改变,接下来会有多少家庭因此而受益。这次经历带给我的震撼直达我内心深处。它所带来的神奇效果持续了数日,从中学到的重要一课永远伴随着我。

那天早上我见到了这位母亲和她8岁的孩子史蒂夫,他们在约定时间上午9点之前就到了。我敢肯定,我当时一定是手忙脚乱地带着一些记录和资料走进诊所的,很可能还为了自己的迟到而向他们道歉。在迅速地扫了一眼带有他们基本个人信息的表格之后（通常在预约见面前，我们已经通过邮件掌握了这些信息），我以为这位母亲会发出老生常谈式的抱怨：她孩子和家庭的状况现在有多糟糕。在问出常规的第一个问题后——这个问题要么是"孩子让您最忧心的部分是什么"，要么是"是什么问题让您今天来到了我们的诊所"——通常情况下，家长会立刻开始述说孩子在学校数不清的问题；接着述说孩子在家里同样数不清的各种肆意妄为的负面行为。对于我们临床医生而言，这就像条件反射一样，在家长说出以上内容之前，我们几乎就已经幻听到这一连串公式化陈述了。事实上，在这种预期的指引下，我已经在纸上以"学校问题"和"家庭问题"写好开头了。

但这位母亲简洁的回应让我大吃一惊，始料未及，以致无言以对。我敢肯定，我一定惊讶得张大了嘴。她说的并不是我所预期的："我家孩子在学校一塌糊涂""我家孩子就要被停学了"，又或者"我家孩子从来不听我的话"。恰恰相反，她说的是："帮帮我。我正失去自己的孩子。"

在目瞪口呆之中，我说的是："请您再说一次？"而她仅仅是把刚才的话又重复了一遍。"帮帮我。我正失去自己的孩子。"她到底是什么意思？我这样问自己。我见所未见、闻所未闻，这是一种怎样的家长？"我知道了，"我说，同时用一种了然于胸、饱含同情的眼光看向她，"你正和你的前夫争夺孩子的抚养权。"

临床医生的一时失态可以通过将会谈向前推进而很快粉饰过去，但是她让人始料未及的回应使我第二次目瞪口呆，随即有点乱了方寸，彻底手足无措了。对于她"不是"的回答，我所能做的唯一回应就是"抱歉，我觉得我无法理解你所说的话"，同时努力让自己恢复镇静。显而易见，这是事实。她的这种表现让我在记录板上无从下笔。

随后，她的眼泪夺眶而出，这进一步加剧了我的尴尬与不适。她接着解释。"这种情况已经持续一段时间了，"她说，"至少有几年了。我无法确定这种情况是从什么时候开始的，但是我能够真切地感受到，就像一个母亲熟悉自己的孩子一般确定。我正在失去他；史蒂夫正在离我远去，而我可能永远无法挽回他。这对我来说，是全世界最可怕的事情。"

当时，我没有任何可以用来引导我临床工作的直觉，所以，我轻声地请她继续讲。

"史蒂夫是我的第一个孩子，"她说，"我们俩曾经那么亲密无间，直到几年前这一切开始出现。现在，我觉得他恨我。我知道他不愿意和我待在一起。"

"您为什么这样说？"我问道。

"因为，每当我走进房间，他对我就变得冷漠，我跟他说话的时候他也对我不理不睬，有时候甚至出言讽刺，"她回答说，"如果我提议我们俩一起做点什么，史蒂夫曾经很喜欢这样做的，现在他就会说'不要'，总是找借口躲着我。每当我想要和他说说话，他的目光也不再像从前那样看着我，现在他会转向另一边，想尽快结束这次对话。除了这些，史蒂夫待在家里的时间也越来越少，他流连于朋友家，也不像原来那样带朋友回家了。在这一切发生之前，他似乎总是以我是他的妈妈为傲。现在，除非万不得已，他甚至不承认我的存在，而且他也肯定不会把认识的新朋友介绍给我，他原来不是这样的。"

"请您继续讲。"我说。我仍然无法完全理解问题所在或者让她伤心欲绝的本质原因。接下来，她详细地解释了自己与儿子之间的关系似乎迷失了、毁坏了，甚至可能无法修复了。她已经失去或者正在失去的，是她和自己第一个孩子之间的联结，一种父母与子女之间与生俱来的相互之爱，这是所有其他成功且令人满意的养育的基石。哦，没有这种联结，你肯定也可以把孩子抚养长大——从某种技术、逻辑或实用主义的角度来说，这是可以实现的；但是，从真正意义、情感或精神的角度来说，缺少这种联结不足以把孩子养大成人。

我从未见到哪一位家长能够如此迅速地直击自己生活的本质、她自己的症结所在——也许是她儿子的症结所在——不快乐。她所描绘的这种丧失，深深地存在于家庭生活之中，甚至当这种丧失发生的时候，很少有人能清晰地将它表达出来。也许只有真切的丧子之痛才能超越这种丧失。她所失去的这种纽带关系，正是所有亲子互动的原动力，也是所有家长为家庭而付出努力的原动力。世人说，当死亡带走我们的父母，我们失去的是自己的过去，而当死亡带走我们的孩子，我们失去的是自己的未来。这位母亲失去了与孩子之间的联结，她所感受到的是多么真实的切肤之痛！当失去了与自己孩子之间曾经深沉的爱与友谊时，她的面前已经没有了充满意义的未来。

对于这种与孩子之间关系的改变，她的陈述是如此清晰，以至于我不禁审视起我与自己的两个儿子之间的关系，那时他们都还是小孩。我是否如她一般正在失去自己的两个儿子？在这位女性关于自己的人生——我们的人生——的深刻智慧面前，我看上去是多么的愚笨。对于在她之前那些数不清的病例而言，我是多么的盲目而轻率，对于我所遇到的那些来到诊所的家庭来说，不快乐才是他们真切的重大问题，而这个问题会伴随他们一生！

也许，你读这本书的原因是你也感受到正在失去自己的孩子。你的孩子被诊断为多动症，而你正在竭尽所能地帮助孩子以及家庭中其他成员适应这种状况。但是，收效甚微。

或者，你还未曾经历这个阶段；你发现自己的孩子有点不对劲，然后你开始寻求专业帮助。但是，到目前为止，你面前的问题多过答案。

无论你和你的家庭处于哪个阶段，你们都不孤单。最近的数据显示，据保守估计，在美国，患有多动症的学龄儿童在 370 万 ~ 590 万之间。和其中任何一个孩子的家长交谈，你都可能听到如下的家庭故事。

孩子的行为肯定出了一些问题。他错失了很多珍贵的童年乐趣，而你则会感到沮丧和困惑：是什么造成了这些问题？你该拿这些问题怎么办？孩子和整个家庭的步调不一致。每天都会发生很多冲突——关于家务琐事、家庭作业、与兄弟姐妹的关系，以及孩子在学校和邻里间的行为。孩子几乎没有朋友。同班同学打到家里的电话、邻居孩子的敲门声、与一起长大的玩伴共同经历的冒险活动、生日派对以及到朋友家过夜的邀请——种种这些在大多数孩子的生活中习以为常的日常活动，对于你的孩子来说要么是缺失的，要么是罕见的。在学校取得的成功以及学习所带来的兴奋与快乐——成绩、成就证书与公民证书，以及来自教师的褒奖——相对于自己孩子的能力与天赋而言，是应得而不可得的，而你也知道这一点。

　　童年珍贵的年华与经历就被某种你看不到却知道它确实存在的东西所抹杀。无论这个问题可能是什么，它都妨碍了孩子日常与他人的每一次互动。比所有这些更加让人痛心的是，你能感受到——这种感受只有家长才有——孩子和他自己的步调不一致。他会逐渐意识到他不是自己希望的样子，他无法像别人一样控制自己的能力去做他知道自己应该做的事情，他也无法让自己成为你期待中的样子，某种程度上他知道你对他是有所期待的。孩子让你垂头丧气、让别人不满意，同时也让自己失望，在某种原始的、懵懵懂懂的意识层面，他开始对此有所了解。也许，你几乎每天都能看到一个熟悉的场景：低自尊水平；放学后垂头丧气地走进家门；尽量避免讨论学校课业；对自己和他人的关于事情究竟有多糟糕的谎言；从未兑现的下次会更加努力的承诺；以及（对于某部分孩子来说）想结束生命的想法。你伤痕累累；你的孩子同样伤痕累累。

　　是哪里出了错？在生理上，你的孩子看上去一切正常。从外表上看不出什么问题。孩子在智力上也不落后。她很可能在行走、说、听和看等行为上都是正常的，智力至少是正常水平或者更优秀。但是，随着日子一年一年地过去，和其他孩子比起来，她似乎越来越难以约束自己的行为，越来越难以管束自己，也越来越难以应对未来带给她的各种挑战。你知道，如果你不尽快采取行动施以援手，她的人生就注定会陷入困境，无法发挥潜能，这一点毋庸置疑，就像今日源于过去、未来源于今日一样。你对与这个孩子共享正常、平静与和美的家庭生活的愿望，你对这个孩子拥有学业与职业成就的希望，你为了这个孩子能过上也许比你更美好的生活的努力，你对这个孩子站在你的肩膀上实现更好生活的渴望——因为某种你不太能看到或者理解的问题，所有这些现在似乎都化为泡影。有时候，在这些影响了孩子的问题面前，你感到挣扎、迷惑、愤怒、悲伤、焦虑、恐惧、内疚和无助。你追寻着答案与指引。

　　你可能会本能地感觉到，你面对的这个孩子在某种程度上缺乏的是一种自我控制的能力或意志力。是什么构成了我们的意志力？是什么促成我们完成我们知道自己应当完成的事？是什么让我们了解在面对他人时应当做出哪些恰当行为？又是什么让我们能够完成我们知道怎样完成并且必须完成的那些工作？从更加广义的角度上讲，是什么促使我们自律和坚持不懈，而不仅仅关注即时满足，使我们能够面对今天的挑战同时为明天做好准备，就像我们的同龄人一般？无论是什么让我们做到了这些，它都确保了我们能够做到自我控制，践行我们的道德准则与价值观，"言行一致"，并且让我们的言行指向未来，而这些在你的孩子身上却没有得到良好的发展。也许，这就是你阅读本书的原因。也许，你的孩子被多动症困扰，本书能够帮助你找到答案。除此之外，如果你的孩子有这种障碍，本书还能为你提供一些关于如何有效应对的建议。

养育多动症孩子所面临的挑战

对于所有家长来说，养育多动症孩子都是一项充满挑战的任务。这些孩子的特征是：注意力难以集中、莽撞冲动，或者难以管束、精力过剩，并且需要大量的照料。从为人父母的角度来说，当你最初想要孩子的时候，你绝对想不到可能会出现这些问题，这些问题就像一副重担，狠狠地压在你肩上。这些问题甚至可能让你重新考虑，最初要孩子的决定是否明智。

对于所有理性、有能力的家长来说，在孩子抚育和成长过程中的某些部分，他们都希望能够参与其中，而对于多动症孩子的家长来说，他们不是希望而是必须参与，他们所投入和付出的是其他普通家长的两倍。多动症孩子的家长必须寻找各种学校、教师、其他专业人士以及社区资源。他们会发现，和普通孩子的父母比起来，自己面对孩子时必须发挥更多作用：指导、监管、教导、协调、计划、建构、奖励、惩罚、引导、缓冲、保护以及抚育。不但如此，他们还必须更频繁地与孩子生活中的另一些成人打交道：学校教职人员、儿科医生，以及心理健康专业人士。由于多动症孩子有比普通孩子更为严重的行为问题，所以多动症孩子的家长也会更频繁地和其他一些外部人士打交道：邻居、教练，以及社区内其他被孩子的行为问题所影响的人。

更糟的是，当多动症孩子对家长的引导、保护、庇护、爱以及抚育的需求增长时，这些需求常常会被隐藏在过分频繁、索求无度以及偶尔让人厌恶的行为表象之下。来自达拉斯的玛格丽特·弗雷西（Margaret Flacy）是两个男孩（现在都已长大成人了）的母亲，他们都患有多动症。在玛格丽特给我写的信中，她用一种美好的方式描述了这种情况："当我早年还在从事教师职业时，对于特别难养育的孩子我无能为力，为此我曾经自怨自艾……事后看，原来这些孩子的行为可能就是多动症所致……一名经验丰富又很有智慧的退休教师拉着我的手说：'玛格丽特，最需要爱的孩子总是以最糟糕、最缺乏爱的方式表达他们对爱的渴望。'"

我有幸曾与一些多动症孩子的家长共事，这些家长发现，养育多动症孩子所面临的挑战把为人父母这项工作提升到了一个崭新的高度。把多动症孩子拉扯长大可能是你有史以来不得不做的最艰难的一件事。有些家长被这些孩子施加在他们身上的压力压垮了，导致孩子或家庭陷入持续的危机之中，更有甚者，随着时间的推移整个家庭土崩瓦解。然而，如果能够迎难而上，养育多动症孩子将是人生的一次重大机遇，你能够在家长的角色中自我成长、自我完善，甚至可以展现出英雄气概。你能够看到你直接投入的时间与精力换来的是孩子的快乐与幸福——虽然并不总能尽如人意，但是通常足以让许多家长感到由衷的欣慰。了解多动症孩子的真正需求能够给你的人生带来更加深刻的意义，这是很多其他事情所不能及的。

玛格丽特遇到的那位良师所说的话，不但成了她养育儿子的基本原则，也是她在30年教师生涯中所遵循的基本原则。这些话也证明，在你的育儿理念中以一些业已证明是正确的原则为核心是相当重要的。如果你将自己作为家长的责任看成一副三脚架，三脚架的第一条腿就是：原则核心法（principle-centered approach）。再加上具有执行力的育儿行为以及科学的思维方式，你养育出具有良好适应性的孩子的策略就会有一个平衡而稳固的基础。

成为以原则为核心的家长

30多年以来，我向多动症孩子的家长推荐了一些似乎最有效的方法来管理多动症儿童。在我临床执业生涯的最初5年时间里，我所做的一切都放在了向多动症孩子的家长普及这些方法上。接下来，在我的临床实践和科研工作中，我感到有些原则发挥的作用变得越来越重要，也越来越深刻。随着这些原则逐渐变得清晰，我把它们记录了下来。这些原则也成为我在关于儿童管理的家长培训课上最初教给家长的部分内容，然后，我把这些原则传授给了年轻的同事们，以及其他来参加我的工作坊的专业人士。多年来，随着我们对多动症知识的增长以及我与越来越多的家长合作，我的原则清单也在不断变化。我总结了十几条原则，我认为这些原则可以使任何人都成为成功的高效父母——即有效地将多动症儿童培养成尽可能成功的人，同时保持父母和整个家庭的幸福。这些原则列在本书第九章。

做一名以原则为核心的家长，还能够让你在蜿蜒曲折的旅程上保持一路直行。它能帮助你建立起一种模式，使你的行为不再冲动，而是基于规则——以未来为导向，以正确的事物为导向，而不是被某一时刻短暂的情绪所左右。这种方式能够让你挣脱被孩子的即时举动所控制的桎梏，让你摆脱这些行为可能引发的本能的负面情绪，引导你的行为向理想的方向发展。成为以原则为核心的家长能够让你摆脱对孩子（或他人）旋涡般的敌意，让你的行为从计划以及正确的意识出发。简而言之，它能够让你保持一种比他人更高水平的育儿标准。

在你与孩子之间的互动中以原则为核心，既是一种解放，也是一种束缚。这意味着，对于互动的结果你比孩子有更多控制权，因为你有行动的自由来改变发生的事情；这意味着，你不能把你与孩子之间的冲突或敌意完全怪在孩子身上；这意味着，即使你和孩子之间出现了问题，你也不能责难为你提供咨询建议的专业人士或其他人；这还意味着，你要为你与孩子之间的行为负起责任，不能把责任推卸给你的过往，也不能把责任推卸给养育你的人，或教育你的人。以原则为核心意味着你要承担起自己行为的责任，你的行为举止是由你自主决定的。这种方式在让你获得极大自由的同时也让你承担了极大的责任。

当我继续对多动症进行研究时，当我行进在自我成长的道路上时，我开始意识到另一些原则，我认为这些原则对所有家长都是头等重要的。在《高效能人士的七个习惯》（*The Seven Habits of Highly Effective People*）中，作者史蒂芬·R. 柯维（Stephen R. Covey）博士对这些原则的表述比我更加清晰有力，这是我极其推崇的一本书，但是，在此我要重申这些原则，以帮助养育多动症儿童的家长更好地应用它们。

1. "**保持积极主动**。"我们对孩子行为的反应通常是冲动的，这种方式司空见惯，我们的行为不顾后果、毫无章法，根本不知道想要达成什么目的。在这样的情况下，我们只是做出了行为，而不是有意识地选择合适的行为。有时候，以一种被动的心态看待情境，有时会让人感到毫无希望——你和孩子之间关系的走向被孩子或某些外部力量控制着。你和孩子之间的恶性互动会出人意料地影响你，就好像在冲浪时，你向后站（或者没准备好）的时候一个浪头打过来让你失去平衡。你感到举目无援，你和孩子之间的关系必定会变得火药味十足、充满消极、让人沮丧、压力重重，或者失去平衡。但是，这并不是孩子造成的，或者说，造成这些问题的不是孩子的行为，而是你的反应方式。你应当以家长的角色承担起自己的行为的责任，承担起与孩子互动以及构建与孩子之间的关系的责任。如果你不满意自己对待孩子的方式，那么改变应由你开始，承担起构建你与孩子之间的良性关系的责任。柯维博士说过，让你的冲动服从于你的价值观，你具备这样的能力。你有选择对自己的孩子实施哪些行为的自由。形成一种选择的习惯，实践这种方式，并练习这种方式。

2. "**在心中以终为始**。"当面临问题时，想象一下希望看到的问题的结果。你可以在小范围内运用这种方法，例如，在晚上开始做家庭作业之前，想象一下你希望如何完成家庭作业；或者，在更大的范围内运用这种方法，例如，想象一下，在你帮助孩子完成了一项重要目标（比如高中毕业）之后，你希望孩子如何对此进行反思。甚至从更广泛的角度来说，你可以尝试柯维博士推荐的一项练习。想象一下自己葬礼的场景。在葬礼上，你那患有多动症的孩子被邀请上台说几句。作为家长，你希望孩子这时候说些什么？在心中以终为始能够让你的思绪集中在最重要的事物上，能够让你看清，如果希望事情朝自己希望的方向发展，你应当做些什么。

制订计划离不开目标，绘制地图离不开目的地，制定与孩子有关的策略离不开对自己希望见到的成果的了解。例如，当你准备和孩子合作完成一项科学项目，也许仅仅是完成每天的家庭作业，想象一下你希望如何度过这个家庭作业时间段。也许，你所希望的不仅是孩子完成家庭作业，而且能够平和度过这段时间，你和孩子的关系完好无损，可能还会因为这次经历而变得更加丰富。在家庭作业完成时，能看到孩子的笑脸甚至放声大笑是再好不过的。那么，你就会知道，你脑海中的这些画面应当如何指导你对孩子的反应方式及决策。你的选择是，采取行动来保持与孩子之间的互动是积极乐观的、有教育和指导意义的，甚至是带有幽默感的。那么，这些都是有可能实现的。你与孩子之间的关系和互动方式由一个又一个小互动组成，这些小互动是经过精心设计还是漫不经心的，完全由你决定。我发现，对于潜藏着冲突的情境而言，这条原则是最为重要的。行动之前，在心里想象你希望达成的结果，明确你的目标；这个过程会帮助你生成实现目标的方法与步骤。

3. **"要事第一。"** 在你与孩子的关系中，什么是重要的？作为孩子的家长，什么是最重要的？有哪些阻碍是你必须帮助孩子跨越的，又有哪些责任是你必须帮助孩子承担起来的？我常常在咨询中建议多动症孩子的家长分清什么是"战斗"、什么是"战争"——区分哪些是孩子必须要完成的微不足道的事情（例如，在上学之前整理好床铺），哪些又是孩子必须要达成的重要得多的目标（例如，为上学做好准备，在平和且充满爱意的氛围下走出家门）。司空见惯的是，多动症孩子的家长苦苦挣扎在那些微不足道的细枝末节中。多动症孩子会做错许多事情，在一天中的大部分时间里，家长都在对孩子横挑鼻子竖挑眼。然而，这种与孩子之间的关系是你想要的吗？多动症孩子的家长必须培养一种轻重缓急的意识。

要学着分清与孩子有关的4类任务和责任：（1）重要且紧急的；（2）重要但不紧急的；（3）紧急但不重要的；（4）既不重要也不紧急的。作为家长，我们可能会完成第1类任务而不必为第4类任务浪费时间。复杂的是如何区分第2类和第3类任务。为了不错过那些不太重要的事情（运动、社团活动、音乐课等）的最后期限而争分夺秒并且和孩子争吵，通常会导致没有时间分配给重要但不紧急的事情。例如，你可能做到了让孩子准时参加钢琴课，但是这会毁了你与孩子之间正在好转的关系。

星期天晚上，当你思考下一周的具体安排时，想一想什么是对你和孩子最重要的事情，首先集中精力做这些事情。最先把这些事情安排到时间表里，这样它们就不会被你这周需要做的一堆看上去紧急但相对不重要的事情（例如，给某人回电话、做家务、按时准备晚餐、让孩子按时上床睡觉等）所淹没。而且，需要用这种方法进行安排的不仅仅是与你的多动症孩子有关的事情。除孩子之外，想一想你自己的工作和职责。你是否承担了太多的社团工作、志愿者活动、帮别人照看孩子的工作，等等？对于别人打来电话请求你帮忙但你不太愿意做的事情，你是否需要学习说"不"？

4. **"秉持双赢思维。"** 在与多动症孩子共处的日常生活中，特别是当孩子步入青少年期时，你必须要求孩子完成学校作业、做家务、参加社交活动，并且遵守家规。这其中每一项都需要与孩子进行协商。正如柯维博士所说，无论你与谁进行协商，都要以双赢思维为原则。也就是说，在互动中要抱着这样一种观念，无论任何时候，如果有可能，尽量让你和孩子都能接受你希望达成的目标。不要把目光局限在你希望孩子做什么上；你必须尝试理解你所要求的对孩子来说有多困难。你是否发觉自己一整天都只是对孩子指手画脚、发号施令？这当然很容易做到，但是，这种与孩子之间的关系是你真正想要的吗？谨记以终为始，时刻记得问一问自己，你希望在他人心里你是什么样的人：一个暴君，还是一个令人尊敬的协商者？

假设通常你会让女儿每周清理一次她的房间，一般是在周六。随着设定的打扫时间不断临近，想一想这项家务可能对孩子有何益处，而不要只关注对你的益处。她是不是想有一些额外的时间来玩她最喜欢的电子游戏或看在线电影？她是不是想有和你玩游戏的机会？或者，她这周想不想赚点外快？你可以选择任意一种你认为对孩子有吸引力的奖励方式，然后把这种方式作为你和女儿周六早上口头协定的一部分，例如，"如果你能够在中午之前把自己的房间打扫干净，我们下午就能一起在海边玩儿"。

5. **"尝试首先去理解，然后才能被理解。"** 柯维博士用了一个情绪银行账户的比喻来向我们表述这一原则的重要性。情绪银行账户是指，在我们与他人的关系中所构建的信任有多少——这里就是指你与自己的多动症孩子之间有多少信任。对孩子诚实、友善、礼貌，并且言而有信，就是你存入账户的存款。避免无礼、不尊重、不诚实、反应过度、威胁、侮辱或贬低，以及对信任的背叛，就能增加你与孩子之间关系的平衡度。那么，当孩子在最重要的时刻需要寻求并遵从你的建议时，他很可能会这样做；当你最需要他理解并帮助你时，他也会出现在你身边。

请记住，你对多动症孩子的爱，是他所能依赖的情感支持的基石，因为他是你的孩子，属于你的家庭。请确保孩子了解这一点：你的爱是无条件的——不因他当天的行为是否良好而改变，也不因他在学校的表现是否良好而改变；不因他有多少朋友而改变，也不因他在体育项目或其他业余爱好上的表现而改变。

柯维博士描述了6种你能够存放在情绪银行账户的存款，其中第一种是最为重要的。（1）理解孩子的观点，确保对孩子重要的东西对你也是重要的。做一个称职的倾听者——用你自己的语言思考孩子曾经说了什么，从孩子的视角审视当时的情境。（2）关注小细节，对你的孩子展现微小的友善、爱意与礼貌。（3）对孩子言出必行。（4）在孩子做任何任务或与孩子协商的开始，都要明确自己的期待。（5）展现个人诚信：避免两面派和不诚实；确保自己言行一致。（6）当你从情绪账户中支取时，真诚地向孩子道歉——也就是说，当你做出不友善或不尊重孩子的行为，或者让孩子感到尴尬和被羞辱的行为，抑或未能做到上面的5项时，承认你犯了错。只有当你真正尝试从孩子的视角看待事物时，你才有资格要求他人的理解。

6. **"多管齐下。"** 以崭新的方式与孩子协作，在与孩子互动的过程中，努力结合使用以上所有原则。正如柯维博士所说，结合使用这些方法，能够释放人们内心最强大的力量，让我们可以自由地以别出心裁的方式与人交往。这就意味着，对你与孩子之间这种别出心裁的合作方式可能带来的后果保持开放态度。如果你真的试着放下自己原有的行事方式，将上述5项原则融入养育多动症孩子的过程中，这个过程及其对亲子关系所带来的结果并非完全可预测的。随着孩子不断长大，可能会产生各种波动与变化，而你必须对这些改变保持开放的心态。一些家长因为这样的不确定性而止步不前，但是如果你乐意冒险一试，你就会对将要面对的一切有所准备，在你与孩子牢固的关系以及彼此的信任中获得安全感。要重视自己的孩子与他人之间的差异，针对你们将要一起面临的难题寻找新的解决方式，并且谨记，在养育孩子的方法上没有唯一"正确的"方式。事实上，在生活为你和孩子带来的挑战面前，可能存在着多种卓越的解决之道。

7. **"重整旗鼓。"** 这项原则是其他所有原则的支撑。它提醒你，对于你和多动症孩子来说，你是最重要的资源，你必须照顾好自己，以确保资源的更新。正如柯维博士所说，像机器需要停下来保养一样，高效能人士也需要注入活力。柯维博士指出了人们生活中需要更新的4个维度：生理上的、心理上的、社会和情感上的以及精神上的。生理维度的更新可能意味着摄入适当的营养、锻炼以及压力管理。心理保健可能意味着阅读和拓展知识面、继续接受教育、对创新的追求、想象和规划目标，以及写作。对于社会和情感维度来说，可能意味着你希望为他人服务、展现同理心、与他人协作、与配偶或伴侣建构更亲密的关系，以及通过前文所述的 6 个习惯构建内心的安全感。对精神层面的关怀可能意味着继续澄清自己的价值观和责任感、探究你与所处世界之间的关系，以及思考你的道德准则和人生目标。

司空见惯的是，多动症孩子的家长会把如此多的时间和精力都倾注在孩子身上，而使自己精疲力竭。乍看之下，这种牺牲似乎带有英雄主义和利他主义色彩，但是从长远看，这种行为不但愚不可及，也具有破坏性。无法让自己有自我更新的时间，会导致你能够给予孩子的东西越来越少。正如柯维博士所说，在工业时代，机器如果从不关机保养，从短期看能够发挥极大的生产力，但是这样的机器也极其短命。你能够给予多动症孩子最好的礼物就是自我更新赋予你的力量。

如果你发觉自己难以养成上述 7 条高效能习惯，其实你并不"孤单"——你既不是一个糟糕的家长，也不是一个糟糕的人。有些时候，我们所有人都会感到疲倦、不堪重负、愤怒和短视，正是这些东西妨碍了你心中对上述原则的接纳与践行。真正重要的是，你能够不断努力去提升自我，如果能够做到这一点，我们所有人都能够成功，即便偶尔会止步不前。

成为有执行力的家长

很多多动症孩子的家长都向我诉说过，当教育者与专业人士介入孩子的问题时，他们所经历过的羞愧和羞辱。一些家长说，这是一种迷惑、被误解的感受，或者在参加学校组织的会面时感觉自己被当成多动症孩子对待。他们觉得自己的看法和建议被认为是有偏见或幼稚的而被忽略。家长的总体印象是，介入孩子问题的那些人只想迅速得出结论——为了学校系统或某个专业人士的私利而压缩成本，而不是站在对孩子最有益的出发点上。这类会面的结果就是让家长美好的希望幻灭，使他们对家长-学校之间的关系变得不满意，丧失双方的信任，与此同时，家长对孩子的前途有一种失控感。当面对内科医生或心理健康专业人士时，多动症孩子的家长通常会被误认为是歇斯底里的、容易焦虑的，或者是幼稚的，尤其是当孩子在看医生时行为表现良好的时候。或者，专业人士在没有咨询家长意见的情况下就对孩子使用某种治疗方案，既没有向家长解释治疗方案的原理、目标，也没有对方案的副作用加以说明。

"上一次参加学校会议时，在场的有6个人——孩子的教师、一名心理学家、一名社工、一位学习障碍专家、孩子的辅导员以及校长。我没搞明白他们所说的大部分内容。为了避免感到害怕，并且确保我的儿子能够获得他需要的帮助，下次会面时我能做点什么？"

与给你提供建议的人会面——就是那些介入你孩子问题的教育者和专业人士——并不一定要以上述方式进行。成为有执行力的家长，保持这种态度能够给你信心，让你知道最终主导会面的人应当是你，让你了解到最终对孩子负责的人应当是你。

对孩子的人生而言，你就是个案经理，你必须要以一种积极而有执行力的方式准备为孩子的人生负起责任——相对于绝大多数普通父母来说，你作为责任人的时间要更长。正如你看到的，在孩子日渐成熟的过程中，其他父母会逐渐卸掉自己身上的责任，减少对孩子的控制，但是你却需要负担起对孩子行为绝大部分的管理与控制的责任，因为你的孩子在自我控制与意志力方面受损。在社区中，对于那些掌控着你所需资源的人们来说，你是孩子的拥护者。对于过度的批评与拒绝来说，你是孩子的缓冲器。

毫无疑问，你早已知晓了这些，但是，当你遇到某些人（这些人原本应当与你和你的孩子结成统一阵线来解决问题）时，却可能让你感觉无力与幻灭。成为一名有执行力的家长正是夺回这些力量的方式。无论专业人士能够为你提供多少帮助，你都不应当指望他们替你承担这个角色。当然，确实有一些专业能力强又富有同情心的专业人士能够为你提供咨询服务，但是，专业人士在你的生活中来来去去，即便他们愿意一直为你提供服务，在他们的日程表上也还有很多其他安排。

只有你是能够确保将孩子放在首要位置的人。其他人能够提供的只能是药物、特殊教育、咨询服务、家庭辅导、体育教练，以及其他一些特殊服务。而你永远都是孩子的关键人物，你的作用是协调上述这些活动以及参与到活动中的人，你来决定孩子什么时候需要哪些服务、有多需要这些服务，以及在一段时间内孩子能够接受多少服务。任何时候，当你认为孩子继续接受服务项目并不能给孩子带来最大化收益时，你就应当更换服务内容，或者终止服务项目。当然，你要听取并积极评估自己得到的各种信息。但如果专业人士只是因为比你的学位更高或者受过更多的教育，就对你颐指气使或威逼胁迫，让你的孩子参与这种活动或接受那种服务，你就应当换掉这个人。

成为有执行力的家长，这一主题将在本书中多次重申。明确地提醒自己作为决策者的身份，会鼓励你表现得更像一名执行者：

- 征求建议与信息；
- 在不确定时向他人提出问题；
- 让你确知孩子在每一个系统内（学校系统、健康保健系统，等等）接受着怎样的照料；
- 在各种选择面前去芜存菁；
- 有所抉择；
- 选择那些对孩子最有利的方案。

你可以使用本书中的内容，让自己成为一名有执行力的家长，在踏出每一步之前，都以孩子的最大利益为重。

这样做的收益是巨大的。仅仅是以富有执行力的模式思考就能赋予你对自己的命运、孩子的命运的一种内在掌控感。它会驱走无助感，让你夺回被他人占据的位置，成为首要的主导者。作为多动症孩子的家长，所有这些都能让你成为一个更加高效的决策者。随之而来的收益还不止这些，这还会让你获得来自专业人士的尊重，他们是你绕不开的一群人，此外，这也会让你获得一种对自己的自豪感与尊重感，强化你作为家长的角色与地位。

成为懂科学的家长

协助你作为一名有执行力的家长开展工作的这种方式，我称之为科学的育儿之道。科学家承认某些事物不确定性的存在，然后去寻找关于这个问题尽可能多的信息。科学家质疑一切。他们对新信息保持开放态度，对未能得到事实支持的论调保持一贯的怀疑态度。最后，科学家对处理事物的新方法进行实验，然后基于实验结果改善自己的计划。就像发现癌症的某种治疗方案一样，上述步骤对于多动症孩子的家长来说同样有效。

承认不确定性

要成为懂科学的家长，就意味着你必须要承认你（以及包括我在内的所有专业人士）并不了解养育多动症孩子的方方面面。当你面对孩子的新问题时，要记住，当你对某些事情越确定，就越有可能犯错。许多家长对孩子多动症患病原因的解读或某种治疗方案是如此的执着，以致他们会无视其他潜在的有用信息。

寻求知识

你得承认，你并不了解一件事情是如何自然地触发第二件事情的，而这些正是优秀的科学家所擅长的：寻求知识。这也是你应该做的。你应对知识保持渴求的态度。你需要学习关于多动症及其治疗方案尽可能多的知识。如果不了解客观事实，你根本就无法成为一名有执行力的家长或懂科学的家长。科学家在研究一个问题之前，他们会对有关该问题的已知文献进行检索。就算科学家无法从文献检索过程中获得对自己关注的问题的答案，他们也能发现别人所犯的错误，从而避免重蹈覆辙。然而，他们也可能会找到有价值的信息，指引他们向更好的方向前进，而不一定是他们最初设定的方向。你也必须做同样的事情。阅读！倾听！寻找！质疑！要尽可能多地发现关于孩子病症的合理的信息。阅读本书，你就已经踏上了征程。像科学家那样，作为家长，你对多动症的了解越多，你重复他人错误的可能性就越小，你为孩子指出一个正确前行方向的可能性就越大。

批判性地评估信息

一名优秀的科学家会对新观点保持开放态度，但是会质疑这些观点，他不会想当然地把这些观点当作科学发现来接受，而是会先把它们付诸实验。无论你发现了什么，都要保持开放心态，承认这些信息为你的研究所带来的价值，但是要质疑一切。做好抛弃某种经不住批判性检验的理论或假设的准备。

你应该成为一名关于多动症新信息近乎严苛的批判性消费者。不要轻易接受你所听到或读到的所有内容。你应对每种观点都保持开放心态，但是也应当挑战这种观点，检验它并批判它。还应征求他人关于这种观点的意见。如果新信息能够经受住这样的逻辑审视，那么它就有可能是正确的，能够帮助你理解多动症孩子，并帮助你养育多动症孩子。但是，对于任何新观念，永远都要去寻找证据，在新信息与你已知的信息发生冲突时，尤其应当如此。

进入全美家长支持团体的网站，如儿童和成人注意缺陷/多动障碍协会（Children and Adults with Attention-Deficit/Hyperactivity Disorder，CHADD）或注意力缺陷障碍协会（Attention Deficit Disorders Association，ADDA）的网站——本书后文会介绍有关他们的其他信息——看看他们对这个新概念有什么了解。与当地的专业人士交谈，了解他们对这个问题的看法。向宣传新疗法的人索要任何支持其主张的已发表研究文章的副本。这可以使你不至于贸然接受一种未经证实的治疗方法，因为这种治疗方法可能会浪费你的时间和金钱，甚至可能对你的孩子有害无益。

你也许可以考虑上网查询更多关于多动症的信息，但是要对你找到的内容保持万分警惕。一次搜索，比如使用谷歌搜索，有可能产生上百万条"结果"，以及上百个网站链接，其中很多是服务于商业利益的内容，而余下的则可能是某些极端团体的宣传。从我的经验来看，网上提供的信息并不十分准确，带有极大的偏见，通常是服务于产品销售的，其中许多都是未经证实的"备选"治疗方案。我所见过的最好的、能够提供最有价值的信息且最能提供帮助的网站，都是由一些专业组织或非营利机构开发的，它们致力于为多动症儿童争取权益，不会销售任何东西。我在本书末介绍了这些组织或机构的信息。你还可以在网上找到我在会议上的演讲视频。

你也需要对关于多动症的观点特别持批判态度。在本书第一版出版的时代，大众传媒和各种特殊利益组织曾经发出了很多错误且误导公众的声音，包括对多动症作为一种疾病存在的合理性的质疑、关于多动症的诊断、关于多动症的病因，以及关于多动症的药物治疗方案。尽管这些论调缺乏科学证据的支持，但它们被广为传播，就好像真的得到了有效研究的支持一样。关于这些问题的客观的、基于事实的探讨在本版内容中都有所涉及，特别是在第一章、第三章和第四章。

在本书中，一个被频繁提及的观点是，真理是一个集合而成的实体。真理不出自唯一源头，也不出自某一本书或某一个人，真理来自我们对某一议题越来越多的信息积累。

实验和修正

成为懂科学的家长的下一步是实验。当旧方式似乎不再起效时，意味着家长需要以新方式践行育儿之道，或以新方式管理孩子的行为，本书后文推荐了一些方法。你要学会使用源自实验的结果来修正你关于问题的想法，并且使用这次实验的结果来指导对该问题的下一次实验。诚然，对于多动症孩子的家长来说，实验与修正是一个永远不会停歇的过程。

一次实验失败了，无须灰心气馁。你可以吸取你在这次实验里学到的教训，尝试用不同方式解决当前的问题。这一次，你的努力也许就能帮助你的孩子。无论如何，不要停止尝试。永远不要武断地认为，某一次特定计划的失败就意味着你是糟糕的家长。当你回头审视时，告诉自己：你在履行一名有执行力的家长的职责，为自己的孩子尽力做到最好，下一次计划也许会有效。

在本书中你会发现什么

因此，本书的终极目标是：赋予你力量，帮助你成为一名懂科学的、以原则为核心的，并且具有执行力的家长，在养育多动症孩子的过程中，在遇到许多艰难险阻时，能让自己的方式尽可能地有效。在接下来几章中，你会读到最新的信息以及指导方法，让你与这个领域最前沿的发现和知识保持同步。你会在本书中读到有关照料孩子的建议、维系家庭的建议，以及在这个过程中维系你自己的健康与幸福的建议。在本书中，我将告诉你的是数千名家长的集体智慧集结而成的基本原则——这些原则能够为你提供养育一个健康快乐的孩子所需的日常建议，也能帮助你摆脱膝跳反射似的本能反应，从挫败感与愤懑中解脱出来。

本书主要分为四个部分。在第一部分，我将展示的是最新的研究发现：什么是多动症、多动症的成因是什么（以及同等重要的：什么不会引发多动症），以及所有这些对于治疗多动症的价值。在第一部分中不可或缺的是我对多动症理论的探讨。我认为多动症并不仅仅是注意力和冲动控制能力的缺陷。相反，我认为，这是一种基本的、对自我调节泛化的缺陷，这种缺陷对执行功能的损害尤其明显——着眼于未来的能力以及控制自身行为的能力都是建立在这种对事物的先见之明之上的。在第一部分，你还会了解，随着多动症孩子日渐长大，作为家长的你会遇到哪些问题，以及孩子患有多动症会对家庭造成哪些典型的影响。在掌握了这些知识之后，你才能做到有备无患，作为一名懂科学的家长承担起自己应有的责任。

本书第二部分旨在让你为成为一名有执行力的家长做好准备，该部分从专业人士对多动症孩子的评估开始。了解将会发生什么、你可以使用哪些资源，能够帮助你从一开始就对孩子的命运加以掌握。在这个部分，你还能发现我对养育成功的多动症孩子提出的12条原则。将这些原则作为本书中讨论的一般性有效育儿习惯的补充，你就会拥有一个坚实的框架来应对家庭中多动症可能带来的日常挑战。所有聪明的执行者都会照顾好自己并承担起自己的责任，因此第二部分还会关注父母的需求，告诉你当孩子被诊断为多动症时，你要如何应对自己产生的自然的情绪反应，如何在经年累月照顾多动症孩子的过程中为自己充电。

在本书第三部分，你将看到的是管理多动症孩子症状及相关问题最有效方法的完整描述，无论你的孩子是学前儿童还是青少年。在这里，我提供的是数十条经实践证明有效的技术，旨在帮助你承认及处理孩子的障碍，而不是否认它们及与它们徒劳地抗争。充分运用这些方法能够为你的家庭重新带来和睦；帮助你的孩子与同龄人和谐相处，提升他在学校的成就，并且提升与此相关的且最重要的自尊心；同时改善孩子的行为，让他成长为适应良好的成人。我不能也不会向你保证奇迹会发生，但是我确定，你会惊喜地发现你和孩子能够坚持一起完成很多事情，并构建起相互理解及同情的关系。

最后，本书第四部分列举了当前经常被推荐的用于治疗多动症的常见药物。

第一部分

了解多动症

第一章

什么是注意缺陷/多动障碍

注意缺陷/多动障碍，或者称为多动症，是一种自我控制的发育障碍。多动症孩子在注意广度、冲动控制和活动水平上存在明显的问题。但在本书中，你会发现多动症远不止这些问题。这种障碍还反映在对意志力的损害上，孩子对自身行为的控制能力会随着时间的推移而下降，即孩子很难牢记未来的目标和后果。多动症并不像其他书中所说的那样，仅仅是注意力不集中或多动。在大多数情况下，它也不仅仅是一种暂时状态，不会随着年龄的增长而消失，它不是一段困难但正常的童年阶段。多动症并不是由于父母不正确的管教或养育方式造成的，也不是孩子天性"坏"或道德败坏的信号。

多动症是真实存在的：它是一种真实的疾病，一个真实的问题，并且通常是一种真正的障碍。如果得不到正确的处理，多动症会让人非常受伤和头疼。

"为什么他们不为那个孩子做点什么呢？"

我们很容易理解为什么人们不把多动症看作和眼盲、耳聋、大脑性麻痹或者其他生理疾病一样的问题。患有多动症的孩子看起来就和正常人一样。没有任何外显的信号表明这些孩子在中枢神经系统或大脑中有生理性问题。事实上，研究表明，和正常儿童相比，多动症儿童的大脑确实存在一些微小的差别，这些差别造成了他们动作不断、冲动控制能力差、注意力涣散等人们觉得难以忍受的行为问题。

现在，也许你很熟悉别人对多动症行为的反应。一开始许多成人试图忽视孩子插嘴、脱口而出的话语以及对规则的违背。但是在孩子不断出现这些表现之后，他们试图对孩子施加更多控制。如果孩子毫无改善，大部分成人就会认为孩子是故意做出这些行为的。最后大多数人会得出一个错误的结论：这个孩子的问题源于对他施行的教养方式。这个孩子需要更多管教、更多条条框框、更多限制，不能溺爱。人们会认为孩子的父母是无知的、粗心的、纵容的、不参与的、不爱护的，或者用现在的话讲就是"功能失调的"。

"那么，为什么他们不为那个孩子做点什么呢？"

当然，父母通常在努力。但是，当他们解释说自己的孩子被确诊为多动症时，那些旁观的"审判者"就会持怀疑态度。他们觉得这个标签是父母不好好养育孩子而用来逃避责任的借口，也把孩子归类为无助的、不需要为自己的行为负责的受害者。这种伪善的反应——消极地看待孩子的行为，同时给孩子贴上"正常"的标签——让那些旁观者可以继续自由地责备孩子的父母。

即使不那么严苛的观点——认为多动症行为只是成长过程中的一个阶段，随着孩子的成长会有好转——从长远来看也不容乐观。很多成人，包括一些专家，劝告家长不用担心。"稍微忍耐一下"或者"让他们保持忙碌"，这些人向家长建议，"到了青春期，这些孩子的问题就会得到解决"。在一些比较轻微的多动症案例中，这是真的：在被诊断为多动症的儿童中，有 1/6 ~ 1/3 的人在成年后的行为基本上在普通人的范畴内，虽然他们和普通人比起来仍然更好动。如果你的孩子处于学前阶段，并且多动症症状更加严重，上面这种建议就起不到太大的作用了。对于 7—10 岁的孩子来说，建议"稍微忍耐一下"是难以起到安慰作用的。更糟糕的是，这个建议可以说是极其错误或有危害性的。一个患有多动症但被放任且不采取治疗措施的孩子，他今后多年的生活会被挫折和失败所充斥。高达90%的多动症孩子在学校表现不佳，高达30%~50%这样的孩子有过至少一次学校留级的经历。多达40%的孩子需要特殊教育服务。但是，自20世纪90年代初以来，由于多动症被纳入了特殊教育法律和权利，现在患有多动症的青少年高中毕业率接近正常儿童——而在早些时候，有35%的孩子无法高中毕业。这些专门措施带来的积极影响表明，多动症是一种有特殊需求的真实的疾病。对一半这样的孩子来说，社会关系严重受损，60%以上的孩子因为严重的违抗行为而受到兄弟姐妹的误解和怨恨，经常受到责骂和惩罚，这样的孩子在将来有更大的可能会出现犯罪或物质滥用的行为。孩子生活中的成人没有帮助孩子辨识多动症并进行治疗，会给孩子在主要生活活动的许多领域带来不间断的挫败感。

"多动症有没有被过度诊断？大多数孩子都粗心大意、活泼冲动，难道不是吗？"

这句话说得既不对又对。多动症在大多数人群中都未得到充分诊断，在美国的任何一个社区里，20%~40%的多动症儿童都未得到诊断或治疗。但大多数孩子偶尔都会表现出注意力不集中、过动或冲动的迹象。多动症孩子和其他儿童的差别主要在于，这些行为表现的频率和严重程度都要大得多，以及多动症儿童在生活的许多领域都可能经历更加严重的损害。

想象一下社会要为此付出的代价，据保守估计，5%~8%的学龄儿童，或者说370万~590万学龄儿童，患有多动症。这意味着，在美国每个班上至少有1个，甚至2个多动症孩子。也就是说，多动症是目前专家所知的最为常见的儿童疾病之一。最后，这也意味着，无论我们是否能够辨认出来，我们每个人都认识一些患有多动症的人。

多动症给社会带来的代价是惊人的，不仅是成人的生产力下降和就业不足，而且包括再教育。那么，社会在个体受教育不足，更容易发生事故，更有可能从事反社会行为、犯罪和物质滥用方面的成本又是多少呢？即使今天的高中毕业率因特殊教育项目而有所提高，但与普通儿童相比，多动症儿童离开学校时成绩更差、学业知识更少，而且进入大学或接受技术培训的可能性更小，所有这些都对儿童和社会产生了巨大的经济影响。具体的统计数据列在下面的专栏中。

多动症的社会成本

- 超过 20% 的多动症孩子曾经在社区引发严重火灾。
- 超过 30% 的孩子曾经出现偷窃行为。
- 超过 40% 的孩子会过早地陷入烟草和酒精相关的问题。
- 超过 25% 的孩子因为严重的行为不当被高中开除。
- 在开始独立驾驶的前 5～10 年，被诊断为多动症的青少年的超速驾驶记录是普通人的 4～5 倍，车祸是普通人的 2～3 倍，而且多动症患者因车祸造成的损失或者身体伤害是普通人的 2～3 倍，因为交通问题收到法院传票的可能性也是未患多动症的年轻人的 3 倍。
- 据估计，一个未能高中毕业的年轻人为社会带来的损失在 37 万～45 万美元，这些损失包括潜在的工资、税收，以及其他对社会可能的贡献，还包括对社会服务和医疗更多的需求。
- 据估计，如果要养育一个多动症儿童，家庭在医疗费用上的支出是养育普通儿童的 2 倍以上，这个数字还不包括治疗多动症的直接费用。这些花费主要来自多动症孩子更频繁地出入急诊室和对其他门诊服务更大的需求。

对以上这些后果的认识引发了人们努力地想去进一步了解多动症。超过 5 万篇科学论文以及 200 多本教科书致力于讨论这个话题，还有相同数量的针对父母和教师的相关书籍。在过去的 230 年中，无数的新闻报道都提到了多动症，医学界已经认识到这种疾病是一个严重的问题。许多当地的家长支持协会如雨后春笋般涌现，其中最引人注目的是儿童和成人注意缺陷/多动障碍协会，它已经发展为一个拥有5万多名成员的全美组织。至少有五个专业组织会在每年的会议计划中列入大量有关多动症的科学报告，其中一个专业组织是在将近20年前创立的，专门为专注于多动症的专业人士服务［美国多动症及相关疾病专业协会（American Professional Society for ADHD and Related Disorders）］。（更多信息见本书末的"家长支持服务"。）如果这种障碍真的像有些评论家声称的那样——不是一种真正的疾病，那么你很难预料到这一切。

事实与谎言

就像引言中提到的，大量关于多动症存在的合理性的未经证实的信息不断吸引着媒体的注意力。除了面对来自朋友、家人和教师的质疑，这些鱼龙混杂的信息让家长接受对孩子多动症的诊断，并进一步采取治疗措施变得更加困难。让人感到些许安慰的是，早在20年前，来自世界各地的近100名致力于多动症研究的科学家齐聚一堂，在2002年1月共同签署了一份联合声明，声明中确认，多动症是真实存在的，并且多动症确实会对已确诊的个体造成不利影响。几年之后，100多名欧洲专家也在这份声明中签上了自己的名字，这一版本在德国出版。目前更新版本的联合声明正在签署中，会有更多专业人士和国家参与进来。原始版本的声明全文可以在《临床儿童与家庭心理学评论》（*Clinical Child and Family Psychology Review*, Vol. 5, No. 2, pp. 89–111）中找到。除此之外，现在我们可以确知以下事实。

谎言：多动症不是真实存在的，因为没有证据显示多动症是确凿疾病或大面积脑损伤所带来的后果。

事实：多项已被证实的疾病并不具备明显的疾病或病理学证据。多动症便是其中之一。然而，多动症与大脑发育和功能的显著延迟以及大脑各区域之间的连接模式紊乱有关。

没有明显的脑损伤（如疤痕、脑萎缩、囊肿或肿瘤）或疾病（感染）的证据支持的障碍包括大多数智力障碍（例如各种脑部扫描方法均未发现唐氏综合征患儿有明显的疾病或损伤）、儿童孤独症、阅读障碍、语言障碍、双相情感障碍、重性抑郁症、精神病，以及医学病症，包括早期阿尔茨海默病、多发性硬化初始发作和多种癫痫症。大脑在发育进程中的问题或者大脑在神经细胞层面的功能性问题，是造成多种障碍的原因。其中一些是遗传疾病，造成这些疾病的原因是大脑在发育过程中的偏差，而不是脑损伤或微生物对大脑组织的入侵。事实上，我们目前不了解在脑细胞层面造成这些病症的原因并不代表这些疾病就不存在。正如在本章后面的"多动症是什么？"这一节中，把这种障碍定义为一种"有害的功能失调"，不存在明显的病理学成因。

至于多动症，现有毋庸置疑的证据表明，在我们接触到的病例中，绝大多数病人或者有发育迟滞的问题，或者在大脑早期发育过程中有轻微的脑损伤，或者有脑功能异常（在所有病例中，超过2/3的病例是遗传原因，其余病例是在怀孕、分娩或幼儿期受伤或遭受逆境）。本书的第三章将更加深入地揭示造成多动症的遗传因素。在一些由遗传因素导致的多动症病例中，很多研究使用脑部成像技术发现，多动症孩子大脑表面的灰色区域比同龄其他儿童要小3%～10%，尤其是在大脑的额叶，并且多动症孩子大脑的成熟年龄也比同龄人晚2～3年。最近的研究还发现，多动症孩子大脑主要网络之间的连接模式明显异常，被称为白质功能连接中断。多动症孩子大脑的某些部分也被发现不那么兴奋或活跃，或表现出异常的活动变化。虽然大部分多动症病例似乎是由这种遗传因素以及大脑发育和功能障碍造成的，但直接的脑损伤和脑部疾病也会导致多动症的发生。在怀孕期间饮酒的母亲的孩子患多动症的概率是正常母亲产下的孩子的2.5倍。多动症不仅与胎儿酒精综合征有关，而且与妊娠期间母体的反复感染有关。受到新生儿重症监护的早产儿可能出现少量的脑部出血，继而增加其罹患多动症的风险。众所周知，大脑额叶受到严重创伤的儿童可能因此出现多动症的症状。所有这些事实都证明，任何扰乱大脑额叶区域正常发育或正常功能的因素都可能会导致多动症，此外，任何扰乱大脑额叶区域与其他脑区（如纹状体、前扣带回以及小脑）连接的因素，也有可能会导致多动症。碰巧的是，大多数病例并不是由如此严重的损伤导致的，而是由于这些关键脑区的早期神经发育或正常功能出现问题。不久的将来，我们将更精确地理解这些问题的本质，但就目前而言，缺乏准确的认识并不能说明这种疾病不是真实存在的。如果器质性损伤或疾病是诊断的关键标准，那么绝大多数的精神障碍、几乎所有的发育障碍以及大量医学疾病都可以被认为是虚无的。这样一来，无数忍受这些病痛的患者将无法得到治疗，也不会再有人对这些病症进行深入的探索了。

谎言：如果多动症是真实存在的，一定有实验室测试能检测到它。

事实：对所有现存已知的"真实"精神障碍都没有任何的医学检验。

正如我们没法给多动症孩子做测试来进行检测一样，没有任何一种方式能够检测到精神分裂症、双相情感障碍、酗酒、妥瑞氏症、抑郁症、焦虑症或其他已经确知的精神疾病，以及很多其他常见的疾病，如关节炎、多发性硬化的早期阶段和阿尔茨海默病等。然而这些问题是确确实实存在的机能障碍。

谎言：多动症肯定是一种美国人虚构出来的病症，因为它只有在美国才能被诊断。

事实：许多研究已经表明了为数众多的国家——包括不同文化、不同宗教——均有儿童患多动症。多动症的全球儿童患病率为 4.5% ~ 5.5%，成人患病率为 3.5% ~ 4.5%。

举例来说，一些对多动症持怀疑态度的人声称日本没有多动症病例，但实际上日本有多达 7% 的儿童患有多动症，法国高达 7%，新西兰高达 7%，这只是迄今为止研究过的许多国家中的几个。多动症是一种全球范围的疾病，在所有被研究过的国家里均有发现，也许其他国家没有使用多动症这一术语。有些国家对多动症的疾病成因和治疗方法所知甚少，甚至可能还没有把多动症列入正式的疾病诊断系统（取决于国家的发达程度）。在斯堪的纳维亚半岛的国家，如挪威、瑞典和丹麦，多动症的患病率也相对较低。目前尚不清楚，这是因为这些国家的父母更不愿意报告孩子的行为问题（或者以英语为母语的父母更愿意这样做），还是因为相对于其他西方国家，这些国家的全民医疗保健更好、更广泛，这可能会降低患多动症的风险。但是毫无疑问：多动症是一种确实存在的障碍，并且在全世界范围内普遍存在。

谎言：在过去的一二十年中，多动症的诊断率以及治疗多动症的兴奋剂处方数量激增，因此多动症现在被广泛地过度诊断。

事实：1998年年底美国国立卫生研究院（National Institutes of Health, NIH）关于多动症的共识发展会议、2002年美国卫生局局长发表的一份关于美国儿童精神健康的报告、2005年美国疾病控制和预防中心发布的"美国国民健康调查（National Health Interview Survey）"，以及美国国家精神卫生研究所（National Institute of Mental Health, NIMH）2005年和2010年发布的"美国国家共病调查复核（National Comorbidity Survey Replication）"均显示，对儿童多动症（及其他疾病）的诊断不足和治疗不足是美国的重大问题，而且今天仍然如此。

几项研究表明，在美国，对多动症儿童的识别已经有所改善，60%～80%的多动症儿童得到了诊断，其中1/2～2/3的孩子接受了药物治疗。即便如此，仍然有相当一部分的多动症孩子没有得到适当的转诊、诊断或治疗。对于患有多动症的青少年和年轻人来说，情况甚至更糟，我们发现他们的诊断和治疗不足的比例要高得多，尤其是在少数民族社区。另一个问题是，针对多动症孩子的服务在全美范围内都是不一致且不稳定的，并且经常达不到标准的护理要求。因此，在美国，多动症或其他任何儿童精神障碍被过度诊断或过度用药的说法缺乏可信的科学证据。

多动症诊断和兴奋剂治疗增加的一个可能原因是，该疾病的患病率实际上可能有所升高。然而，我们并没有太多跨越几代人的关于精神障碍在儿童中发病率的研究数据。少量研究表明，在过去两代儿童中，多动症发病率并无明显的上升趋势，但是其他一些障碍的发病率确实有所提高，比如对立违抗障碍（oppositional defiant disorder，ODD）、品行障碍和孤独症谱系障碍。我们所看到的主要情况是，大众对多动症的认知有所提升，因此被转诊或者被诊断出多动症的孩子的数量也随之增加了。在过去的30年里，在对美国大众普及多动症方面已经取得了巨大的进步。由于自20世纪70年代以来对这种疾病的大量研究，自20世纪90年代以来，各种家长倡导团体提高了公众和政界对多动症的认识水平，增加了对这种疾病的专业教育，并在美国《残疾人教育法案》（Individuals with Disabilities Education Act，IDEA）和《美国残疾人法案》（Americans with Disabilities Act，ADA）中承认多动症是一种合法的障碍，更多患有这种疾病的儿童（和成人）得到了适当的诊断和治疗。但我们还有很长的路要走，特别是对于患有多动症的女孩、青少年和年轻人，与患有多动症的男孩相比，他们仍然没有得到充分的诊断和治疗。

最近，同样的情节似乎也在其他国家上演，例如加拿大、澳大利亚、英国、意大利、西班牙和斯堪的纳维亚半岛，在这些国家人们为多动症的公众和专业组织教育投入了更多的努力。在这些努力之下，更多的孩子接受专业帮助，得到正确的诊断，并可能接受多动症药物治疗和其他治疗。因此，在美国，病例的增长很可能是因为更多的人意识到了这种疾病的存在。

总之，大量事实表明，并不存在对多动症过度诊断或过度用药的情况，尽管在过去20~30年间，在美国这两种情况都有明显增加。的确，在过去的10年里，男孩多动症的诊断率和药物使用率一直很稳定，但女孩、青少年和成年人的诊断率继续上升，因为他们在前几代人中最有可能被误诊且得不到有效治疗。这并不是说，在美国一些地区完全不存在对儿童多动症过度诊断的问题，也不是说完全不存在对多动症的过度药物治疗，但是，这些都是局部的问题，并非整体。

看待多动症的角度

人们对多动症的强烈兴趣促发了大量的相关研究。每年有超过1300篇研究这种疾病的文章在科学期刊上发表，自2013年本书第三版出版以来，已经累计发表的文章数量超过了9000篇。正如我将在第二章中详细阐述的一样，一项持续到20世纪90年代的研究让我在1997年对多动症形成了新的观点，并在2012年进一步修正了这一观点——这种观点在首次被提出并被临床专业人士越来越多地采用以来，不断得到了相关研究的支持。我将多动症视为一种发育障碍，这种障碍导致多动症孩子无法着眼于未来进行行为的自我调节。我相信，这种障碍源于大脑特定网络的不稳定活动（主要是活跃度不足），随着大脑的成熟，这些大脑网络将对一个人的行为抑制、自我激活、自我组织、自我调节、远见以及时间管理产生重大影响。这种变化无常或活动不足所导致的行为功能障碍，在儿童时时刻刻的行为中相对隐蔽，它会对个体处理重要的日常事务的能力产生有害的、隐蔽的、灾难性的影响，而人类正是通过这些日常事务为未来做准备的，无论是近还是远。

多动症的日常影响很微小，但对孩子适应功能的影响很严重，这一事实导致在20世纪里，人们对多动症的表述和观念发生了许多改变。这就解释了，试图探讨问题本质的临床科学对多动症定义的转变。在1775年时，人们对多动症的定义是模糊的、不明确的，认为多动症是一种注意力障碍［德国人梅尔基奥·亚当·魏卡德（Melchior Adam Weikard）的观点，正如我在2012年与医学博士赫尔穆特·彼得斯（Helmut Peters）的文章中讨论的那样］；在1798年时，人们的观念依旧如此［见苏格兰人亚历山大·克赖顿（Alexander Crichton）的观点］；到了1902年，多动症被认为是道德自控力上的缺陷［见英格兰人乔治·斯蒂尔（George Still）的观点］；到20世纪60年代至80年代，对多动症的看法日益清晰和具体，即多动、注意缺陷以及冲动；再到20世纪90年代出现了更具概括性的术语：自我调节。我们对多动症儿童的异常性的认识有一个从非常笼统到非常具体的演变过程，这是一个知识上的质的飞跃，但也让我们失去了从更广泛的层面了解这种行为如何影响孩子的长期社会适应性的视角。

然而，到了20世纪90年代，临床科学的眼光开始从关注多动症孩子具体社会交往的微观视角转开，再次投向了关注多动症孩子长期社会性发展及其他后果的宏观视角。这在很大程度上要归功于对多动症孩子长达20多年的追踪研究，这类研究包括我和玛丽莲·费希尔（Mariellen Fischer）博士在密尔沃基的威斯康星医学院的研究、马纽哲（Mannuzza）博士和克莱因（Klein）博士在纽约大学医学院的研究、维斯（Weiss）博士和赫克特曼（Hechtman）博士在蒙特利尔儿童医院的研究、洛尼（Loney）博士在爱荷华大学的研究、辛肖（Hinshaw）博士及其同事在加利福尼亚大学伯克利分校的研究、伊尔贝里（Gillberg）博士及其同事在瑞典哥德堡的研究，以及其他一些研究工作［参见2008年出版的《成人多动症：科学观点》（*ADHD in Adults: What the Science Says*）一书］。我们现在已经了解到，这些瞬间的多动症行为"原子"如何形成日常生活的"分子"，这些日常生活的"分子"如何形成代表每周、每月导向未来的自我调节、构成我们的社会存在的更大的"化合物"，以及这些社会"化合物"如何形成更大的历经多年、横跨多个生活主要领域的阶段或结构。因此，我们看到多动症并不仅仅是某个时间点上的多动或注意力涣散，也不是无法完成今天的工作，多动症是行为的自我调节、组织以及导向未来生活的能力的相对损伤。这是一种范畴更广、眼光更长远的观点，它将多动症视为一种执行功能（未来导向行为）障碍，一种自我调节障碍，这也解释了为什么多动症患者无法适应社会生活的需求。这种观点进一步解释了为什么多动症患者总是无法达成目标、实现自己设定的未来，或者达到他人的期望。如果我们记得那些多动症患者的行为总是专注于当下或"现在"，而不是"以后"的生活，并且这是有神经科学基础的，那么我们就不应对多动症患者的行为进行如此严厉的批判。如果我们依据单一行为的直接后果进行判断，那么我们所谓"正常"的成人有一半的行为是让人难以理解的。例如，我们摒弃吃大量糖果或垃圾食品所带来的即时回报，而选择吃少量的蔬菜、坚果或浆果，这样做是为了关注我们目前的体重和健康，尤其是未来的体重和健康，这是其他动物无法理解的。除了人类，没有其他生物会为未来考虑和行动。人们的大多数行为是根据我们脑中对未来的计划做出的。同样，我们难以理解——并且快速地批评——那些多动症患者的行为，因为我们希望他们能够做到自我克制，能够预见未来，而不是只关注当下。对于多动症患者来说，只有"现在"。我们难以忍受多动症患者的行为方式以及他们做出的决策，我们也难以忍受他们对发生在自己身上的负面结果的抱怨，我们难以忍受的原因是我们没有被多动症所困扰，我们能够预见未来的走向，并且据此来调整当前的行为，而这是多动症患者无法做到的。直至现在，临床科学界才开始明白上述内容是多动症的重要特征，并将多动症视为一种未来导向行为的障碍，我称之为时间盲目性（time blindness）。

你见过这样的孩子吗？

在下面的案例中，我描述的这些孩子在读者看来也许非常熟悉。他们是我30多年临床经验中的真实案例（考虑到病人的隐私，我更改了他们的姓名和其他身份特征）。他们的故事会给你一些直观的感受，即多动症孩子如今普遍的生活情形。在阅读的同时，你也许会发现，如果他们的父母、教师和身边的其他人能够理解他们在执行功能上的缺陷——无法展望未来，也无法调节自身的行为，那么这些孩子的生活会大有不同。但是，你也应该知道我们在此领域已取得的进展。为了给读者展示现今这些孩子的境遇有多么大的改善，我也将讲述在过去这些孩子是如何被对待的。

"我的孩子有多动症吗？"

埃米的案例：不断挣扎

埃米是一个可爱的7岁小姑娘，她的父母罗丝和迈克尔非常关心她。罗丝和迈克尔告诉我，他们对埃米提要求时必须多次重复——与埃米的兄弟姐妹相比要多说很多次，而且很多时候他们不得不在具体事情上亲自指导埃米，比如穿衣服、脱衣服或者收拾玩具。埃米似乎对写作业、做家务或其他人要求她做的事情很不专心，除非她对手头的事非常感兴趣。当全家人一起吃饭或看电视的时候，埃米也很少能安稳地坐着，该睡觉的时候也很难好好待在床上。她喜欢到处跑而不是走，并经常爬到家具上，在房间里哭个不停。

在家庭聚餐的时候，埃米似乎很难让别人把要说的话说完，她总是脱口而出自己的想法然后完全改变话题。埃米喋喋不休，以致她的兄弟姐妹送给她一个外号"马达嘴"。

当埃米的父母告诉她不能做什么事情的时候，埃米立刻会变得好争辩、生气、愤愤不平以及有攻击性。她常说"我不管，我就要"，然后不断重复她的要求，大发脾气。当她被告知收拾一下自己的玩具、把脏衣服整理好或者准备洗澡时，她就噘着嘴，把手臂抱在胸前大声说"不"，或者直接无视父母的要求，继续玩耍或走出房间。

埃米的父母发现她做事情之前并不思考。她总是直接冲进其他孩子的游戏中，不顾别人在干什么或者她自己是否受欢迎。她必须要控制整个游戏，当孩子王，如果别人不听她的，她就会感到十分沮丧和愤慨。她在参加社交活动时情绪最为高涨，在别人的派对上，她兴奋不已，大呼小叫，比当天过生日的主角还要惹人注目。她在参加游戏时过于激动，根本无法和别的小朋友轮着玩。游戏结束之后，她也很难安静下来再去参加一个更为缓和的活动，比如吃生日蛋糕。她甚至会替小寿星拆开生日礼物！

埃米很容易嫉妒别的孩子，不时将其他小朋友有而自己没有的玩具带回家。她会吹嘘自己的成就，编造很多细节。她的同伴和那些孩子的家长认为她直率的评论很粗鲁，她的游戏行为既不专注又自私。小伙伴纷纷不再和埃米玩了，现在也没什么人愿意邀请她到家里去玩了。邻居家的小朋友开始在背后议论她的"怪异"和"亢奋"。埃米的父母十分担心她不久之后就会没有朋友，以及由此会引发她负面的自我评价甚至抑郁。

除了她对大多数事情采取"毫不介意"的态度之外，埃米在学校课业方面完全依赖父母和教师的帮助，她时常抗议说"我很烦躁！"或"我恨这些！"。埃米完成作业的情况落后于测试所显示的她的能力，她的学业也开始落后于同班同学。她觉得要集中注意力听讲很困难。她上课时和同桌窃窃私语、涂鸦、起身四处走动，研究教室后面的鱼缸或者经常走到垃圾桶和削笔器旁。

学校的心理教师对埃米进行了测试，发现她智力正常。她早期的成绩处于一般偏上水平，并没有发现其存在学习障碍。但是，她可能要留级了。

埃米出生的时候是早产儿，体重不足2.3千克。但她没有其他问题，只是体重增长缓慢。她学会走路比较晚，但是比同龄人更早学会说话。她的父母不记得她在成长过程中得过什么严重的疾病。在她4岁的时候，埃米的幼儿园教师认为她"不听话"，经常满教室跑、爬上爬下、和小朋友抢玩具、扔东西、在小组故事分享时坐立不安。其实埃米所有的行为问题早在幼儿园时期就已经显现出来了。

我第一次见到埃米和她的父母时，她的父母已经对埃米无计可施了。减少埃米食物中甜食的比例看起来收效甚微；多设定规矩也没有起到改善的作用。母亲罗丝觉得作为家长有些挫败，她抱怨了长久以来在处理埃米的问题上受到的压力和身心俱疲的感觉。父亲迈克尔说了多次想解决问题时埃米和他的对抗。他们很担心埃米的问题已经影响到了他们的婚姻质量，开始怀念没有孩子之前的平静的婚姻生活。

埃米的案例展示了非常典型的多动症症状：注意力不集中和很难完整地完成一项任务，冲动和做事之前缺乏思考，过于活跃或频繁地躁动不安。和大多数患有多动症的孩子一样，埃米的问题出现于幼儿园时期，但是几年之后才被诊断出来。直到埃米的行为已经在家庭之外（这个案例里是在学校，这是多动症案例里非常常见的情况）造成了麻烦，她的父母才寻求专业帮助。埃米是十分典型的多动症孩子，因为她展现了第二种行为模式：对他人，尤其是对自己家长的对立、挑衅和敌对行为。这种行为模式被称为对立违抗障碍。在被转介到诊所的多动症儿童中，有35%～85%的儿童会有这种问题（较低的数字更多的是指在儿科医生办公室等初级保健机构就诊的儿童，较高的数字是指在精神病科或心理健康诊所就诊的儿童）。它在多动症儿童中的发生率是普通人群的11倍。幸运的是，对于像埃米这样的儿童，早期干预不仅能为控制多动症症状提供希望，而且可能在儿童的发展过程中最大限度地减少对立违抗障碍的影响。

里奇的案例：受损的自我形象

里奇是一名8岁的二年级男孩，他的父母理查德和丹妮尔几乎尝试了所有的方法让里奇在学校表现得更好一些。里奇在一年级时留级了，他的父母很担心他在读中学前又要再次留级。里奇像一只吵闹不休的牛虻一样在家里和教室里跑来跑去，同时做很多事情却不能坚持完成任何一件。在大部分的日子里，学校教师给家长的反馈记录写满了"没有完成作业、好斗、影响其他孩子的功课和游戏活动"。仅仅今年他就被报告在没有受到监管的休息时间里无缘无故推搡其他小朋友、抢他们的东西、欺负同学并干扰他们做功课。

里奇的妈妈觉得，教师对里奇的惩罚太多，而对里奇表现好的时候给出的积极反馈太少，一对一的关心和帮助太少。现在父母开始很难让里奇去上学，他总是抱怨说身上隐隐约约觉得酸痛，想要待在家里。最近一段时间他也说起过恨自己并希望自己死掉，认为自己很"愚蠢"。

里奇的父母一直觉得里奇和他的哥哥姐姐不同，认为这是里奇独特的个性。如果表扬他，里奇通常反应良好，而且看起来里奇是个对所有家人都充满爱的孩子。然而，就在今年，他的自尊心被击碎了，他变得易怒，而且当他为一些最简单的事情感到沮丧时，他几乎就要哭出来了。父母发现里奇的内心受到了伤害，但是似乎只能为他提供暂时的疏解。他们已经和里奇的教师形成了敌对的关系，认为教师严厉的责罚和不够宽容的态度是导致里奇自我形象下滑的主要原因。

里奇在所有成长的关键时期都发育正常，与其他孩子无异，虽然他在婴幼儿时期就很好动，父母不得不在里奇的婴儿床上固定了网以防止他在别人熟睡的时候在房子里到处游荡。里奇稍大些的时候，一天他被发现凌晨4点在外面的机动车道上骑着儿童小三轮车乱跑，当时只有车库的灯光能给他一些照明。在里奇学步的阶段，他似乎很容易出现各种小事故，而且他很喜欢参与到陌生人的谈话中，因此被大家看作"话痨"。里奇的奶奶经常说里奇和他爸爸小时候很像，里奇的爸爸在这个年龄的时候也是这个样子。

和埃米不同的是，里奇没有对立违抗障碍。然而，就像其他一些多动症孩子一样，由于在学校长时间表现不佳，里奇的自尊开始下降，同时在与其他孩子相处时出现的问题也日渐增多。里奇的教师缺乏同情心的态度导致了里奇自我形象受损，里奇的学校生活充满冲突感，继而导致他变得抑郁。这在多动症孩子中并不少见，因为他们的自尊水平很低，但是在里奇这么小的年纪就说出想伤害自己的言论，这对绝大多数多动症孩子来说十分罕见。

如果里奇在1920—1940年出生在美国，他很可能会被视为不宁综合征（restlessness syndrome）或器质性冲动（organic drivenness）——这些术语都是当时科学期刊的新名词。如果里奇经历过当时席卷欧洲和美国的一场严重的神经系统感染（脑炎），他的症状会被视为脑炎后行为障碍（postencephalitic behavior disorder）。和里奇行为模式相似的孩子被认为患有脑损伤儿童综合征（brain-injured child syndrome），因为无论是因疾病还是外伤造成的大脑损伤都会导致儿童出现这类行为。因此，任何有这种表现的儿童——就算没有脑部受损的历史——都会被认为患有此类病症。里奇也许会被分配到一个只有课业资料而没有其他外部刺激的特殊班级去。在这样的班级里，教师会穿着颜色单调的衣服，不佩戴首饰，教室也完全没有装饰，这些设置都是为了将注意力分散的可能性最小化，因为注意力分散被视为患有脑损伤儿童综合征的孩子最大的问题。但是这种班级在那个时代非常罕见，也很不寻常，所以，对于很多有里奇这样孩子的家庭来说基本没有机会进入这种班级。

里奇的父母可能会被建议，他的问题只是"所有男孩"都有的问题，随着年龄的增长，这些问题会自行消失。当他的问题持续到青春期，里奇会被视为麻烦制造者或无法适应社会环境的人，他可能会很快从学校辍学，然后在农场或工厂找到一份薪水极低的简单工作。旁观者可能会批评他作为一名年轻成年男人没有"成人的样子"，而他的父母毫无疑问是难辞其咎的。

桑迪的案例：在大家的帮助下做得很棒

桑迪是一个 15 岁的孩子，在一所专为学习困难儿童设立的小型私立学校读十年级。自从几年前她无法在公立学校维持学业，她的父母就把她送到了现在的学校——尽管桑迪拥有高于平均水平的智力，也没有任何学习障碍的迹象。她最大的问题是一直无法完全将注意力集中在课业上，无法坚持完成看起来乏味但是非常必要的任务。虽然她知道答案或解决问题的正确步骤，但是如果没有外力的帮助，她几乎完全不能完成高中作业。其他人给桑迪提供的似乎是一些外部结构、指导和纪律。虽然桑迪确实有点多动，但是她的活动水平从很小的时候开始就一直在明显下降，现在桑迪可以控制在坐着的时候来回移动双脚、写作业的时候玩手指或铅笔，或者经常改变自己的姿势。

桑迪的作业很混乱，笔记本简直就是灾难。上课时她经常忘带一些必需的物品，比如铅笔、课本，或者实验室设备。但是，当有人指出她家庭作业中的许多错误时，桑迪很快就能发现是哪里错了。桑迪的教师和家长尝试使用每日作业记录本和行为评定卡提升她在学校的表现，但收效十分有限且短暂。在课堂上，她通常会举手，然后脱口而出一个答案，但她的答案经常是错的。桑迪的教师仍然喜欢她的自发性，只是觉得她有些不成熟、注意力分散和重点不明。

桑迪的问题由来已久，至少从幼儿园时期就开始了，而且可能更早。在上学期间，教师常抱怨桑迪心不在焉、冲动，难以跟上课业。然而，桑迪一直有自己的朋友，且被大家喜爱，她也参加其他孩子的活动，并且没有任何纪律问题。她已经被多位心理学家和教育专家测试过 3 次，目前桑迪的智力处在同龄人中前 25% 的水平，所有学习技能处于平均水平或高于平均水平。但是，她的书写糟糕且缓慢，她的精细动作协调性的发展也比其他孩子略微迟缓。

尽管桑迪与她的父母和兄弟姐妹相处得很好，但他们在学习方面远比桑迪做得好。她所有的兄弟姐妹以及父母都受过高等教育，他们认为大学教育对桑迪是必需的。桑迪的自尊水平有点低，她时常因为遇到困难而士气低落。她担心她会继续让自己的家人失望，而自己也不知道该做些什么来改善这种状况，她感到十分挫败。

桑迪代表了一批较为罕见的多动症孩子，那些已经进入青春期但是相对未受病症影响的孩子。我相信这是因为多动症主要影响了桑迪的学业，而没有影响她的社会功能和家庭生活，因为她的成长环境中一直都有善解人意的教师在帮助她，父母也在试图尽可能保护她并帮助她（包括当她需要的时候让她转入私立学校）。另外，不可忽视的是桑迪让人愉快的性格，这使得大家原谅了她在时间管理、组织计划和完成课业上的问题，这也让桑迪能够很快地从批评带来的阴影中走出来。亲密友谊带来的力量给像桑迪这样的孩子带来的有益影响是不可忽视的。最后，桑迪高于平均水平的智力也可能有助于她找到更适应社会的方法来应对她在学校遇到的困难。相当多的研究显示，高智商的多动症儿童能够获得更好的学习成绩，就像没有多动症的儿童一样。

布拉德的案例：一位家长的困扰

布拉德是一名12岁的六年级学生，此前，布拉德总是成绩优异，课堂表现良好，可是本学年开始他的学习成绩下滑到C和D，课堂表现也开始变差。有几次，布拉德的表现已经接近需要留级的地步，但是他的教师却一直在让步，因为布拉德的智力高于平均水平，学习能力也很强。在学校里，布拉德总是焦躁不安、过于活跃，很难在课业上集中精力，明显多话。他对待作业十分粗心大意，在课堂上调皮捣蛋。这导致他的教师不得不在他身上花很多的时间和精力，他每隔几周就会被叫到办公室一次。布拉德向教师和家长抱怨说课业太枯燥，他质疑说，他长大后想当一名警探，现在的学习有什么用？

从布拉德三四岁起，他的父母就注意到他的活动水平和注意力都和别的同龄孩子不太相同。布拉德总是能从一个游戏转换到另一个游戏，靠近所有能激发他好奇心的事物。他时常搞恶作剧，例如把洗洁精倒进他父亲新买的立体声扩音器上的通风栅里，或者拿巧克力糖浆"装点"家里的新沙发。他也常把各种机械类的东西拆开来研究它们是如何运转的，比如钟表、小家电和许多玩具。在拆卸过程中，他常常会丢失部分组件，导致多数东西再也不可能组装回去了。

到布拉德5岁时，如果父母让他做他不喜欢做的事情，比如整理自己的玩具、洗澡、去教堂或不许进入姐姐的房间，他就开始和父母争论。随着年龄的增长，布拉德开始取笑其他孩子，这些小朋友就再也不来找他玩了，也不再邀请布拉德去他们家了。每次和小朋友玩耍前，布拉德的父母总是提醒他不要取笑别人，控制住自己人人皆知的坏脾气，但是好景不长，布拉德不久就会向父母抱怨，其他孩子做的事情"不公平"或者他们没有一句解释就离开了。布拉德的父母曾让他在夏令营学习社交技巧，但是布拉德在家庭和学校生活中的表现还是没有任何改善——这种结果在传统社会技能项目中很常见。

和埃米的问题类似，布拉德的表现是典型的多动症症状。但是不像其他案例中的孩子，布拉德的多动症阶段性地影响了他的学习成绩，而不是持续地影响。布拉德表现出这种不同寻常的模式可能是因为他的智商较高，让他能够在开始读书时迅速地掌握新的信息，而不必付出很多努力。但是，随着学业负担的增加或者作业项目需要长期跟进，他的智慧就明显不够用了。

多动症是什么？

想要证实多动症是一种真实存在的发育障碍，科学家必须证明：

- 多动症出现于儿童早期；
- 患有多动症的儿童和正常儿童有明显的差异；
- 多动症相对普遍，在不同情况下均会发生，虽然不一定在所有情况下都会发生；
- 多动症影响了孩子在各种主要生活活动中成功达到外界对该年龄段孩子的要求的能力；
- 随着时间的推移和儿童的发展，多动症持续存在；
- 多动症很难以纯粹的环境原因或社会原因做出解释；
- 多动症与大脑功能或发育异常有关；
- 多动症与其他影响大脑功能或发育的生物因素有关，如基因、受伤、中毒等。

解决这些科学疑惑并不容易，但是经过对几千起多动症案例的研究，已经有丰富的证据证实了上述 8 个方面。正如你将在书中读到的，多动症真实性的证据不仅丰富，而且存在已久，并且临床科学家至少几十年前就认识到了这一点。这些证据非常引人注目，其中一些将在接下来的 4 章中阐述。

上文描述的孩子们的情况也说明了，多动症是如何在抑制行为以及思考行为带来的后果的能力上造成重要损伤的。在多动症作为一种明显可识别的现象的早期历史中（约 1775 年），这种注意力障碍被归因于父母糟糕的育儿实践。到了 1902 年，多动症被视为一种儿童无法有意约束自身行为且考虑不到行为给自身和他人带来何种后果的能力障碍，并且无法遵守社会行为准则——不仅是简单的社会礼仪，而且是那个时代的基本道德。讽刺的是，虽然对患者的批判混杂了道德因素，但是这种观点的本质并非完全不准确，并且我在本书中提出了一种关于多动症的见解（一种自我调节障碍），该观点也得到了重新审视。这是因为不受约束的行为导致的问题之一就是，它使得孩子无法有效地思考自己将要做出的行为会产生何种长期效果，也使得社会规范、指导和孩子内心的声音或"良知"无法有效地帮助孩子控制自己的行为，使自己的行为更加合乎情理、更有效以及对长远的适应和福祉更有意义。这就是 20 世纪初关于道德控制的观点的意义所在。

在接下来的几十年里，临床科学家开始较少关注这种障碍的行为特征，而是把目光更多地集中在多动症的本质和可能的成因上。科学家开始争论，多动症似乎起源于大脑，尤其是额叶，并且通过使用和大脑功能障碍（如"脑损伤儿童综合征"）有关的标签来传达这一观点。但是当很多多动症孩子被查出没有明显的脑部损伤时（至少以当时评估方法没有发现脑部损伤），这个术语在某种程度上被弱化为"轻微脑功能失调（minimal brain dysfunction）"，这一术语仍然暗示着多动症和大脑的某种部分出了问题有关。后来，临床研究又回到如何更好地描述多动症的行为问题上，直到科学家可以对这种疾病的神经起源推测做更多更好的研究之后，这一趋势又有所改变。对多动等行为的再次关注导致这种疾病被称为"运动机能亢进（hyperkinesis）"或"儿童多动综合征（hyperactive child syndrome）"。由于加拿大和美国的临床研究人员，这个概念在 20 世纪 70 年代得到了拓展，人们承认冲动控制和持续注意的缺陷对多动症患者来说同样是个问题。随后这些研究的关注点从对活动水平的研究转移到了注意力的本质、它的不同类型以及哪些类型与该障碍有关。

此时该障碍更名为注意力缺陷障碍（attention deficit disorder，ADD；有或没有多动症状）。随着临床研究的推进，越来越清楚的是，被诊断为注意力缺陷障碍且有多动症状的孩子身上所见到的多动和冲动彼此之间高度相关，这表明它们形成了抑制控制不良的单一问题。此外，越来越多研究表明，在区分多动症和其他儿童期疾病时，这是个和注意力障碍同样重要的问题，甚至会导致与该疾病相关的多动（不受抑制的运动活动）。因此该术语在 1987 年略有修改，改为了目前我们使用的"注意缺陷/多动障碍"。这本书的大部分内容都与多动症有关，包括多动和冲动，就像这个术语所暗示的那样。那些主要表现为注意力不集中但没有多动或冲动症状的孩子，现在被称为患有多动症——注意缺陷为主型。我之后会更多地讨论这些孩子，因为现在看来，他们中多达一半的人实际上可能患有一种新发现的、明显的注意力障碍，这种障碍与多动症截然不同，研究人员称其为认知速度缓慢（sluggish cognitive tempo，SCT），或者更近期我称其为专注力缺陷障碍（concentration deficit disorder，CDD），以避免前一个名称带有的贬损意味。

了解过去 30 年中在许多科学家和临床专家中盛行的关于多动症的思想是很重要的,因为当你为孩子寻求专业帮助时,最有可能遇到的就是这种观点。因此,我们将在本章接下来的内容中对其进行仔细研究。然而,请记住,即使这种观点也可以进行修改,使之与行为科学、神经科学和行为遗传学中出现的关于多动症的最新证据一致。

今天大部分临床专家——医生、心理学家、精神病学家和其他许多学者——均认为,多动症对个体行为控制能力的影响主要有 3 个方面:难以持续集中注意力以及注意力分散程度提高;冲动控制或抑制方面的问题;难以自我调节活动水平。其他专业人士(包括我自己)认识到多动症患者存在额外的问题,包括:自我意识和自我监控;工作记忆(记住要做什么);考虑他们行动的未来后果,包括规划、时间管理、记忆和遵循规则及指令;自我调节情绪和动机;解决问题以克服实现目标的障碍;对各种情况的反应的过于多变(特别是在工作时)。这些症状都包含在"执行功能"之内,这个词被用来描述随着时间的推移,人们朝向自己的目标和未来而进行自我调节时的那些心智能力。我相信,这是多动症的标志。其他国家的一些临床科学家最近也得出了这个结论。科学家继续就执行功能问题的程度和原因而争论不休——是否适用于所有情况,以及是否由于调节大脑激活或唤醒的问题,还是由于大脑生长(发育)和神经细胞迁移、连接和功能的一些更深层次的问题。尽管如此,目前大多数研究者都认为,对于大部分多动症孩子来说,抑制和激活/聚焦于需求的行为,以及更普遍的执行功能的某些方面是更为核心的问题。

难以维持注意力

家长和教师经常这样形容多动症孩子:

"我的孩子似乎没有在听。"

"我的孩子不能完成教师布置的作业。"

"我的女儿经常丢东西。"

"我的孩子不能集中注意力，很容易走神。"

"我的儿子不能独立做功课，必须得让人监督。"

"我的女儿需要更多的指导。"

"他经常从一个还没完成的活动转到其他活动。"

"她在日常活动中总是丢三落四。"

所有这些问题都指向是否能够集中注意力。

多动症被认为包含维持注意力、注意广度以及持久努力方面的显著困难。简而言之，患有多动症的人无法像其他人一样长久地专注于某些事。他们非常努力地将自己的注意力保持在那些比平时耗时更久的活动上，特别是那些无聊的、重复的或者沉闷的事情上。无趣的学校作业、烦琐的家务、冗长的讲座都令他们烦恼，还有阅读冗长无趣的作品、专注于解释无趣的话题，以及完成扩展项目。我们的研究表明，多动症儿童的注意力持续时间比他们被要求做到的时间要短得多，对于这些孩子来说，将注意力长时间维持在某件事情上，是保持专注中最困难的部分。

不幸的是，随着孩子的成长，即使无聊或需要付出很多努力，我们还是期望他们可以去完成这些事情。孩子年龄越大就越应该有能力在只有很少帮助或没有帮助的情况下去完成那些必要但无趣的任务。患有多动症的人在这项能力上比别人落后，甚至落后30%或更多。这意味着，好比一个10岁的多动症孩子，他和一个未患多动症的7岁儿童的注意力持续时间可能是一样的。这就需要其他人介入，帮助引导、监督以及组织他的工作和行为。这也就解释了为什么多动症孩子和他们的父母以及教师之间这么容易产生冲突。

已经有数百项测量多动症孩子的注意力问题的研究，这些研究发现，相比那些未患多动症的儿童，多动症儿童花费更少的时间集中注意力在他们被要求做的事情上。例如，早在1975年，我在针对36个男孩的研究中就记录了这种差别，这些男孩中的一半被诊断为多动（他们现在会被描述为患有多动症），另一半则不会多动。我要求他们在俄亥俄州的鲍林格林州立大学（我就是在那里获得了博士学位）心理学部的一个临床活动室中完成一系列活动。这些男孩需要完成的活动中有一项是，在我带他们去完成其他任务前独自在活动室等待 6 分钟。他们可以玩玩具。我在地上用细黑线设置了格子或棋盘，通过计算他们行走（或跳舞或跑动）的线条数量衡量他们的活动水平。通过一面单向镜，我观察并记录了他们玩不同玩具的数量以及他们玩每个玩具的时间。我发现，患有多动症的男孩所玩玩具的数量是其他孩子的 3 倍，并且花费在每个玩具上的时间比其他孩子少 50%。他们在房间里的活动中也越过了更多的网格线。所有这些都客观地记录了几十年来父母对多动症儿童的看法——他们做任何事情都不能长时间维持注意力，而且他们非常活跃、不安和烦躁。

然后，我带领孩子们到另一个房间，并要求他们坐下来观看一部关于虚构生物的短片。我告诉他们，当我回来后会向他们提一些关于影片的问题。当他们看影片的时候，我发现那些患有多动症的男孩花费了相当于其他男孩将近 2 倍的时间左右观望（开小差）。当我稍后就影片的内容向他们提问的时候，那些患有多动症的男孩答题的正确率比其他男孩低 25%。我在这项实验中进行的这些测量及其他测量很清楚地表明，患有多动症的男孩将更少的注意力放在他们正在做的事情上，因此从中获得的信息也比其他孩子少。使用不同程序的很多其他研究者也得出了同样的结论。因此，父母将这些孩子描述为注意力不集中、多动和冲动是准确的。

过滤信息不是问题

有趣的是，研究也显示，患有多动症的儿童在过滤信息——在那些他们被要求做的事情上区分重要和无关的信息——上并没有问题。当被要求看或者听什么的时候，他们似乎和那些未患多动症的孩子的关注点是一样的。但是，多动症孩子无法像其他孩子一样保持这种长时间的努力。相比其他人而言，多动症孩子会更频繁地从当前的任务中转移注意。他们也更容易被奖赏更多的活动所吸引。因此，多动症儿童并不像科学家在20世纪50年代时所认为的那样，会被信息或者刺激所淹没。相反，他们无法持续地唤醒自己、维持努力和注意力，他们发现自己很容易被任何其他更强的刺激或有趣的事情所吸引。

多动症儿童比没有多动症的儿童更容易分心吗？

科学家现在更加确信，多动症孩子相比其他孩子更容易分心。这并不是说他们更容易察觉到周围的干扰因素，而是说这些孩子对周围与他们的工作或目标不相关的事件做出了更多的反应。一旦他们被这些干扰因素所打断，他们就很难记得或回到他们当前正在做的事情上。除了更容易分心外（特别是当他们正在工作的时候），有2个问题会让多动症儿童显得注意力更加分散。

1. **相比那些没有多动症的孩子，多动症孩子对他们手头的事情更容易感到无聊或者失去兴趣**。这是一个与动机有关的问题，或者任务对他们来说有多大的回报。这让他们有意地去寻找一些更有趣、更刺激和更活跃的事情去做，即使他们当前的事情还没有完成。一些科学家争论说，这些孩子大脑的唤醒水平比没有多动症的孩子低，也更多变，因此需要更强的刺激以让大脑功能保持在正常和一致的水平。另一些科学家则认为，随着时间的推移，对多动症孩子来说奖励的价值消失得更快，这意味着多动症孩子对强化更不敏感。至今引起这种厌烦的原因还没有完全搞清楚，但这可能和大脑的动机或奖赏中心的缺损有关。有一点是明确的，这种差异的程度非常大，以至于一些科学家将多动症儿童称为"刺激追寻者"。

2. **多动症孩子似乎更容易被任何情境中奖励最多、最有趣或者最具强化作用的部分所吸引**。就像有磁铁在吸引一样，当需要完成没有太多奖励的工作时，他们很容易就会转向那些更容易得到直接奖励的活动。举例来说，在1992年，斯蒂芬·兰德（Steven Landau）博士、伊丽莎白·洛奇（Elizabeth Lorch）博士、理查德·米利奇（Richard Milich）博士及他们的同事，在肯塔基大学研究了患有和未患有多动症的儿童在观看电视时的行为。当房间里没有玩具的时候，患有多动症的儿童和未患多动症的儿童的表现一样，都会观看电视并且能够回答出他们所看的节目的相关问题，即使多动症孩子更常看电视以外的东西。相反，当房间里放置了玩具时，未患多动症的儿童依旧看电视节目，而患有多动症的儿童则更可能玩玩具而不是看电视。当电视播放典型的情景喜剧时，患有多动症的儿童可以回答和未患多动症的儿童一样多的关于节目的问题，但当播放教育性节目时，比如更需要通过视觉而非语言去传递信息的时候，患有多动症的儿童就更容易回答错误。只有在需要视觉注意的时候，多动症儿童才会处于劣势。

为什么多动症儿童的注意力会被玩具干扰而普通孩子不会呢？可能是多动症儿童更容易快速失去兴趣，或者对他们来说，相比于诸如看电视这样的被动活动，体育活动更加有趣、更加刺激，也更有激励性。

第三种解释来自对多动症儿童的好奇心的研究，这一研究是于40多年前由我在鲍林格林州立大学的前同事南希·费德勒（Nancy Fiedler）博士以及已故的道格拉斯·厄尔曼（Douglas Ullman）博士进行的。他们发现，多动症孩子在玩耍时会展现出更多身体上的好奇心，因此他们会操作更多的对象，更频繁地从一个对象或玩具转移到另外一个，在每一个玩具或对象上花费的时间也更少。相对来说，同年龄不患有多动症的儿童，则展现了更多口语或智力上的好奇心。他们大声谈论对象或玩具，描述许多关于玩具的他们认为有趣的事情，发明玩具在游戏中的不同使用方法，玩玩具的时间更长，甚至创造关于玩具的故事。因此，与患有多动症的儿童相比，未患多动症的儿童愿意花费更多的时间在一个特定的玩具上，与之互动、思考以及创造性地使用它，鉴于玩具的智力特性似乎让他们觉得更有趣。

始于20世纪80年代，范德比尔特大学的罗纳德·罗森塔尔（Ronald Rosenthal）博士和泰瑞·艾伦（Terry Allen）博士发现，多动症儿童是否比没有多动症的儿童更容易分散注意力，似乎最终取决于让他们分心的事物有多么突出或吸引人。举例来说，假设一个多动症儿童在去房间做功课的时候发现他桌上有电子游戏，你可以想象当你 20 分钟后去查看他的时候他在做什么。

更早的时候，华盛顿大学的大卫·布里莫（David Bremer）博士和约翰·斯特恩（John Stern）博士在一项于 1976 年开展的研究中发现，相比未患多动症的儿童而言，当房间里的电话铃声伴随着闪光响起时，或者当示波器在同一房间的屏幕上显示出不寻常的波浪线图案时，患有多动症的儿童更容易从阅读任务中转移目光。然而，在被事物分心的时长上两组儿童的差异要大得多：多动症儿童大约是 18 秒，其他儿童大约是 5 秒。这表明，与未患多动症的儿童相比，多动症儿童更不容易在分心后回到原本的任务中。也就是说，相比未患有多动症的孩子，同龄的多动症孩子从活动中被分心的时间更长，更不容易回到原本在做的事情当中。从那时起很多研究都支持了这一结论，显然多动症孩子比普通儿童更容易分心，更容易从他们被要求在特定时间做的事情中转入周围更刺激、更有趣的活动或事物中。

延迟满足的问题

无法坚持一项枯燥乏味的任务是不成熟的表现。随着成长，在分配任务时，孩子会变得更有能力抵抗有吸引力但不适宜或相互矛盾的活动。孩子会告诉自己任务的重要性，提醒自己完成任务以后可能会获得什么样的奖励，或如果完不成任务可能会受到什么样的惩罚，并找到方法让任务更有趣。没有多动症的儿童也会去学习安排一些好处作为自己坚持完成一项艰巨任务的奖励。我们知道，随着孩子的成熟，较大的但延迟的奖励对他们更有吸引力，而且他们可能会更看重这些，相比于选择更小、更直接的回报，孩子往往会为更大的奖励而努力。相比之下，多动症孩子更倾向于选择付出一点努力来获得即时的小回报，而不是付出更多努力来换取很久以后才会得到的一个大得多的奖励。

这显然是一个与延迟满足相关的问题。理解这个问题对帮助多动症孩子至关重要。如果我们相信多动症患者只是很容易被各种事物分散注意力，那么我们可以使用在 40 多年前就常被推荐的方法——消除分散注意力的来源，但是这种方法会让这些孩子更加不安、更加不专心。减少刺激实际上会让多动症孩子更难以保持注意力。事实上，普渡大学的西德尼·岑塔尔（Sydney Zentall）博士和她的同事于 30 多年前做的几项研究表明，在任务材料中加入颜色可以帮助患有多动症的儿童和青少年减少完成这项任务时出现的错误。与此相似的是，当时在威斯康星医学院工作的玛丽莲·费希尔博士和我及其他同事在距上述研究大约 10 年后开展了一项研究，我们要求青少年看计算机屏幕上以每秒 1 个的速度闪现的数字。这些青少年被要求在看到随着 9 之后出现的 1 时按按钮。我们发现，相比非多动症患者，患有多动症的青少年在完成这个无趣的任务时会出现更多的错误。当我们重复这个测试，但是在测试数字的左侧和右侧加上闪现的干扰数字时，患有多动症的青少年和没有多动症的青少年表现一致。这些研究告诉我们，在任务中加入刺激物可能会提升多动症儿童和青少年集中注意力并以更低的错误率完成任务的能力。举例来说，纽约大学医学院的霍华德·阿比科夫（Howard Abikoff）博士和他的同事在 20 多年前确定，相比于在没有音乐的背景下，患有多动症的青少年在听摇滚乐时可以完成更多数学作业。这再一次表明，一些刺激可以帮助多动症儿童更好地集中注意力以及控制他们的注意力持续时间。

回到本节的主要观点上，我们需要增加多动症孩子被要求做的事情的新奇度、刺激感和有趣性。我们可以明确地指出他们完成任务后可以即时得到某个特定想要的奖励或者结果，而不是延迟给予奖励。我们也可以把任务分割成更小的部分，让多动症孩子在完成任务的过程中得到更频繁的休息。当然，当孩子在做事情时，移走他们周围那些有高度吸引力的、有趣的或者非常显著但与任务无关的刺激物也是一个好主意。但是就像上述信息指出的那样，这不应当是你做的唯一的事情：增加任务的吸引力或趣味性，或者让任务的结果更有趣也是非常重要的。

难以控制冲动

家长和教师经常将多动症孩子形容为"问题还没有说完，答案就脱口而出"以及"想要时就要立刻得到"。多动症儿童在等待方面有很多问题。轮流玩游戏、在学校排队吃午饭或休息，或者仅仅是等待一些活动结束都会让他们焦躁不安及

"紧张"。他们可能会抱怨这种等待，甚至会提前开始一些他们被告知要推迟的行动。家长答应了带他们去购物或看电影，但在等待的时间里，这些孩子可能会变得纠缠不休。这让那些多动症孩子看起来要求不断、没耐心，并且非常以自我为中心。因此，多动症的第二类主要症状就是抑制行为或冲动控制的能力下降。那些多动症患者被认为在自我克制（抑制对某一情景的第一反应，想清楚后再行动）上存在很大问题。他们经常极快地吐露一些当他们思考之后也许就不会说出的评论。他们也经常在冲动之下对别人的言行做出反应，有时候非常情绪化，多动症患者最终会因为这些行为而受到批评。有时他们会马上将一个突发奇想的念头付诸实施，而不考虑自己正做另外一件需要先完成的事情。他们总是要求过多且说话声音很大，经常在谈话时只顾着自己说。

这种行为经常被看作粗鲁和感觉迟钝的，在社会和教育领域都会产生负面结果。教师注意到患有多动症的儿童经常在课堂上"不举手答案就脱口而出"，并且"在没有仔细阅读指导语的情况下就开始写作业或做测试题"。他们经常被描述成"不与他人分享"他们拥有的东西，并且"随意拿走不属于他们的东西"。

我们已经知道多动症孩子在维持注意力方面存在问题，那么就不难理解他们在抑制冲动上的无能为力（比如放弃一项无聊任务的冲动）将会让他们更加难以为后续更大的奖励而付出更长时间的努力。下面的专栏中描述的 3 项研究对此进行了调查。

多动症和延迟满足

> 1982 年，来自匹兹堡大学的苏珊·坎贝尔（Susan Campbell）博士及其同事在孩子的注视下在 3 个杯子中的 1 个下面藏了 1 块小饼干。之后孩子被要求等到实验员敲响铃后才能挑选杯子、吃小饼干。这个过程会重复进行 6 次，等待时间为 5～45 秒不等。相比其他孩子，多动症孩子做出了更多冲动的选择，在实验员敲响铃声前就拿走并吃掉小饼干。

> 在 1986 年，罗得岛大学的迈克·拉波特（Mark Rapport）博士及其同事让 2 组儿童（16 个多动症儿童和 16 个非多动症儿童）做一些数学题。当孩子们被告知他们每完成几道算术题就可以立即获得 1 个小玩具的时候，2 组人完成了同样数量的题目。之后孩子们可以选择：做完一小部分题目然后获得 1 个小玩具，或者完成更多的题目以获得 1 个更大、更有价值的玩具，但他们要 2 天后才可以拿到这个更大的玩具。在这种条件下，更多的多动症孩子选择了小任务和即时的小奖励，而其他孩子更倾向于选择大任务以得到推迟获得的大奖励。

> 在 2001 年，格温尼思·爱德华兹（Gwenyth Edwards）博士和我以及我们的同事在马萨诸塞州立大学医学院做了一项研究，我们给患有多动症的青少年每人不同数量的一笔钱（假定的，并非真正的金钱，数额通常远小于 100 美元），他们可以立即获得这笔钱，但如果他们愿意等 1 个月、1 年或者更久的时间，我们会给他们 100 美元。我们发现，相对于正常青少年而言，患有多动症的青少年更倾向于选择现在就获得小数额的钱，而不是稍后获得大数额的钱。在这项研究中，事实上，我们可以估算对患有多动症的青少年来说等待时间对于奖励价值的削减程度。相比于没有多动症的青少年，对于多动症青少年来说等待会让奖励的价值降低 20% ~ 30%。

走捷径

多动症孩子的一个广为人知的特点是做事喜欢走捷径，这也是他们在注意力和冲动控制上存在问题的又一个证据。他们把最少的努力和最少的时间花在那些他们觉得无聊或者不开心的任务上。基于这个理由，在学校考试或者专业测试中给予患有多动症的儿童或者成人更多的时间是否对他们有益目前尚不清楚。多动症患者最终可能只是浪费了这些被给予的额外时间。学校和考试机构也许应该给这些学生的桌上放一个秒表，给予多动症患者和其他人一样的针对任务的时间，但允许患有多动症的人停下秒表，利用短暂的时间站一会儿，伸展一下，喝点水，然后重新回到任务中。这种"计时之外的时间"策略让患有多动症的人能够更好地面对任务，并且将测试分为更小的部分，以上这些都可能有助于多动症患者更好地完成测试。

面临太多风险

这种由多动症问题引发的冲动可能也表现在更多的冒险行为上。无法对行为可能带来的危害进行提前预估，是导致多动症患者比普通人更容易遭遇事故的原因，尤其是对于患有多动症的儿童来说，有些孩子叛逆而违抗。这并不是说多动症儿童不在乎将会发生的事情，而是他们根本没有设想过行为可能带来的结果。他们通常是不假思索地"发射了鱼雷并且全速前进"，然后惊讶于别人是怎么清晰地预见到灾难的。

"我们的女儿想要考驾照，但她看起来不那么成熟和专心。患有多动症的孩子开车会有更大的风险吗？"

是的。这种短视可能为1985年加利福尼亚大学伯克利分校的卡罗琳·哈特苏（Carolyn Hartsough）博士和纳丁·兰伯特（Nadine Lambert）博士的研究发现提供了支持：相对于未患多动症的儿童而言，患有多动症的儿童至少发生4次严重交通事故的概率是前者的3倍以上。几年以前，爱荷华大学医学院的马克·斯图尔特（Mark Stewart）博士及其同事也报告了多动症患者更高的意外中毒风险。1988年，佐治亚医学院的彼得·詹森（Peter Jensen）博士及其同事也有类似发现：患有多动症的儿童发生严重事故的概率大约是普通孩子的2倍，这些情况包括需要缝合的创伤、住院或者大面积手术或痛苦的手术。在接下来的30多年里，我在自己的后续研究中发现，多动症孩子的这种易出事故的情况也扩展到了他们的驾驶行为中（见下面的专栏）。

在随后进行的一些关于青少年和成人多动症患者驾驶风险的研究中，其他研究人员［包括弗吉尼亚大学医学院的丹·考克斯（Dan Cox）博士］和我都多次发现多动症患者比对照组的人驾驶风险更高。我和我的同事还发现，与普通的驾驶者相比，即便是少量饮酒，酒精对驾驶能力的削弱也在多动症患者的身上表现得更加明显。幸运的是，我们已经发现服用多动症药物能够改善他们的驾驶表现从而降低驾驶风险。最终，我和特蕾西·理查兹（Tracie Richards）及科罗拉多州立大学的同事联合研究得出结论，患有多动症的驾驶人员有极大的可能性会成为暴躁的驾驶者，或者表现出生气、敌对，甚至做出侵犯其他驾驶人员的行为，尤其当其他驾驶人员的特定行为让他们感到受挫的时候。

多动症和青少年驾驶

1993 年，我和当时在马萨诸塞大学医学院的同事在《儿科学》（Pediatrics）杂志上发表了一项研究，发现：

- 患有多动症的青少年和年轻成人的汽车事故是没有多动症的同龄人的 4 倍（平均 1.5 起对 0.4 起）；
- 患有多动症的青少年比非多动症患者更有可能发生至少 2 次或更多的汽车事故（60% 对 40%）；
- 在事故中犯错的可能性是非多动症患者的 4 倍（48% 对 11%）；
- 收到交通罚单的可能性几乎是非多动症患者的 2 倍（78% 对 47%）；
- 在平均只有 2 年的许可驾驶经验中，收到的交通传票是非多动症患者的 4 倍（4 次对 1 次），最常见的类型是超速，第二常见的是不遵守停车信号。

多动症与物质使用

缺乏对冲动的控制也能够解释为什么患有多动症的青少年和成人更容易冒险，

包括酗酒、抽烟，以及使用一些非法物质，如大麻。在前文提到的我们针对多动症青少年的研究中，费希尔博士和我发现：

- 参与研究的青少年中有将近 50% 的人在 14—15 岁起就开始吸烟，而在未患多动症的青少年中吸烟的比例是 27%；
- 有 40% 患多动症的青少年喝过酒，而其他人只有 22%；
- 17% 患有多动症的青少年使用过大麻，而没有多动症的青少年仅为 5%。
- 这些问题会持续到 20—27 岁，导致他们在成年后（在我们的随访中）有超过 20% 的人存在物质滥用的问题。

金钱问题

这种冲动性可能也解释了为什么患有多动症的青少年更不容易管理好他们的金钱和信用卡。他们看到东西就会冲动地购买，希望马上就拥有，而不是充分考虑他们现在是否负担得起。他们并不考虑购买这些东西将会对他们每周的预算产生怎样的影响，他们也不会考虑自己的偿还能力。患有多动症的青少年远比其他人更难将收入存下来；此外，与普通人相比，他们也背负着更多的债务（比如信用卡债务），并且比其他人更容易轻易地花掉自己的钱。

冲动思考

多动症带来的冲动性显然并不仅仅影响了患者的行为，而且影响了他们的思维。在临床访谈中，患有多动症的成人经常说，在遇到问题时，他们冲动的想法和冲动的行为一样多。这清晰地印证了乔治城大学的肖（Shaw）博士和伦纳德·吉安布拉（Leonard Giambra）博士发表于 1993 年的一项研究结果。研究的对象是一群大学生，实验要求他们看到一个明确的刺激时就按下按钮。与没有多动症病史的学生相比，患有多动症的学生不仅在不需要按键的时候出现了更多的按键行为，当被实验员打断的时候，相比其他普通学生，患有多动症的学生会出现更多的和任务无关的想法。其他研究也记录了与多动症相关的走神和内部注意力分散的类似困难。这些研究清晰地证明了，多动症患者发现要在他们的任务中保持注意并且抑制与手头事情无关的想法更加困难。

行为过多的问题

"蠕动""总是上蹿下跳""身体里就像装着一台发动机""不断地爬上爬下""坐不下来""滔滔不绝""总是哼哼唧唧并发出奇怪的声音"——这些描述看起来是不是很眼熟？动作过多或多动是许多多动症孩子身上的第三个特征，但并非所有多动症孩子都是如此。这个特征在孩子身上可能会表现为坐立不安、烦躁、没有必要的走动或其他动作，当然也包括喋喋不休。这种行为很难被人忽视，是最能引起观察者注意的行为。孩子在椅子上动来动去，敲手指或抖腿，玩周围的物体，走来走去，在等待时变得极其没有耐心和沮丧，家长看到这些便会意识到这些行为的不同寻常。当不断看到孩子从座位上离开，需要一直坐着的时候却扭来扭去，玩从家里带来的小玩具，还没轮到自己就讲话，别人都安静的时候却在哼唧或唱歌，教师就知道这些并不是大多数儿童的典型情况。仍然有一些人坚持认为，这些与众不同的非常规行为只是家长和教师"编造出来"的，或者家长和教师不过是"太敏感"罢了。

多动症儿童是多动的

多动症儿童在很多环境下确实比其他儿童更活跃，这一事实在过去几十年的研究中持续被证明，但没有一个比得上由马里兰州贝塞斯达的美国国家精神卫生研究所的琳达·波里诺（Linda Porrino）博士、朱迪思·拉波波特（Judith Rapoport）博士及其同事在1983年发表的研究。在该研究中，参与研究的儿童会佩戴一个特别的用来监测行为或动作的仪器。在接下来的一周内，无论白天还是晚上，这些孩子每天都佩戴着这些仪器，正常完成日常活动。科学家发现，在一天中的任何时候（包括周末和睡觉时间），多动（患有多动症）的儿童相比没有多动症的儿童确实明显更加活跃。实验组和控制组的两组男孩最大的差别发生在学校情境中，这一点很好解释，因为在学校里需要最多的自我克制，他们需要老老实实地坐着。

在职业生涯的早期阶段，我分别于 1976 年和 1978 年发表了两篇关于患多动（患有多动症）的儿童的研究，我发现，多动症孩子在房间里四处走动的情况是其他普通儿童的 8 倍左右，他们的手臂动作是未患多动症儿童的 2 倍以上，腿部动作是其他孩子的将近 4 倍，看电视机里播放的短片时出现心不在焉的情况是普通孩子的 3 倍以上（就像前文提到的），坐在桌边做心理学测试的时候多动症孩子挪动身体的次数是普通孩子的 4 倍以上。显然，家长和教师说多动症的孩子多动，并不是编造的。

50 多年来，我们对多动症孩子的行为做了客观的记录，相比一般儿童，他们确实更加好动（甚至在睡觉时也是如此）、注意力不集中和冲动——自那时开始大量研究都重复支持了上述结论。但事实上，多动症儿童无法调节或管理自己的活动水平来满足当前的要求，这是给他们带来最多麻烦的事情。举例来说，如果多动症孩子在休息时间到操场上奔跑嬉戏，他们随后比普通孩子更难平静下来，更难回到课堂上受约束的、安静的活动中。在这种情况下，他们的表现在别人看来就可能是大声、放纵、吵闹、粗暴和不成熟的。在我早期的研究中，我在一间实验室的游戏房中观察患有多动症的儿童，我发现当男孩被要求待在桌子的一角并只能玩桌上的玩具时，相比于没有多动症的男孩，多动（患有多动症）的男孩活动水平的降低要少得多。时间退回 1983 年，我和麦克马斯特大学医学院的查尔斯·坎宁安（Charles Cunningham）博士以及詹妮弗·卡尔森（Jennifer Karlsson）发表了一项研究，我们在我位于密尔沃基儿童医院的实验室录下了儿童和他们母亲的对话。我们分析了那些对话的细节并且发现，患有多动症的儿童相比不患多动症的儿童说话多 20%。让我们吃惊的是，患有多动症的儿童的母亲也比未患病儿童的母亲说的话更多。我们相信，多动症孩子母亲的这种表现是对她们孩子喋喋不休的一种反馈。我们通过给多动症孩子服用兴奋剂类药物利他林（Ritalin）证明了，不仅他们的多动症症状得到了改善，而且他们的话语马上减少了 30%。他们母亲的说话水平也马上降低了。

多动症儿童也是反应过度的

理解多动症孩子最重要的是不要简单地认为他们的动作过多，实质是他们反应或者行为太多。相比于同年龄未患多动症的儿童而言，他们在任何情境下都更倾向于对他们周围的事物做出反应。在某些场合，其他孩子会倾向于抑制自己的行为，而多动症孩子的行为却发生得太快、太强有力，且太容易。因此，描述多动症孩子的更合适的表达是反应过度（hyperreactive）。相比没有多动症的孩子，这些孩子确实更加活跃，但如果用多动这个词来描述他们会错过更为重要的一点。很大程度上，多动症孩子高强度的活动水平看起来是他们对于环境内事物的高反应性行为的副产物。

这意味着在多动症孩子身上看到的反应过度和冲动都是同一个潜在问题的一部分——关于抑制行为（过度反应）的问题。我相信（尽管并非全部），多动症孩子在保持注意力方面的问题也源于他们较低的行为抑制能力。就像伟大的心理学家威廉·詹姆斯（William James）在1898年写的那样，让人类在单一事物上集中注意力超过几秒是不可能的。当关注事物的时候，我们每个人都会调整我们的眼睛和身体，我们经常短暂地转移视线，然后再回到原来的事物上。就是这种持续重新回到任务中的努力，稳定地驱动我们从做一些别的事情的想法中转移出来，让我们维持注意力。多动症孩子的问题不在于他们比正常孩子更多地转移目光（虽然他们确实是这样），而在于他们更难将注意力转回他们之前被打断的事情上。因为转回注意力到某事上的能力需要个体能够抑制去做其他事情的愿望和冲动，多动症孩子在保持注意力方面的问题也可能是抑制对他们周围事物反应的问题的一部分。因此，他们比其他人更多地转移视线，并且无法抵制从无趣的任务转向更有趣、更刺激的事情的诱惑。多动症孩子发现抑制分心的诱惑并且保持对这种愿望的抑制而持续完成一项冗长的任务极其困难。多动症孩子也发现，一旦被打扰，他们就很难转回原来正在做的事情，因为他们无法轻易抑制对周围更有吸引力或更引人注目的事物做出反应的欲望。因此，保持注意力也要求保持抑制，而抑制可能是多动症注意力问题中的根本性问题之一。

我相信，多动症的核心是患者的行为抑制能力差，以及在执行功能（随着时间的推移，用心理信息来指导行为）的匮乏。这种执行功能匮乏会在本书后续章节加以论述。最后，我希望能看到多动症这种障碍因为这个新观点而更名，也许是"执行功能缺陷障碍（executive function deficit disorder）"。但这不太可能发生，因为这个名字——注意缺陷/多动障碍，出现在许多不同的法律和法规中，如果改名，就需要同时改变所有的法律和法规。

保持注意力的问题甚至在电子游戏中也很明显。通常我们相信，当多动症孩子玩这些快节奏、吸引力极强且即时反馈的游戏时和其他人是一样的。但是，这种观点并不正确，这是1997年由多伦多儿童医院的罗斯玛丽·坦诺克（Rosemary Tannock）博士及其同事对该问题进行的2项开创性研究中发现的。坦诺克博士在研究中比较了多动症孩子和非多动症孩子，观察2组儿童玩电子游戏时的行为，他们还观察了这些孩子在参与另外2项更无趣的任务时的情况。这些科学家发现，在所有的活动中多动症儿童都更加好动、焦躁不安且心不在焉，包括在玩电子游戏的时候。他们确实发现，所有的孩子在玩电子游戏时都比在看电视或做单调的实验室任务时，活动更少，注意力也更集中。在玩电子游戏的过程中，多动症孩子比其他儿童的表现更差，也体会到更多的失败感。这种情况经常出现，因为多动症孩子无法像其他人一样较为轻易地抑制让游戏人物向前走的冲动，多动症孩子总会让自己操纵的人物冲进障碍物，导致被减分或者重新开始游戏。在与家长的汇报交谈中，坦诺克博士及其同事发现，也许是由于上述这些困难，多动症孩子更愿意独自玩电子游戏而不是和其他孩子一起玩。如果他们真的和其他正常孩子一起玩这种游戏，就会引发更多的打架和哭泣。相比其他相对更无趣的活动，多动症孩子在玩电子游戏的时候似乎看起来更加专注，并且更少出现焦躁不安，在这种时候他们的行为和表现也是不正常的；和主流看法相反，多动症孩子的行为仍然不同于一般的孩子。一些近期的研究扩展了这一结论，将网络游戏，甚至网络社交囊括在内，那些患有多动症的人似乎更容易参与这些活动，从而解释了为什么到了青春期，15%～20% 的多动症青少年可能会被称为网络成瘾者。

跟随指令的困难

多动症孩子自己也会说，他们难以像同龄人那样遵照指示行动或者遵守规则。心理学家称其为"由规则支配的行为（rule-governed behavior）"——我们的行为更多地受到规则和指导的控制，而不是我们周围实际发生的事情。多动症儿童经常"开小差"，或者做一些与他们被告知要做的事情不相关的行为。举例来说，教师告诉多动症孩子一个简单的指令——回到她的座位上，然后开始做数学作业。这个孩子可能开始通过走道，在路上消磨时间，碰碰其他的孩子，跟别人说话，磨磨蹭蹭地回座位，通常要走很长的路才能回到座位。当回到她的座位之后，这个孩子可能会拿出一支铅笔并开始在纸上或数学作业上画花，看窗外的孩子们玩耍，或从口袋里拿出一个玩具开始玩。在这个例子里，教师给予孩子的指令显然没有起到控制孩子行为的作用。

"我的女儿不做任何我让她做的事情。我怎么才能让她听我的呢？"

大约 40 多年前，当我和查尔斯·坎宁安（Charles Cunningham）博士（当时我们都在俄勒冈健康科学大学受训）首次开始研究父母和多动症孩子之间的互动时，多动症孩子无法跟随规则或指令行事这一问题对我来说愈发明显。坎宁安博士和我测量了一组多动症孩子和他们父母的互动，我们将这组数据与未患多动症的儿童和他们的父母的互动进行比较。每一对父母和孩子首先被要求在一个游戏室里一起玩玩具，就像他们在家里那样。这个阶段之后，我们给每一位家长一张要求孩子执行的指令清单，比如捡起玩具并把它们放回架子上。我们在单向镜后观察并记录父母和孩子的互动。结果发现，相比其他孩子，患有多动症的孩子更少遵照家长的指示，并且在此任务期间尤其明显。在过去 40 年里，我们的发现已经在许多其他研究中得到证实。

在 1978 年，纽约州立大学石溪分校的罗尔夫·雅各布（Rolf Jacob）博士、K. 丹尼尔·奥利里（K. Daniel O'Leary）博士和卡尔·罗森布拉德（Carl Rosenblad）博士实施了一项很有启发性的研究。他们对患有及未患多动症的孩子进行两种课堂安排的测试。其中一种课堂安排方式特别不同寻常，孩子们可以选择在上课期间做什么活动。教师只是鼓励孩子们从一些学习活动中选择他们想要做的事情，除此之外，教师很少限制学生的活动。接下来，研究者改变了上课的流程，让课堂更为接近传统、正式的方式。教师指导孩子们的学业，并且要求他们填写油印表单或者要他们认真听课。在非正式的课堂安排上，多动症孩子和正常孩子的表现并没有什么明显的不同。但当教师将课堂安排改变为更加正规的形式之后，未患多动症的孩子能够做到降低他们过高的行为水平和注意力分散度，并且让自己的行为适应这种课堂限制。相反，多动症孩子则难以做到这些。迄今为止，在多动症孩子身上这种难以遵守规则的现象被无数研究所记录，包括我发表于 2012 年的针对美国儿童的横向调查，多动症孩子难以遵守规则的现象不但出现在学校里，还会扩展到学校以外，包括家庭和社区在内的孩子经常参与活动的场合。

这种分心、健忘和不遵守规则，导致其他人需要经常提醒多动症患者哪些事是他们应该要完成的。那些监管多动症孩子的人最终会觉得受挫和愤怒。最后，多动症孩子会遭受失败，在学校被留级，并且最终被开除。患有多动症的成人可能无法获得想要的升职机会，甚至被开除。多动症患者给其他人留下的一般印象，充其量是不太成熟，缺乏自律和组织性。在最坏的情况下，这意味着患有多动症的人故意偷懒、缺乏动力、漠不关心或故意逃避应承担的责任。

我相信，引发这种遵守规则和指示上的困难与冲动以及工作记忆（工作记忆是指记住一个人应该做什么并利用它来指导其持续行为的能力）不佳的潜在问题有关。正如我将在后文讨论的那样，工作记忆是 7 种重要的大脑执行功能之一。目前尚不清楚，造成这种现象的原因是患者想要从当前活动转移到另一项相互抵触的活动的冲动扰乱了工作记忆及相关的规则遵从，还是语言引导、控制或管理的能力缺陷。大量研究显示，言语能力、工作记忆和冲动之间是相互关联的。相比于言语能力发展得不太好的人，那些语言和言语能力发展得较好的人基本上都能够更好地记住他们应当做什么，通常也更少出现冲动的现象，并且能够在完成任务的过程中更加深思熟虑。这3个问题是相互关联的，因为幼儿学习自言自语就意味着他们在尝试记住他们应当做些什么，以及控制他们自己的行为以减少冲动，就像上文提到的那样。自言自语能够帮助孩子记住事情并且抑制以某种方式进行反应的初始冲动。自言自语也能够让孩子在针对当前任务做出最佳反应前，与自己讨论任务的细节以及不同的回应方式。这种现象，我们通常称为思考或反思。不论何种情况，这种自我导向对话的使用是将我们的目标和计划记在心里的主要方式，同时也有助于孩子控制自己的行为。

使用自我导向对话能够帮助个体主动记住自己正在做什么并且抑制自己的行为，在我的朋友——位于纽约锡拉丘兹的上州医疗中心（现更名为上州医科大学）的迈克尔·高登（Michael Gordon）博士在1979年发表的研究中，上述观点得到了非常清晰的证实。高登博士的研究内容是多动症孩子和非多动症孩子抑制自己对任务的反应并学习等待的能力。为此他设计了一个小计算机，并告诉参加实验的孩子们坐在计算机前，按按钮，然后等待一会儿再次按下。只有在等待6秒或更久以后，参加实验的孩子才能得到1个积分。积分可以在实验结束后兑换糖果。在按按钮前，孩子们并没有被告知每次要等待多长时间，因此，他们要在实验进行过程中学习并发现这种时间间隔。高登博士发现，患有多动症的孩子相比其他孩子按按钮的频率更高，并且无法等待正确的间隔时间过去。但是，最有趣的是，在等待两次按钮的间隙，超过80%的非多动症孩子会出现自言自语、计数，或者给自己言语指导和对策的行为来帮助自己消磨等待的时间。患有多动症的孩子则相反，他们唱歌，敲打盒子的侧面，旋转盒子上的按钮，更频繁地摆腿，围着桌子跑，出现多达16次晃脚和9~10次跺脚，还会出现诸如此类的其他行为。多动症孩子中只有30%报告说像其他孩子一样使用了言语策略。多动症孩子越多地使用上述这样的身体行为来帮助自己打发2次按按钮之间的时间，之前由家长填写的行为评定量表的得分就显示出他们越好动。换句话说，未患多动症的孩子更倾向于使用言语和思维策略来帮助他们抑制自己的行为、将注意力维持在任务上，并且等待，而多动症孩子则使用更多的身体行为达到上述目的，而这种方法的效果显然更差。

就像你将在第二章中看到的一样，我现在相信，多动症孩子首先出现难以抑制自己的反应的问题，接着会出现使用自我导向对话进行自我控制的困难。随着岁月的推移，多动症孩子无法像其他孩子一样依赖自我对话来控制自己的行为，他们可能会比其他孩子表现出更多的冲动。因此，冲动控制的缺陷（虽然是最先出现的问题）可能会进一步导致多动症孩子无法像其他孩子一样有效地使用自我对话。这反过来会进一步阻碍多动症孩子的冲动控制、自我控制以及使用计划和目标来指导行为的能力的发展。

做事不一致

另一个经研究记录的与多动症相关的症状是，多动症孩子工作表现的不一致性和高变动性。由于大部分多动症孩子的智商都达到或高于平均水平，周围的人就很迷惑，为什么他们无法始终如一地产出可接受的工作成果。在某些日子或某些特定的时刻，多动症孩子看起来可以很容易地完成分配给他们的任务，无须他人的帮助。但是，在其他时刻他们几乎无法完成任何工作，即使有严密的监管，他们可能也做不了多少事。随着时间的推移，这种飘忽不定的情况让人们形成了多动症患者只是懒惰的印象。就像一位儿童精神病学家曾经说过的，"（患有多动症的）儿童在学校中有两次表现不错，我们就在他们之后的人生中就会一直记得这点。"那些多动症孩子独立完成作业的时刻会误导人们，让人们认为他们并没有真正的问题或缺陷。但是，这其中的问题并不是他们不能做这些工作，而是他们无法像其他人一样维持这种持续的工作效率。40多年前，一位著名的儿童神经病学家马塞尔·金斯伯恩（Marcel Kinsbourne）博士将多动症描述为变异性疾病（variability disease），或简称为VD。科学家现在认为，这种在行为，尤其是工作效率上显著的不一致性，是多动症孩子有执行功能障碍的清晰标志。使用语言和自我导向对话来引导自己是执行功能之一，它能够让人们在行为和工作上保持更大程度的一致性。那些多动症孩子，就像我描述过的一样，更容易受到当前情况的影响，而非按照记在头脑中的信息，如规则、指示或计划行动。因此，他们的工作变化性非常大，完全取决于当天不断变化的条件。工作效率上的不一致性非常有可能是此前描述过的其他症状的副产物，特别是冲动控制上的关键性损伤。保持一致的工作效率需要个体有能力去约束自己参与有更直接的乐趣或奖励的其他活动的冲动，因此个体的冲动控制越有限或越反复无常，他的工作效率就越不稳定。自我控制、自我言语和意志力是支配其他孩子工作效率的最主要因素，但是多动症孩子的工作效率却更多地受到环境中即时情境的影响。

孩子的自我控制能力去哪儿了：一种多动症新观点

就像本章所展示的，停止、思考、抑制、记忆、计划、行动，以及在面对其他事情的打扰时保持行动，人们使用这些过程来控制自己的行为，而对患有多动症的孩子来说，要做到以上这些是很困难的。然而，当前的科学研究指出，这些表面问题都指向更深层次的核心问题，即执行功能缺陷——自我调节发展迟缓。经过深思熟虑之后我认为，所有多动症的主要特征都反映了7个主要执行功能的严重问题。这些心理能力使我们能够像管理公司的主管一样行事——监督我们的行动，思考和为未来做准备，然后执行我们的计划，为了我们的长远福祉，最好地迎接即将到来的未来。这导致了多动症患者在自我调节方面的严重问题，或者说他们无法做自己行为的决策者，他们在随着时间的推移，尤其是对未来的行为模式的管理上出现了问题。在某种程度上，多动症孩子的自我（或称中央管理者），相对于其他人来说是更加不可控、不可调节或缺乏执行功能的。因此，造成多动症孩子这些问题的原因不是他们缺少技能，而是他们在执行功能或自我控制上的缺失。这意味着多动症的问题不是孩子是否知道应该做什么，而是孩子是否能做自己知道的事。

不幸的是，大部分人相信自律、自我控制以及意志力是完全受自己控制的。因此，那些不能自我控制的孩子被认为有意放纵自己（他们是"坏种"），或者这些孩子还没有学会控制自己（他们被简单地视为"没有规矩"或者家教不好）。坦率地说，关于多动症的科学研究已经取得了相当大的进展，相对来说上述观点非常过时。科学向我们展示了，除了学习和抚养之外，神经科学（脑）因素甚至基因因素都会对人们的自我控制和意志力，以及学习和成长产生影响。一旦这些大脑机制受到功能性的损伤或破坏，正常水平的自我控制和意志力也会变得不可能。那些患有多动症的人就是这样。一些生物学上的因素引发了他们在自我控制和意志力执行方面的问题。这种关于多动症是执行功能（自我调节）障碍的新观点，我们将在第二章中加以阐述。

研究多动症是对意志力本身进行的初步探索，以及意志力如何成为自我控制的重要动因。这种将行为从当下引向未来的自我控制能力是人类独有的，在其他动物身上都没有发现。我相信，那些多动症患者在这种能力上存在着发展性损伤。因此，患有多动症意味着在意志力上有缺陷，并且前途未卜。作为父母，看到自己的孩子在行为与社会性发展上偏离正轨，这才是让你觉得忧心忡忡又警觉惊慌的原因。也许这就是你阅读本书的原因。

第二章

"我的孩子到底怎么了？"

自我调节的匮乏

多动症可能是在儿童心理障碍领域被研究得最多的问题之一。但是，我们对多动症心理范畴的理解仍然远远不够完整。虽然现在我们知道多动症意味着儿童在控制冲动的能力和规范自己行动的能力上存在问题，但是对这些问题仍然没有完善的界定。

儿童是怎样发展出自我控制（self-control）和自我调节（self-regulation）的？前者是指抑制和节制我们当下的行为冲动。后者是指我们有能力（1）监督自己，（2）进行后见之明（hindsight）、先见之明（foresight），（3）自我反思（包括自我对话），然后（4）计划我们的目标或分配的任务以及如何最好地完成，之后我们（5）激活和激励自己，以便贯彻执行我们的计划，同时（6）抑制任何对我们周围可能发生的与目标无关的分心事件做出反应的冲动。如果在这个过程中可能会激起强烈的情绪，特别是那些与挫折、不耐烦，甚至愤怒和攻击有关的情绪，自我调节还包括（7）管理和缓和情绪的能力，使之与我们的目标和长期福祉相一致。计划的能力还包括问题解决，当我们需要修改一个不成功的计划来实现我们的目标，甚至改变我们最初的目标——如果这是最好的选择时，问题解决就很有必要。

是什么行为或者心理机能及过程使得人类控制和调节自身行为的能力强于其他物种？多动症中有哪些过程可能被损害或延迟了？正如我在第一章里提到的，

科学研究表明，与多动症相关的最明显的症状可以归结为注意缺陷、冲动和多动。我们已经知道，除多动症外，注意力问题可能是其他儿童心理障碍的一部分，比如焦虑、抑郁以及孤独症谱系障碍，甄别哪些注意力问题与多动症的关系比其他障碍更紧密，这一点至关重要。到目前为止，研究显示多动症会影响孩子主动追求目标或被指派的任务，在一段时间内坚持完成这些目标或任务（对未来的关注），以及对分心的抵制，这种抵制显然也与坚持有关。以上问题伴随着行为抑制的长期问题（这似乎也是多动症所特有的）——这些都是多动症的标志性症状。

甚至，有时我们所说的注意力的问题似乎就是行为抑制的问题——一个孩子能够控制住自己要做某事的冲动，专注于手头正在做的任务。因此当我们说多动症孩子注意力保持周期短的时候，我们实际上是说他们只能够让自己的兴趣保持很短的时间。对未患多动症的儿童来说，随着成熟的进程他们能够更好地控制自己，使自己更少地转向更刺激也更有趣的活动，这时候，我们就说这些孩子的注意力保持周期变得更长了，但是，其实我们应该说的是，这些孩子发展出了控制自己冲动的能力，他们能够按照事先的计划和指示行事，也更加不容易分心。患有多动症的儿童就像比正常孩子年纪更小似的。他们的问题看起来不仅仅是在保持注意力方面，也体现在持续约束自己方面。因此，这3个问题被认为是多动症的主要症状——注意力不集中、冲动和多动，这些症状可以被归纳为：约束自身行为和朝向目标及未来持续努力能力的发展迟滞。

任何事都是为那些擅长等待的人准备的：多动症与大脑执行功能

多动症孩子的主要问题源于他们在使用大脑执行功能进行自我调节的能力上的根本性缺陷，我并不是第一个提出上述主张的人。执行心智能力中最重要的部分是约束自身行为（自我克制）的能力，这是一种充分考虑个体相关过往经验的能力，也是一种基于这种后见之明以预见将来结果的能力。这类信息将被用于决定当前如何采取最佳行动以及如何保持行动以达成目标。英国医生乔治·史提尔（George Still）在 1902 年就指出了这一点。然而，这些科学家没有做的是解释多动症患者身上这些抑制、自我思考以及持久性匮乏方面的问题，是如何导致我们在学业、社交、职业、心理、语言及情绪领域发现的诸多损害的。科学家在这些方面的工作有助于促进以下理论，即抑制和其他执行功能的匮乏是多动症的根源。我相信这些现在是可以做到的。

大众普遍认为，多动症孩子的问题是注意力不集中和多动，然而在过去数年间，这种观点无法解释关于多动症孩子的大量发现——我将之称为"孤儿"发现，因为他们没有"父母"理论去解释自己。让我来举例说明。

- 我们知道多动症孩子不能从稍后将要发生的事情的警示中获益。相对于未来事件的信息，他们更倾向于基于手头的事物行动。对于这样的情况，如果使用冲动或者无法集中注意力的观点，我们要如何加以解释呢？
- 其他研究也显示，多动症孩子在工作和玩耍中的典型的自言自语行为相比其他儿童更加不成熟。这种自言自语也更少地调节或管理多动症孩子的行为，因此即使他们自言自语，也无法非常有效地引导自己。这是为什么？这与他们注意力不集中或无法抑制自己的行为之间有什么关系？
- 40 多年前，岑塔尔博士和她在普渡大学的同事观察发现，多动症孩子无法像其他儿童一样快速或者很好地完成心算，虽然他们在理解数学方面没有问题。很多其他研究也发现，这是一种无法将信息保持在头脑中并加以处理的缺陷——现在知道产生这种缺陷是由于多动症孩子的工作记忆出了问题。要如何用多动症孩子不成熟的抑制能力和注意力不集中来解释这种不足呢？
- 加利福尼亚大学欧文分校的卡罗尔·惠伦（Carol Whalen）博士和芭芭拉·亨克（Barbara Henker）博士在 40 年前发现，当多动症孩子和其他儿童就同一任务进行玩耍或工作时，相比同样年龄普通儿童的对话信息，患有多动症的儿童与他人交流时的语言更加缺乏组织、不成熟，并对完成活动的帮助更小。其他研究也再次印证了这个结果。为什么会出现这种情况？

- 30多年前，我和我的一个学生做了第一个研究，表明患有多动症的儿童利用时间来指导和控制他们的行为的能力受损。他们的父母认为这些孩子在所谓的时间管理方面有很大的障碍，或者说孩子在根据时间段、最后期限和广泛意义上的未来来管理行为这件事上有障碍。从那时起，这些发现已经被其他研究人员多次重复。为什么会存在这种缺陷？能只从注意力问题上解释吗？我觉得这并不容易。

- 正如我在第一章中提到的，与没有多动症的人相比，对于患有多动症的儿童和成人来说，延迟奖励的价值显著降低，因此他们追求那些以后才会有结果的事情的动机更少。这是为什么呢？这和注意力不集中有什么关系？

- 而且我们从1902年起就知道，如果不是更早，多动症患者在情绪自我调节以及与此相关的自我激励方面有很大问题。如果认为多动症只是一种注意力障碍，你要如何解释这些问题？

如果我们想要对多动症有更加完整的叙述，这些以及其他这样重要又罕见的发现就需要被解释。我相信，所有这些问题都可以归因于抑制和其他执行功能的问题，我是站在40多年前提出这一理论的雅各布·布洛诺夫斯基（Jacob Bronowski）博士肩上提出自己的发现的。布洛诺夫斯基博士是一位已故的哲学家、物理学家和数学家，他也是自20世纪70年代晚期以来广受好评的书以及公众电视节目《人之上升》(*The Ascent of Man*)的作者。1977年，在一篇简短但意义重大的论文中，布洛诺夫斯基博士讨论了为什么我们的语言和思考与其他动物所采用的社会交流方式相比是如此不同，尤其是我们的近亲——灵长类动物。从布洛诺夫斯基博士的论文以及许多其他人的后续研究中，我发现了理解人脑执行（自我调节）能力和多动症患者心理发展可能出错的地方的灵感源泉。

自我导向抑制：心灵的刹车

1997年，布洛诺夫斯基博士提出，让我们的语言（包括我们人类）如此独特的一切都来自一项简单能力的进化，即在我们接收到信号、信息或者面对某事件时，在它们与我们对它们的反应之间施加延迟时间。相比于其他物种，我们在做出反应之前，有能力等待更长的时间。这种等待能力，以及由此将最初的冲动反应与引发冲动反应的事件区分开的能力，源于我们更强的抑制即时反应冲动的能力，由于抑制需要付出努力，因此等待不是一种消极的行为。它需要付诸努力的自我控制和意志力。布洛诺夫斯基博士写道，能够抑制我们立即做出反应的冲动并且等待一段时间，让我们可以在这一等待期间做到：

- 建立并思考对我们自己过去的感知（自我意识），基于对过去的感知，我们能够对可能的未来形成感知，继而能够让我们了解自己，并且了解自己在未来将会变成什么样子，实现怎样的成就；
- 自言自语并且用这种语言去控制我们的行为；
- 从我们对事物的评估中将情绪和信息区分开，让我们变得更加理智，不那么容易情绪化；
- 将扑面而来的信息和消息分割成小块，之后重新将这些小块组合为新的想法，并发出消息或做出回应（分析和综合），并且以此为依据进行计划制订、问题解决和目标导向的革新。

除此以外，我还想补充一点：自我调节内在动机以让我们的行为具备朝向目标的能力。如果多动症是一个人抑制反应的能力有问题，无法在事件和反应之间创造这种停顿，那么我们可能会预期多动症患者在这些其他心理能力方面也有问题。正如许多研究所证明的那样，他们确实如此。

有7种心理能力被称为执行功能，因为它们使我们能够像指挥家领导交响乐团一样，监测并指导我们的行动随着时间的推移走向未来。今天，执行功能（executive functioning）这一术语已被普遍使用，但在该领域工作的科学家对其定义并不一致。对我来说，执行功能指的是自我调节的类型，每一种都是一种特定的功能或心理能力，使我们能够改变自己和未来。我们可以认为自我调节涉及3个步骤：（1）我们对自己采取一些行动，（2）以改变我们的行为，（3）从而在某些重要方面改变我们的未来（增加或减少行为后果的可能性）。

我所确定的7种执行功能如下。

1. 抑制或者自我克制。
2. 自我导向注意，以实现自我意识。
3. 自我导向视觉意象，以实现后见之明和先见之明（跨越时间的自我意识）。
4. 自我导向言语，以通过语言控制自己。
5. 自我导向情绪，以更好地管理它们。
6. 自我激励，以支持和维持目标导向的行动。
7. 自我导向心理游戏，以解决问题和发明解决方案。

下面将单独讨论功能2—7。

自我导向注意（自我意识）：心智的镜子

我们延迟反应并等待的能力是3种基础执行能力之一。延迟反应与我们的以下能力相关：不仅仅关注环绕我们的外部环境，也关注我们自己。在我们做出行为的时候，我们观察或者关注自己，并监督自己，因此我们有了自我意识。我们用这种对自己的意识和对我们正在做的事情的意识去监督我们的行动，并在明智的时候抑制它们，例如在一种新的情况下或当我们犯了错误时。可以把它看作我们头脑中关于自己的镜子。心智的刹车（抑制）和心智的镜子（自我意识）相互作用，使我们开始有了父母常说的"行动之前停下来想想"这种抑制行为。这种思考远不止自我意识，我们将在下文中看到其他执行功能，但这是一切的开始。

自我导向视觉意象：心智的眼睛

通过将我们在先前情境下对自己和自己行动的意识储存在记忆中，我们可以拥有对自己过去和现在的感知。这种感知构建了关于我们是谁以及我们在过去做了什么的观念，这是我们的个人史——真正的自我意识。这种对我们过去的意识的记忆，可以在未来的时间里有意识地提取出来（通常是形象化的），保存在当下的心智中，用来指导我们理解当前的事件，并对当前的事件做出反应，这是我们过去的经验带给我们的应对当前情境的智慧。通过这种方式，我们过去的学习能够对我们当前的行为加以指导。我们人类有后见之明——真正地回溯过去。相比其他物种，我们可以使用这种事后形成的经验，从自己的错误和成功中更快速、更有效地进行学习。这种对我们过去的印象就像汽车里的全球定位系统（Global Position System，GPS）导航终端。这个 GPS 向我们展示了我们所处位置的地形图片、我们去过哪里、我们现在朝向哪里，给定一个我们想要实现的目标，我们用这张心理地图到达目的地。同样，我们在心智中保持的对过去的印象可以指导我们应对与之类似的情境，从而使我们达成目标，并且更好地准备应对眼前的事情。

思考我们的过去，并且将过去与当前加以对比，可以让我们创建"假定未来（hypothetical futures）"，这一概念是由布洛诺夫斯基博士首先提出的。这是一种由提问——如"如果我现在做这个或做那个，未来会发生什么"——而引发的关于未来的"如果－那么"场景。"假定未来"体现了我们对接下来可能面对的未来的经验性感知，这种感知决定了现在我们是继续处理手头的事情还是改变当前的行为去做点别的。我们对接下来会发生什么的推测是依据过往经验进行的，我们能够思考过去，并且从过去的多种经验模式中形成证据，以此发展出关于未来的想法，决定这种模式是保持不变，还是应当进行根本上的改变。通过这么做，如果我们不改变我们的行动，我们可以为那些可预测的事件更好地做准备，或者如果我们要改变当前的计划，我们能为新事件做计划。这就意味着，我们拥有了先见之明——展望未来。注意，后见之明和先见之明都涉及我们的视觉能力，以及回忆我们以前经历的影像的能力。因此，我们大脑的视觉意象能力对于我们相关的后见之明和先见之明的心理能力至关重要。

当然，即便使用这种方式，我们推测的未来也并不总是对的，但是基于对过去的感知做出有根据的推测，总比简单地不去考虑过去和未来要好得多。通过这种方式，我们用对过去的感知创建对可能未来的感知：我们不做改变或者做出改变可能导致什么样的未来。最后，随着儿童的发展，操作和组合记忆的能力将会伴随着回忆过去经验的能力而发展，这就形成了儿童的想象力。与此同时，通过回想过去并且用它来感知可能的未来，我们可以和志同道合的人分享这种对未来的想法；我们可以和其他人一起做计划，并且向其他人做出承诺，以时间作为做事的基准，而其他物种都做不到这一点。

在时间的流逝和我们的生活中向后参考（回溯过去）、向前参考（想象未来），为我们创造了一个跨越时间的自我认知之窗。在清醒的时间里，我们几乎总是可以觉察到，随着时间的流逝，在我们的意识中这扇不断移动的自我之窗。通过我们对刚刚过去的事件的感觉，我们不断地推断即将可能发生的事情。我们用这种方式发展预期，创建计划，并且预见可能的未来事件。我们做这些似乎毫不费力，因此我们认为拥有这种先见之明是理所当然的。我认为，这种后见之明和先见之明的能力是第 3 种基本的执行功能。有些研究者称其为"非言语工作记忆（nonverbal working memory）"，但是我认为它更简单，就是回想我们的过去并以此想象未来的能力。

如上文所述，如果多动症代表行为抑制和等待上的缺陷，那么这种观点表明患有多动症的人将会在自我觉察和自我监控方面出现问题。这将最终导致多动症患者在拥有和使用对过去的感知（后见之明）方面的问题，于是，他们很可能也会出现预期未来（先见之明）方面的问题，因为他们无法利用过往的经验对当前的情况做出调整和改变。同样，多动症患者也无法了解，如果他们不改变当下的行为，会对可能的未来产生怎样的后果。和普通人相比，他们的"心理时间窗口（mental window on time）"比其他人更窄，对与跨越时间相关的自我感知也比其他人更弱。多动症患者似乎就只生活在"当下"，他们无法像其他人那样跨越时间地思考自我。任何与多动症患者一起生活过的人都会对我上面说的话深有体会。正如不少家长所说，患有多动症的孩子似乎无法从过去所犯的错误中吸取教训，他们不能用过去的经验指导现在的行为，也不了解自己现在的行为会对未来产生什么样的影响。我认为，多动症孩子的问题在于他们的反应太快了，这导致他们没有时间去思考过去的经验，从而无法使用过去的经验来指导现在的行为，而不是他们做不到吃一堑长一智。从本质上说，这意味着患有多动症的儿童和成人有一种对未来的"短视（nearsightedness）"。他们只能看到和处理那些近在眼前和手边的事情，而不是那些远在未来的事情。人们可以说多动症患者对于时间和未来是盲目的，或者有某种程度的未来忽略综合征，他们难以意识并且注意到时间周期和他们面前可能的未来。

患有多动症的人也更少为未来做准备。因为他们没有"预见"未来，或者说他们考虑不到未来的那些事情，他们的人生更像是从一个危机到另一个危机之间的波动。当由于缺乏先见之明而造成不可避免的灾难性后果时，多动症患者会措手不及，做出相应的反应。可以说，他们是过于活在当下的"生物"。

这也是有好处的，那就是多动症患者似乎不像我们中的很多人一样因为害怕未来而受到限制。我们有时候甚至嫉妒他们那儿童一样的天真无邪、他们的随遇而安以及他们时刻泰然自若的态度。当其他人畏惧不前时，多动症患者有可能会抓住成功的机会。患有多动症的人（或者与他们生活在一起的人）的生活可能会非常精彩，其中有好的方面，也有坏的方面。

无论如何，缺乏先见之明总会产生严重的负面影响，甚至造成威胁生命的后果。现在我们知道为什么患有多动症的儿童和成人都很容易受到意外伤害，甚至更早死亡。至少，这种影响对社会生活来说是很可怕的。自食其言、定下约定却不赴约、错过截止日期这类行为会让其他人对多动症患者迅速产生负面的判断，并且无法谅解他们。归根结底，可信赖的品质是我们这个社会对负责任的成人的基本定义之一。患有多动症或者有童年期多动症病史的成人报告说，他们在金钱管理、家庭组织、管理孩子的日程安排以及独立开展工作方面都存在问题，相应地，他们社会地位的上升以及职业生涯中的晋升都会更加缓慢——这都与他们对时间和未来的感知缺陷有关。

由于在抑制行为、自我觉察以及使用后见之明和先见之明的能力上的神经性缺陷，多动症患者不仅无法像其他人一样看到未来会发生什么，而且不能像其他人一样做出指向未来的行为。这并不是一种生活方式的选择。让他们为自己在预测和计划方面的问题负责，就像让聋人为没有听到我们的声音负责，或者让盲人为没有看到我们负责一样。

难怪那么多多动症患者在进入青春期和青年期时都那么心灰意冷。这是因为，从这个年龄段起，他们开始像那些无知的人一样，为自己的失败责备自己。这种无法达成目标以及对自我和家庭挫败的感知，在有多动症的成人中是如此严重，以至于他们除了要应对自身的多动症症状外，还需要进行单独的心理治疗。

由多动症导致的时间感缺陷还可能会产生其他几个不为人知的有意思的影响。首先，它可能会让多动症患者觉得时间比实际上流逝得更慢。这意味着，多动症患者做大部分事情都要比自己所预期的花更长时间，因此我们就可以理解他们的挫败感了。这并不令人吃惊，患有多动症的人似乎在很多情境下都非常没有耐心。这也不足为奇，他们可能会游手好闲，以为自己还有很多时间完成一项任务，结果发现最后期限已经到来，而他们却没有做好准备。因此，如果你有多动症，真正的时间和最后期限总是会超越你，让你措手不及、毫无准备。

其次，由于对未来没有感知，多动症患者非常难以延迟满足。对多动症孩子直至成年期的追踪研究（见第五章）清晰地证明了，他们不倾向于在人生中选择那些需要短期牺牲但是可以获得长期更大回报的方式。比如，他们不参与更高学历的教育，或者不存钱。最后，有一些证据表明，这种对未来感知的减弱让多动症患者不像其他人那样注重身体健康。我们为自己对时间的感知所付出的代价之一就是，我们保有对于自己有限的存在和最终死亡的感知。所以自然的结论是，患有多动症的人并不像其他人一样有对自己死亡的感知。因此，他们可能就不会逐渐意识到需要关注自己的健康。这也解释了为什么我在2019年进行的研究首次表明，持续到成年的多动症与健康预期寿命减少近 13 年有关——这种减少远远超过与吸烟、肥胖、过量饮酒和营养不良有关的减少之和！

多动症患者对任何行为可能导致的未来结果有更少的关注，这让他们相对其他人更容易沉溺于各种有害的习惯，如暴饮暴食、缺乏运动、抽烟、酗酒、滥用违禁药物、不良的睡眠习惯、吃垃圾食品和危险驾驶等，这一点在本书后面将讨论。而且，近期的研究表明，相比于正常青少年，多动症患者容易更早地开始性生活，在性行为中也更少采用节育措施，因而也就更容易怀孕或者患上性传播疾病。患有多动症的青年也更有可能超重，更少地参与体育运动或者其他一些形式的养生活动，更少地采用预防性医疗和牙齿保健，并且更容易患心脏病。所有这些风险表明，这些问题都是由无法对未来深思熟虑，并且无法对当前行为的后果进行预测所导致的。

自我导向言语：心智的声音

另一项与行为抑制、展现自我觉察、感知过去和未来有关的能力是与自己对话的能力，通常只是在我们的脑海中自言自语，但有时甚至在别人不在身边时大声说话。布洛诺夫斯基博士指出，其他物种都是用自己的语言与同类交流，只有人类发展出了和自己对话的能力。我们在儿童身上看到了这项能力的发展。个体从在学步期时与他人对话到学前期玩耍时大声地对自己说话，再到小学低年级时不出声地与自己对话（因此其他人无法听到他说什么，但他的嘴唇还在动），最后用"心智的声音"与自己对话，这样根本没有人能觉察到这种自言自语。这被称为"内化言语（internalized speech）"。这是第 4 种执行功能，可以让人们控制自身行为。我们可以和自己对话。

这种自我言语在发展过程中给行为带来的变化是令人吃惊的。随着对话的发展，对话一开始是只对别人说的，然后是对我们自己说的，最后这种对话被内化了，对话的内容也从最初对事物的描述发展到为我们自己指引方向或提供指导。也就是说，自我言语不仅是一种我们和自己谈论世界的方式，也能够通过为自己提供指导来指引和控制我们的行为。这种自我指导逐渐接管了我们的行为导向，让我们的行为不仅仅由当前的事件所决定。因此，自我言语能够帮助我们执行既定的计划和目标。自我言语也能够帮助我们在再次遇到类似任务时处理得更好，因为我们已经具备了与当前任务或情境相关的经验，并且形成了一系列能够让自己遵循的指示。即便当前要处理的事情让人感觉无聊或者不愉快，但自我言语能够为我们加油鼓劲，让我们安然处理好当前的情境，从而帮助我们实现与延迟满足相关的目标并获得更大的收益。

心理学家称这种使用语言控制行为的能力为"由规则支配的行为"。当我们为未来制订计划时，为自己设立目标时，为了践行这些计划并实现这些目标而行动时，我们通常就会使用自我言语及与其相关的由规则支配的行为，来促进我们的行动。到目前为止我们讨论的这4种执行功能很大程度上是我们自由意志的基础。我们认识到，这4种执行功能可以帮助我们将自己的行为从被即时、当前的情境控制的束缚中解放出来，而不是像其他物种那样完全受这些因素的制约。我们人类可以基于规则、指示、计划和目标来控制自己的行为，由此我们对于过去和未来的感知才能指引我们当前的行为。

近期关于多动症的研究中有足够多的证据让我们确信，多动症患者在执行功能的这4个领域（包括自我言语和由规则支配的行为）是有缺陷的。这也可能有助于解释为什么相比于其他人，多动症儿童会更加喋喋不休——这些孩子的言语是更加非内化和非私人化的，以及为什么他们的叙述如此混乱或毫无意义（缺乏明确的目标来指导他们的言语）。毫无疑问，我们这些在临床上与儿童接触的人，以及许许多多家长和教师都会提到，患有多动症的孩子在用语言和规则进行自我控制方面存在问题。

斯蒂芬·海斯（Stephen Hayes）博士是一位研究人类使用由规则支配的行为的能力及其对自我调节的影响方面的专家，他在这方面著作颇丰。海斯博士确定了大量我们能够使用自我言语和由规则支配的行为的条件。这些条件在多动症患者身上是被削弱了的，这些现象支持了这一理论，即自我言语和由规则支配的行为方面的缺陷是多动症的一部分。

1. 在一个给定的情境下，如果我们遵守规则而不是受当下事件的影响或控制，我们的行为应当变化更少。就像前文提到的，不一致的工作表现和不稳定的行为是多动症的特征。

2. 一个遵从规则的人会更少地受到某一情境下即时结果或事件的影响，也不会受当前特定情境下短暂且不可预计的变化的影响。但是，在多动症患者身上，我们不断看到的是他们的"随波逐流"，也就是说，多动症患者更容易被当前事件所控制。

3. 当规则和当下的需求产生矛盾时，我们的行为更易受到规则的控制。换句话说，即使当前的诱惑（比如冰箱里的冰激凌）更有吸引力，我们依旧可以坚持执行一个既定的计划（比如节食）。患有多动症的人经常被任何在当时看起来更有激励性的承诺所影响，他更可能会屈服于对冰激凌的渴望，即使这意味着偏离了节食的既定计划。

4. 有时候由规则支配的行为会让我们看起来过于刻板，而且有时候对于我们所面临的具体情况而言，我们所遵循的规则是不合时宜的，但是我们依旧会遵守这些规则。举例来说，我们依据一名信任的厨师的菜谱来烹饪，但做出来的菜品很一般。第二次我们还是会一丝不苟地遵从这个菜谱，因为这本烹饪手册的作者非常有名并且一定是对的。但是，第二次做出来的菜品还是不太理想——因为，我们不知道，菜谱上有个印刷错误，导致菜谱上的规则其实是不正确的。一个患有多动症的人可能会参考菜谱边做边尝，并且按照自己的喜好改良菜谱，甚至做出与原菜谱完全不同的改变。他打破规则并用自己对菜品的味觉（当下的反馈和结果）来指导自己的行为，这样做出来的菜品有可能更美味。因此，在某些情况下，多动症患者可能比那些太遵守规则的人要做得好。当然，通过多动症患者的这种烹饪方式，人们很少能在两次做出一模一样的菜。

5. 当遵守规则时，我们应当能够坚持自己正在做的事情并表现得"得体"，即使我们要等很久才能获取遵守规则应得的回报。这就是说，我们有能力实现延迟满足。举例来说，孩子应当可以根据规则和计划做家庭作业，因为对孩子来说，获得长期的奖励（明天能交作业）比当下的奖励（现在就避开这些无聊的家庭作业）更加重要。多动症儿童更可能在做作业的时候中途放弃（不再遵从规则），而去追寻一些更加即时奖励的事情，而不考虑之后的后果会有多严重。

6. 最后，我们应当看到，在从儿童到成人的发展过程中，使用由规则支配的行为的能力有一个稳定增长的过程。多动症儿童经常被认为是非常不成熟的，这是由于他们在遵从规则、和自己对话、使用规则控制自己的行为以及最终在遇到问题时创设个人规则的能力上严重落后，相较于同龄人，他们的行为更容易受到当前事件和即时结果的控制。

自我导向情绪：心智的核心

这是第5种执行功能或能力。抑制我们做出即时反应的渴望，以及等待的能力，让我们的大脑有时间将扑面而来的信息拆分成2个部分：该事件对个人产生的意义（我们的感受或者情绪反应），以及该事件的信息或内容（该事件对我们的幸福的真正意义）。然后，我们才可以客观地处理有意义的内容，而不会过多地将个人情绪或偏见带入对事情的反应中。虽然我们并不总是能做到这一点，但我们有这样的能力，而且有意识地训练这种能力能够让我们做事时更加理智，减少情绪化，继而对于给定情境的处理变得更加有效率。这也是为什么我们告诉孩子在心烦意乱时先数到10再行动，这种方式给孩子以重启的时间，并且可以让他们更加全面、理智和客观地重新评估发生了什么。

我们从个人经验中得知，伴随着情绪化行为的冲动反应明显并不总是符合我们的最佳利益。并不是说这种方式总是不好的，而是等待并且更好地评估在我们身上发生了什么，能够让我们规划自己的反应，甚至是其中情绪化的部分，从而让我们的反应能够更加符合情境的需要。这种延迟行为反应的能力使我们能够更客观、更理智、更有逻辑地评估事件,就像站在中立的旁观者的立场上。相比于其他物种,这种方式让我们人类可以更客观地了解这个世界。事实上,如果我们不能将自己对信息的感受从信息本身剥离开,我们就无法追寻科学——科学是我们人类最理性的努力。

这并不是说我们要做到毫无情绪反应、在处理事情时完全客观。没有比这种说法更荒谬的了。我们的情绪反应是我们评估周围世界并做出决定的能力的核心组成部分。但是,如果我们允许自己被事情发生时的第一感受所支配,我们如何对事件做出反应以及如何做出决定,都会受到非常不利的影响。这种更原始、更基本的情绪冲动经常需要一些压制和一段时间的调节,以使它不仅更能够被我们周围的人所接受,而且更有效率地帮助我们做出正确的决定并达成目标。这种理论似乎解释了为什么多动症孩子相比其他孩子更加情绪化。但是他们的问题不是情绪本身,而是他们难以调节情绪以适应环境和他们的目标或福祉。正是这种自上而下的对原始情绪的自我调节受到了损害。由于不能抑制自己对情境的第一反应,他们没有给自己时间去区分自己的主观感受和客观事实。多动症孩子通常会对这种冲动和原始的情绪反应感到后悔,因为他们的行为使别人疏远他们,导致社会性敌意、惩罚和拒绝,最后失去友谊。这让多动症孩子在教师和教练面前的名声很糟糕,和父母以及兄弟姐妹的关系很紧张,对多动症成人来说,则可能会导致更大的家庭冲突,尤其是在工作中,包括更大的被解雇的可能性。

多动症孩子不能像同龄孩子那样约束自己的情感,这让我们觉得多动症孩子的情绪是不成熟的——认为他们鲁莽、易暴躁、善变。举例来说,一个9岁的多动症孩子可能会因为不被允许在晚餐前吃零食而大发脾气。我们可以接受这样的行为在4岁的孩子身上发生,但我们认为9岁的孩子应该有能力约束自己这种愤怒的反应,以让自己冷静下来并且重新评估妈妈所传递的信息——不允许吃零食的理由。

不幸的是,我们无法强求这个9岁的多动症孩子足够成熟到只需要简单地告诉他抑制自己的行为反应或者在做出反应前稍加等待。就像第三章将会解释的,由于大脑中负责抑制和其他执行能力的脑区存在问题，多动症孩子完成这类事情的能力是受损的。虽然在某些情境下多动症人士可能能学会有意识地抑制自己的行为，但这需要他们付出非常大的努力——远远超过对同龄人的要求。

因此，有多动症的人难以适应当事件变得易于引发情绪时需要保持冷静、镇定、非情绪化或客观的情境。不幸的是，我们的社会在相当多的情况下都会将我们置于以上境地。事实上，我们的社会高度重视保持镇定和理性的能力，并且经常给予有这种能力的人更高的地位、声望、职权甚至收入，而这是那些没有这种能力的人无法想象的。

然而，这也有益处。多动症患者在行为上会表现得非常热情和情绪化，相比其他人，这会让他们做事情的时候非常坚持个人信念以及更少陷入犹豫不决。多动症患者可能很容易在艺术（比如音乐或戏剧）或人文（比如诗歌或小说）这些需要强烈情绪表达的领域达到甚至超越其他人的表现。那些需要狂热信念的事情，比如谈判或销售，我们可能会发现多动症患者做得相当出色。结合他们滔滔不绝和更喜欢社交而非独自完成工作的特点，这种热情可以让他们成为很好的销售人员。请记住，他们的智力并没有受损。他们分离信息中的情绪的能力也不是完全受限制的。由于多动症患者的反应速度太快了，他们确实无法像其他人那样很好或有效地练习这种能力，并使用它充分指导他们的行为。由于无法控制自己行为上的冲动，多动症患者没有时间去克制情绪或者将私人感受从事实中分离开。在这里，我并不是在暗示多动症患者比其他人更适合这类职业，尽管他们可能适合（目前还没有关于这个问题的研究）。我只是认为，相比其他强调情绪克制和客观性的职业，多动症患者在这类职业上的劣势可能要小得多。在这些人生道路上他们和其他人区别不大，并且有可能会因为他们的其他积极品质而有机会超越其他人。

自我激励

与情绪自我调节相关的是第 6 种执行功能——自我激励（self-motivation）的能力。当普通的孩子发展情绪自我控制及随后的自我调节能力的时候，他们做的一部分事情是将自己的情绪内化，使其不公开表现出来。情绪反应是存在的，但是其公开表现受到了抑制。这种在我们体验到并试图调节的时候将情绪隐藏或者内化的能力，可以让我们在将这种情绪展示给他人之前就按照需要修改它。我们甚至可以通过尝试让自己冷静下来，想一些更积极的事情，或者跟我们自己说说为什么用那种冲动的方式表现出这种感受是不恰当的，在很大程度上减少甚至消除这种初始的情绪冲动。

然而，这种情绪内化之所以重要还有另一个原因。情绪告诉我们，我们对事物的态度是积极、消极、不愉快的，还是中性的。因此，情绪可以鼓励我们继续做手头的事情，也可以促使我们停下来去做一些更好的事情。这就是说，情绪激励我们采取某些行动。因此，能将情绪内化的儿童也能自动发展出内化动机的能力。这种能力就是很多人所说的"内在动机（intrinsic motivation）"的起源，也是其他人所说的内驱力、持久性、进取心、毅力、意志力，或者坚定不移。当我们创建了自己的内在动机后，我们就不需要像年纪更小的孩子那样经常需要鼓励、奖励、报酬或者其他激励以使自己坚持到底，完成工作。我们可以坚持自己的计划，跟随我们的目标，抵抗周围那些可能使我们分心的事情，因为我们使用自己的内在动机以驱动我们的行为向着目标努力。即使没有其他激励或诱因，我们也可以在很大程度上激励自己。私人、内化的情绪成了我们个人动机的源泉，这可以促使我们做出指向目标和未来的行为，并且帮助我们在没有即时奖励或回报的情况下保持既定的方向。这是人类意愿的重要组成部分——意志力。

这一启示帮助我们了解为什么患有多动症的儿童在持久性、意志力上有那么多问题，或者像其他人所说的注意力持续时间短。真正的问题不是注意力，而在于自我驱动。多动症儿童无法像其他儿童一样创建个人、内部或内在的动机，因此当环境或任务中没有什么激励或者动力来帮助他们坚持下去时，多动症孩子无法在活动、计划、目标或者指令上像其他人那样持续做出努力。自我激励是帮助我们坚持完成任务和目标的油箱。任务越无聊、越没有回报，我们就越依赖这个油箱。对于多动症人士来说，这个油箱是半满或空的，因此他们很难像普通孩子那样，创建自己的动机以帮助他们坚持完成任务。这意味着多动症孩子必须基于外部的动机资源，一旦缺乏外部激励，他们就会从正在做的任务或者活动中走神——不是因为懒惰，而是因为大脑的这部分功能存在生理问题——油箱更小而且很可能是空的。显然，帮助多动症儿童完成任务通常意味着需要准备额外的，有时是人为的外部动机，比如奖励。

自我导向心理游戏：解决问题和创新的源泉

第7种执行能力与我们对语言的内部使用有关，由2部分组成：（1）将我们收到的信息或消息分解成若干部分或更小单元的能力（分析）；（2）将这些部分重新组合并生成新的对外信息或指令的能力（综合）。我们并不会将指令或信息作为不可分割的整体来对待。也许我们会将一个句子作为语法单元来看待，但我们同样也意识到可以将它分割成名词、动词、副词和其他语言成分。同样，我们知道，传递的想法可以被分解成这个想法里的对象、与对象有关的行为、这个对象的物理性质（颜色、形状等），等等。借助这种心理能力，我们可以首先分解并分析收到的消息和信息或者处理的事件，就像我们分析一个句子那样。其次，我们可以以近乎无限种方式重新组合它，并且选择一种对当时场景最合适或最有效的对外信息或行为。这种能力让我们拥有了解决问题、想象和创造的惊人力量。除非我们等待并给予其足够的时间，否则这种被布洛诺夫斯基博士称为"重构（reconstitution）"的过程不会被触发。重构就是将事物拆分（分析），然后将其各部分重新组合（综合）为某些新事物。

这种能力构成了另外一项执行功能：问题解决和目标指导的变革或创新。当我们没有过去的经验可以参考，或没有立即可用的规则可以遵循的时候，我们可以发明新的想法或建立新的规则。当我们抑制自己的反应并等待的时候，我们可以提取旧的想法和规则并将它们拆分，加上其他的想法和规则，最终构建出全新的组合。我们称这个过程为"问题解决（problem solving）"，作为人类，我们是这方面的专家。那些无法抑制和延迟自己对于周围所发生事情的反应，并且将信息保留在头脑中（工作记忆）的人，更不擅长为他们所面临的问题想出解决方案。

如果多动症包含执行功能上的缺陷，那么多动症患者就无法像普通人那样擅长这一重构或问题解决的过程。对这一设想进行的多动症相关研究很少，但是现有的那些研究看起来是支持"多动症患者在这方面是有问题的"这一论点的。心理学实验指出，当被要求在一个较短的时间内针对一个给定的问题想出尽可能多的解决方案时，患有多动症的孩子无法做得像其他孩子那么好。其他一些测试多动症孩子在游戏时的好奇心的研究发现，他们不像同龄的孩子那样评估或探索事物。这些研究成果表明，患有多动症的孩子无法像其他孩子那样，将他们正在做的事情拆分成多个部分或维度。这些发现似乎暗示了，多动症孩子在问题解决或目标导向的创新的过程中没有其他孩子做得好。

然而，对有多动症的成人的一些研究表明，那些智力和受教育程度高于平均水平的人在某些方面可能比普通人更有创造力，而在其他方面则较差。与没有多动症的人相比，这些受过大学教育的多动症患者能够想出更多的方法来组合各种物品，发明新的物品或新的用途。然而，他们提出的想法被认为是不太实际或现实的，与典型的成人相比，患有多动症的成人认为自己在现实生活中不太可能贯彻自己的创造性想法。这种情况在患有多动症的儿童和在成人多动症诊所治疗的人身上没有出现，反而是多动症群体的创造力低于普通人或与普通人没有区别；所以这种情况可能只针对成人多动症人群中非常聪明的那部分人。

执行功能和自我调节的社会目的

就像我之前指出的，这6项执行功能让我们拥有了自我调节能力，从而拥有了自我决定能力。我们是唯一可以执行这种心理能力的物种（虽然前3种能力以非常原始的形式在我们的近亲黑猩猩身上有所发现）。这些执行功能的目的是什么？这些执行功能如何对我们人类的生存和福祉产生重要影响，以至于它们在我们现代人类身上进化到当前这种高级水平？20多年来，我挣扎于寻找这些问题的答案。我回顾了因受伤而损害大脑执行功能后人们会产生哪些心理和社会缺陷，以及那些我们都关注到的促进我们的生存和福祉的主要生命活动的科学研究，同时包括那些可能与此相关的人类进化研究。我的研究结果发表在我2012年出版的《执行功能：它是什么，如何工作，又为何会进化》（The Executive Functions: What They Are, How They Work, and Why They Evolved）一书中，这进一步发展了我关于执行功能和自我控制的理论（当然，进而也包括多动症）。对这些问题的简短回答来自临床科学家对大脑前额叶功能研究的早期著作——前额叶部分已经成为人类进化程度最高（可能也是相对最大）的部分。在前额后面的大脑区域被称为"执行"脑，这是因为它指导着大脑的其他部分，以及人们做出选择、追寻和达成目标所需的其他心理能力。举例来说，斯图尔特·迪蒙德（Stuart Dimond）博士在1980年写道：大脑中的这个部分是我们的社会智力（social intelligence）的所在之处。15年以后，穆里尔·莱扎克（Muriel Lezak）博士写道：它们给予我们对意志和目的的感知，并且帮助我们履行社会责任。就像在此之前或之后的其他科学家那样，他们看到大脑中的这个功能区对我们的社会生活至关重要。我同意这种观点，因此我着手创建了一个执行功能和自我控制的模型，将这些心理能力扩展至人们在日常生活中涉及的最重要的社会和文明活动，并确定了4个重要的层级水平。大脑的这一部分，以及这些心理能力，需要25～30年才能完全发展成熟。我会在这里非常简要地描述这几个层级，这样你就会明白，有前额叶损伤的人或者多动症患者会如何因自己的执行功能缺陷而挣扎。

工具性/自我导向层级

执行功能和自我调节的第1个层级由前文所述的几种执行能力组成。它们被称为"工具性的"是因为它们提供了一种达成目的的手段——就像工具一样，被用来做某些事。它们包括我们在心理上为控制、转变和调整自己的行为所做的事。我们这么做不仅能够在当下更好地反应，而且更重要的是可以改善我们的未来。

尤其是，我们这么做能够最大限度地改善随后得到的结果，而非像其他物种那样，总是专注于那些小的即时的结果。通常我们看不到人们在做这些自我导向的行动，因为从本质上说这些行动是心理层面的或私人的，它们发生在大脑中并形成了个体的意识心智，它们是"认知（cognitive）"。我们无法直接观察到人们的自我意识、后见之明、先见之明、自我对话、情绪调节、自我动机以及心理游戏，但是通过研究，我们知道人们可以实现这些功能，并且在清醒的时候一直运作着。这些功能给了我们一组"心智工具"，就像一把瑞士军刀，我们可以用它来控制自己的行为及预期，做好准备并最大限度地改善未来的结果，促进我们长期的福祉和幸福。我在图2.1中对它们进行了说明。在自我导向层面上，我认为7种执行功能在发展的2个阶段出现。第1阶段发生在发展的早期，由前4种执行功能组成（图2.1中的"第1层级"）。其余3种执行功能出现在第2阶段（图2.1中的"第2层级"），因为它们在很大程度上依赖于第1阶段的功能，以便正常发展和运作。这7种功能本身并没有多大用处，除非我们看到它们在人的自然社会生态中被用来实现什么，以及它们如何促进下一个阶段或层级的自我调节。

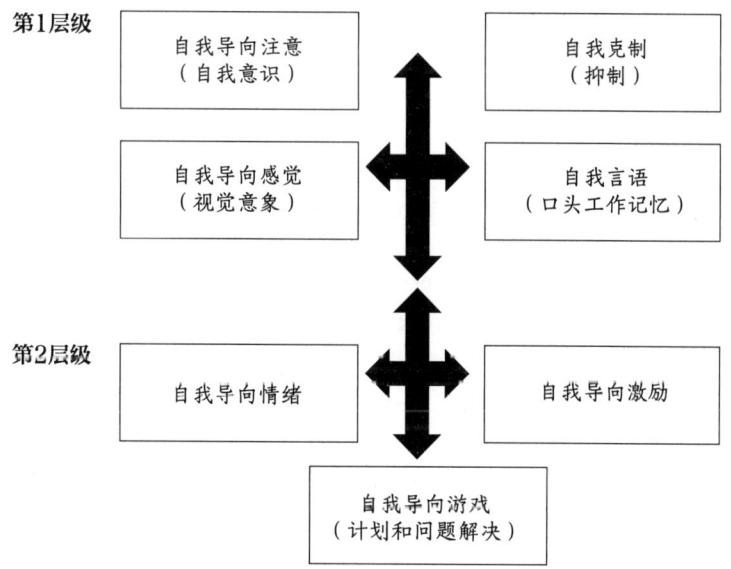

图2.1　7种主要的自我导向行动：执行功能

自力更生层级

当孩子出生后，他们很无助并且需要依靠他人（通常是父母和家人）才能实现自己的生存和福祉。在他们人生中接下来的 10 ~ 20 年中，他们一直要依靠他人，当然这种需要是日益减少的。随着时间的流逝，我们见证了他们在照顾自己方面能力的增长。这不仅是他们在吃、穿、洗澡和其他照顾自己即时需求和存活能力上的明显成长，也是他们在自我决定、与以前所依赖的人分离，以及防止被他人利用而对自身不利而进行自卫上的明显成长。因此，执行功能的第一个直接目的是，促进日常适应功能（自我照顾）、自力更生（独立于他人），以及抵御他人不良影响的社会自卫（自我决定）等能力的发展。我认为，这就像《鲁滨逊漂流记》①水平的执行功能——我们照顾自己，变得越来越独立于他人，照顾自身需求，同时也保护自己免受那些可能试图利用我们并且不考虑我们的最大利益的人的侵害。当这一阶段发展成熟后，我们将看到个人日常生活中 5 种相互关联的行为和活动类型的增加：（1）时间管理；（2）自我组织和问题解决；（3）自我克制；（4）情绪的自我控制；（5）自我激励。近期我开发了针对儿童和成人的在日常执行活动中的这 5 个维度上的评估量表。当这一层级发展良好时，它就可以促进下一个执行功能阶段的发展。

社会互惠层级

虽然这一阶段是从家庭关系开始的，但最终它会扩展到与所有其他人之间的互惠互动。"互惠（reciprocity）"在这里意味着交换、分享、轮换和其他与人们进行交换的行为：我们为某人做某事，对方也会回报我们。在这一阶段，我们对他人做出承诺，信守我们的诺言，用我们拥有的东西交换他们拥有而我们想要的东西，与他人分享我们得到的一些奖赏，因为我们明白未来他们也会这样对待我们。你每天都会重复很多次这一行为。它不仅是友谊的基础，也是经济、劳动和贸易

---

① *The Adventures of Robinson Crusoe*，英国作家丹尼尔·笛福（Daniel Defoe）的一部长篇小说。——译者注

分工、社交礼仪，甚至民法和刑法的基础。不同于其他物种，我们是轮换者、分享者、交换者以及互惠者。社交互惠是人们生存的主要手段之一。它像风险保障池那样通过群体中的其他人分散生活在这个不确定的世界上的风险，人们在他人需要时帮助他们并且期待得到同样的帮助。我们选择与其他人一起生活在群体中，我们发展出一种有选择地互相依赖的手段，以促进我们和我们关心的以及共同生活的人的生存。要让这一切成功，我们需要监督我们的群体，并且非常快速地发现那些潜藏在我们中间的骗子，不再与他们进行交易，甚至惩罚他们的欺骗或非互惠的占他人便宜的行为。如果我们不这样做，社交网络就会因为骗子、爱占便宜的人和剥削者而崩溃。除了前一层级中的社会自卫和独立之外，这种选择性互惠的倾向是执行大脑的主要社会目的之一。

社会合作层级

虽然互惠或分享和交易也可以被看作合作，但在这里我使用"合作（cooperative）"这个词来描述人们作为一个团体共同完成某个他们无法独自完成或无法通过相互间的简单交易来完成的目标。在此有共同目标的人组织在一起工作以达成目标，并且分享做这件事情的收益。通过团队工作，人们可以达成比自己独自工作或一对一交易所能达成的更长期、更大、更复杂的并且有更大收益的目标。这种合作每天都在发生，在许多工作项目、社区活动或其他需要一组人一起工作以达成共同目标的社会活动中，你都能看到它的存在。如果这组人一直在一起协同完成很多目标，他们甚至会发展出一种叫作"互利共生（mutualism）"的行为，这种行为经常发生在家庭成员或亲密好友之间。在这种关系中人们关注他人的长期福祉而不是仅仅关注自己的。他们相互支持，他们不仅共同努力以达成一个特定目标，同时还在无数方面与其他人相互联系，视他人的长期福祉于自己即时或短期的幸福之上。邻居、工作小组、亲密的友谊网络，以及其他类似的成员待在一起足够久的团体，可能最终都会发展成这种个人和社会福祉的最高层级。

当负责执行功能的前额叶脑区出现外伤或发育问题时，上述这些类型的个人和社交活动就会有缺陷和损伤的风险。从这个多层级模型的角度上来理解执行功能，我们就能够体会到执行功能对于人类生存、福祉以及日常生活的重要意义，也就能够明白为什么执行功能的障碍（如多动症）会给人们造成如此严重的后果了。

执行功能的发展

当我们刚出生或者处在发展的早期阶段，我们还不具备这种感知自我和抑制自己行为的强大力量。对婴儿的研究表明，这种能力从婴儿1岁末起开始以一种非常原始的方式发展，并将持续发展20~30年。当我们成熟了，我们可以监管自己的行为并在需要的情境下将其延迟越来越长的时间，以让我们在做出最终如何反应的决定前去使用后见之明和先见之明。一旦这3种执行能力（抑制、自我意识、后见之明／先见之明）出现，其他3种我在前文讨论过的心理能力可能会开始逐步地缓慢成熟。

布洛诺夫斯基博士似乎表明，抑制能力可能是伴随着我们的自我意识的出现而发展的。它可能出现于生命的第一年。几年内，我们对于过去的感知开始成熟，同时我们也开始具备对于未来的感知。我们的自我对话并且使用自我言语的能力将在这之后发展，在3—5岁时，我们的自我言语慢慢地在几年之后内化，以至于其他人就不再能听到我们自己和自己对话了。关于早期语言发展的研究指出，自我导向和内部言语可能需要8~10年才能发展成熟。下一个出现的，并且依赖于更早期阶段的是自我调节情绪甚至创造私人情绪的能力，以及由此产生的自我激励。最后一个发展的是分析和将信息分解成小单元并重新组合或综合成一个完整的新想法的能力。我们还不清楚这种能力是在儿童发展的哪个阶段开始的，但它与儿童的游戏发展有所重叠。

我认为，未来针对多动症儿童的研究可能会显示，相对于普通儿童，他们在这些执行功能上有某种程度的发展迟滞。未来的研究也可能会显示，相比同龄的非多动症孩子，他们运用这些能力更加不熟练。对于大部分多动症孩子来说，幸运的是，一些研究开始表明，多动症药物可以帮助他们暂时提高执行能力，当使用多动症药物时，多动症孩子的行动和思考与他们同龄的非多动症孩子更加接近。此时他们有能力表现出自我控制，指导他们的行为朝向未来，从完全被当前的事情所控制的枷锁中解放出来。

神经连接：重新思考我们关于意志的看法

我们知道多动症与个体抑制对情境和事件的反应的能力缺陷有关。也就是说，多动症患者在自我控制上有问题。就此而论，自我调节（执行功能）缺陷障碍［self-regulation（executive functioning）deficit disorder］可能是对多动症最为精准的描述。多动症这一术语关注注意缺陷和多动，很明显是有些肤浅的。通过多年的研究，我们还知道这种抑制行为和自我调节的能力受大脑最前部的控制，这个区域被称为前额皮质。因此，在过去25年的研究中发现，多动症患者大脑的这一部分不像非多动症患者那么大、成熟和活跃，这并不令人奇怪。与前额皮质相关联的其他几个大脑区域也是如此（详见第三章）。有几项不同的研究记录了这种大脑发育不全、活动不足和连接受损的情况，并将其与执行能力的缺陷联系起来，这对我们了解多动症是一个巨大的进步。

本章已论述过，大脑的前额叶部分，或者其他与前额叶相关联的区域，给予了人们自我控制以及指导人们的行为朝向未来的能力。就像华金·富斯特（Joaquim Fuster）博士在他1997年出版的著作《前额叶》(*The Prefrontal Cortex*)中的广泛研究所描述的一样，我们从这部分大脑受伤的人和灵长类动物身上所得到的知识强烈表明，情况很可能是这样的。最后，我们关于大脑及其运行方式的了解与我们对多动症的了解相吻合，它们就像两块拼图，现在可以拼在一起了。因此，我相信我们可以胸有成竹地得出以下结论，多动症与大脑前额叶区域以及与之相关的脑区的发展和功能问题有关。

多动症的发展-神经学本质，直接反驳了人们曾经坚守的信念：自我控制和自由意志完全由个体及其教养决定。我相信，正是这个矛盾导致社会上很多人不愿意将多动症归为发育障碍，因为我们对发育障碍抱有极大的同情心，并且会为其提供特殊的保障和权益。当科学的进步反驳了过去的常识时，社会总是会经历挣扎，但终会改变以适应它们。这也是我希望社会能够为多动症做的事情。

有趣的是，这种对于多动症的理解应唤起人们的同情心，但这并不意味着我们应停止要求多动症患者为他们的行为负责。多动症患者不是对他们行为的结果不敏感，而是由于行为和重要的行为结果之间存在时间延迟，他们难以将自身的行为和行为结果联系在一起。这意味着，如果要帮助多动症患者，我们就必须让他们承担起更多的责任，而不是减少责任。在任一给定情境下，我们需要为多动症患者设置比通常状况下更及时、更频繁、更凸显的行为后果。借助这种方法，我们可以帮助多动症患者弥补他们的缺陷，让他们的生活更正常、功能更完整。

这里提出的关于多动症的观点是本书的基石（以及我正在撰写的一本书，其中将提供我发现的抚养多动症儿童或青少年的12条最佳原则[①]）。将多动症视为自我调节、执行功能、意志力以及组织和指导朝向未来的行为的障碍，这种观点为本书后续几乎所有的治疗建议提供了更为广泛的依据。它也为我们理解多动症的发展过程、经常与之相关的其他问题，以及由多动症引起的（如果未得到治疗）长期的社会、学业和职业问题的研究结果提供了更广阔的视野。

这种关于多动症的新观点，可以帮助你以理性的方式接受孩子执行功能的缺陷，依据孩子的缺陷调整对他的社会和学业要求，（在可能的方面）努力改善孩子在自我控制能力发展过程中的不足，拥护和倡导你的孩子对于这一问题所需服务的需要和权利。这些知识可以让你像一名科学、有执行力、以原则为核心的家长那样行动，而这正是成功养育多动症孩子所必须具备的。

[①] 本书中文版《多动症孩子养育指南：给父母的12项原则》已由中国轻工业出版社于2022年5月出版。——译者注

第三章

什么引起了多动症？

多动症是由多种原因引起的。在过去 40 年中，尤其是近 20 年来，我们对于引发多动症的原因，以及这些原因是如何影响我们的大脑和行为的了解迅速增加。另一个很重要的方面是，我们了解到，一些过去被认为可能引起多动症的因素其实并不会起作用，或者可能只起了很小的作用。本章将分析多动症的核心诱发因素，并破除一些广泛传播的谬误。

找出原因，很有挑战

当你阅读时，请记住，用直接且无可争议的科学证据去证明某事物会导致人的行为问题，这是非常困难的。实验需要给出直接、毋庸置疑的证据，比如，儿童大脑前部在发育过程中的损伤而引发多动症，这一实验简直不可想象，因为这是不道德和冷酷无情的。科学家无法在大量不同的可控条件下破坏儿童的大脑——仅仅为了查看会发生什么。因此，为了研究多动症的生理成因，行为科学家往往只能搜寻那些虽然没有那么直接，但在很大程度上可以说明原因的信息。作为一个希望了解最新研究成果的家长，了解信息的可能来源和相对可信度尤为重要。

诊断或症状与某一因素之间是否存在一致关系？

关于潜在病因和多动症诊断或其特有的行为症状之间存在一致关系的研究，可以作为信息的来源之一。例如，母亲在怀孕期间饮酒与后代多动和注意力不集中的风险增加有关，也与孩子往后被诊断为多动症的风险增加有关。然而，两个事件或条件同时发生并不能证明它们之间有因果关系。这类研究仅仅起到提示作用。证明需要以下条件。

- 表明酒精对发育中的大脑是一种毒素，特别是对前额区域来说（已经通过动物研究完成）。
- 表明儿童额叶的任何发育缺陷都与症状有关——大脑发育受损越严重，症状就越严重（这一点现在也已得到证明）。
- 表明发育缺陷并不是多动症从父母遗传给孩子的结果。（有多动症的父母比其他父母饮酒更多，所以母亲饮酒可能只是多动症从父母遗传给孩子的一个标志，而不是多动症的直接原因。在这种情况下，孩子的多动症是由于基因遗传造成的。我们现在有一些研究控制了父母多动症的程度，同时研究了孕期多动症的潜在原因，包括饮酒，这些研究表明，酒精仍然会增加患多动症的风险。）

是否发生了自然的意外？

如果对脑损伤对多动症的作用感兴趣，我们可以研究有大脑疾病的孩子、遭受明显头部损伤或其他神经损伤的孩子。例如，如果一个典型的儿童在风湿热或脑膜炎康复后，大脑受到明显的损伤（脑部扫描中某些脑区出现瘢痕），以及出现多动症的行为模式，我们可以相当肯定，感染导致在已知与多动症有关的脑区出现瘢痕，从而导致了多动症症状。同一类型的证据表明，脑部创伤有时会导致多动症症状，甚至在康复后数年仍会出现。这类证据在某种程度上更有力，因为我们可以看到一次事故改变了孩子的某些东西，但它仍然不是脑损伤导致多动症的确切证据。与受伤过程相关的其他因素可能才是真正的罪魁祸首。例如，患有多动症的儿童可能有经历脑损伤的风险，因此我们必须证明多动症并不是在受伤之前就有的。但我们也必须记住，大多数患有多动症的儿童没有脑损伤的证据。

动物研究是否将接触某种因素的样本与未接触的进行了比较？

为了确定在怀孕期间胎儿暴露于酒精是否会引起多动，科学家给一些怀孕的动物注射大剂量的酒精，如小鼠、大鼠或灵长类动物，而另一组不注射。然后研究这些动物的新生幼崽的行为，看看这两组的后代表现有何不同。科学家也会直接切开动物的大脑，看看是否有酒精引起的脑组织异常发育的迹象。尽管这些实验更直接地证明了，一些因素会导致动物的大脑损伤，从而引起多动或多动症，但这样的结论不能完全推广到人类身上。动物（尤其是灵长类动物）和人类的大脑的相似点多于不同点，但它们终归是不同的。所以，导致动物多动的因素也能导致人类患多动症，这是可能的，但不是确定的。

脑部扫描显示了什么？

科学家现在可以获得患多动症的儿童和成人的脑结构图像，甚至他们的大脑活动或功能图像，并与未患多动症的人进行比较。这样的研究表明，多动症患者大脑的某些区域与正常人相比通常更小，或大小不同，或活动程度不同。最近，研究人员使用复杂的成像程序来研究一个大脑区域的活动如何与其他区域的活动相关联，通常是通过整个大脑的连接回路。这被称为功能连接，并清楚地显示出多动症的模式与通常在典型个体中看到的不同。在过去10年中，科学家还提高了神经成像设备的分辨率，因此他们可以研究通过大脑白质或内部物质连接各个脑区的神经细胞回路，即所谓的白质微结构。这类研究也表明了，在微观分析水平上与多动症有关的脑回路发育不良和功能失调。

证据汇总

除了少数例外——例如直接测试我们饮食中的某些食物或化学物质是否会导

致多动症——行为科学家不得不依靠这些更间接的证据来源来证明任何特定因素是多动症的原因。科学家通常是结合各种证据（例如上述类型），来证明一些毒素、药剂或事件可能会导致多动症。科学家必须考虑这些证据的全面性和重要性及其逻辑上的一致性。他们必须考虑对研究发现的所有可能的解释，并且通过排除其中许多解释来向其他科学家证明他们的结论。这需要通过客观证据、逻辑解释和公开辩论说服尽可能多的在同一领域工作的科学家，这是科学方法的基础。通过这种方法，越来越多的证据表明多动症是大脑发育、连接和功能异常的结果，其与神经和遗传因素之间的相关性强于其与社会因素之间的相关性。

成因：现有的证据

现在，我们在数百项已发表的研究中对多动症的原因进行了广泛的科学研究，认为它主要起源于大脑内部的问题。如上所述，我们知道患有多动症的儿童相对来说很少有实际的脑损伤，因此我在此集中讨论大脑发育异常以及导致这种情况的环境和遗传因素。

大脑损伤和多动症的研究

200多年来，自从德国的梅尔基奥·亚当·魏卡德博士和苏格兰的亚历山大·克赖顿博士首次报告了注意力障碍的原因以来，科学家怀疑我们现在称为多动症的疾病是由一些大脑损伤引起的。他们注意到多动症孩子和大脑前部被称为"前额叶区域"受伤的人，在行为问题上存在惊人的相似之处。与其他动物相比，这个大脑区域是人类身体中比例最大的区域之一，它被认为负责执行功能和自我调节，正如第二章所讨论的那样——抑制行为、维持注意力、运用自我控制和自我调节，以及计划未来。

神经病学和神经心理学的研究包括大量病例报告和对于更大患者群体的研究，

这些患者由于创伤、脑肿瘤、中风、疾病或穿透伤（如枪伤）导致了大脑损伤。在 20 世纪初，这项研究使科学家相信由脑炎和脑膜炎等感染、由于跌倒或受到打击而造成的头部创伤，或怀孕和分娩的并发症造成的脑损伤是导致多动症症状的主要原因。

　　动物实验也证明，多动症可能源于脑损伤。人们进行了许多这样的研究，结果相当一致。在这些研究中，科学家训练黑猩猩等灵长类动物来执行某些心理测试，然后通过手术或其他化学手段使它们大脑前额叶区域的功能丧失，再重复进行测试，同时在日常环境中观察动物的自然行为。这些研究一致表明，大脑前额叶区域发生改变的灵长类动物与多动症孩子的行为模式十分相似甚至相同：动物变得更加多动，更加难以长时间集中注意力，在心理测试中或日常情境中更加冲动和情绪化。它们也难以抑制自己的行为，或者难以延迟对实验中事件的反应。这些动物在与其他动物的社会行为中经常也会出现重大问题。研究还表明，大脑其他部位的损伤不会产生这些类似于多动症的行为模式。因此，大脑的额叶区域及其与其他脑区的连接，如大脑后部的小脑，可能与灵长类动物多动症症状的产生有关。

　　然而，超过 35 年前，科学家意识到，虽然有这种损伤的儿童经常出现类似多动症的症状，但大多数多动症儿童没有明显或重大的脑损伤史。最多只有 5% ~ 10% 的儿童可能因某种脑损伤而患上多动症，我指的是正常脑组织的破坏。正如本章后面将讨论的，患有多动症的儿童往往比没有多动症的儿童有更多的妊娠或分娩并发症，但这些并发症引起的脑损伤进而导致多动症的证据尚不明确。因此，即使大多数多动症儿童没有明显的组织损伤，也一定有什么东西破坏了这部分大脑的发育或功能。

多动症患者大脑发育异常

大脑结构

大量研究证实多动症与大脑功能有关。麻省综合医院的伊芙·瓦莱拉（Eve Valera）博士及其同事在 2007 年对超过 21 项当时发表的关于多动症患者大脑结构的研究进行了综述，将多动症患者（共 565 名）的大脑结构与同龄人（共 583 名）进行比较，得出的结论是，多动症患者至少有 5 个大脑区域明显小于控制组。

1. 小脑，这是位于后脑勺和头骨底部的一个结构。
2. 胼胝体前部（胼胝体压部），这是大束神经纤维，连接左右脑半球，允许它们之间进行相互交流。
3. 右侧尾状核，这是形成大脑中心的基底神经节的结构之一。
4. 更普遍的是大脑右半球。
5. 大脑的额叶区域，尤其是位于前额后面的前额叶区域。

另一个发表于 2011 年的研究，对 14 个测量大脑外表面的灰质体积的独立研究进行了综述。这一综述研究（被称为元分析），由中尾友弘（Tomohiro Nakao）博士领导的一个国际科学家小组对所有这些独立研究的数据进行组合和分析。这些研究明确显示，那些多动症患者的脑容量明显较小，尾状核区域减少得最多。他们还发现，脑容量会随着年龄的增长以及儿童服用兴奋剂类药物的时长得到改善（这意味着服用药物不会损害大脑发育，并可能会促进大脑尺寸的成熟）。在最近的其他研究中发现了这些结论的进一步证据。

规模最大的、最不寻常、最迷人的关于多动症孩子脑容量的研究成果于 2007 年发表在大型文献综述中，这一研究由菲利普·肖（Philip Shaw）博士及其同事在位于马里兰州贝塞斯达的美国国家精神卫生研究所开展，并且与加拿大蒙特利尔儿童医院的研究人员进行了合作。这些研究人员首先将 223 名多动症孩子以及大约相同人数的普通孩子的大脑尺寸和皮质结构进行比较。然后，他们每隔几年就再次扫描这群孩子的大脑，整个时间跨度长达 10 年。这一研究过程使得他们可以比较这 2 组孩子的大脑灰质的增长模式或成熟度。研究结果如图 3.1 所示，你可以看到在某些大脑区域，尤其是大脑前部的区域发育迟缓，颜色越暗表明发育越迟缓。研究人员发现，平均而言，多动症孩子的大脑比普通儿童要晚 2 ~ 3 年成熟，尤其是在额叶区域，但大脑尺寸似乎在青少年时期最终达到正常。需要注意的是，尽管多动症孩子的脑容量可能最终会变得正常，但这并不意味着这些区域的大脑连接和功能必然也是正常的。还要注意的是，大脑后部与视觉处理有关的某些区域也出现了发育延迟。这些区域可能与心理视觉意象有关，因此与第二章中讨论的观点一致，即多动症涉及使用视觉意象进行行为指导和目标导向行动方面的障碍。

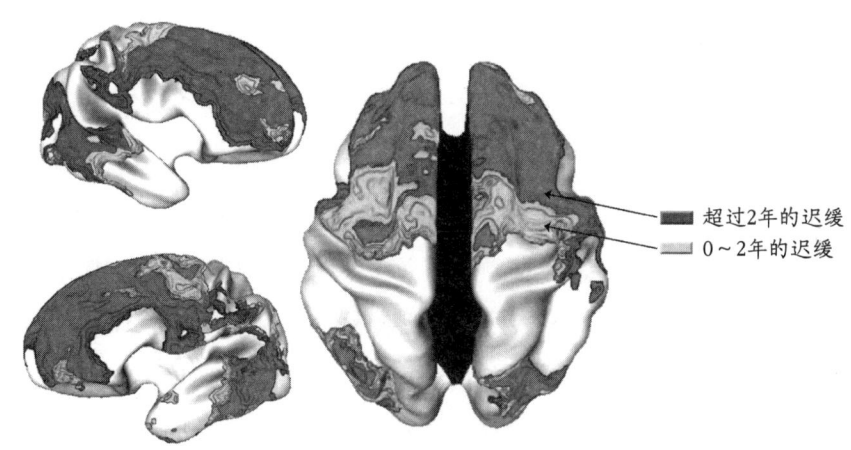

图 3.1　多动症患者大脑发育迟缓（3 年）

来源：Shaw et al. (2007). Copyright © 2007 National Academy of Sciences. 经许可转载。

一般来说，在这一领域的研究已经发现，多动症孩子前额叶区域（特别是右侧），至少有 2 个位于大脑中心的基底神经节结构（纹状体和苍白球）、前扣带皮层中线（位于前额叶中线），以及小脑的中央区域（还是更多地在右侧）明显小于普通儿童，部分孩子上述脑区的活跃程度也较低。这 5 个大脑区域通常涉及抑制、通过图像和自我言语在头脑中保存信息以指导行为（称为工作记忆），以及其他执行功能。所有这些结果使科学家得出结论，多动症是由于这些区域的成熟延迟或受损造成的，这些区域（前额叶、前扣带皮层、尾状体/纹状体、小脑和胼胝体）比没有多动症的典型个体小得多、成熟度低、连接度更差、活动更不活跃，而且更加多变。在过去的10年中，一些研究小组的研究，包括我在南卡罗来纳医科大学工作时，我的同事约瑟夫·哈尔本（Joseph Halpern）博士及其团队的研究，获得了白质纤维束的微观结构的图像，并揭示了各脑区之间的连接模式和关于功能连接的新信息，如上所述。2种脑成像程序都显示，在患有多动症的儿童和成人中，大脑的执行区域和回路的连接性，以及它们与其他大脑区域的连接都会减少，白质纤维束也会出现异常模式。

脑化学

一些科学家提出，多动症患者身上缺乏某些神经递质，或者大脑中的一些细胞对它们不太敏感。这些是大脑中的化学物质，允许神经细胞向其他神经细胞传递信息。神经细胞看起来像一条长管，它的顶部有分支，是一条长管或通道（轴突），在底部末端有小按钮状结构。在这个单细胞和与其相邻的细胞表面之间有一个叫作突触的间隙。当神经在顶部受到刺激时（通常是由它周围的其他神经细胞刺激），电信号沿着细胞体的管子或通道传播。当它到达末端的按钮状结构时，细胞会向神经细胞之间的间隙释放小包的神经递质化学物质。这种化学物质穿过间隙，刺激下一个神经细胞的表面。这就是神经细胞的沟通方式。这一特殊的细胞负责化学物质多巴胺。但被释放的化学物质不能在原来的神经细胞外停留很长时间，否则它将一直刺激邻近的神经细胞。因此，在第一个细胞的表面有一个转运体，一旦化学物质完成工作，这个转运体就像吸尘器一样将化学物质拉回原细胞——这是一种转运体机制。用于治疗多动症的药物（见第十九章和第二十章）通过改变神经细胞的各个部分及其功能来发挥作用。其中一种药物[哌甲酯（methylphenidate）]的作用是阻断转运体泵，使多巴胺在细胞外停留更长时间。另一种药物［托莫西汀（atomoxetine）］具有同样的机制，但是针对包含去甲肾上腺素的神经细胞。第三种药物［安非他明（amphetamine）］的主要作用是在细胞进入兴奋状态时增加其释放的神经递质的包数（数量）。其他药物，如胍法辛（guanfacine），通过沿管子打开和关闭小孔来影响细胞的主体或管状部分（轴突），从而使沿细胞下行的电信号变强或变弱。所有药物都有一个共同的目的，即在神经细胞进入兴奋状态时，使神经外的突触处有更多的化学物质可用，使信号更强。

神经递质问题与多动症有关，这一观点得到了几个方面的支持。

1. 兴奋剂和非兴奋剂类药物会影响特定的神经递质，暂时改善多动症儿童的症状。

2. 动物研究表明，这些药物增加了大脑中神经递质的总量，通常是多巴胺和去甲肾上腺素。这些兴奋剂和非兴奋剂类药物能显著改善多动症患者的行为。这意味着药物会增加大脑中这两种化学物质的总量，所以多动症患者大脑中的这两种化学物质可能不太丰富。

3. 当幼年动物（如大鼠和狗）体内富含这些神经递质（如多巴胺）的大脑通路被一种特殊的化学物质有选择性地破坏时，这些动物在它们成熟的过程中会变得非常多动。这样的研究也发现，可通过给这些动物服用兴奋剂类药物来减少这种多动症状——与治疗多动症儿童的兴奋剂类药物相同。

4. 最近的研究表明，一些患有多动症的儿童和成人如果持续服用多动症兴奋剂类药物数年或更长时间，其与多动症有关的大脑区域的发育会得到改善，甚至尺寸会正常化。现在有超过32项研究证明了，兴奋剂类药物对多动症患者的大脑发育可能产生的积极影响，即所谓的神经保护作用（neuroprotection）。

5. 一些研究从多动症儿童身上提取了脊髓液样本，目的是考察脊髓液中某些化学物质的含量与大脑中的含量是否相关。这些研究显示，某些神经递质（如多巴胺）含量偏少可能与多动症有关。然而，使用血液和尿液样本的其他研究的证据并不总是支持这一结论。

最近，科学家使用各种方法进行了数以百计的研究，来识别可能与多动症相关的特定基因。研究至少确认了 4 个与多动症有关的基因，它们都参与多巴胺分泌调节。其中 1 个基因参与突触（神经元之间的微小差距）间多巴胺的转移，即多巴胺转运体机制。另外 2 个基因与神经元对多巴胺本身的敏感性有关。第 4 个基因与将多巴胺转化为另一种被称为去甲肾上腺素的化学递质有关。研究发现，在患有多动症的儿童与成人身上，影响神经递质的这些基因与普通人有异，这一事实提示，这些基因与多动症的发病有关。毫无疑问，未来科学家还将发现更多与多动症相关的基因（参见下文的"遗传与多动症"）。例如，迪特·德蒙蒂斯（Ditte Demontis）及其同事于 2018 年发表在《自然：遗传学》（*Nature: Genetics*）的一项近期研究扫描了整个人类基因组（所有活跃的人类基因集合），研究对象是 2 万多名多动症患者和 3.5 万名非多动症个体，研究发现至少有 12 个位点与患多动症的风险有关。（注：这些基因中的一些会影响大脑发育、神经细胞在发育过程中如何迁移到正常的位置，以及神经细胞之间的连接方式，而不仅仅是神经递质。）

有关大脑神经递质的证据似乎至少指向一个可能的问题，即在那些患有多动症的人的大脑中产生或释放多少多巴胺（可能还有去甲肾上腺素），或者当这种化学物质在神经激活过程中释放时，这些大脑区域对这种化学物质有多敏感。这一证据表明，某些大脑化学物质的异常可能在一定程度上导致了多动症。但更有可能涉及的是，有关细胞生长和迁移到其他脑区的基因以及这些神经纤维形成的连接模式。

大脑活动

迄今为止，许多研究测量了多动症患者的大脑活动或功能，发现这些人的大脑前额叶区域的活跃度比未患多动症的人低。

低脑电活动。桑德拉·卢（Sandra Loo）博士和我在 2005 年回顾了大量研究，这些研究使用脑电图（electroencephalograph，EEG）来比较多动症孩子与

未患多动症的孩子的脑电活动，10年后我们在更新这篇研究综述时也得出了同样的结论：多动症孩子的脑电活动少于普通孩子，尤其是在前额叶区域。迄今为止的研究表明，多动症儿童的慢波大脑活动量增加，这通常与大脑不成熟、嗜睡和注意力不集中有关，而快波大脑活动的程度较小，这通常与注意力集中和持续注意有关。

将近40年前，即在1973年，美国国家精神卫生研究所的蒙特·布克斯鲍姆（Monte Buchsbaum）博士和保罗·温德（Paul Wender）博士测量了24个多动症孩子和24个正常孩子应对重复刺激的脑电活动，这是最早的关于多动症脑电活动的研究之一。他们发现多动症孩子与比他们年龄小的非多动症孩子的典型脑电活动的模式一致。这些研究人员还发现，给多动症孩子服用兴奋剂类药物可以减少这种差异。这些发现被包括纽约罗切斯特大学的拉斐尔·克洛曼（Rafael Klorman）博士等在内的许多科学家多次验证。虽然多动症孩子某些类型的脑电活动的活跃性比较低，但这并不意味着训练他们以增加这种活动是一种有效的治疗手段；事实并非如此（可见下面的专栏）。

脑电生物反馈或神经反馈可以帮助治疗多动症吗？

如果多动症孩子的脑电活动比较低，教他们如何增加脑电活动也许可以帮助他们缓解多动症症状。自40多年前科学家开始使用脑电生物反馈来测试这一理论，时至今日关于这一疗法仍存在一些戏剧化的表述。你可能看到有广告声称，脑电生物反馈是一种有效的药物替代方式；它可以永久地改变导致多动症的脑生物学基础；它可以提高患者的智商、社会技能，甚至改善学习障碍；在高达80%的治疗案例中这种效果可以持续到成年期。这对任何疗法来说都是不可思议的表述。你可以在多大程度上相信它呢？

完全不可信。生物反馈这个词的意思是，通过将电极放置在孩子头皮的不同位置，主要是前部，得到关于他大脑活动的生物信息。这些小传感器会检测脑电波，当连接到计算机上时，可以对脑电波进行分类。在大量的治疗过程中，通常是在 3 ~ 10 个月或更长的时间内进行 40 ~ 80 次治疗——花费数千美元（每次100 美元以上），据说孩子会学会提高他的大脑活动性，从大部分表示注意力不集中和唤醒不足的慢波（θ 波）转变为表示对任务集中注意力和激活的快波（β 波）。孩子通过玩一个视频游戏来实现这一目标，该游戏让他学习某些心理练习或只是更专注于玩游戏。此外，游戏提供来自生物反馈设备的某种形式的信号，表明他已经成功地增加了所需的大脑活动，例如通过赚取积分或代币。据称，结果是孩子的注意力不集中、多动和冲动的情况也会得到改善。

这种情况会发生吗？不幸的是，迄今为止有大量控制良好的对照研究，这些研究使用安慰剂或假生物反馈与真实生物反馈进行比较，它们的结果均显示两者并无显著差异。因此，现在的证据已经相当清楚，脑电生物反馈对多动症儿童是无效的，这一点在对这项研究的各种评论中都有说明。

大量生物反馈治疗技术的支持者发表的研究并没有使用严谨的科学方法，即使他们声称发现这些治疗是有效的，我们也无法从他们的结果中直接得出这种结论。他们没有澄清，到底是生物反馈训练还是与之一同实施的学术指导和奖励计划对被观察到的学校和家庭行为的改善起了作用。被要求对孩子在家里或学校的行为进行评价的人，通常是知道孩子所接受的治疗的，这使得评价者极有可能偏向于这种治疗方法。而且只有最近的研究才真正使用了安慰剂条件进行比较，通常是虚假反馈。当研究包括这些和其他适当的方法时，他们发现真正的生物反馈和虚假的生物反馈之间没有差异，特别是学校教师提供的评分（他们并不知道儿童接受了治疗）。因此，虽然我们不能排除脑电生物反馈训练也许在未来的研究中能够起到某些作用，但现在我们还不能认为它是一种完善并有效的治疗方案。

> 此外，根据目前的平均收费标准，一个孩子和家庭可以接受 12 年的兴奋剂类药物治疗，3 年的每周团体家长培训，近 3 年的临床心理学家每月 2 次的课堂咨询，或近 2 年的每周 2 次的教育辅导，而这些费用只相当于 6 个月脑电生物反馈的治疗费。你会为你的孩子做出哪种选择？我的建议是，首先尝试最有效和最有科学依据的治疗方法（药物治疗、行为管理技术、课堂适应等），避免脑电生物反馈（或神经反馈）治疗。

低血流量。 大脑区域越活跃，就需要越多的血液。通过测量大脑不同区域的血流量，我们可以对这一区域的活跃性有一个大致的评估。

举例来说，早在 1984 年，在丹麦肯尼迪学院工作的汉斯·洛乌（Hans Lou）博士、莱夫·亨利克森（Leif Henriksen）博士和彼得·布伦（Peter Bruhn）博士进行了 3 项研究，他们发现多动症孩子大脑前额叶和尾状核（对于抑制行为和维持注意力很重要）的血流量较少。当给这些患者服用用于治疗多动症的兴奋剂类药物时，这些不活跃脑区的血流量增加到接近正常水平。从那以后，这些发现被其他科学家无数次重复。

正电子发射型计算机断层显像和功能性磁共振成像显示的低大脑活动性。 另一种研究大脑活动性的方法是测定大脑不同区域使用的氧气量，或者在血流中注射示踪剂，监测它们进入大脑的情况。

首次证明患有多动症的成人在大脑活动性上确实存在问题的研究完成于 1990 年，由美国国家精神卫生研究所的艾伦·扎梅特金（Alan Zametkin）博士及其同事开展。在这项研究中，研究者使用了非常敏感的、被称为正电子发射型计算机断层显像的技术。在研究过程中，放射性葡萄糖（这种糖被大脑中的神经细胞当作"燃料"）被注入血液。他们使用正电子发射型计算机断层显像设备对大脑使用这种葡萄糖的情况进行拍照。扎梅特金博士及其同事发现，成年多动症患者的大脑活动性较低，特别是在前额叶区域。当这些成人服用临床常用的治疗多动症孩子的兴奋剂的时候，这种低的活动性水平得到了暂时的校正。扎梅特金博士在2位患有多动症的青春期患者身上重复了这一实验，再次发现前额叶区域的活动性降低，尤其是左侧的降低程度比右侧高。患有多动症的青少年女孩与未患多动症的女孩的差异，相比患有多动症的青少年男孩与未患多动症的男孩之间的差异要更加明显。自那时起，大量使用这种或者其他神经影像技术的研究也得出了类似结论。

许多使用功能性磁共振成像的研究也表明，多动症患者的许多大脑区域与未患这种障碍的人相比功能不全。伦敦精神病学研究所的扬尼斯·巴洛耶利斯（Yannis Paloyelis）博士及其同事在2007年对大多数相关研究进行了综述，并且指出，所有使用功能性磁共振成像的研究都证明了多动症患者和同龄普通人的大脑活动性存在差异。同样，这种活动性降低的情况主要出现在上文提到过的5个大脑区域中的1个或多个。从那时起，大量研究也得出了与这些早期发现相同的结论。

比较多动症患者和其他精神疾病患者的大脑活动。 早在1995年，在使用类似的脑成像技术的一项研究中，堪萨斯大学的卡尔·西格（Karl Sieg）博士及其同事就报告说，相比6个患有其他精神疾病而非多动症的患者，他们发现10个多动症患者的大脑额叶区的代谢活动明显减弱。这项研究很重要，因为它提供了一些证据证明，大脑额叶活动性降低仅出现在多动症患者身上，而非所有精神疾病都会出现这种情况。此后其他许多研究也支持这个结论，多动症患者的大脑结构和功能相比于其他障碍有所不同。举例来说，伦敦精神病学研究所的卡蒂娅·鲁比亚（Katya Rubia）博士及其同事在2009年进行的研究中发现，多动症患者表现出来的大脑活动性降低和激活不足的模式，与在行为障碍患者身上见到的模式是不同的。

结论

综上所述，迄今为止许多不同的科学研究清晰地表明，至少有 5 个互相关联的大脑区域与多动症有关，尤其是位于大脑前部被称为前额叶区的部分。这一区域与位于前额叶中线的一个被称为前扣带皮层的区域相连。这一区域也与杏仁核和边缘系统相连，这种非常古老的大脑结构控制着我们的情绪。这条通路被称为"热"执行回路，因为它在"自上而下"的对我们主要情绪的执行控制中起作用。前额叶也通过神经纤维通路发送信息至一个被称为尾状核（它是基底神经节的一部分）的结构。这一路径被称为"是什么"或"冷"执行回路，因为它负责确定我们大脑中的信息（我们的想法）在多大程度上可能指导我们的实际行动。前额叶也发送信息到大脑后部被称为小脑的区域。这条路径被称为"时间"执行回路，因为它似乎与我们思维的时机和及时性有关，特别是与被思维所指导的行动有关。在我们追求目标的过程中，我们在追求目标的过程中做某事的时机与我们为实现目标可能要做的事情一样关键。第 4 条回路是从大脑的后顶叶区域（我们意识到我们在空间和周围环境中的位置）到额叶的中线（前扣带回），它也与边缘"情感"大脑有连接。这条回路负责自我意识——既关注外部空间，也关注我们的内部状态。现在有大量证据表明，这 4 条执行回路可能与多动症的发展有关。这些回路在多动症患者身上的功能差异，可能有助于解释我们在多动症患者可能表现出的症状类型中看到的一些个体差异。

许多父母仍然想问，既然多动症患者的大脑活动性比较低，为什么相比于普通儿童，多动症孩子表现出来的却是更加活跃和精力充沛呢？请记住，他们不如别人活跃的大脑区域是用来约束行为、延迟对情境的反应，并且允许我们在回应前思考我们可能的行为和结果的——我们称其为执行大脑。这一约束和执行中心越不活跃，孩子表现出来的这种"自上而下"的自我控制力就越低。因此，多动症儿童可能会变得越发多动，对当下的事件反应越发强烈，因此更容易分心和"脱离任务"，并且在激起强烈情绪的情况下更容易表现出情绪。

一些造成大脑发育异常的原因

我们现在知道，在患有多动症的人身上，某些大脑化学物质似乎发生了改变，某些脑区变得活动不足和发育不全。我们仍然需要探索其中的原因。上面已经提出的一个解释是，多动症患者身上负责大脑中神经细胞的生长、迁移、连接和运作的基因与普通人不同。这些基因差异导致了大脑发育和功能的差异。但是，25%～35% 的多动症病例不是遗传因素造成的。在针对这些病例的所有可能的解释中，有 2 个论断得到了比较明显的证据支持：儿童大脑接触过的有害物质，以及影响早期大脑发育的事件，如妊娠、分娩或严重早产期间的不良事件。

环境因素

怀孕期间的物质摄入。 怀孕期间抽烟摄入的尼古丁和喝酒摄入的酒精，都被证明会引发这些大脑区域中的某些部分的发展异常，比如尾状核和大脑前额叶区域。在 1975 年，一项研究考察了 20 个多动症孩子的母亲、20 个阅读障碍孩子的母亲和 20 个正常孩子的母亲，结果发现，多动症孩子的母亲在怀孕期间每天消耗的香烟是另外 2 组女性的 2 倍以上。

于 1992 年进行的一项更大规模的研究发现，怀孕期间直接接触香烟或者怀孕后的间接接触也会增加孩子出现行为问题的概率。怀孕期间和怀孕后都接触香烟，会令孩子有最大可能出现严重的行为问题。在此后的 1996 年，麻省综合医院和哈佛医学院的莎伦·米尔伯格（Sharon Milberger）博士及其同事发现，即使研究人员控制了可能存在的多动症家族史，怀孕期间吸烟的数量与孕期所生孩子患有多动症的风险仍然存在显著的关系。此后许多其他研究也发现母亲在怀孕期间吸烟与其后代患有多动症的风险存在联系。因此，似乎有大量的科学证据表明，接触香烟会带来更高的多动症患病风险。然而，最近的研究对这些孩子的父母是否有多动症进行了控制。正如我在前文解释的那样，有时看似导致儿童多动症的原因，实际上只是该儿童的父母有多动症的一个标志。在这种情况下，患有多动症的父母比普通人吸烟更多。因此，有可能孩子得多动症的原因是父母遗传，而不是父母吸烟，父母吸烟只是表明父母可能有多动症。而这正是最近的研究的结果。因此，吸烟本身可能不是多动症的危险因素，但无论如何对孕妇来说吸烟是不健康的，但它可能更多地表明父母有多动症，并且将多动症遗传给了孩子。

研究表明，怀孕期间饮酒的母亲的孩子更可能有多动和注意力不集中的问题，甚至患有多动症。许多研究都支持这个观点。母亲怀孕时的饮酒量似乎直接关系到她们的孩子在4—7岁时注意力不集中和多动的风险程度。如果女性在怀孕期间喝酒，那么她的孩子患上多动症的风险将会增加2.5倍。

不过请记住，所有这些研究仅仅提供了酒精和多动症之间存在关联的证据，而这种关联性可能会产生误导。然而，当研究控制了父母的多动症时，父母在怀孕期间饮酒仍然与后代患多动症的风险有关。在这些研究中，父母携带并传递给孩子的多动症基因可能与导致儿童多动症的酒精或烟草相互作用，从而使孩子患多动症的风险更高。罗莎琳德·纽曼（Rosalind Neuman）博士及其同事的研究发现了基因与毒素相互作用的有说服力的证据，这些证据表明怀孕期间吸烟和饮酒都会增加孩子患多动症的风险，但是多动症风险基因和母亲吸烟相结合则会让孩子患多动症的风险显著增加。换句话说，吸烟本身不会导致多动症，除非婴儿携带多动症的风险基因，此时吸烟可能就会有影响。

母亲在怀孕期间摄入的这些毒素和多动症症状之间存在直接的因果关系，动物实验已经相当确切地表明，吸烟和饮酒会引发某些大脑区域的发育异常，而这些发育异常会导致多动、冲动和注意力不集中的行为的增加。因此，可能最重要的结论是，母亲在怀孕期间吸烟或饮酒可能会增加孩子患多动症的风险，而如果母亲自身也患有多动症并将这种风险基因遗传给后代，母亲怀孕期间又吸烟或饮酒，这种风险将进一步增加。

接触铅或其他有毒物质。 俄勒冈州卫生科学大学的乔尔·尼格（Joel Nigg）博士在他2006年的著作《什么引起了多动症？》（*What Causes ADHD?*）中指出，有科学证据表明，孩子的身体里存在高浓度的铅可能与出现多动或注意力不集中的行为的更高风险有关。当孩子在12—36个月大的时候接触铅时，这种关系更为显

著。虽然在许多研究中都发现了这种关系，但事实上这种关系相当薄弱。举例来说，在 1—100 分的评定量表中，身体里铅含量和多动之间关系的评定只有 6—15 分。即使在高水平的暴露中，一项 1979 年的研究显示，只有不到 36% 的铅超标儿童被教师评估为注意力不集中、分心、冲动和多动。身体中高水平的铅含量可能会引发多动症，因为动物和人类研究确实表明，中等到高水平的铅接触会损伤脑组织。所以，铅对大脑来说是一种毒素，就像酒精和烟草，它可能因此被视为引起注意力不集中、多动，甚至在某些情况下患上典型多动症的潜在原因。但就像其他前文所讨论的毒素一样，我们并不能断定孩子摄入铅就会因此患上多动症。

除了铅之外，最近的研究表明，接触高水平的汞、杀虫剂和污染物，如周围环境里塑料中的多氯联苯，可能会增加体内这些潜在毒素含量高于正常水平的儿童患多动症的风险。尽管这些毒素的证据没有上述其他毒素的证据充分，但正如尼格博士在他最近为父母写的《多动症儿童日常生活的科学管理》①（*Getting Ahead of ADHD*）一书中所讨论的那样，防止或减少孩子对这些重金属、污染物和杀虫剂的接触是一个值得赞扬的目标，即使目前还不能确定它们都会增加孩子患多动症的风险。

产前和产后的脑损伤

早产太多并且必须进入新生儿重症监护室的儿童患多动症的可能性是其他人的 5～9 倍。这可能是由于早产与孩子大脑轻微出血的风险较高有关，这可能会损害神经细胞，特别是与大脑执行系统有关的神经细胞。损害也可能是由于在怀孕期间，特别是在分娩时没有得到足够的氧气，从而损害了对缺氧敏感的脑细胞。在其他情况下，如果母亲感染了某些传染病，这些细菌或病毒很可能会进入孩子的大脑并造成直接损害，或引发母亲和孩子的免疫系统无意中攻击孩子的大脑并使其受损。

---

① 本书由中国轻工业出版社于 2019 年出版。——译者注

其他类型的脑损伤可能发生在出生后，例如由于儿童可能出现的脑部感染，或由于肿瘤或血管破裂导致的脑出血。与多动症有关的一种更常见的伤害形式是需要住院治疗的闭合性头部创伤。即使是反复发生的较小形式的创伤性脑损伤也会最终导致多动症症状。当头部被剧烈移动时，里面柔软的脑组织会以巨大的力量晃动或移动，从而导致被拉伸的神经细胞撕裂或剪切。这种情况可能发生在孩子被移动的物体击中时，如孩子被球或石头击中，或在车祸中孩子的头撞到汽车的挡风玻璃上，或孩子在移动中撞到静止的物体，如严重摔伤。无论哪种情况，大脑的剧烈运动及其在颅骨两侧的弹跳都会拉伸和剪切神经纤维，从而损伤大脑并损害其功能。因此，闭合性头部创伤可以直接导致多动症，或者多动症可以导致儿童经历更多的此类创伤，然后使最初的多动症变得更加严重。在许多关于创伤性脑损伤在多动症中的作用的研究中，这2种情况都会发生。

遗传与多动症

根据尼格博士2006年出版的《什么引起了多动症？》一书中所说的，只有少部分孩子（25%~35%）似乎是因被毒素或其他有害事件破坏了早期大脑发展。还有什么其他原因可能导致大脑化学物质改变、大脑不活跃，以及大脑部分区域较小？正如我之前提到的，大量关于多动症的基因学和遗传学的研究发现了一个极有可能的原因——这种障碍显然是具有家族遗传性的。多年来我们已经有证据表明，相比于那些未患多动症的儿童的亲属，多动症孩子的具有血缘关系的亲属有更多类型的心理问题，尤其是抑郁、酗酒、行为问题或反社会行为，也包括多动或多动症。这种多动症的家庭遗传最早在40多年前由爱荷华大学医学院的莫里森（James Morrison）博士和马克·斯图尔特博士在关于多动症儿童的家庭研究中发现，这个发现也被加利福尼亚大学洛杉矶分校神经研究所的丹尼斯·坎特威尔（Dennis Cantwell）博士及其同事所证实。这些研究强有力地证明了，遗传倾向在很大程度上会导致这种障碍。

家庭研究。更清晰和更强有力的证据表明，多动症可能会遗传，研究人员直

接评估了多动症患者的所有直系血亲，以确定当某人被确诊为多动症时其他家庭成员的患病风险。举个例子，麻省总医院的约瑟夫·比德曼（Joseph Biederman）博士、斯蒂芬·法拉昂（Stephen Faraone）博士及其同事做过一个大规模研究。这项研究发表于1990年，他们评估了75个多动症孩子的457名直系血亲（母亲、父亲和兄弟姐妹），并将他们的结果与2个对照组（26个未患有精神障碍的孩子的家庭成员，以及26个患有其他精神障碍而非多动症的孩子的家庭成员）进行比较，结果发现，在多动症孩子的家庭中，超过25%的直系血亲也患有多动症，而在其他2个对照组中这一比例仅为5%。事实上，在任何儿童取样中多动症孩子的比例都大致在5%，这正是这种障碍的患者在人群中所占的比例。因此请注意，如果1个孩子患有多动症，那么家庭中其他成员患此病的风险会增加到5倍。很多其他研究也得出了类似的结论。

双胞胎研究。双胞胎研究给出了更有说服力的证据。科学家发现，如果双胞胎中有一人患有多动症，那么另一个患这一障碍的风险高达75%～90%。这是非双胞胎兄弟姐妹间患病概率（25%～35%）的2～3倍，是一般人群的儿童患病概率（5%～8%）的9～15倍。例如，1992年由科罗拉多大学的杰奎琳·吉利斯（Jacquelyn Gillis）博士及其同事发表的研究表明，当同卵双胞胎中的一人被诊断为多动症的时候，双胞胎都患有多动症的概率为79%。在异卵双胞胎中这一概率为32%，但相比其他普通孩子3%～5%的发病率，这一概率仍旧高出6～10倍。同样，自这项研究以来，许多研究都得出了这一结果，这清楚地表明多动症是遗传的。

除了比较同卵双胞胎中一人患有多动症时另一人的患病风险，科学家还可以在同卵双胞胎和异卵双胞胎之间进行大样本的比较研究，计算出样本中的患病差异有多少是由于基因的不同造成的。迄今为止在数个国家已经完成了超过75个大规模双胞胎研究。已经能够确定的是，基因构成的差异可以解释55%～97%的多动症症状差异，平均约78%的个体差异是由遗传因素所致。这是一个惊人的数字。为了便于比较，请考虑一下，人类身高的变化约91%是由遗传因素造成的，人类儿童的智力约 55%、主要人格特征 40%~45% 是由遗传因素决定的，而像焦虑症和抑郁症这样的疾病 30%~40% 的变化是由人与人之间的遗传差异造成的。你可以看到，遗传因素对多动症的影响非常大。它是受遗传影响最大的精神疾病之一——在精神病学中，只有孤独症谱系障碍和双相情感障碍所涉及的比例可以与之媲美。

这些研究还可以确定独特的环境事件或因素在多大程度上影响了人群中的多动症特质的变化。这些事件之所以被称为"独特"，是因为它们只发生在孩子（而不是其他家庭成员）身上——比如铅中毒、在怀孕期间孕妇发生感染、母亲在孕期抽烟喝酒、孩子早产很长时间或者有其他妊娠和分娩期间的并发症。这些独特的有害生物学事件似乎只能解释人们在多动症症状上存在不同水平差异的原因的 6%~15%。这显然清晰地支持了遗传在多动症发生中的重要角色。当然，它也支持我们在前文中所讨论的内容，即有一小部分多动症可能由非遗传因素引发，比如脑损伤、早产，或者母亲在怀孕期间饮酒。

双胞胎在成长过程中共享环境因素和事件，因而也能被用来研究多动症的特征差异情况。这里的共享环境事件和因素是指同一个家庭的孩子们所共同经历的事情，包括同样的饮食、同样的看电视或打游戏的时间、家长的教养方式、家长中一人或两人的心理障碍、他们在成长过程中所处的街区，等等。在这些研究中令人吃惊且重要的是，这些证据一致表明，共享家庭事件并不能解释太多孩子们在多动症特质上的差异。这就使我们可以放心地得出结论：教养方式或者其他影响所有孩子的家庭事件并不会引发多动症。除了这些研究所证明的遗传对于多动症的强烈影响外，家庭内环境对多动症只有微弱影响甚至没有影响，这一结论也是迄今为止关于多动症的科学研究中最可信的发现之一。

究竟遗传了什么？ 多动症的特定遗传因子可能导致大脑前额叶皮质、尾状核和前文讨论过的其他脑区在发育中出现问题的倾向。正如我之前提到的，基因创造大脑，并且决定创造多少细胞、这些细胞如何在大脑中迁移、它们与其他细胞的连接，以及神经细胞的功能。执行这些任务的基因的差异似乎会影响患多动症

的风险。多动症患者的这些基因与一般人不同，这些差异决定了大脑发育和功能的好坏。科学家正在开展研究，评估有多动症孩子的家庭中的所有成员，并且继续扫描整个人类基因组以确定究竟有多少基因与这种障碍相关，以及它们的位置。后续研究可以探索位于这些位点的基因的性质，并且帮助我们更好地理解这些基因对人类大脑功能的影响（构建神经细胞，帮助它们正常地迁移，支持神经细胞，确定其对神经递质的敏感度，产生神经递质，等等）。我在前文提到的迄今为止最大的研究已经确定了至少 12 个不同的基因，但可能还会发现更多的基因，结果可能是 22 ~ 40 个位点导致了这种障碍。其中一些位点的基因已经知道，而其他位点的基因仍有待确定。

在这里我只想说，这是一个关于多动症最令人兴奋且发展最迅速的研究领域之一。所有这一切都说明，多动症是由多个基因引起的。每个基因都对患这种障碍的风险有相对较小的影响。但是如果一个孩子拥有足够多的多动症风险基因，他就会表现出严重的多动症症状，从而被诊断为多动症。那些只获得了较少相关基因的家庭成员可能仅会表现出一些轻微的多动症症状，但并不足以确诊，或者并不足以产生破坏性。虽然他们并没有表现出这种障碍的全部表征或达到一定的严重程度，但他们显示出了研究者所谓的"家族表型（family phenotype）"或者表现出了该障碍的一些方面。我们也了解到，可能导致多动症的基因并非像导致血友病、泰-萨克斯病、苯丙酮尿症或医学上的其他主要遗传病的那些异常或"有病"的基因。不患有多动症的普通人可能也有这些基因，但是他们的基因版本与多动症患者的这些基因的版本有所不同。比如，一些多动症版本的基因可能比普通人版本的基因更长或更短。

举例来说，许多研究已经确认，至少有两个基因与之前提到过的可能与多动症有关的神经递质多巴胺有关。其中一个被称为 DRD4，与人格维度中的"寻求新奇感"有关。患有多动症的儿童和成人更可能有更长版本的这种基因。拥有较长版本基因的人更倾向于寻求刺激和冒险。如前所述，这种基因可能会让大脑中的多巴胺神经细胞对释放到神经细胞间突触的正常量的多巴胺不那么敏感。因此，相比普通人来说，这些人需要更多的多巴胺才能激活自己的神经细胞。这就会使他们更多地去寻求新奇的事物，因为只有这样才能刺激大脑释放出更多的多巴胺。因此，他们可能被描述为具有寻求新奇感的人格特质。也就是说，相比于普通人群，他们表现出更多的寻求刺激、冒险、冲动、不安分的行为。

第二个基因是 DAT1 基因，多动症患者这一基因的版本通常也比普通人的更长。这种基因可能通过影响多巴胺被前文提到的转运体从突触中移除的速度，来帮助调节大脑中的多巴胺活动。它将化学物质从突触中移除。你们一定要关注最新的关于多动症基因研究的科学报道。

多动症只是普通人类特质的极端形式？ 多动症的遗传学解释中有一点很重要，但容易被忽视：在大多数情况下，多动症可能仅仅代表了一种普通人类特质的极端形式，而非严重的病理状态。正如前文所述，我们最终推断，相比于环境因素，多动症更多地由遗传因素决定。在这个意义上，多动症也许可以和身高、体重、智力或阅读能力一样被视为维度（在程度上有所不同）特质，它们在很大程度上（但并非全部）由基因决定：执行功能的特质及与之相关的自我控制代表了某种人类能力的一个维度或连续体，我们在多大程度上经遗传获得它，就像我们在多大程度上经遗传获得身高、体重、智力或阅读能力一样。任何特质的"异常"只是落在了我们在连续体中划出的某条界线之内。当人们在注意力或抑制能力（以及执行功能）等维度特质的连续体中接近极低端时，这种缺陷让他们在主要生活活动中（社会关系、学习、工作等）受到损害，我们就给他们打上"有障碍"的标签，在这种情况下便是多动症。打上这种标签就像将这些患者放入一个仅包含少数人的类别。它掩盖了一个事实：患有多动症的人其实只是在一个常见能力维度上与普通人的程度有所不同，而非成了另一种人。这里的差别是量的差别，而非质的差别。换句话说，我们都有一定程度的多动症特质，因为我们都有执行功能和自我调节能力。那些被诊断为多动症的人只不过是在与自我调节和执行功能有关的维度上处于极低端而已。

我希望，理解多动症只是一种我们每个人都有的"与生俱来"的特质的极端形式，可以帮助人们从友善的角度来看待多动症。你的孩子生来就有这个问题，这不是他的错，他只是恰好落在了连续体的那个位置上。同样，你不要因此而责备自己，也不要接受他人对你的责备。

总结

总而言之，生物因素（大脑发育异常）与多动症的关系最为密切，也许是多动症的原因。迄今为止的研究表明，遗传因素对多动症症状的影响非常大，远远大于环境因素或纯粹的社会因素。我们所知道的一切都表明，多动症儿童的大脑发育迟缓、连接性差、大脑活动较少，特别是在前额叶区域——正是那些已知的与执行功能和自我控制有关的大脑中心，如抑制、对任务和目标的坚持、抵抗分心和控制自己的活动水平。这种成熟延迟和活动不足的确切原因尚不清楚，但似乎很可能是遗传导致的：多动症患者有不同版本的基因来构建和操作这些大脑区域，这些变化可能会导致大脑发育和功能的改变。

关于多动症及其潜在原因，我们还有很多东西需要了解。尽管如此，在过去的 10 年中，我们在了解多动症的可能原因方面取得了很大的进展，同时也了解了哪些因素不会导致多动症，这正是第四章的主题。迄今为止，所有证据都表明，基于遗传的神经系统因素是解释人群中多动症程度的最重要因素。少部分多动症病例似乎是由于发育中的大脑受到了后天伤害，例如母亲在怀孕期间或孩子出生后摄入的毒素。当我们完全理解导致这种疾病的原因时，也许我们也会发现如何治愈它，甚至预防它。同时，现有的信息以及我们对多动症本质的了解（见第五章的讨论），使我们在成功管理多动症方面取得了很大进展——这正是第二部分至第四部分的主题（第七章到第二十章）。

第四章

什么不会引起多动症？

毫无疑问，有人会声称，除了第三章讨论的因素外，其他因素也会导致多动症。有些最初建立在合理假设之上的因素现在已经被证明是错误的。另一些则是纯粹的谬论，从来都没有任何科学研究对这些论断提供证据支持。随着我们对多动症研究的深入，并得出许多结论性的结果，即便不能消除错误的言论，这些误导信息也将大大减少。与此同时，你也可以批判地思考，并使用你所了解的科学方法来分辨科学事实和谬论。

吃什么也许与多动症无关

在20世纪70年代和80年代早期，多动症是由化学食品添加剂造成的这一观点非常流行。这一理论主要源于媒体对本杰明·芬戈尔德（Benjamin Feingold）博士的论断的广泛关注，芬戈尔德博士说，超过一半的多动孩子是因为吃了含有食品添加剂和防腐剂的食物而患上多动症的。在接下来的10年间，大部分研究的结果都无法为芬戈尔德博士的说法提供支持。事实上，当饮食中含有这些物质时，只有极少数（5%或更少）儿童，主要是学前儿童，表现出活动量或注意力不集中的轻度增多。没有证据表明普通孩子会因为食用含有这些物质的食物而患上多动症，也没有证据表明多动症孩子会因为食用这样的食物而使症状恶化。1983 年，加利福尼亚大学河滨分校的肯尼思·卡瓦尔（Kenneth Kavale）博士和史蒂文·福内斯（Steven Forness）博士发表了一份研究综述，这篇综述分析了 23 个关于芬戈尔德博士所说的饮食因素的研究。这项综述得到的结论是，改变饮食习惯不能有效治疗多动症。

多动症和吃什么没有关系，尽管这一观点被许多科学家所认同，但是大众媒体还是继续宣扬那些毫无事实依据的论断。事实上，在 1986 年，建议专栏作家安·兰德斯（Ann Landers）曾经发表并以个人名义支持一位家长写的一封信，信中支持了饮食与多动症相关这一错误言论，并指导家长写信给美国芬戈尔德协会（Feingold Association of the United States）[《伍斯特电报和公报》（*Worcester Telegram and Gazette*），1986 年 9 月 19 日]。不幸的是，对于家长来说，阅读这样的文章并听从这种建议其实毫无益处，只会让家长更加远离真相。最近，科学界对饮食与多动症关系的研究兴趣几乎已经消失了，大众对这种错误观点也不再关注了。然而，一些较近期的研究表明，某些食用色素可能会增加幼儿的多动，程度非常小但很重要，特别是在学前阶段。因此，一小部分学前的多动症儿童（可能是 4%～5%）可能会因为摄入食用色素而加剧其多动。如果你认为孩子可能属于这种情况，请与你的医生讨论如何最好地测试他的这种敏感性，以及如何从孩子的饮食中去除食用色素。请记住，如果食品添加剂和调味品对多动症真的有任何作用，也并不像芬戈尔德博士想象的那样。

"就像我经常听说的，糖是否会导致多动症？"

然而，在芬戈尔德的观点之后，公众采信了另外一种流行的观点，即糖会导致多动症。1987 年 1 月，流行电视游戏节目《危险边缘》（*Jeopardy*）将这种观点当作"导致北美地区多动症的主要原因"。然而，该观点的支持者没有提供任何一项科学研究来支持这些说法。自 1987 年以来，研究者开展了大量有关糖摄入对多动症的影响的科学研究，而这些研究通常证明，两者之间没有关系。举一个例子，

1988年由科罗拉多州立大学的李·罗森（Lee Rosen）博士及其同事发表的一项研究结果显示，如果向普通学前儿童和小学儿童提供含糖的饮料（饮料的含糖量相当于两根棒棒糖），这些孩子只是稍微活跃了一些，但是就对他们进行观察的教师或实验者而言，他们在学校的表现没有达到需要被关注的程度。实验人员发现糖不会对孩子的学业产生任何显著的影响。在一项心理测试中，只有女孩在喝完饮料后20～30分钟内注意力和学习能力略有下降，但是这种下降幅度非常小，并不足以被她们的教师和实验的观察者所注意到。喝含糖饮料并未导致孩子患多动症。因此，该研究的作者的结论是，摄入糖不会使孩子的行为出现临床上显著或巨大的变化，更不用说患多动症了。

爱荷华大学医学院的马克·沃尔里奇（Mark Wolraich）博士、理查德·米利奇（Richard Milich）博士、菲利斯·斯通博（Phyllis Stumbo）博士和弗雷德里克·舒尔茨（Frederick Schultz）博士进行了2项研究，研究对象是患有多动症的孩子，该研究发表于1985年。在每项研究中，他们对医院学校的16名男孩进行了3天的集中研究，在此期间这些男孩的饮食中糖的含量受到了直接控制。为了防止儿童和其他员工知道究竟哪天在饮食中添加了糖，研究人员使用阿斯巴甜作为安慰剂。在这2项研究中，研究者考察了这些男孩在37项行为和学习指标上的表现，结果发现，糖对于这些孩子的行为或学习没有显著的影响。1986年，米利奇博士、沃尔里奇博士和斯科特·林格伦（Scott Lindgren）博士发表了一篇综述，他们回顾了当时所有研究糖对儿童行为的不良影响的文献。他们得出结论，"大部分研究没有找到任何与糖摄入有关的影响，甚至有少数研究发现糖可能会改善行为，也有可能使情况变得更糟（p.493）。"

在这些研究的其中一项研究中，将近一半的家长和教师表示，他们的孩子似乎对糖很敏感，怎么会这样呢？几十年的心理学研究已经告诉了我们一个答案，这就是心理暗示的力量。为了评估这种可能性，丹尼尔·胡佛（Daniel Hoover）博士和米利奇博士于1994年在肯塔基大学发表了一项研究，研究对象是31个5—7岁的男孩，这些男孩的母亲都报告说自己孩子的行为"对糖很敏感"。当每一对母亲和孩子来到诊所，母亲都会被告知，她的孩子会在当天得到含糖或阿斯巴甜的饮料（阿斯巴甜被作为安慰剂）。实际上，无论孩子最后得到的是哪种饮料，其实都是不含糖的。在预约的那天早上，有一半母亲会被告知，自己的孩子将得到含有糖的饮料，而另外一半母亲会被告知，自己的孩子将得到含有阿斯巴甜的饮料。然后，母亲和孩子会在一段时间内自由玩耍，在之后一段时间内母亲和孩子要共同完成一些工作，研究者会对母亲和孩子的行为进行观察。母亲还需要在这些时间结束时对孩子的行为进行评估。研究者也会对孩子的活动水平进行直接测量。研究者发现，与被告知真相（喝的饮料含阿斯巴甜）的母亲相比，被告知孩子喝的是含糖饮料的母亲对孩子行为活跃度的评估更高。除此之外，如果母亲认为孩子吃的是糖，她对孩子的活动就会更为挑剔，和孩子的肢体接触也更多（母亲一直围绕在孩子周围），同时和孩子说话也更加频繁。这项研究清楚地表明，父母对哪种饮食造成了多动症的看法（在本例中是摄入糖）不仅可以误导父母对孩子行为的看法，也可以改变父母对待孩子的方式。这项研究值得被记住，下次如果有人告诉你孩子吃的东西有可能会使他们行为活跃或导致多动症，就想想这项研究。可能只是暗示的力量，而不是孩子实际吃的东西，让父母相信这就是事实。但尽管过去35年的研究显示糖摄入和多动症之间没有明显的联系，但如今在一些公众的心目中，这仍然是诱发多动症的一个可能原因。

"我看到一个医生在访谈节目中说食物过敏会导致多动症。你能测试一下我的儿子吗？如果不能，我在哪里可以测试呢？"

你可能也读到过（或在电视访谈节目中看到过），除了芬戈尔德博士提到的那些化学食品添加剂，对食物中的某些物质过敏也会导致多动症症状的出现（顺便说一句，还有大量其他症状）。利迪·佩尔瑟（Lidy Pelsser）博士及其同事在荷兰开展了一项大规模研究，研究结果发表于2010年。这项研究对比了2组儿童，一组儿童的饮食未受控制，而另外一组儿童的饮食中的一些物质被加以控制或除去了，结果发现，接受饮食控制的孩子在注意力不集中、活动水平和其他多动症症状等方面均有所改善。这些改善是父母注意到的，部分原因可能是父母能分辨出哪些孩子在接受控制饮食，哪些没有。虽然这项研究表明，从饮食中去除某些化学物质、色素或调味料可能会改善一些儿童的行为，从而使他们受益，但这项研究的结果与乔尔·尼格博士及其同事在2012年回顾的大多数其他研究的结果相反，后者发现饮食治疗的效果要小得多。正如我一直以来所倡导的，还需要更多且质量更高的研究来提供证据，从而彻底明确是否某些食品添加剂会对一些儿童产生不良影响，从而受益于这种受到严格限制的饮食。但直到我写本书为止，即便有一些研究发现了饮食与多动症之间的细微联系，但目前并没有令人信服的证据表明这是多动症的主要原因（或者甚至是次要原因），或者是一种对多动症特别有效的治疗方法。此外，美国过敏和免疫学学会（American Academy of Allergy and Immunology）并不提倡在出现多动症症状时对过敏情况进行调查。在过去的40年里，美国人一直沉迷于食物如何影响人类健康这一领域，所以当名人或其他杰出的外行人士再提出饮食和多动症之间的联系时，也无须大惊小怪，在这个问题上，大多数这样的论断都不必当真。

"我所在的支持团体中的父母说，他们了解到维生素补充剂可以帮助减轻多动症症状。这是否意味着某些营养缺乏会导致多动症？"

大约50年前，一些专业人士声称，大剂量的维生素，特别是维生素B_3、维生素C和维生素B_6，会使严重精神疾病患者受益。近30年后，另一位专业人士发表声明称，多动症儿童和有学习障碍的儿童可能会受益于所谓的超剂量维生素疗法（megavitamin therapy）或者分子精神病学（orthomolecular psychiatry）。所有这些说法都未能得到严谨的科学研究的验证。事实上，一项比较完善的研究发现，多动症孩子的行为在大剂量维生素治疗项目中会变得更糟。对于大剂量的矿物质也有类似的说法。没有证据表明大剂量的维生素或矿物质可以帮助多动症孩子，也没有证据表明任何形式的维生素或矿物质缺乏会引发多动症。父母也应该意识到，大剂量的维生素（特别是脂溶性维生素）和矿物质实际上可能对儿童有害。

然而，正如尼格博士在他的关于多动症的书中所讨论的那样（《什么引起了多动症？》，以及《多动症儿童日常生活的科学管理》），一些患有多动症的儿童可能缺乏维生素 D、铁或 ω-3 抗氧化剂。目前还不清楚多动症是否或如何与这种缺乏有关。尽管如此，这些都是儿童饮食中的重要元素。如果孩子缺乏这些元素，让孩子服用此类补充剂以纠正其不足是一个合理的想法。关于这些补充剂是否可以改善孩子的多动症症状以及改善的程度，研究结果不多，也不一致。如果你认为孩子可能缺乏这些元素，请与你的儿科医生讨论这个问题，如果测试显示属于这种情况，请了解如何最好地补充孩子的饮食。

激素与多动症有关吗？

由彼得·豪泽（Peter Hauser）博士及其同事于 1993 年年初发表的一项研究显示了低甲状腺激素水平和多动症之间的联系，该结果得到了媒体的大量宣传。一些报道甚至声称发现了多动症的"基因"，因为甲状腺缺陷的基因已被找到，而又可假定甲状腺激素缺乏以某种方式与多动症相关。甲状腺（颈部的一种腺体）所分泌的这些激素对人类生长相当重要，而且可能具有一些人们尚未完全了解的功能。少数人可能患有一种罕见的由基因决定的甲状腺缺陷。研究发现，缺乏甲状腺激素的 70% 的儿童和 50% 的成人有多动症。自那以后，又有 3 项关于这个问题的研究，但是都没有发现任何明显的甲状腺激素功能问题与多动症之间的联系。因此，最初的研究似乎在某些方面存在欠缺。多动症孩子不应将甲状腺激素缺乏作为常规的检查内容，甲状腺激素治疗也不应该被认为是可以治疗多动症的方法。

迄今为止，研究者没有发现任何其他激素与多动症相关。

抚养不当或混乱的家庭生活会造成多动症吗？

一种理论认为导致多动症的主要原因是社会环境，在科学文献中这种观点得到的支持不多。一些作者称，多动症的相关症状，比如多动行为，可能是父母对孩子管教不当的结果。持这种观点的人认为，这些父母对孩子的教养要么太纵容，要么太混乱，或者没有为孩子提供足够的训练、结构或纪律。但是，没有研究支持这种观点。可是，在 2012 年 1 月 28 日，明尼苏达大学的一位心理学家阿伦·索洛夫（Alan Sroufe）博士在《纽约时报》（*New York Times*）上发表了一篇专栏文章，文章毫无根据地认为是家长的教养方式造成了孩子的多动症。根本没有证据表明是这种受到抨击的父母教养方式造成了多动症，而且有很多证据反驳这种观点。回顾第三章，超过 75 项对双胞胎的研究没有发现养育环境在解释儿童多动症症状的变化方面起任何重要作用。

在我职业生涯的早期，我的主攻方向是家庭生活研究，尤其是父母和孩子之间的互动与多动症的关系，我在这一领域的工作时间超过 24 年。我自己的研究确实表明，多动症孩子的家长更有可能对他们的孩子下命令，与孩子的互动方式也更具指导性、更负面，并且和孩子没有患多动症的父母相比，在某些情况下多动症孩子的父母对孩子给予较少的关注和回应。我和我的同事也发现，多动症孩子不太听从他们父母的命令和指令，他们更消极、更顽固，并且与普通孩子相比，他们更不能长期遵循父母的命令。在我的早期研究之后的许多研究都指出，在有多动症孩子的家庭中，亲子之间的互动模式与普通家庭是有差异的。孩子有这样的行为表现，是父母的错吗？抑或父母以这种方式回应孩子，是孩子的错？

"我的父母认为我太宠爱儿子了，我不管教他，所以他才好动。我怎么才能让他们相信我儿子真的患有障碍呢？"

为了进一步探讨这个问题，我和我的同事让多动症儿童服用几周的兴奋剂类药物（利他林），又在另外几周让这些孩子服用安慰剂，然后我们观察了母子之间的互动。参加实验的所有母亲和孩子都不知道孩子哪周服用的是利他林、哪周服用的是安慰剂。我们发现，当孩子服用真正的药物时，他们对母亲的行为有很大的改善。但我们也发现，在这个阶段母亲对孩子的行为也有所改善，甚至就像没有多动症的孩子的母亲的行为。这表明，母亲的大多数消极行为似乎是对多动症孩子的困难行为的反应，而不是导致这些困难行为的原因。毕竟，通过直接用药改变多动症孩子的症状,我们证明了,母亲的行为可以变得更加"正常"。

你也可能听说过混乱的家庭生活或"功能失调"的家庭会引起多动症这种论调,这种论调可能基于这样一个事实:多动症孩子的父母更可能存在心理问题,甚至精神障碍。研究发现,多动症孩子的父母(以及直系亲属)更有可能出现酒精和药物滥用问题、反社会行为和抑郁,当这些成人还是孩子的时候也更可能有在校行为问题及过度活跃的情况或者多动症。和普通家庭的父母相比,多动症孩子的父母报告说,作为父母他们承受着更多的压力,出现婚姻和伴侣问题的可能性也更大。此外,多动症孩子的家庭比普通家庭搬家频率更高。这些很容易影响一个家庭的良好运行,影响父母管理他们的个人和家庭生活,以及管教他们的孩子。相比于普通儿童,这些破坏性影响还会给多动症孩子造成更多的压力。

在很多人看来(包括一些专业人士),以上事实正说明了引起多动症的原因来自混乱、不正常的家庭生活。但仍有一些证据清楚地反驳了这种观点。首先,如前文所述,我们很容易用遗传证据来解释为什么多动症孩子的家庭成员会出现更多问题。我们可以预期的是,即便多动症孩子在出生时就被其他家庭领养,他们的亲生父母和有血缘关系的家庭成员之中也会有更多的多动症患者或表现出更多的相关症状;事实证明,我们的预测是对的。这就解释了,为什么相对于普通家庭而言,多动症孩子的家庭成员会面临更多的麻烦、搬家的频率会更高,而且可能面临更多的婚姻或伴侣问题,并且有更高的离婚率。正是他们自己的多动症相关症状导致了这样的家庭问题。但并不是这些家庭成员的精神问题及由此产生的"坏的"家庭环境导致了孩子的多动症,父母携带并遗传给孩子的多动症风险基因才是罪魁祸首。

其次,随后的研究反驳了混乱的家庭或不良教养方式导致了多动症这一理论。研究发现,如果家里有多动症孩子,其家庭成员有上述精神问题的情况通常只发生在有严重的攻击性、挑衅和反社会行为问题的儿童亚组中。这一亚组的多动症孩子的父母和亲属更有可能出现药物和酒精滥用、抑郁和反社会行为。如果多动症孩子只有多动症相关症状,而没有严重的攻击性行为,这些孩子的亲属出现上述严重问题的概率（除了多动症本身）似乎不会高于那些没有多动症的孩子的亲属。这就告诉我们，家庭环境和教养问题与孩子的攻击性和反社会行为相关，而与多动症无关。换句话说，由父母的心理问题造成的混乱或不正常的家庭生活可能直接导致孩子产生攻击性和反社会行为的风险。因此，尽管混乱的家庭生活与父母的精神问题可能导致严重的挑衅和攻击行为，但它们不是多动症的原因。

最后，还有一些证据来自我自己的研究，这些结论也得到了其他研究者的验证：我和我的同事对多动症孩子和父母的亲子互动方式进行录像，并将其与没有多动症的孩子和父母的互动方式进行比较。同时，我们也在研究中把多动症孩子分为两组，一组是那些出现极端对立、挑衅和攻击行为的多动症孩子，另一组孩子则没有这些表现。我们发现，从大多数方面来说，只有没有攻击性的多动症孩子与父母的互动方式与普通家庭没有什么不同。只有在孩子患有多动症并且具有攻击性的那一组，我们发现，父母与子女之间的消极互动更多。具有攻击性的多动症孩子及其父母之间会出现更多的侮辱、诋毁和命令。他们之间的亲子互动与其他两组（无攻击性多动症孩子和未患多动症的孩子）相比积极的成分也更少。有攻击性的多动症孩子的家庭报告的彼此之间的冲突是最多的。相对于其他两组孩子的家长，这些孩子的家长也报告了自己更多的个人心理问题。这些发现表明，父母的心理问题在具有攻击性的多动症孩子的家庭中更为常见，并且与孩子的攻击性程度有关，而不是与多动症的程度有关。除此之外，这一发现与我们早前提到的双胞胎研究的结果相符，即家庭环境和教养方式对多动症没有显著影响。

所有这些证据都表明，任何纯粹的社会原因，如"糟糕的养育方式"或破坏性、充满压力的家庭生活，都不是让孩子患上多动症的原因。相反，研究表明，多动症孩子会给父母带来压力，导致一些家庭生活的混乱。不良的父母教养方式和破坏性的家庭生活确实会对孩子产生影响，但这似乎是导致孩子攻击性和挑衅性行为的原因，而不是导致多动症的原因。

多动症是看电视或使用电子设备时间太长造成的吗?

几年前,报纸专栏作家和家庭治疗师约翰·罗斯蒙德(John Rosemond)等人认为,多动症主要是因孩子花太多时间看电视所致——这一代孩子看电视的时间比前几代人多得多。这个想法虽然肤浅,却有一定的吸引力,因为它符合流行的民间说法,看太多电视肯定会缩短人的注意力持续时间。据我所知,没有任何科学研究证明这个说法是真的。虽然一些研究发现,高度注意力不集中的孩子,甚至患有多动症的孩子看电视比普通儿童多,但这并不能证明看电视会导致多动症。这些研究只显示了一种联系,而不是因果关系。即使是这些研究,其研究结果也并不总是一致的;发现看电视和多动症症状之间有关的研究和发现二者无关的研究几乎一样多。我和其他科学家认为,患有多动症的人更有可能看电视的时间更长,因为相比其他休闲活动,例如读书,看电视需要付出的努力更少,对注意力持续时间的要求也更低。例如,在我的研究中,我们跟踪观察多动症孩子,直到他们长大成人,当他们成年后,我们问他们如何度过自己的闲暇时间,结果发现,相对于控制组的年轻人,患有多动症的年轻人看电视、玩视频游戏、打电话、驾车兜风等行为更多,而控制组的年轻人则会花更多的时间阅读、为工作或大学学业而学习,或锻炼。这些研究告诉我们,这些活动只是多动症患者喜欢在业余时间做的事情,而不是这些事情会直接导致他们患上多动症。然而,对罗斯蒙德先生的说法最强有力的反对证据来自双胞胎研究,研究发现,对于在同一家庭中长大的双胞胎或兄弟姐妹来说,家庭环境对他们多动症症状的严重程度没有影响。看电视是共享环境的一部分,所以,这些研究表明看电视过多不会导致多动症。

最近,有人声称,正是儿童花在计算机、平板电脑或智能手机上参与社交媒体或玩视频游戏的时间,可能导致人群中的多动症,或至少是注意力不集中行为的增加。同样,这种说法很难评估,因为我们知道多动症患者比普通人更喜欢从事这些活动,以至于在一些研究中,有15%~20%的多动症青少年被定性为有网瘾。但在这些研究中,也无法证明屏幕时间和多动症之间存在因果关系;事实上,我们所掌握的证据更符合已经患有多动症的人花更多时间参与这些活动的说法。

显然，过多的屏幕时间，特别是在晚上，可能会影响儿童或青少年的睡眠。这可能会导致白天的疲劳、困倦，以及在学校的注意力不集中。而这可能会使多动症儿童的注意力更加不集中。因此，正如尼格博士在他的多动症书籍中所告诫的那样，父母应该在晚上限制屏幕时间，以避免对孩子的睡眠产生不利影响。毕竟，多达40%或更多的多动症儿童已经有与多动症有关的睡眠问题，而晚上过多的屏幕时间可能只会使事情变得更糟。但目前还没有证据表明屏幕时间会直接导致普通儿童患上多动症。

哪些人有患多动症的风险？

甚至在一个孩子出生之前，某些父母或家庭特征就会增加孩子患多动症的风险。然而，重要的是要知道这些风险因素不一定会直接导致多动症。如果你有一个被诊断为多动症的孩子——特别是如果你或另一半有多动症——而且你担心更小的孩子可能会患这种疾病，那么这些因素可能需要注意。对于许多与多动症有关的因素来说，没有任何科学证据表明这些因素本身会导致儿童患多动症。

父母和家庭的特征

如你所知，研究告诉我们，患有多动症的父母的子女患多动症的可能性是普通人的8倍左右。有大量证据表明，遗传因素是导致多动症的原因（见第三章）。在同一个家庭中，男孩患多动症的风险比女孩大，当然，这并不意味着男性本身会导致多动症。无论何种解释，都不可能完全取决于社会因素，如同一家庭中父母对待男孩和女孩的方式不同。

其他与多动症的早期发展和持久性相关的家庭风险因素是：（1）母亲的受教育程度低；（2）父母社会经济地位低；（3）单亲；（4）父亲抛弃家庭。然而，这些因素只会导致患多动症风险的极小升高，显然并不足以导致孩子患多动症。这些因素只是与患多动症风险的增加有关，所以很可能存在着某种第三类条件，它能够解释这些多动症风险因素以及多动症本身——这再次说明，它可能就是导致多动症的遗传学特征。

妊娠期的特征

一些研究表明，经历怀孕或分娩并发症的母亲比没有患此类并发症的母亲更有可能生下患多动症的孩子。这一规律也适用于在怀孕期间反复感染的母亲。并发症或感染的类型似乎并没有其发生总次数重要。这些并发症导致孩子患上多动症的原因可能是其干扰了正常的胎儿大脑发育，也可能涉及第三个因素：母亲患有多动症。在这种情况下，母亲患有多动症会导致产前自我护理困难，从而引发更严重的并发症；而导致孩子的多动症的原因可能是遗传基因。这是非因果关系的一个例子，就像在本章前面所讨论的那样。事实上，几乎没有证据表明，这些并发症实际上导致了多动症。

关于婴儿早产（前文讨论过）和低出生体重的研究表明，这些婴儿在以后的童年期中患多动症的可能性比一般儿童高出 5~7 倍。30 年前的一项研究表明，如第三章所述，这可能是由于这样的婴儿脑部出血的风险很高。在这些脑部出血的婴儿中，超过 40% 的孩子在童年期被发现患有多动症（还有其他发育和学习问题），而没有脑部出血的婴儿出现这些问题的可能性要小得多。

婴儿期、学步期和学前期的特征

科学家还发现，一些在儿童发展早期出现的特征可能预示着这些儿童日后出现多动症的风险更大。同样，这并不意味着这些特征会导致后来的多动症，只是当这些情况发生时，多动症有时会随之而来。围生期合作计划（Perinatal Collaborative Project）发现，运动发育迟缓、出生时及 12 个月大时头部尺寸较小、羊水被胎粪（胎儿肠道中的物质）染色、出生后神经损伤的迹象、出生后的呼吸问题，以及低出生体重都与后来的多动风险相关。然而，即使出现了这些迹象，孩子患多动症的风险仍然很低。在婴儿期或学前期健康状况不佳，以及运动协调能力发展缓慢的孩子，也被发现在此后的儿童期出现早期和持续的多动症症状的风险更高。

同样，表现出注意力不集中和多动的幼儿在之后的儿童期患多动症的风险可能更高，但我们认为这些特征或上述早期发育的特征都不会导致后来的多动症症状，而可能是多动症本身的早期迹象。

第五章

该有怎样的期待

多动症的真面目

　　正如多动症儿童家长的切身体会，多动症是一种令人费解的疾病，人们每天的日常活动都成了独特的挑战。从本质上说，这似乎造成了多动症孩子与周围其他人的紧张关系。平淡无奇的日常生活就像一场场战斗。其实，生活变得简单些也是有可能的，放弃与这种必然结果的抗争就是个不错的开始。尽你所能去了解有关多动症的本质吧——你能改变的以及不能改变的。

　　全球有 5%～8% 的儿童被发现患有多动症（在美国这一比例为 7%～8%）。这意味着，截至 2016 年，在美国 7400 万儿童中，有 370 万～590 万儿童可能患有这种疾病。然而，从某些方面来说，"多动症"这一标签是相对而言的。在第三章我们已谈到，大多数案例仅代表每个人都有的某种正常特质的一种极端表现。这意味着，在人群中多动症患者的严重程度是有差异的；一部分人的症状可能是轻微的或者处于患多动症的边缘（恰好低于诊断标准），而另一些人则有中度或重度症状。通常来说，今天被诊断为多动症的人，他们的症状比 93%～95% 的同年龄、同性别的人出现得更频繁、更严重，而且他们的症状导致了主要生活活动（比如家庭功能、教育、职业，等待）受损。但是即使是这样一群人，症状的发作频率和严重程度也各不相同。那么，专业人士如何诊断具体个案的病情严重程度呢？对此，我们将在第七章进行解释。

"我听说其他国家并不像我们（美国）有这么多多动症患者。这是真的吗？为什么在英国或法国很少有人被诊断为多动症，也不像在美国那样频繁地使用药物治疗？"

我们知道，有关多动症的定义在不断改进。在其他国家（如法国、俄罗斯），人们可能并没有把多动症看成一种疾病。在英国多动症曾被称为行为问题，在东欧，孩子们可能被简单地贴上"不守纪律"的标签。随着互联网以及科学杂志上有关多动症的信息的增加，人们逐渐意识到，多动症对于孩子和成人来说是一种特别但合理的疾病。不幸的是，诸如"行为问题"或"不守纪律"这样的标签导致人们错误地认为多动症是人格特质问题或由糟糕的教养方式所致。事实上，多动症是一种有神经基础的且主要由基因决定的疾病，全世界都存在。然而，就诊断而言，各国在症状量化方法上各有不同。

多动症难以量化

为了统计多动症病例总数，通常的方法是由照看儿童的父母和教师完成用于测量多动症症状的行为评定量表。接下来，人口中多动症孩子的总数通过确立问卷的临界分数来决定，超过这个分数的即被视为患有多动症。这种方法不同于对特定区域的所有孩子进行仔细评估的方法，后者并不可行且成本太高。但这种方法能够使人们大致了解有多少孩子可能患有多动症。这些研究所得的结果从小于1%到高达14%不等。然而，很明显，研究者将这些评定量表的临界分数定为多少，将决定有多少儿童被贴上多动症的标签。

当然，多动症的诊断不能简单地依据家长和教师填写的行为评定量表的分数来确定。正如本书后面（第七章）的解释，多动症的诊断需要进行更为完备的评估，而且在专业人士给出诊断结果之前，儿童必须满足所有多动症诊断的判定标准。多动症孩子不仅行为上明显不同于其他同年龄、同性别的孩子（可使用等级量表进行测评），而且这些行为问题在其童年期或青春期早期（12岁之前）是不断发展的，并至少持续6～12个月，同时在主要日常活动的一个或多个方面造成影响，如家庭、学校生活或者同辈关系上。符合以上所有这些标准才会被诊断为多动症，研究表明学龄儿童的患病率为5%～8%，同时男孩的患病率是女孩的3倍多。

大众媒体上关于多动症的报道通常会暗示，多动症只发生在美国，其他国家很少或者根本没有。他们经常说多动症的诊断在那些国家并未被采用或者未像在美国这样被频繁使用。这些论断具有极强的误导性。事实上，在那些没有达到美国这种诊断程度的国家中，儿童并非没有这种病症。你没发现或不去测量，并不意味着病症不存在。这是无知，并非事实。这更多地意味着这个国家的专业人士缺乏对这种病症的认识，或者不了解支持这种病症存在及其合理性的科学文献。家长应该记住，在儿童精神疾病的科学研究和临床管理方面，美国的专业人士比其他国家的同行可能有更多的了解。在加拿大、澳大利亚、英国、荷兰、西班牙、意大利、斯堪的纳维亚国家以及日本的最新研究发现：随着这些国家的专业人士和家长对儿童多动症的存在和本质的认识逐渐加深，确诊和药物治疗的比例都有了显著上升。现在，甚至在法国也是如此，因为社会评论家经常说法国没有任何多动症。在法国，专业人士和公众对多动症的认识不断提高，主流媒体对多动症的报道越来越多，以及适当的诊断程序的使用，都导致了确诊病例的增加。事实上，一项对法国大规模儿童样本的调查显示，即使专业人士没有意识到或没有正确诊断，也有7.7%的儿童符合患有这种疾病的标准——这一数字与美国的多动症发病率非常相似。关于世界范围内多动症患病率的更多信息，请参见下面的专栏。

美国以外国家的多动症患病情况

在过去15～25年中，在许多其他国家进行的研究发现，迄今为止，每个国家和每个民族都存在多动症。这些研究得出的患病率数据如下：

> - 新西兰，2% ~ 7%
> - 德国，4% ~ 6%
> - 印度，5% ~ 29%
> - 日本，7% ~ 8%
> - 荷兰，1% ~ 3% 的青少年（未研究儿童）
> - 巴西，5% ~ 6%
>
> 现在已经发表的许多其他研究发现，多动症在其他国家也存在，包括所有斯堪的纳维亚国家、土耳其、伊朗、韩国、以色列和罗马尼亚等，而且往往处于美国的水平。因此，可以肯定地说，多动症是一种普遍存在的疾病，在所有国家都有。各国患病率的差异大多是调查方法的结果，而不是实际患病率的真正差异。

世界范围内的许多研究表明，学龄儿童的平均患病率为 5% 左右。但请记住，男孩患病率较高，而女孩较低。这意味着每 14 ~ 20 个儿童中就有一个儿童患有多动症，这使得多动症成为儿童中最常见的疾病之一。鉴于 50% ~ 65% 的这类儿童在成年期仍患有这种疾病，因此多动症患者会占成人总数的 4% ~ 5%，也就是说每 20 ~ 25 个成人中就有一个患多动症。这正是在对成人的实际调查中发现的，比如在我于 2011 年对美国成人的一项大样本研究中所做的调查（Barkley，2012）中发现，成人多动症患病率大约为 5%，这一结果与 2006 年罗纳德·凯斯勒（Ronald Kessler）博士及其同事和我在哈佛医学院的一项研究发现非常相似。

正如刚才提到的，在儿童期，男性比女性更容易患病——通常男孩是女孩的 3 倍。但在成年期，性别差异并不存在，男女的患病率几乎相同（男女比例大约为 1.5∶1）。由于转诊的偏见，专门诊治这种疾病的精神健康中心每接诊 6 ~ 9 个男孩才会遇到 1 个女孩：通常人们倾向于将更具侵略性和更难管理的儿童送到这类诊所，多动症孩子中男孩通常比女孩更具攻击性。显然，很多患有多动症的女孩至今都未得到诊断和治疗，但随着专业人士对这种疾病的了解的不断加深，这种情况已得到明显改善。

多动症随着成长而变化

对于家长来说，多动症最令人烦恼的一面就是它会随着儿童的成长而演进。对 6 岁儿童适用的方法可能对 16 岁的孩子无效。高达 80% 的经临床诊断为多动症的学龄儿童到青春期时仍患有此病，其中 50%～65% 或更多人会持续到成年，这取决于特定研究如何定义康复或正常化。而 40%～50% 的人在中年时仍有此病。这种疾病的严重程度有可能随着年龄的增长而持续减轻，从而解释了多动症患病率到中年时期的这种下降。但也有可能如我之前所说的那样，每过 10 年就有更多的多动症患者死亡。患有多动症的成人过早死亡的可能性是其他人的 4～5 倍，通常是由于意外或自杀。这意味着我们对多动症患者的追踪时间越长，患这种疾病的人就越少。这可能也可以解释为什么在老年人（65 岁以上）中，多动症的发病率下降到约 3%。父母最先注意到多动症症状是在孩子 3—4 岁时，甚至更早，当然也不总是这样。一些多动症孩子是很难照顾的，他们在婴儿时期就显得活跃、急躁或喜怒无常。还有一些儿童直到上学前班、幼儿园，甚至一年级时才显示出这方面的问题。在后一种情况下，这些孩子可能在此之前就已表现出了多动症症状，但是当时并未给父母造成任何麻烦，或者不影响对相对简单的发展任务的掌握。还有一小部分儿童可能要到童年期晚期或青春期早期才显示出这种疾病的全部症状。但到 12 岁时，超过 90%～95% 的最终患有多动症的儿童或青少年的症状已经发展到足以达到这种疾病的诊断标准。

患多动症的学前儿童

大量研究表明，高达 57% 的学前儿童在 4 岁前可能被家长评价为注意缺陷和过度活跃。这些孩子中多达40%会由于注意缺陷的问题足够明显，而引起家长和教师的担心，但大部分孩子的行为在3~6个月之内会改善。因此，孩子在小时候有一些多动症症状可能是正常或典型的。在接下来的6~12个月内，这些孩子可能会成长到摆脱这些问题。即便在那些问题严重到足以被临床诊断为多动症的儿童中，也只有一半会在童年期后期或青春期早期仍被诊断出多动症。这告诉我们，即使3—4岁存在相关症状也不代表多动症就会持续存在。然而，大多数早期症状在发病后持续至少1年或更久的多动症孩子，其病症很可能持续到童年期和青少年时期。这意味着，在童年期早期多动症症状的程度及持续时间很可能决定了哪些儿童会长期患有多动症。

患有持久型多动症的学前儿童经常被家长形容为焦躁不安、不停跑动，像"装了马达"一样，还经常爬上爬下或钻到一些东西里面。他们固执于他们想要的东西，要求父母的关注，对环境的好奇无休无止，所以常给他们的父母，尤其是妈妈，在儿童监管方面造成极大的挑战。这类儿童需要比其他孩子更多、更频繁的监督和指导。有时，有的孩子是那样活跃，以至于为了他们的安全，家长必须把他们拴住才能放心地去完成一些必要的家务。多动症孩子特别情绪化、易怒且适应性差，这可能会给妈妈带来巨大的烦恼。不服从妈妈的指示是家常便饭，至少40%~80%的多动症孩子甚至会做出严重挑衅或者反抗行为，尤其是男孩。虽然正常的学前儿童发脾气很普遍，但多动症孩子发作的频率和程度都更加严重。

虽然学前多动症孩子的妈妈感觉能够胜任管理孩子的工作，但是这种自信会随着孩子的成长而日渐崩溃，家长会发现用于管理其他孩子的典型技巧对他们的多动症孩子不那么有效。

把年幼的多动症孩子放到托儿所或者学前班会给父母带来额外的压力。工作人员会向父母抱怨孩子的破坏性行为，甚至把活跃且有侵略性的孩子"踢出"托儿所或学前班也是常有的事。这是学校适应问题的开始，学校适应问题会使许多多动症孩子在义务教育阶段备受煎熬。其他一些多动症孩子，尤其是没有反抗或侵略行为的孩子，以及症状较为温和的孩子，也许还有更为聪明的孩子，他们在托儿所可能并未出现问题，尤其是在那种只有半天课程或一周只上几天课的班级中。

很多多动症幼儿的母亲经常跟我们抱怨找保姆太难，严重限制了家长的自由和娱乐休闲活动——这对于单亲家庭尤其困难。就像很多多动症孩子的父母告诉我们的，学前期是压力最大和对父母的要求最高的一段时间。

患多动症的学龄儿童

一旦多动症孩子进入学校，一个主要社会负担就会施加在他们身上，至少持续12年[①]。学校生活将是多动症孩子的主要生活活动中受到最不利影响的领域之一，并且会给他们自己和家人带来巨大的压力。要在学业上获得成功，要求儿童能够保持坐姿、集中注意力、仔细聆听、愿意服从、抑制冲动、善于合作、管控行为、遵从指示，同时还能彼此分享、愉快玩耍以及和其他孩子快乐地互动。因此毫不奇怪的是，大多数多动症孩子在学前阶段常被认为学业行为落后，在班级中的行为离经叛道，只有在接受正规教育或者在1~2年后才能不稳定地进行学习。对于父母来说，现在不仅要处理孩子无休止的行为问题，还要帮助孩子适应并跟上学业和社会的要求。令人遗憾的是，这些家长还得忍受很多教师的抱怨，教师会简单地认为孩子在学校出现的问题完全来自家庭问题，尤其是饮食、使用电子产品时间过多，或者父母教养能力不足。

在这个阶段，孩子"不成熟"的行为和可能不佳的学习成绩，导致父母必须面对一个问题：让孩子留在幼儿园还是上一年级。事实上，现在很多学校甚至会给一年级学生布置家庭作业，这就给家长和孩子提出了额外的要求，需要家长和孩子在放学后或晚上共同完成作业，而这些时间之前是用来参加与学业无关的家庭或社会活动的。因此，家庭作业时间成了另一个家庭冲突。20%~35%的多动

---

① 美国基础教育统称为"K-12教育"，K代表kindergarten（幼儿园，相当于中国幼儿园大班），K-12指从幼儿园到中学十二年级。意即从进入 K 年级开始，直至十一年级，要持续12年。——译者注

症孩子可能存在阅读障碍，当这些孩子在学校尝试掌握早期阅读任务时，这一点就会被注意到。这些能力上的不足给多动症孩子的学业带来了双倍的阻碍。对于那些会出现数学和写作障碍的孩子（各占15%～25%），这些问题往往在进入小学几年后才会被发现。即使没有学习障碍，几乎所有多动症儿童都会被他们极不稳定的学习成绩和对课堂规则和礼仪的适应不良所困扰。

在家里，父母经常会抱怨，与同龄孩子相比，多动症孩子既不做家务也不承担责任。他们需要在别人的帮助下才能完成日常生活事务，包括穿衣和洗澡。虽然和普通孩子一样，多动症孩子发脾气的频率可能会降低，但是和普通孩子相比，多动症孩子在遭受挫折时更容易发脾气。通常，多动症孩子在社交活动中很难被他人接受甚至会遭到排斥，如俱乐部、音乐课或体育运动。如果现阶段社会排斥还没发生，这种趋势将在学校学习的这几年里逐渐显现。多动症孩子难以控制、咄咄逼人、情绪冲动、没有耐心甚至厌恶他人，这导致他们在试图学习社会适应的过程中由于同龄人的排斥而感到困惑，甚至在童年晚期逐渐变得缺乏自尊。然而，并非所有多动症孩子都是低自尊的。事实上，很多人可能在他人面前表现出与事实不符的积极正面的形象，在事先被问及时，他们被发现会过高估计自己的能力以及完成任务的可能性。肯塔基大学的玛丽·贝丝·迪纳（Mary Beth Diener）博士和理查德·米利奇博士通过研究发现，这可能是一种自我保护，即多动症孩子希望在他人面前展现出比现实更积极的自我观念，以得到他人的喜欢和正面评价，也因为害怕承认自己在某项任务中表现得不如自己认为的那么好。多动症儿童出现这种问题的另一个原因是，他们的自我意识比较有限，所以他们无法像其他同龄儿童那样意识到自己在任何发展或社会适应方面可能存在的问题的程度。此外，他们相对的社会不成熟可能会导致他们承担责任的意愿降低。因此，许多多动症孩子会把这些困难归咎于他们的同龄人，或者父母和教师。

到童年期晚期或青春期早期，许多多动症孩子已建立起一定的社会冲突模式。在7—12岁，至少30%～50%的多动症孩子会出现品行障碍和反社会行为的症状，如说谎、偷窃及反抗权威。25%甚至更多的孩子可能会出现和其他孩子打架的问题。到这个时候还没有出现其他精神、学业或社交方面障碍的孩子仅是少数，只在学业和成绩上有问题已经是十几岁的多动症孩子最好的结果了。大部分多动症孩子在这个阶段已经开始接受一系列的药物治疗，超过一半的孩子还会参加某种形式的个体与家庭治疗。到六年级末，30%～45% 的孩子已开始接受正规的特殊教育援助。

患多动症的青少年

自 20 世纪 70 年代末以来，大量追踪研究否定了多动症会随着孩子成长到青少年时期而被克服的论调。70%～80% 被临床诊断患有多动症的儿童直到 16 岁仍然会表现出明显的多动症症状并足以被确诊，而这些青少年中又有 25%～45% 的人有反社会行为或品行障碍。20%～30% 的个体可能会有尝试或滥用某种物质的经历，如酒精、尼古丁或大麻。多达 58% 的人在校至少有 1 年的成绩不及格，多动症青少年成绩不及格、被停学或被开除的人数至少是普通孩子的 3 倍。尽管早期的追踪研究，如我自己在 20 世纪 70 年代开始的研究发现，几乎 35% 的多动症儿童在完成学业之前就退学了，但后来在 20 世纪 90 年代开始的追踪研究注意到，完成了高中学业的多动症青少年与普通青少年的人数几乎一样多。这可能是由于自 1991 年以来，根据美国联邦法规，患有 ADHD 的人有资格接受正式的特殊教育服务，这可能会使他们在学校的时间更长，从而导致毕业率比前几十年更高。即便如此，在数学、阅读和拼写的标准测试中，他们的学术成就水平仍远远低于正常水平。

让这一年龄段的普通人烦恼的事——同一性、同辈群体接纳、约会以及身体/性发育等——同样成了多动症青少年患者的渴求与苦恼的第二大来源，同时也带来了新的伤害。也许这就是为什么最近的研究表明，虽然多动症症状在青春期可能有所减轻，但主要生活活动的损害程度却在增加。我认为这是由于与儿童相比，青少年在更多的生活领域有更多的独立机会，因此现在在更多的生活领域中，多动症可能会导致功能受损。少数患者会出现悲伤甚至抑郁；其他人则表现出较低的自信心、对未来成功的无望以及对完成学业和社会接纳的担心。前文提到，我自己在威斯康星医学院与玛丽莲·费希尔博士所做的追踪研究显示，多动症青少年患者比其他青少年早1年开始发生性行为，而且更不可能采取避孕措施。因此，我们发现在被调查的人群中有多于38%的个体有过青少年怀孕的经历，超过17%的人在19岁前曾因感染性病而就医。在21岁前，多动症组已育有37个孩子，而对照组中仅育有1个孩子。我们也证实，患有多动症的青少年在驾驶问题上存在更大的风险，他们拿到超速罚单的概率是其他人的3~4倍，发生车祸的概率也是其他人的2~3倍，并且他们遭遇的车祸无论在金钱损失还是人身伤害方面都更为严重。对于以上两方面，家长在监管孩子时要更加警觉，并积极寻找方法来避免这些负面结果，如要求孩子在驾驶时服用多动症药物。

患多动症的成人

当前研究表明，50%~65%的多动症孩子的症状会持续到成年以后。虽然他们中的很多人都会有工作而且能够自给自足，但他们的受教育水平和社会经济地位依旧低于其他人，甚至低于他们的兄弟姐妹。反社会行为给他们当中至少20%~45%的人带来了麻烦，其中25%的人被诊断为成人反社会人格障碍——这是一种在青春期早期就出现的重复性反社会以及不负责任的行为模式。

仅10%~20%的多动症孩子在成年之后不再被诊断为任何精神障碍，他们功能表现良好，没有明显的症状。而其他孩子长大后，即便未满足用来诊断多动症的所有专业标准，但许多在童年和青少年期存在的问题仍将继续存在。长期处理这些问题需要付出可怕的且难以弥补的代价。公平地说，大概有25%的多动症孩子在成年后依旧具有反社会特质：在过去的3年里，多动症成年患者对他人进行身体攻击的可能性是普通人的4倍。

在通常由青少年从事的要求不高的兼职工作中，多动症青少年患者的表现与未患病的其他同龄人一样好。然而在成人的工作世界，与比普通成人相比，他们可能会存在一些问题，导致工作记录更差或职位更低。我对多动症孩子追踪到成年期的研究显示，与普通人相比，他们换工作更频繁，且更容易因为行为不端和较差的自我控制能力而被开除。正如他们在高中时的表现一样，成年期多动症患者的职业功能表现为在不受监管地独立工作、在截止日期前或按照时间安排完成工作、坚持完成指定工作以及与同事友好互动方面存在显著问题。

与儿童患者一样，多动症成年患者存在很多问题，如注意力不集中、抑制能力差、难以抵御干扰、情绪控制能力差以及自我调节能力或自律性差。尽管他们可能没有童年期那么活跃，但他们常把自己描述为不知疲倦的，要一直做事情——总是得保持忙碌。甚至一些人认为自己和其他人相比，内心更为焦躁、紧张以及神经敏感。当然多动症成年患者的不同之处在于，其症状会在成人世界中的功能及承担责任方面造成影响。年幼的多动症孩子在驾驶、性生活、金钱管理、健康保养、婚姻或其他关系和职业等方面确实不存在任何麻烦，因为他们在这个年纪根本不会参与到这些活动中。所以，多动症对患者在处理日常责任及应对生活需求方面的影响会随着年龄的增长而发生变化，其变化程度大于疾病本身潜在性质的变化。成年期多动症症状的影响更为广泛和严峻，但正如前文提到的，这是源于成人必须要承担的责任更为多样且更加重要。

通常来讲，成人多动症的治疗方式与儿童基本一样。第一步都是获得合理的诊断，并开展相应的教育工作。接着采用与治疗儿童相同的药物对成人进行治疗，可能有些时候需要加大剂量。当然，与治疗儿童一样，药物治疗的同时配合最适当的环境设置和心理治疗也十分重要。但这些环境的设置可能需要有所不同（例如，工作地点而非学校）。但总体来说，环境设置的本质还是与我之前在书中推荐的家庭和班级管理策略一样。

举例来说，我们不会把在工作场所中有困难的多动症成人安排在扑克筹码系统中以帮助他完成更多的工作，因为这么做显得过于幼稚。根据同样的原理，我们寻找可以更快速地、更显著地提高其责任感的方法，我们会把他的工作拆分成一些细小的步骤，提前向主管说明上午工作所要完成的目标，并让主管在上午定期与他会面，跟近工作进展，甚至根据目标完成情况安排赏罚措施。

我们早已了解，随着年龄的增长，多动症孩子会出现很多需要得到解决的重要的额外问题。其中一些问题可以通过长期治疗来预防，但要记住的是，患有多动症的儿童不应该因为未来的风险很小或没有而被忽视。因为此时决定多动症能否因年龄的增长而被克服的因素尚不确定。当然，有些没有其他障碍的症状较轻的多动症孩子，而且智力高于平均水平，会有较大的概率随着年龄的增长而摆脱多动症。我们确信，多动症孩子能够从普通孩子也有的一些优点中获益：聪明、缺少攻击性或者不违抗、来自没有严重心理问题的父母的良好照顾和监督，以及足够的可利用的经济、医疗、精神以及社区方面的资源。

多动症症状随情况不同而变化

多动症的主要症状不仅会随着孩子的成长而改变，还会随着情况的不同而改变，比如孩子在哪里、他被要求做什么以及谁来照顾这个孩子，这就让多动症孩子父母的生活变得更富挑战性。我在20世纪70年代末所做的一项研究，检验了在哪些情况下多动的孩子（即现在所说的多动症孩子）最可能与父母发生矛盾。我的发现是，环境约束和任务要求越少，多动症孩子与普通儿童间的差异越小。此后其他研究也反复验证了这种差异。

我在2015年的多动症诊断和治疗手册中回顾的研究（见本书末尾的"推荐读物"）也表明，多动症儿童在以下条件下表现更好。

陌生环境或新鲜事物

在入校学习之初，当教师、同学、教室甚至学校设施都是新鲜的时候，多动症孩子会表现得好得多。经历了最初的几周学校生活，对学校越发熟悉而渐生厌烦之后，他们的行为控制开始减弱。同样，当拜访平时不怎么见面的祖父母时，他们的表现可能不那么令人烦恼。相较于父母，祖父母更容易给予他们一对一的关注，也不会对这些孩子提出那么多自我控制方面的要求。在这种情形下，多动症孩子很可能表现得比平时好。研究还显示，和传统的枯燥无味的练习本或教科书相比，多彩、刺激、明亮、令人兴奋且有意思的教学材料可以帮助多动症孩子在学业上表现得更出色。

对遵从指令的及时奖励

如果能对多动症孩子所做事情的成效给予及时和经常性的反馈，他们往往就能更好地集中注意力并坚持下去，例如在玩视频游戏时就是如此，而当反馈不频繁或非常滞后，比如完成在校或在家的功课时，他们的表现就更差。正如早先探讨过的，即使在玩视频游戏方面，多动症孩子的表现也与普通儿童不同，他们仍然更容易分心、注意力更不集中、更不容易抑制冲动行为，并且在游戏中操作的协调性也更差。当有特殊奖励时，例如完成这项任务就立刻予以金钱奖励，他们会表现得更好，甚至可能和没有多动症的孩子一样好。然而，当奖励时间延迟、奖励减少时，多动症孩子的行为就会显著变差。正如第二章讨论过的一样，如此明显的变化使科学家开始质疑是否多动症本质上就是一种注意力缺陷。他们认为多动症涉及自我调节（执行功能）的不足，因此多动症孩子最难应付的就是对这种能力要求更为苛刻的环境。

个人注意力

与他人一对一相处时，多动症孩子可能会表现得缺乏活力、注意力不集中且冲动。在群体情境中，多动症孩子可能会表现得最糟糕。当与会给予他们个人关注的祖父母在一起时，他们可能会表现得最好。在密切监督和频繁指导下，他们做事更有效率。

一日之计在于晨

疲劳程度和一天中的时间段可能能决定多动症孩子症状的轻重。一天之中，相对于较晚的其他时间段，多动症孩子在早上似乎可以较好地完成学校课业。这就意味着教育工作者可以在早上安排多动症孩子完成一些最需要集中注意力和自我控制的重复、枯燥乏味或困难的任务，而除非孩子正在服用延长释放型的多动症药物，否则在下午放学后让他们做家庭作业肯定会引起一些麻烦。

与多动症相关的其他问题

临床实践中很难发现只有一种病症的儿童；接受多动症临床治疗的儿童中仅有不到20%的儿童只患有多动症一种病症。被确诊为多动症的儿童患有其他一些障碍的概率通常也会上升——这是一种被称为共病（comorbidity）的现象。与普通人相比，多动症患者尤其容易在医疗、发展、行为、情绪以及学业方面遇到更多困难。

智力

在智力发展方面，多动症孩子似乎分布广泛，从富有天赋者到平凡者，甚至发展延迟者都有。一些研究发现，多动症孩子在精神和智力发展方面比正常儿童要稍微落后一些，虽然落后幅度并不大，但已达到了科学上的显著程度，不过并非所有研究结果都如此。在智力测试中，多动症孩子比其他儿童平均低 7 ~ 10 分。造成这种差距的并非全是智力原因，其中一部分源于多动症对孩子应试能力的影响。但是智力测试分数的差距仍然与多动症孩子执行功能的缺陷程度有一定的关系，因为智力测试的某些部分需要他们运用这种能力。

在校表现

多动症孩子面临的一个巨大的困难在于学业表现（performance）——可以完成的课业数量以及在课堂上的基本行为表现。［相比之下，成绩（Achievement）意味着可以胜任的工作的难度水平，通常反映在测验分数方面，例如阅读测验。］几乎所有来就诊的多动症孩子的在校表现都是欠佳的；这也是他们就诊的主要原因之一。在学业上，他们至少存在以下两个主要问题：（1）在同样的时间里，他们能完成的事情没有其他孩子多（效率低下），或者未达到与能力相匹配的水平，因而在考试中分数较低甚至可能被留级；（2）他们的成就技能同样低于正常儿童，在上学的这些年中甚至可能出现衰退情况。因此，有40%甚至更多的多动症孩子终将接受针对有学习障碍或行为障碍的孩子开设的特殊教育项目，高达40%的孩子在进入高中前至少会留一次级。当自我调节和坚持不懈成为成功的必备要素时，比如在学校，这些儿童所表现出的注意缺陷以及冲动的特质足以击垮他们。

相对于普通儿童来说，多动症孩子更可能患有学习障碍（learning disabilities, LDs）。学习障碍是指孩子学业成就的显著延迟，如在阅读、拼写、数学、写作和语言方面。20%~30%的多动症孩子在数学、阅读、拼写方面至少存在一种学习障碍；在另一些研究中，学习障碍的普遍程度甚至更高。

为什么存在学习障碍的多动症孩子人数是普通儿童的3~5倍呢？科学家也无法确定其原因，但其中一些可能的解释源于多动症及学习障碍的遗传学研究。这两种疾病都具有较高的遗传性。最新研究表明，至少在阅读障碍方面这两种障碍并不会同时遗传，也就是说，大多数决定多动症的基因与阅读障碍的基因并不一样，但是其中的一小部分基因可能在两种疾病中有所重叠，这或许能解释为什么注意力不集中和反应速度慢在这两种障碍中都有体现。20多年前，吉利斯博士及其同事在科罗拉多大学所做的研究显示，多动症的部分基因也可能出现在一些学习障碍中，如写作和拼写障碍。然而，在这方面需要进行更多的研究才能证实几种疾病间的关系。有关数学障碍的遗传问题目前还没有人研究，因而我们也无从知道其与多动症的关系。虽然大多数多动症孩子在语言发展方面并没有显著的迟缓现象，但与普通儿童相比，他们更有可能在言语发展方面存在特殊问题。多动症孩子更可能在表达性语言和流利性方面存在问题。

尽管科学家尚不能确定为什么多动症与学习障碍经常同时出现，但约瑟夫·比德曼博士及其同事在麻省总医院和哈佛医学院所做的研究中提出了一个有趣假说。他们发现多动症成年患者更可能与有学习障碍的伴侣生育后代，比如有阅读障碍的伴侣，反之亦然。作为非随机交配的物种，一般来说具有某种特质的人群与具有其他特定特质的人群结合的概率更大。人类通常不会随机结合，而是有目的性地选择伴侣并生育子女。对于女人来说更是如此。在这些特质中，人类用于伴侣选择的因素似乎是教育，可能教育通常是衡量智力高低的标准，尽管这一标准并不完美，人们倾向于与智力相当或更高的人结合。多动症和学习障碍具有很大程度的遗传性，都会阻碍个体在求学过程中的进步。因此，患有这类疾病的人大多处于同一社会圈子内，因为他们的受教育水平相仿。这就大大提高了有这种障碍的人选择有另一种障碍的人作为潜在伴侣的可能性，也提高了他们的后代得到这两种疾病基因的可能性。当然，这个极具吸引力的解释需要得到更多研究的证实，但它确实对为什么学习障碍和多动症经常同时出现在同一个孩子身上做出了合理的解释。

其他心智能力

多动症孩子似乎同样缺乏复杂的问题解决策略和组织技能来应对智力和社会问题。正如第二章讨论过的一样，他们冲动、缺乏持久注意力的特质成为问题解决的一大障碍。当他们需要思考如何应对某些情况的时候，他们也会使用不那么有效的策略来搜索记忆。我们通常称之为后见之明，在第二章中也曾讨论过多动症会阻碍个体对后见之明的使用。多动症孩子在记忆方面并无障碍，从某种意义上来说，他们和普通孩子一样可以很轻松地储存或检索信息。然而，正如先前提到过的一样，他们确实在一种被称为"工作记忆"的功能上存在一些问题。工作记忆是指当你需要完成某事时在大脑中有意识地储存信息的能力。你可以把它理解为记住要做某事的能力，尤其是即将要做的事。多动症孩子的这种记忆能力确实存在实质性问题。当必须在工作中使用深思熟虑的策略时——此时必须抑制过快的反应并集中精力思考问题，他们的心智问题就会浮现。因此，很多研究指出多动症孩子通常在学习和完成作业方面缺乏组织性和计划性,这并不令人惊讶。

生理发育

一些比较大型的研究显示,多动症孩子在生理发育上比普通儿童问题更多。1985 年,加利福尼亚大学伯克利分校的卡罗琳·哈特苏博士和纳丁·兰伯特博士发表了他们对 492 名多动的儿童(即今天所说的多动症)的病史研究结果,显示多动的儿童比其他儿童更有可能出现研究所回顾的 30 个问题中的 19 个。然而,我们应该牢记,其他研究也有不同意见。让我们来看看一些个别问题。

先天性问题

同一研究表明,多动组儿童的母亲在怀孕期间患各种并发症的可能性更大。多动儿童在出生后不久更可能会遭遇医疗问题(先天性问题)或者在婴儿期遭遇一般健康问题。

听力和语言

尽管没有证据表明在听力发育方面多动症孩子比普通孩子存在更多问题,但是一些研究显示前者更容易患中耳炎或者中耳感染;这些感染会短暂地降低听力或者对言语发展造成影响。然而对于这一点,在研究中并未得出一致的结论。但正如前文提到的,多动症孩子在言语和语言发展方面更容易出现迟缓。在语言的执行使用方面——如何组织和使用语言以有效地完成任务和目标——更是如此。

视力

相对于普通儿童来说,多动症孩子似乎在视力方面更容易出现问题,但是相关研究也并未得出一致的结论。

运动技巧

哈特苏博士和兰伯特博士发现，在他们的研究样本中，多动的孩子相对于控制组的孩子而言，在爬行方面的发育稍微落后一些（前者为 6.5%，后者为 1.6%），但超过 93% 的多动的儿童并未表现出这方面的延迟。然而，相对于 35% 未患多动症的儿童，多达 52% 的多动症孩子运动协调能力更差——尤其是在精细动作协调方面，例如扣纽扣、系鞋带、绘画和书写。这个结果在美国及其他很多国家，如瑞典，都多次得到证实。

外表

一项有趣的发现是，与普通儿童相比，多动症孩子在外表上似乎有轻微的畸形，可能包括食指比中指要长一些，第 5 个指头是弯曲的，第 3 个脚趾和第 2 个脚趾一样长或更长，耳朵的位置比一般人稍微低一些，没有耳垂或者舌头上有沟痕。然而，近期研究显示，所有患精神障碍的孩子都可能会有更多这样的异常，所以这些异常并非是多动症所独有的。

健康或医疗问题

与其他儿童相比，多动症孩子在总体健康状况上似乎会出现更多的问题。高达 50% 的孩子在婴儿期被母亲形容为健康情况欠佳，而普通儿童出现类似情况的不足 25%。到目前为止我们还不清楚为什么多动症孩子会更容易遇到健康问题，但是患有其他精神障碍的儿童在健康状况方面也更容易出现一般健康问题。

同样，与普通孩子相比，夜间尿床（遗尿）或如厕训练问题更加困扰着多动症孩子，但患有其他精神障碍的儿童也会出现类似情况。

父母经常抱怨多动症孩子睡眠质量不好，多项研究也发现这些孩子要花更多的时间才能做好上床睡觉的准备或入睡，在夜间会经常醒来，在睡眠中更加不安，可能在醒来时感到疲劳。这类睡眠问题在多达 40% 或更多的多动症孩子身上都可以发现。然而，其中一些问题从严格意义上来说是就寝行为问题（在就寝时间不按要求待在卧室），另一些则可能预示着真正的睡眠障碍，例如晚上经常醒来，有呼吸困难或睡眠呼吸暂停的其他迹象，以及醒来时感到异常疲惫。在这些情况下，可能需要在睡眠实验室进行评估。很多有睡眠问题的孩子都会出现注意力不集中的现象，其中一些可能会上升到多动症的水平，但这些注意力问题无法与多动症的临床诊断相提并论。

很多研究发现，多动症孩子比未患多动症的孩子更容易发生事故。研究显示，多动症孩子更可能经历各种形式的意外伤害，包括烧伤、意外中毒、撕裂伤、闭合性头部创伤、行人与机动车事故（通常是在骑自行车的时候）以及其他伤害。难怪多动症孩子的医疗费用是未患多动症的儿童的养育费用的两倍多，因为其中有很多花费与频繁进出当地医院急诊室密切相关。最近的几项样本量更大的儿童研究发现，相对于只患多动症的儿童来说，那些爱挑衅又固执的儿童会出现更多此类问题。正如我前面指出的，他们容易发生事故的一个结果是，多动症儿童在儿童期死亡的可能性几乎是普通人的 2 倍，而患有多动症的成人在成年后早死的可能性是普通人的 4 倍多。

适应功能

1995 年，现就职于西雅图儿童医院的马克·斯坦（Mark Stein）博士及其同事发现，多动症孩子在适应功能方面发展显著迟缓，包括日常的自理能力、与他人良好的互动和交流，以及不依赖父母。适应功能包含自理能力（如穿衣、洗澡、进食和如厕训练），语言和人际交往能力（如分享、合作、遵守诺言、遵从指令、注意人身安全），以及使自己成为独立的社区成员的能力（如了解金钱和经济交换、遵从社会规则、了解社区资源以及知道如何使用这些资源）。斯坦博士及其同事发现，即便多动症孩子智力发育正常，但在上述领域的发展却显著低于预期水平。在马萨诸塞大学医学院工作期间，我和特丽·谢尔顿（Terri Shelton）博士以及其他同事在前文提到的幼儿园筛选项目中检验了这个结论。和斯坦博士一样，我们同样发现，学前多动症孩子在适应功能技能的发展上通常要落后于一般儿童。

我们对那些在此方面水平最低的 10% 的多动症孩子进行了进一步研究并发现，这些儿童在出现品行障碍及其他形式的攻击和反社会行为方面具有最高的风险，与此同时，他们在入校后的学习技能也更落后。与那些在适应功能相关领域正常发展的多动症儿童相比，他们的父母报告说在家里的压力更大，在与这些孩子的互动中也有更多的冲突。对这些孩子进行为期 3 年的追踪之后发现，在研究开始时适应功能低的孩子，之后会出现反社会行为、较差的学业表现、更多的与父母相处的问题以及家庭冲突。这就告诉我们，在适应功能方面发展不好的学前多动症孩子，更有可能比其他多动症孩子在之后的学校、家庭和社区功能方面遇到重大问题。

行为和情绪问题

多动症通常与其他行为和情绪障碍相关联。从婴儿早期开始，与非多动症孩子相比，照料者经常反映多动症孩子在气质方面要求更多、更难照顾，并且照顾起来压力更大。高达 80% 的多动症孩子除了多动症外，至少还患有 1 种其他精神障碍，大约一半的孩子有 2 种或更多其他障碍。相对于其他孩子来说，少数多动症孩子还会出现更多的焦虑和抑郁的症状，虽然这些症状并不总是符合正式的精神病学诊断。

科学家普遍认同，多动症孩子有更多的对抗及挑衅行为。高达 2/3（甚至更多）的多动症孩子在对待父母时比普通孩子更加固执，与父母争吵更频繁。很多这些反叛的孩子对其他人同样具有侵略性。和其他同龄孩子相比，他们可能会更频繁地突然发怒，口头甚至身体上攻击他人。这些品行问题可能会发展为更严重的反社会行为，如撒谎、偷窃、打架、离家出走、毁坏财物以及其他不良或犯罪行为。我自己早期的一项追踪调查显示，高达 65% 的多动症孩子最终被诊断为对立违抗障碍（见第一章），多达 45% 的孩子将发展为更严重的品行障碍。

多动症孩子如何与其他孩子相处？

多动症孩子通常来说与同龄人相处得并不融洽。30多年前，匹兹堡大学西部精神病学研究所的威廉·佩勒姆（William Pelham）博士和玛丽·本德（Mary Bender）博士，回顾了有关多动症孩子的社会关系的研究。他们估计超过50%的多动症孩子在同龄人关系中存在严重的问题。研究显示，当必须与同龄人一起工作时，多动症孩子所表现出的注意力不集中、破坏性、偏离任务、不成熟以及挑衅的行为，会立刻激起其他同龄人的控制和指导模式。虽然多动症孩子说得比较多，但不太可能对其他同龄人的问题或言语互动做出回应。在第二章中我关于多动症的理论，以及最近一些关于同伴关系的研究，表明多动症孩子不太能够与其他孩子合作和分享，也不太能够做出和遵守关于相互交换好处的承诺。这就是我们所说的互惠或社会交换，是发展友谊以及与他人进行有效互动的核心因素。鉴于他们缺乏支持这种互惠和合作的社会活动所需的执行能力，我们很容易明白为什么许多多动症孩子几乎没有愿意和他们一起玩耍的朋友。

对于父母来说，见证这一过程是非常折磨人的。我们都希望自己的孩子能够被其他人所喜爱、拥有朋友、被邀请和其他孩子一起出去，或者和同龄人建立密切的关系。我们知道，这种关系可以支撑我们度过成长过程中可能遇到的其他困难。当父母注意到多动症孩子在建立并维持友谊方面存在严重困扰时，他们确实有理由担忧。

结语

本章向你展现了多动症儿童并不都是一样的。他们的症状的严重程度并不相同，其相关病症或主要生活活动受损的程度也不相同。一些孩子在行为、发展以及未来风险性方面都会显示出不同的模式。一些孩子仅患有多动症，另一些孩子还存在学习问题、攻击性、反社会行为以及同伴关系问题。所有孩子的自我调节能力都较差，也就是说，他们很难抑制自己的行为并做出持续的努力，从而完成某项活动、达成某一目标并实现更广泛的未来发展。当然，所有这些孩子都需要我们的关爱、支持、指导、养育和爱，虽然养育多动症孩子可能是充满挑战的，而且对于我们抚养和教导他们长大成人的努力，他们可能并不总是会表达感激。

第六章
多动症孩子的家庭环境

患有多动症的孩子并不是生活在真空中,他们在很多社会网络和系统中都占有特别的位置,在这些系统中最重要的,也是最直接的就是家庭。请原谅我表达得这么直接,但是在我们传统的理论、评估和治疗中,重点关注的都是作为个体的多动症孩子及其独立于他人的行为,因此我们很容易遗忘如此重要的一点。如果不依赖社会环境以及孩子在其中与他人的互动,没有人能完全理解这种疾病——它的起因、缺陷、发展以及后果。多动症的诊断取决于我们对这一点的理解。这一社会网络中其他人的反馈决定了哪些儿童会被转诊、诊断和治疗。对任何一个孩子来说,多动症的预后当然需要充分考虑这个因素。哪些孩子患有多动症,随着时间的推移哪些孩子持续患有多动症,哪些患有多动症的孩子出现了其他问题,哪些孩子虽然存在问题却仍然过得很好,哪些个体直到成年期仍被深深困扰——要了解以上这些问题都需要参考这个社会网络。因此,只探究多动症孩子个体,对于预测他们的未来或者设计针对性治疗方案来说是不够的。我们需要更多地考虑儿童生活和互动的各种情境,考虑他们与谁互动、谁又与他们互动。

多动症孩子对家庭产生何种影响,家庭如何对待这些孩子,以及父母如何管理他们的行为——了解这些不仅能帮助你理解孩子,还可以帮助你理解自己,甚至整个家庭。你阅读本书的过程也是你作为父母的自我探索的一部分。阅读本章的时候,请思考一下你过去对孩子的适当行为的典型回应是什么样的,还要特别思考一下你对那些不适当、具有破坏性或难以满足的行为是如何回应的。同时想想你的孩子是怎么对待你的，你的孩子引发了你的什么反应，以及总的来说你们的关系质量如何。接下来再看看你的孩子是如何影响家庭中的其他成员的，以及他们如何对待这个孩子。你结婚了或者和伴侣同居吗？如果是，你是否有婚姻问题或同居问题从而影响到你和孩子的关系——尤其这是一个患有多动症的孩子？你的婚姻或者其他亲密关系是否能够帮助你处理养育孩子和管理家庭的日常事务？你外出工作吗？这个因素给你的家庭带来压力或者影响了你和孩子的关系吗？抑或你的工作也是个人成长的一种资源，并且强化了你作为家长的角色？虽然我在这里讲述了多动症孩子的家庭互动的研究结果，但本章最终的目的是鼓励你依照这些科学发现检视自己的家庭，看看是否有一些家庭现状是你想要改变的，然后做出进行改变的承诺。本书的后面几章将致力于帮助你达成这一目标。无论如何，显然你都有强烈的意愿去改变你和孩子的关系质量，否则你不会开始阅读这本书。

多动症孩子的家庭环境对于理解这个孩子非常重要，这么说有几个原因。

首先，与其他家庭的典型互动相比，多动症儿童家庭中的父母-子女和兄弟姐妹-子女之间的互动，已被证明对所有家庭成员来说本质上更加消极和紧张。尽管多动症的发展有很强的生物学（主要是遗传）倾向，但毫无疑问，这种社会互动的差异会给多动症儿童带来额外的问题。

其次，相比未患多动症的孩子，多动症孩子的父母和兄弟姐妹更有可能会经历心理痛苦和精神障碍，包括他们自己的多动症症状。事实上，有25%～40%多动症孩子的父母中的一方也患有这种障碍。其他家庭成员经历的困难，显然也会影响多动症孩子被感知、被管理、被养育、被爱以及步入成年期的方式。这种影响以独特的方式起作用，会持续影响这些孩子的青春期和成年期。也许它会开启下面这样的恶性循环。

1. 有个人问题的家长经常认为他们患有多动症的孩子表现出更多的破坏性行为，而且相对于没有这种问题的家长来说，前者认为这种行为需要他们花更多的时间来应对，也更难以进行管理。
2. 这种预期会影响家长对于孩子行为的反应方式，有时候会导致不必要的高水平的消极情绪或严厉的惩罚，或者无论孩子做什么事，家长都会觉得愤怒。
3. 相比一般情况，孩子也极少得到其他人的鼓励、表扬、赞成和温暖。
4. 这种对待孩子的方式会影响孩子对待父母的行为，可能会加强挑衅、倔强、争执和一般冲突的程度——或者相反，加强孩子的退缩、焦虑以及意志消沉或抑郁。
5. 这种行为会强化父母认为孩子是个问题或者难以管理的想法。
6. 恶性循环周而复始。

这并不意味着父母中的一方或双方是引起孩子的这种破坏性行为或挑衅行为的根源，而是说亲子关系会影响孩子的行为问题的严重程度，也影响着父母对于养育这个孩子有多大压力的看法。

自 20 世纪 80 年代左右开始，关于多动症孩子对待他们父母的行为方式，以及父母对他们的反应方式，已有大量科学研究结果得以发表。我在职业生涯的早期一直致力于理解这种互动模式，以及通过各种治疗后这种模式可能会发生的改变。这些研究都告诉了我们什么呢？

多动症孩子和母亲的互动

最初的直接观察多动症孩子和他们母亲互动的研究开始于 40 多年前。比如，早在 1975 年匹兹堡大学的苏珊·坎贝尔博士及其同事观察多动（即今天的多动症）的男孩时发现，在和母亲共同完成某项任务时，相比其他男孩，他们发起了更多的互动。这些孩子更多地与母亲交谈，并且更多地请求帮助。简而言之，这些孩子在与母亲的互动中看起来需要母亲更多的关注、更多的交谈和更多的帮助。相比其他儿童的母亲，这些多动症孩子的母亲给予了他们更多的建议、赞同、不赞同，以及有关如何控制冲动的指导。换句话说，相比未患多动症的孩子的母亲，多动症孩子的母亲不得不增加对孩子行为的管控，并且让自己更深入地参与孩子的自我控制。随着时间的推移，这种程度的互动和监管会让母亲备感压力、精疲力竭。

在我早期的研究中，我发现患有多动症的儿童会更少地遵从指令、更加消极、更容易偏离任务，并且更难以坚持服从他们母亲的指令。而他们的母亲会给予更多的指令，态度也更加消极，有时相较于其他母子的亲子互动，她们在与孩子的互动中给予更少回应。就像坎贝尔博士说的，我也发现在这些互动中多动症孩子说得更多。

后来我发现这种互动冲突会随着年龄增长而变化（但是对于患有多动症的男孩和女孩来说问题是一样的）。无论是在多动症孩子组还是非多动症孩子组中，年幼孩子的母子冲突都远远多于年龄更大的孩子的母子冲突。然而，无论是哪个年龄段的孩子，多动症孩子的行为表现都与普通孩子有差异，当然，2组孩子母亲的行为表现也不同。因此，这些家庭关系有希望得到一定程度的改善，但也有一些证据表明，这些家庭的关系无法与普通家庭的情况完全一致。

多动症孩子和父亲的互动

"我在管理孩子方面有一大堆问题，但我的丈夫就没有那么多问题，为什么？"

我从多动症孩子的母亲那里反复听到一件事，那就是她们的孩子在父亲面前似乎表现得更好一些。35年前，我和詹姆斯·塔尔马奇（James Tallmadge）博士在威斯康星医学院一起工作，我们比较了多动症孩子和母亲互动以及和父亲互动的录像。总体来说我们没有发现很大的不同。然而我们注意到，与孩子和母亲在一起时相比，孩子和父亲在一起的时候没有那么消极，并且更容易专注于任务。

我无法准确解释为什么会有这种不同。这可能是由于与父亲相比，母亲通常在家里承担了更多照顾多动症孩子的责任，会与他们有更多的互动——尤其是在完成任务和杂事上，即使是母亲需要外出工作的那些家庭也是如此。父母之中要承受多动症孩子自我控制匮乏的一方，显然容易与孩子产生更多的矛盾（第十八章中有一个关于这个问题的例子）。同时，母亲通常也会在某种程度上依靠更多的言语解释以及晓之以理、动之以情等方式来让孩子遵守指令。由于多动症儿童无法像其他人那样好地使用语言来遵从指示，并且对于表扬也不那么敏感，因此这种方式通常无法管控他们的行为或激励他们有良好表现。父亲可能会较少地采用推论和重复指令这样的方式，而是对不服从快速地采用惩戒。因而可能的情况是，一个说得更少并且对孩子的正向和负向行为结果做出更快反应的家长，可以让孩子更加顺从。当然我们也不能排除这种可能性：体型更大、更有力量的父亲会让多动症孩子感到更有威胁性，因此孩子在他面前表现得更加顺从。

无论这种差异的原因是什么，这个事实可能会引起双亲之间婚姻或关系上的问题。在这种情况下，父亲可能会认为母亲谈到的孩子的严重问题是夸大的，或者认为孩子这种更不好的表现是母亲的过分纵容引起的，最后他可能会认为是母亲需要专业帮助，而非孩子。我也听说过在儿科医生办公室发生过同样的情况：男医生对于管理多动症孩子没有任何困难，于是他认为是母亲的情绪过分激动，并且不能胜任母亲的角色。是时候让那些多动症孩子的父亲和专家认识到：孩子，尤其是多动症孩子，对父亲和母亲的反应是不同的。任何声称对此持怀疑态度的父母都应该让父亲更多地参与到对多动症孩子的日常照顾中，看看他对于孩子行为问题的看法是否变得和母亲越来越接近。

多动症孩子和兄弟姐妹的互动

多动症孩子和兄弟姐妹的关系看起来也与其他家庭中的不太一样。多动症孩子更容易与他人发生争吵，玩耍的时候更具有破坏性，更容易对兄弟姐妹大喊大叫，并且更可能出现不恰当或者恶作剧的行为，因此相比其他家庭，多动症孩子和兄弟姐妹之间会产生更多矛盾，这并不令人意外。要再次申明的是，在多动症孩子年幼的时候这种行为会更加明显。

"我们要如何让孩子明白为什么他们的妹妹会出现那样的行为，以及她与他们是不一样的？他们认为她获得那些帮助太幸运了。"

多动症孩子的那些不患多动症的兄弟姐妹会有什么感受呢？相比多动症孩子，和这样一个具有破坏性而又难对付的人住在一起，兄弟姐妹会为此感到疲惫和愤怒，对于经常要承担比多动症孩子更重的工作负担，有些人会感到怨恨。显然，多动症孩子得到父母更多的关注和时间，这会引发兄弟姐妹的嫉妒，尤其是当他们都还小的时候。很少有研究结果显示，这些互动给多动症孩子和兄弟姐妹带来了什么样的问题。但是我们也不能忘记一点：这些多动症孩子的兄弟姐妹大约有 1/3 或 1/4 的概率会患多动症。当他们也患病时，整个家庭的问题会恶化。

多动症如何影响亲子互动？

多动症会对亲子互动造成怎样的影响呢？让我们从多动症症状本身说起。多动症孩子表现出来的这种注意力不集中、冲动、过度活跃的行为模式以及他们在自我调节上的缺陷，总是与家长对孩子的要求相互矛盾。尤其是很多日常事务对于孩子保持自我克制、维持注意力、持续努力、进行良好的时间管理和组织物品，以及忽略当下更有趣的事物的能力要求很高。当一个患有多动症的儿童无法遵从指示或完成日常事务时，父母会不由自主地做出反应，给予更多的指示、控制、建议、鼓励，并最终恼羞成怒。尤其是随着时间的推移，即使在孩子没被要求做任何事情的时候，这种行事过度、好动、多话、情绪化和大声喧哗的行为也很可能被其他人视为侵扰和令人厌恶的。

那么，是谁引起了这种互动上的矛盾循环？无论是孩子还是家长都会激化矛盾，但是孩子在其中发挥的作用可能比父母意识到的更大。当然，请记住，孩子不是故意为之的。研究人员在研究多动症孩子与家庭外的其他成人和儿童（比如教师和同龄人）的互动时发现，当多动症孩子在教室中时，教师就像妈妈一样，可能会增加对孩子的指令、训斥和管教。同样，当多动症孩子首次进入一个游戏团体时，其他孩子会表现得像"小妈妈"——给予多动症孩子更多的命令、指导和帮助。当这不能制止孩子的多动和破坏性行为时，其他孩子可能会生气，取笑或侮辱那些患有多动症的儿童，或者干脆拒绝他们，避免以后与他们互动。如果这也失败，他们会从这些不守规矩、有侵略性并且专横跋扈的多动症孩子身边离开。

研究显示，当多动症儿童接受多动症药物治疗时，来自母亲、教师和同龄人的指令、不赞同和其他控制行为都有所减少，甚至接近他们对待未患多动症的儿童的水平，并且互动从总体上变得更加积极。如果多动症孩子的父母是引发这种冲突的主要原因，对这些孩子进行药物治疗不太会引起父母行为的改变，对于减少冲突也不会产生什么影响。在我们的研究中很少出现这种情况，这表明，引发互动问题的主要原因在于孩子所患的多动症。

随着时间推移，父母如何对孩子的不当行为做出反应

尽管这个方向的研究很少，但客观地说，我对多动症孩子的家长在控制他们孩子的破坏性行为上会经历的几个阶段印象深刻。当一种策略失败后，他们就会进入下一个阶段。以我的经验来说，父母最初试着忽视或克制对孩子的破坏性行

为的关注,这可能是由于他们相信孩子做出这种行为的一部分原因是为了获得关注,因此只要自己不关注孩子的这种行为,就可以减少问题。但不幸的是,孩子的这种行为并不仅仅是为了获得更多的关注,因此这种方式不太能获得成功。当这种破坏性行为持续出现甚至程度加剧时,家长就会给予更多的指示和指令,尤其是在控制孩子的冲动方面。这种指令很多时候是限制性的,要求孩子停止他们正在做的事情,然后家长就会发现自己一直在重复这种行为。这就意味着家长要承担孩子的自我调节的责任,变成孩子的执行功能,某种程度上成为孩子不成熟的前额叶"执行"大脑的代理。

在有些阶段,受挫和恼怒会让家长在重复发出这些指令的同时也做出威胁。当这种试图让多动症孩子听从并遵守指令的努力失败了(经常是失败的),家长可能就会开始使用真正的体罚或其他惩罚措施(失去某种特权或休息时间),以再次尝试去控制孩子的违规行为。在这个阶段,有些家长可能很容易就放弃了,向孩子让步,甚至可能自己去完成孩子的任务,或者就直接走开,让任务半途而废。如果孩子开始遵从但这种遵从的结果并不理想,家长就会参与进来并且协助孩子完成这项任务。总体而言,家长对于孩子的不遵从行为感到非常受挫,而孩子也学会拖延着不完成任务,这样就可以获得别人的帮助,或者自己完成,或者就只是走开,不再完成任务。

随着时间的流逝,当父母不得不介入控制他们的多动症孩子时,他们不一定是从这一行为序列的起始点开始的。相反,他们可能直接从最后一种可以获得部分成功的管理策略开始行动。当孩子开始表现出哪怕有一点点破坏性的行为,就会立刻引发消极反应或严厉的体罚。有些父母似乎已经在管理孩子的问题上达到了如此严峻的失败状态——形容他们的最好的词是"习得性无助"。他们开始不作为,或者付出最少的努力去给孩子下达命令或强制执行,孩子爱怎样就怎样吧。他们开始从孩子身边离开,最终不给予任何监管。在这个阶段,很多这样的双亲报告说自己感到抑郁,对于自己为人父母方面的自尊水平较低,对于承担他们作为父母的责任的满意度或参与度较低。在某些情况下,这样的父母可能会根据自己当时的情绪状态和易怒程度,对孩子的不规范行为产生两极化的反应:完全不参与或者做出过分严厉的反应。父母甚至会因为互动的压力和不开心而减少与孩子在一起进行休闲活动的时间。简而言之,与一个患有多动症的孩子一起生活,是对父母的精神健康和家长责任的严峻考验。如果那些家长已经有个人的情绪问题,这会让他们的问题更加严重。

父母的精神问题

事实上,与不患多动症的儿童的家长相比,多动症孩子的父母和亲属更容易产生心理问题。这样的问题有一部分来自与多动症孩子一起生活的困难,其他的则是由父母自身的心理和生理因素引起的。

亲职压力

毫无疑问,相比未患多动症的儿童的养育者,多动症孩子的家长,尤其是母亲会感受到更多的压力,特别是当孩子还小的时候。多动症孩子的母亲告诉我们,与没有多动症的孩子的母亲相比,她们在养育子女方面的自尊水平较低,并且显然经历着更多的抑郁、自责和社会孤立。孩子的行为问题越严重,他的母亲感受到的压力就越大。显然,其他影响母亲心理幸福感的因素也会歪曲她对孩子的看法以及她对压力的感知度,但是我们的研究显示,亲职压力的主要来源是多动症孩子,尤其是他们的挑衅或破坏性行为,而非家庭中的其他因素。

"我对他的耐心已经丧失殆尽。我很害怕自己会开始伤害他。他让我抓狂,他不听话。我再也受不了他了。我想让他离我远一点。"

我们还发现,无论是养育多动症孩子带来的压力,还是父母产生个人情绪问题的高风险,都会在很大程度上损害夫妻关系,尤其是当孩子有严重的对立、挑衅或攻击性行为的时候。我的合作者和我发现，在我们追踪观察大量多动症孩子家庭的 8 年时间内，这些多动症孩子的父母分开或离婚的可能性是未患多动症的孩子的父母的 3 倍。

多动症孩子的家长也有可能缺少鼓励、关怀以及来自支持性家庭的协助。他们告诉我们，相比其他没有多动症孩子的家庭，他们与亲属的联系更少，并且这些联系对于他们当好家长也没有什么帮助，甚至更加地令人反感和不开心。因此多动症孩子的家长可能会经历一种社会孤立，这对他们照料孩子的能力和他们自己的情绪健康都是有害的。

精神障碍

如第三章所述，多动症孩子的生物学父母很可能也患有多动症，或者至少有一些这种疾病的残留特征。多动症孩子的父母中，15%～20% 的母亲和 20%～30% 的父亲可能和他们的孩子同时患有多动症。这些孩子的亲生兄弟姐妹也存在同样的风险，大约 26% 的兄弟姐妹可能有这种障碍。总体而言，在多动症孩子的直系血亲中，患多动症的风险为 25%～33%。

多动症孩子的父母也更可能经历多种其他精神障碍，最常见的是品行问题和反社会行为（25%～28%）、酗酒（14%～25%）、如抑郁或对痛苦的过度情绪反应等心境障碍（10%～27%），还有学习障碍。即使没有酗酒，与未患多动症的孩子的父母相比，多动症孩子的父母的饮酒量也更大。需要再次说明的是，这些精神问题主要与孩子的攻击性或反社会行为有关，而不是与孩子的多动症本身有关。孩子的攻击性和反社会行为越严重，其亲属的精神问题就会越多、越严重。如果多动症孩子没有严重的攻击性或反社会行为，那么家庭成员的问题通常集中在多动症和过往的学校问题上。这无疑表明，家长和家庭成员的精神问题可能导致了多动症孩子的攻击性和反社会行为。孩子有这样的表现，是由于父母因其自身的问题而影响了育儿技巧和家庭生活的情感氛围。

这一切对于作为父母的你来说，意味着什么？

上述所有信息都反映出一个清晰的事实：养育患有多动症的孩子会对家长，尤其是母亲造成极大的压力。这种压力和孤独症谱系障碍（一种比多动症更严重的发育障碍）孩子的父母所承受的压力一样大，甚至更大。与未患多动症的孩子相比，多动症孩子这种过度、难以满足、入侵性、自我调节匮乏和总体而言高强度的行为方式，以及他们在自我控制上的明显缺陷，意味着父母需要付出更多的努力去引导、帮助、监管和监督他们。有1个以上多动症孩子的父母确信，他们的压力水平将是只有1个多动症孩子的家庭的2倍以上。因此，你很容易就会发现，自己很快就被这个孩子或这几个孩子施加于你的各种要求所淹没。我相信你也已经注意到，当人们一直处于高水平的应激压力下时，他们很可能会有健康问题，尤其是很可能患上与免疫系统相关的疾病，例如伤风、流感或者其他传染病。他们也更可能会产生精神健康问题，比如抑郁。因此你会发现自己也受到了类似的影响，而且自从有了多动症孩子之后，你整体的能量水平降低了。

幸运的是，有许多方法可以使家庭生活更轻松，我们将在本书的其余部分讨论这些方法。首先，作为父母不要放弃。多动症孩子也有积极的一面，如果你学会了应对抚养多动症孩子带来的额外压力，那么将这样的一个孩子抚养长大将带给你极大的满足感。你可以借鉴引言中讨论过的关于高效能父母的7项原则，特别是，不要放弃你进行个人休整的机会（见第十章）。努力成为一名以原则为核心、有执行力并且有科学头脑的家长，你会发现养育一个多动症孩子的压力将大大减少。

第二部分

负起责任：
如何成为有执行力的成功家长

第七章

决定让孩子做多动症评估

对于所有父母来说，让孩子去做专业评估都是一个重要的决定。当大多数父母意识到他们孩子的问题已经不是家庭和学校能解决的时候，或者当他们在试图帮助孩子和获得帮助的过程中，所积累的挫败感已经达到了顶峰时，他们会面临这样一个转折点。因此，很多寻求帮助的父母在迈出微小的第一步时，就已经感到不堪重负。本章的目的就是帮助这些父母安稳度过从自助到寻求专业帮助的转变。

什么时候你应该考虑寻求专业评估？

在学前期这段时光里，很多父母会凭自己的经验意识到他们孩子的行为表现和其他孩子不同。过于活跃、注意力缺乏、难以控制自己的情绪、具有攻击性、容易兴奋以及其他一些在第一章描述过的表征，都很难令人忽视。有时用来管理其他孩子更加典型的破坏性和喜怒无常的行为的可靠方法，对于这个极难控制的孩子来说，根本起不到什么作用。当这两个因素叠加时，多动症孩子的父母开始意识到，相对于其他父母，他们更需要持续帮助自己的孩子，通常在此时他们才确知有些事情出了问题。

在很多其他情况下，孩子的问题会由学校的工作人员指出来。父母经常是在孩子进入幼儿园之前，从日托或者学前班的工作人员那里得知孩子表现异常且混乱。然而有时，工作人员什么都不会说，所以这些父母仅仅是怀疑，而不会立刻去寻求帮助。事实上，直到孩子正式进入学校接受教育的最初1~2年内，绝大多数父母才得知他们的孩子有行为上的问题，并且需要关注。在对行为举止要求较为苛刻的小学低年级中，一个不能安静地坐着，或者不能在适当时候保持安静、不能遵守规则以及不能表现出符合这个年龄的自我调节的孩子，是不可能被忽略的。在数量不大却十分有意义的一部分案例中，父母没有为他们的多动症孩子寻求专业帮助，或者在孩子在学校上了几年学之后没有被建议这么做。在某一时刻，这些父母看到了媒体报道中一个讲述多动症孩子的故事，这使得他们猛然意识到，自己的孩子很可能有这种疾病。通常的情况是，父母会在从电视、广播上看到或听到专家谈论多动症，或者读到一篇相关的文章后，打电话给多动症诊所，迫切地寻求帮助，因为此时他们终于知道他们的孩子到底出了什么问题。

当父母开始怀疑自己的孩子在成长过程中出现了问题，无论孩子处于哪个年龄段，他们首先都更倾向于向朋友和亲戚倾诉。他们也可能会去图书馆或书店查找一些最新的关于儿童发展的书，或者使用互联网搜索引擎，看看他们自己能学到什么。之后毫无例外地，他们开始听到各种关于多动症的民间论断。互联网上的信息尤其如此，在写这本书的时候，我仅仅通过谷歌搜索"多动症"就获得了1.07亿条搜索结果，其中许多都是过时、有商业目的或有偏见的信息。他们可能会尝试减少孩子的糖摄入量，使用健康食品补充剂，带孩子去做过敏测试，减少孩子使用电子设备的时间，执行更严格的纪律——但这一切都无济于事。

如果他们运气好，在一些专业网站上偶然发现了信息量大、内容真实的关于多动症的文章或视频，或者碰巧遇到一个敏锐的学前班或小学低年级教师，能够识别多动症的迹象。而后，这些家长会寻求他们的家庭医生的意见，这个家庭医生可能能够识别这种疾病的标志性特征并做出诊断。更常见的情况是，医生通常会怀疑这个孩子可能患有多动症，并且将孩子转介给其他专业人士——儿童心理学家或精神科医生、发育儿科医生或儿童神经学家，他们在评估和诊断这种疾病方面更专业。医生可能也会建议，对于在学校和家里都有严重行为问题的学龄儿童来说，父母应该申请进行学校评估以决定这个孩子是否需要接受特殊的教育辅助。

如果你开始怀疑你的孩子可能患有多动症，不要忽略它并希望它会自己消失。当存在以下问题当中的任意一种或几种时，你就应该考虑带孩子去做专业评估。

1. 你的孩子和其他同龄的孩子相比，表现得极为活跃、不专心且冲动，而且这种症状至少持续6个月。
2. 至少几个月以来，其他父母一直告诉你，你的孩子自我控制力薄弱，非常活跃、冲动且注意力不集中，和其他孩子在一起时他的自我调节能力较差。
3. 和其他父母相比，你要投入多得多的时间和精力去管理孩子，保障他的安全，使他远离麻烦。
4. 因为你的孩子过度活跃、冲动、情绪化或容易做出攻击性行为，其他孩子不喜欢和他一起玩耍并且会有意避开他。
5. 日托工作人员或学校教师告诉你，你的孩子数月以来都有严重的行为问题。
6. 当和孩子在一起时，你经常容易发脾气；你感觉自己恨不得马上就要对他进行体罚甚至可能会伤害他；在管理和抚育孩子的过程中，你非常疲劳、倦怠，甚至抑郁。

你应该寻找什么类型的专业人士？

通常来说，你寻找的专业人士应该是在你所在区域内最了解多动症的人。无论你去咨询儿科医生、儿童心理学家、儿童精神科医生、儿童神经学家、社会工作者、学校心理学家、家庭医生，还是其他精神健康专家，都不如找一个了解大量关于多动症的科学知识和专业文献的人。在你所在的地区，家长支持团体（详见本书末的"家长支持服务")可以根据他们的经验提供相关的建议。如果当地没有这样的组织，你可以咨询一下你孩子的教师或者咨询师，以了解在这片区域内谁在诊疗多动症方面具备良好的口碑。如果附近有大学，你也可以联系心理系，看看他们是否有人可以推荐给你；如果有医学院，就联系精神病学系以尝试获得同样的信息。看看当地的精神病学或心理学协会是否有官方网站，如果有，看看它是否按专业列出了成员，并寻找那些将多动症作为其工作重点的成员。如果你住在美国的大城市，许多城市都有隶属于医院、大学或医学院的多动症专科诊所，请在互联网上查找。但是，在特定情况下，你可能需要寻求特定类型的专家服务。

医生

任何接受多动症评估的孩子首先都需要接受一套标准的儿科检查，以排除引发这些症状的罕见医学原因。癫痫非常少见，在多动症孩子身上也是如此，因此你并不需要仅仅因为孩子患有多动症就按常规寻求神经学评估。但如果有其他征兆显示孩子可能有其他健康问题，比如癫痫发作，你就需要预约一位儿科医生或者儿童神经学家。如果已经确定发生了癫痫发作，你就可以带孩子去当地急诊室进行评估。

有时即使你的孩子已经被确诊为多动症，你可能还是需要咨询一下医生。如果你只咨询过心理学家、社工和教育工作者，那么只要你在考虑让孩子尝试药物治疗，你就需要寻找一位了解多动症以及针对这一障碍如何用药的医生（参见第十九章和第二十章）。不是所有的儿科医生、儿童神经学家和儿童精神病学家都对这一领域很在行，因此，你最好的选择可能是联系一位专攻儿童用药领域的儿童精神科医生，或者发育和行为儿科医生，又或者对多动症有所了解，专门研究发育和行为问题的行为神经学家。当你打电话预约就诊的时候，最好问一下工作人员，这名医生是否诊治过很多多动症孩子或者是否对多动症的用药了解得比较多。

心理学家和其他治疗师或咨询师

心理学家并非仅仅受训评估儿童的心理问题,他们更可以开展心理学、学习或神经心理学方面的测试,以帮助查明孩子在学习或行为上的问题类型。因此,大部分家长通过咨询持照心理学家来获得对孩子的评估[1]。

如果你已经带孩子进行了适当的评估和诊断,但是正在寻求一种特定的治疗方法,那么你当然希望找到一名专门从事这种治疗的专家。因此,我在此列举一些可能能帮助你的专业人士:认知行为咨询师、家庭治疗师、心理咨询师、团体治疗师以及学校咨询师。

先确认再选择

再次重申:一定要确认你联系的这个人了解多动症及其治疗。不妨问一下接待人员、护士或该专业人士本人以下问题。

- "这位专业人士有资质吗?"(如果有必要,请联系专业委员会以确定。)
- "他经常诊治多动症孩子吗?"
- "他对于这种障碍有充分的了解并接受过良好的诊疗培训吗?"
- "他通常为多动症孩子提供哪种类型的治疗?"(如果答案不是你想要的,那就换个专家试试。)
- "这位专业人士有过任何因治疗不当而被投诉的记录吗?"

不要为问这样尖锐的问题而感到羞愧。如果你咨询的这个人为此而生气,那就去咨询别的专家。

---

[1] 在中国,目前只有专业的医生才有做诊断的资质。——译者注

费用如何①

你一定希望得到最适合你的特殊情况的专业人士的帮助,但从实际的角度来看,你需要考虑费用问题。你可以通过以下步骤避免令人不愉快的意外状况。

1. 当你致电该专业人士的办公室以预约会面的时候,问一下费用的情况。大多数医生接受保险支付,但有一些不是,因此你需要进行确认。
2. 接着联系你的保险机构以确认受保范围是否涵盖这一类型的评估。大部分保险公司将多动症评估归为精神健康服务,并限制他们为这类服务提供的支付额度,通常是每年500美元或者1000美元。极少数公司没有这种限制,也有一些公司的受保范围完全不涵盖这种评估。

  如果你的保险机构告诉你,它属于那种极少数完全不能支付孩子的多动症评估或治疗费用的保险机构,那就问问它是否会为其他精神障碍的诊断和治疗付费。尤其要问一下它是否覆盖由美国精神医学学会出版的《精神障碍诊断与统计手册》(第五版)(Diagnostic and Statistical Manual of Mental Disorders, fifth edition; DSM-5)中列出的疾病。如果它覆盖了这些疾病但并不包括你的孩子的评估,试试这个解释(当然,要委婉):"你们机构可能没有注意到多动症被《美国残疾人法案》和美国《残疾人教育法案》——它规定了公立学校对儿童提供的特殊教育服务、美国民权办公室(Office of Civil Rights, OCR)认可为一种残疾已有15年以上了。如果公司为其他精神障碍提供保险而不给予多动症相同的待遇,这是对于这种残疾人士的歧视。公司是否意识到这一做法可能被认为是一种对多动症患者残疾的歧视?美国《残疾人教育法案》和《美国残疾人法案》认定多动症是一种残疾并且保护患有多动症的儿童,就是为了预防这种情况的存在。"要暗示你可能会因为公司政策不覆盖多动症的这种歧视而向美国民权办公室提出申诉。公司可能会改变他们的想法,它可能确实没有注意到这方面法

---

① 本节内容主要为美国的情况,仅供中国读者参考。——译者注

律的发展。如果此后公司依然不提供相关的保险，你也许真的要联系当地民权办公室的分支机构以提起申诉。

3. 如果你加入了管理式医疗体系，比如健康维护组织（health maintenance organization，HMO）、优选医疗机构（preferred provider organization，PPO），如果你对机构提供的专家不满意，你可能最终需要为你选择的专业人士付费。通常来说，你需要先选择你的医疗项目中的专家就诊。如果你希望进行项目内容之外的诊疗，你的机构会决定他们是否要负担你的部分或全部费用。然后，你就需要自己支付那些没有被覆盖的份额甚至全部费用。

孩子学校的人员 ①

如果你的孩子已经上学了，你所在的当地学区可以为你提供极大的专业帮助。无论是在你向另一位专家预约之前，还是在等待某个专家的预约时，你都可以要求当地学区给孩子做一个教育评估。美国《残疾人教育法案》要求公立学校所在学区为那些在校表现明显受到多动症或其他行为或学习问题影响的孩子提供免费评估。你可以问一下孩子的学校或中心学区办公室，根据此法律以及本州为了落实此法律所创立的法律，你的孩子拥有哪些权利。在孩子的问题领域有所专长的几位学校专业人士将负责进行评估。评估小组通常包括学校心理学家、社工、孩子的教师、学校的校长或学校特殊教育办公室的成员。在学习或行为障碍领域有过相关训练的教师通常也会成为这个小组的一员。有时候，根据孩子的问题表现，甚至连职业治疗师、身体治疗师或言语-语言治疗师也会加入这个小组。

---

① 本节内容主要为美国的情况，仅供中国读者参考。——译者注

> "我想让我的孩子接受特殊教育，他在学校需要帮助。但是学校说他不符合接受特殊教育的条件。这是真的吗？我要如何才能让他在学校获得需要的帮助呢？"

也许你觉得接受评估是个多余的步骤，但是你要明白，如果不做这些，没有公立学校会给予你的孩子特殊教育服务。事实上，你也可以在让孩子去进行校外诊疗前申请这一评估，它通常需要多达 6~9 个月的等待时间才能完成，学校会对孩子的智力、学习能力以及其他领域的心理发展情况进行测评，而你不需要付费。如果你已经接受了这个评估，请务必在你带孩子去见医生前将这些资料发送给他，这样他就有时间在看到孩子之前消化这些内容。

如果你对学校评估或者基于此评估的建议有所不满，一定要告诉评估小组的负责人，看看是否有可能修正它。如果不能，你可以向当地学校监督机构申诉。学校办公室会告知你申诉权利以及相关的流程，你可以按照步骤推进。你也可以向外部专家征求第二意见或评估。有些学区（少部分）会为这种二次评估付费，请提前了解相关情况。

我见过许多家长，他们带着孩子参加学校多动症教育辅助评估的经历各不相同。有些家长说，孩子所在学校的人员对此非常理解，于是在 1~2 个月内，孩子就得到了评估，并且在评估过程中，校方把家长当作评估小组中平等而有价值的成员来看待，他们努力确保家长理解评估结果，并能够迅速地向家长提供合理的建议。另一些家长则有完全不同的经历。受限于学校经费问题和有限的教员人数，有时候要在家长申请 6 个月后才能完成评估，因此在下一学年到来前，孩子得不到任何帮助。校方人员显得不耐烦、缺少同情心、傲慢、不尊重人，并且不愿意用家长易于理解的话语讲述评估的程序、结果和建议。雪上加霜的是，事实上美国仍有一些学区，至今还在试图否认多动症是一种真实存在的儿童问题，并且断然拒绝在帮助这些孩子上承担任何责任。此外，一些学校的工作人员可能完全不了解或者对多动症的理解非常过时，难怪有些家长认为有必要向他们的学区提起诉讼，因为他们侵犯了多动症儿童接受免费、适当的公共教育的权利。

对有效进行学校评估的一些帮助性提示

如何才能让学校评估过程变成更加积极、结构化的体验？

1. 联系孩子学校所在学区的办公室，以获得学校必须遵循的、关于发起对孩子进行特殊教育评估的流程的文字说明。这个说明将解释管理评估过程的美国联邦法律和州法律、你和孩子所拥有的权利、学校系统实施评估所必须遵循的时间表，以及申诉流程。大部分学区都可提供此类说明，家长要充分利用这一服务。

2. 与孩子的教师交流，以了解他们对于孩子在校表现的担忧，并做好记录。这样，在学校管理人员向你询问评估的目的和重点的时候，你就可以胸有成竹地提供具体信息。

3. 一旦评估开始，你就要监督学校系统是否按照要求的时间表正确执行。如果学校似乎就要错过截止日期，立即询问学校关于评估的进展。除非学校有一个非常合理的错过截止日期的理由，否则不要签署弃权书。

4. 在评估期间，你应保持合作的态度，但是也要坚定地表达你的孩子需要协助这一立场。举例来说，如果没有完成的课堂作业被送到家里，你要说明你希望别再让孩子做这个练习；如果孩子在学校没有完成课堂作业，问题在学校，学校应寻找解决问题的方案。不要让学校将纠正这一问题的负担丢给你。

5. 参加小组会议，回顾所有不同领域的专家的评估结果，并用录音机录下来。现在大多数智能手机都有录制音频的功能。首先要说的是，你会发现如果不做笔记而专心听，你会更容易吸收所有内容。尽管如此，还是要在会议中记录一些要点。很多家长发现这可以帮助他们放松，并且给予他们一些思考的时间。遇到专业用语时要请专家解释，将评估结果有效并清晰地展现给你是这些专家的工作。

6. 对于这个小组提出的建议尤其要予以关注：他们所建议的孩子可能需要的协助类型与你的意见是否相符？请务必询问校方对于这些建议的执行时间

安排。学校的建议是什么呢？什么时候开始执行？谁来负责执行？在开展的过程中如何进行监督？在会议结束前，还要确定这些建议实施几个月以后再次召开会议的日期，以讨论你的孩子对这些治疗措施的反馈情况。

7. 要以尽可能谦恭、合作、灵活变通的方式开始评估的流程。即使你有理由怀有敌意，但是，在评估开始前不断提出需求、质问或挑战学校领导或对工作人员出言不逊，都可能会减慢整个流程的推进速度，也会给你自己打上问题制造者的标签——这种名声会损害你与学校进行的对话与合作的效果，并且可能会影响孩子在学校被对待的方式。正确的做法是，与校方进行坦率的对话，通过有策略、开放的讨论将你的担忧传递给学校管理人员，当然与此同时也要坚定地表达出你的孩子需要帮助这一立场。

8. 如果你对评估的过程不满意，你可以寻求其他意见。你可以寻找一名学校系统以外的、在儿童多动症和学习障碍评估方面有经验的临床专家，邀请他和你一起参加学校评估小组开展的针对评估结果的讨论会议，让这位专家为孩子的需求辩护。在许多案例中，学校工作人员似乎更倾向于尊重另一名专家的意见而非父母的看法。

9. 如果你对评估的结果不满意，可依据学区提供的说明中的指导向学校管理机构提出申诉。

关于你能从孩子的学校得到哪些更多信息，见第十六章。

继续前进

尽可能多地从当地的资源中收集信息，武装自己，你可以选择你认为最佳的方式来对孩子进行评估。第八章将会告诉你可以从心理学家或医生的评估中获得什么，以及诊断是如何进行的。

第八章
为评估做准备

进行一次全面彻底的病情评估和精确的诊断是成功管理孩子的多动症的基石。无论是使用学校的评估结果还是寻求专业的评估都可以，但一定要尽快行动。很多专家都有很长的患者预约名单，所以你要尽快行动来寻找你认为合适的专家人选。如果你现在已经预约了专家，正在等待会面，你也可以做很多事情来配合心理学家对孩子的评估——包括医学健康检查，以确保评估能够解答所有你关注的问题，并且最大限度地满足孩子的特定需求。

为心理学评估或精神病学评估做准备

坐下来，把下列问题的答案整理成一张表格，这样可以帮助你认清你的孩子究竟面临着什么样的困难。在孩子进行心理评估之前做这样的准备工作，可以让接下来的心理评估更加顺畅快捷，甚至可能在评估的过程中帮你省下一笔钱。（专业人士往往是以小时或15分钟为单位收费的。）

1. 你现在最关心孩子的哪些方面？在一张纸的最上方（或使用计算机，你可以很容易地保存和更新文件），写上或键入标题"家庭""学校""街坊""同辈"等你认为有问题的领域，然后在每个领域下方写下你担心的问题，主要关注的是那些你觉得你的孩子比其他同龄孩子更经常出现或者更严重的问题。同时，也要写下那些让你担心，但你并不知道在这个年龄的孩子身上出现是否正常的问题，请注意要把这些事情的类别标注清楚。保存（或打印）这份整理好的问题清单，并记得和专家会面的时候把它带上。

2. 在这张纸的背面，或者重新找张纸（或在电子文档的新的页面上），写下或键入诸如"健康问题""心智发展""运动发展和协调性""感官问题""学习能力""焦虑或恐惧""抑郁""对他人的攻击性""多动""注意力缺乏"以及"反社会行为"等。然后，在这份清单中写下任何出现在你脑海中的表明孩子在以上方面出现问题的事件，如：她是否有慢性或反复出现的医疗问题（记录在"健康问题"下面）；视力、听力等问题（记录在"感官问题"下面）；阅读、数学等问题（记录在"学习能力"下面）；撒谎、偷窃、放火或离家出走（记录在"反社会行为"下面），等等。你可能已经在纸的正面（或电子文档的另一页）列出了其中的一些内容，但将它们重新填到这些新的类别中，这对孩子的专业评估会有帮助。

3. 填写如表 8.1 所示的家庭情况调查表（关于下载和打印附加资料的信息，见目录末尾）。然后，在另一张纸上（或在电子文档的新的页面上），列出你选择"是"的那些情况，然后简要叙述一下在这些情况下出现的问题。例如，你在"当你在打电话"这一栏选了"是"，就请简要说明当你打电话的时候，你的孩子在做什么。他打扰你打电话了吗？在你的视线之外恶作剧？和兄弟姐妹打架？你也可以简要记下你是怎么试图处理这些状况的。当你带着孩子去做评估的时候，记得带上你填写好的问卷以及你对问题的简要描述。

表 8.1 家庭情况调查表

孩子姓名：＿＿＿＿＿＿＿＿＿＿＿＿ 日期：＿＿＿＿＿＿＿＿＿＿

填写此表的人的姓名：＿＿＿＿＿＿＿＿＿＿

说明：在下列情境中，你的孩子在遵守指示、命令或规则方面是否有任何问题？如果有，请圈"是"，然后在该情况旁边圈出一个数字，说明问题对你的严重程度。如果你的孩子在某种情境下没有问题，请圈"没有"，然后继续填写下一种情境。

情境	是/否（圈一个）		如果是，有多严重？							
			轻微		（圈出一个）			严重		
独自玩耍	是	否	1	2	3	4	5	6	7	8	9
与其他孩子玩耍	是	否	1	2	3	4	5	6	7	8	9
吃饭	是	否	1	2	3	4	5	6	7	8	9
穿衣/脱衣	是	否	1	2	3	4	5	6	7	8	9
洗漱和沐浴	是	否	1	2	3	4	5	6	7	8	9
当你在打电话时	是	否	1	2	3	4	5	6	7	8	9
看电视	是	否	1	2	3	4	5	6	7	8	9
当客人在你家里时	是	否	1	2	3	4	5	6	7	8	9
当你拜访某人的家时	是	否	1	2	3	4	5	6	7	8	9
在公共场所（餐馆、商店等）	是	否	1	2	3	4	5	6	7	8	9
当父亲在家时	是	否	1	2	3	4	5	6	7	8	9
当被要求做家务时	是	否	1	2	3	4	5	6	7	8	9
当被要求做家庭作业时	是	否	1	2	3	4	5	6	7	8	9
睡前	是	否	1	2	3	4	5	6	7	8	9
在车内	是	否	1	2	3	4	5	6	7	8	9
与保姆在一起	是	否	1	2	3	4	5	6	7	8	9

注：摘自 Barkley & Murphy（2006）.Copyright © 2006 The Guilford Press. 转载于 *Taking Charge of ADHD*（4th ed.）.Copyright © 2020 The Guilford Press. 本书购买者可以复印或下载这些材料（下载方式见目录末尾）。

4. 通常，父母有时不想把一些他们觉得尴尬的问题告诉陌生人，这是可以理解的。很多人对一些家庭问题三缄其口，但父母中的一方或双方又认为这些事件导致了孩子的问题，例如：家庭成员酗酒或有其他物质滥用问题，伴侣冲突演变为虐待儿童，对孩子给予过多的管教甚至体罚，或者涉嫌性虐待等。无论谈论这些问题有多困难，你都必须明白，隐瞒这些信息将极大地增加你的孩子被误诊的风险，也会误导医生阐释重要问题和制定治疗方案的思路，因为这些事件对能否完整地了解问题有直接影响。

5. 如果可能，找孩子的教师面谈或给他们发电子邮件，记录下他们对于你的孩子在学校适应方面的看法。同样，也要在和专家会面时带上这份清单。

6. 现在，多拿出几张纸出来（或者在电子文档里多添加几页），列出除了孩子之外，你家里发生的任何问题。你可以参考以下标题："个人"（任何困扰你的个人事情）、"婚姻"或"伴侣""财务""亲属""工作"（你和你的配偶的）、"其他孩子""健康"（你和你的配偶的）等。同样，也要在和专家会面时带上这份清单。

　　这些清单包含你与专业人士面谈时最有可能涉及的主题。如果会面中没有涉及，也应该涉及，所以如果你有任何方面的顾虑，即使专业人士没有问你，也要准备好讨论这些问题。在约见之前，请把这些清单放在手边，以便在你想到的时候随时添加项目。

7. 务必随身携带你的孩子的婴儿成长记录本。婴儿成长记录本能提供孩子从胎儿到出生以及达到重要发展里程碑的年龄等诸多有价值的信息。如果你没有婴儿成长记录本，就写下以下你能回想起来的任何信息。

- 在孕期出现的任何问题。
- 分娩时出现的问题。
- 孩子出生时的体重。
- 孩子出生后不久出现的问题。
- 从出生到现在，孩子出现过的任何严重的健康和医疗问题或受伤情况。
- 孩子在学习坐、爬、行走、说话或如厕训练等过程中出现的任何发展迟滞。

你该期待什么

一个针对多动症孩子的全面的专业评估，最重要的组成部分可能包括：

1. 对父母和孩子进行临床访谈；
2. 进行医学健康检查（必要时）；
3. 由孩子的父母填写行为评定量表；
4. 对孩子的教师进行一次访谈；
5. 由孩子的教师填写类似的行为评定量表；
6. 如果学校没有进行过智力测试或学业能力测试，则须进行相关测试。

在对孩子进行多动症诊断之前，专业人士必须收集大量关于孩子及其家庭的信息，通过筛选这些信息，寻找孩子的多动症症状，对孩子的问题可能有多严重进行判断，同时，也要排除孩子因有其他疾病或问题而导致类似症状的可能。一些专业人士不会对孩子的教师进行访谈，但他们可能会给教师寄行为评定量表，让教师完成。这样的专业心理评估一般要进行 2~3 小时，当然，如果还需要对孩子进行教育或心理方面的测试以评估其学习或发展问题，所需时间会更长。儿科医生或儿童精神科医生可能会将评估分成几次会面，每次会面时间为 1 小时或更短。

当你预约评估时

当你打电话预约评估时，对方会询问一些基本信息——你的姓名和住址、孩子的性别和出生日期、孩子就读的学校和年级等，也许对方还会询问你寻求评估的原因。对方也可能会提出以下要求：

1. 允许查看你的孩子之前的评估报告；

2. 允许专家联系孩子的主治医生以获取更多信息；

3. 提供孩子所在学校进行的最近的评估结果（如果学校进行了评估）；

4. 如果学校还没有进行评估，请尽快进行；

5. 在预约心理评估之前，完成并提交关于孩子的行为评定量表；

6. 同意请孩子的教师填写类似的行为评定量表；

7. 允许专家从与孩子有关的社会服务机构中获取相关信息。

你最好尽可能同意以上所有要求，除非你完全不同意之前的评估结果，正准备进行更公正的二次评估。如果是这种情况，你可以不向专业人士提交上一次的评估结果，并且向他解释原因。但不要禁止专业人士和孩子的教师沟通，即使你并不同意教师的意见。来自教师的意见非常重要，不能被忽略，如果你确实对教师的意见有所质疑，你只需要提前向专业人士说明即可。

当你最开始通过电话预约时，一定要提防这样的"专业人士"：他们想要在通话中给你的孩子提供具体的治疗建议，只有他们才具备评估和治疗你的孩子的能力，他们嘲笑同一社区的其他专业人士，他们承诺一定能治好你的孩子，他们告诉你他们只需要孩子的一绺头发或尿液样本即可做出诊断，或者他们给你的孩子做一次评估只需要半小时或更短时间。如果你遇到以上情况中的任意一种，建议你马上寻找别的专业人士。

评估当天

在你带孩子进行评估的当天，可能会出现以下情况：心理专家可能会对你和孩子都进行访谈，在有必要的时候，还将进行针对孩子的智力、语言能力、学业技能或其他心理能力的测试。如果是一名医生负责进行评估，可能你的孩子不会接受额外的心理测试，对你的访谈时间也会更短（也许30分钟左右），但同时，孩子可能会接受更加全面的体检，如果孩子在此之前或最近几年没有接受过视力和听力检查，医生可能会建议你做相应的检查以作为参考。如果是这样，你的儿科医生实际上只是对孩子做了一个简短的筛查，如果医生认为孩子有多动症或其他疾病，很可能会把你转介给心理健康专家。

对你进行访谈

对你进行访谈是必不可少的环节。只要有可能，父母双方最好都到场，这是因为每名家长都有自己的独特视角。如果父母无法都到场，不能到场的一方最好能将自己对孩子的担忧和意见写下来，让另一方带到心理评估现场。

对你的访谈主要有以下几个目的。

1. 在你、评估者和孩子之间建立良好的关系。
2. 让专业人士了解你怎样看待孩子出现的问题，帮助专业人士在评估的后续阶段聚焦孩子的关键问题。你提供的信息越多，专业人士对孩子的问题就有更好的理解，工作效率也更高，诊断也会更准确。别忘了在访谈时使用你之前已经写好的问题清单，这样你就不会忘记任何你想要和专业人士讨论的问题。
3. 让专业人士了解孩子的问题是如何影响整个家庭的，也使其对你的心理状况有所了解。
4. 让专业人士了解你和孩子之间的关系如何，这对找出孩子问题的潜在原因很重要。
5. 最重要的目的是诊断孩子的病情并向你提供最合理的治疗建议。

在访谈中，评估者将全程做记录，记录的信息包括对你的观察，以及在诊所里你是怎样和孩子相处的。但是，一位明智的专家会明白，在诊所里的行为，特别是孩子在诊所里的行为，可能不能反映其平常在其他地方的典型行为。有研究表明，很多多动症孩子在评估期间的行为表现是很正常的。如果你的孩子也这样，别轻易接受任何有关你的孩子完全正常的论断。

"儿科医生说我的女儿没有得多动症。那天我们带她去见儿科医生，那个医生用了 20 分钟对她进行了检查，我女儿的举止一切正常。为什么你说我女儿患有多动症，但是儿科医生却说她一切正常呢？为什么你们的诊断结果不一致？"

一些专业人士喜欢在和父母进行访谈的时候让孩子也留在现场，如果谈话的内容不会让孩子不安或者让你感到不舒服，这样做没有问题。但如果你对此有任何疑问，请及时提出来。如果评估对象是学龄儿童，那么我更倾向于单独和父母进行面谈，而把孩子留在候诊室里（如果这是可能的，并且孩子单独留在那里玩耍不会造成太大破坏）。

对父母进行访谈时，评估者应该先把访谈的程序、所需时间、预计费用及支付方式讲清楚（如果没有提前说明），并申明对父母说的大部分话都将保密（然而，如果你披露了有关忽视或虐待儿童的信息，美国许多州的法律要求专业人士向社会或保护服务部门报告此类情况）。

关于孩子的信息

接下来，访谈的内容可能会转到讨论你对孩子的担忧。这时，你之前整理的问题清单就派上了用场。专业人士将向你询问很多你所担忧的孩子的行为的具体事例，比如可以体现孩子的冲动或注意力不集中的行为的事例。你也可能会被问及目前你是怎么尝试解决孩子的行为问题的，以及你的伴侣是否采用了和你不同的方法。你肯定会被问及你第一次发现孩子的问题是在什么时候。然后专业人士肯定会问你获取了哪些专业协助。有些评估者会询问孩子的父母，他们认为是什么原因导致了孩子产生这些问题。你可以毫无顾虑地表达你的观点，但当你不知道答案的时候也要毫不迟疑地说"我不知道"。

如果你在接受访谈之前就已经填写了行为评定表并交给了专业人士，那么现在他很可能会和你讨论你在评定表中的一些回答，特别是那些表述得不太清楚的地方。同样，你也可以问问专业人士是否对你的答案有任何疑问。你也可能会被问及一些要求孩子的教师填写的表格中的答案，如果你感到好奇，你可以要求查看孩子的教师对这些问题的回答，这是你的权利。你可以请专业人士解释表格中让你觉得困惑的任何内容。

评估者也将和你就孩子出现的任何发育问题进行讨论。我通常会问孩子的父母关于孩子迄今为止的身体健康情况、感觉和运动能力、语言能力、思考能力、智力、学业成绩、穿衣洗澡等自理能力、社会行为、情绪问题、家庭关系等方面的发展状况。这就是为什么我建议你列出你所关心的问题，并带着它们去赴约。很多专业人士也会就一系列行为问题和其他精神问题相关症状和你展开讨论，以判断你的孩子是否也有这些方面的问题。你需要坦诚地告诉专家，孩子是否有这些症状以及这些症状的程度如何。

评估者也许会询问你的孩子是否有第一章中提到的多动症的一些典型症状。如果他没问这些问题，你就要有礼貌地询问他是不是以《精神障碍诊断与统计手册》（第五版）中的准则作为诊断多动症的参考标准。现在大多数专业人士都使用这个标准。你可以请专业人士和你一起回顾这些指导方针，以确保没有遗漏。我认为专业人士也应询问孩子的强项和兴趣，如果评估者没有问这些问题，你可以向他讲一些。这些信息不仅有助于更加全面地描述你的孩子，也将为以后的治疗提供有用的信息。

在访谈的某个时刻，专业人士可能会对孩子的发育史、病史以及教育经历进行详细的了解。我总是会问孩子的家长与学校教职工的关系如何。我想要知道他们的关系是友善互助的还是充满冲突的，彼此的沟通是坦诚清晰的还是充满障碍和敌意的。以后如果我需要和孩子的教师沟通，这些信息将会提供很大帮助。

关于你和家庭的信息

专业人士明白，很多多动症孩子的家庭都承受着比其他家庭更大的压力，多动症孩子的父母也可能比其他家庭的父母有更多个人问题。所以，如果你被问及一些个人问题，不要觉得被冒犯了，因为这些信息将极大地帮助对方了解孩子的问题，并为你提供更多有用的治疗建议。你很可能会被问及你的背景、受教育经历、职业，以及你的伴侣的相关情况。另外，评估者也可能会问，你、你的伴侣或者其他孩子是否有精神疾病、学习障碍、发育问题或其他慢性疾病。许多这样的问题可能与基因和遗传有关，因此对专业人士来说了解这些问题是有帮助的，因为这可能表明孩子遗传了出现这些问题的风险。

在访谈结束前，你应该花一二分钟的时间查看一下你的笔记，告诉评估者任何你觉得有用但还没有涉及的问题。大多数专业人士都会尊重并且重视你所补充的内容。

对孩子进行访谈

专业人士也将对你的孩子进行访谈，如果孩子已经到了学龄期，访谈通常在父母不在场的情况下进行。在访谈中，评估者会观察孩子的外表、行为和发展性技能。专业人士在这个阶段花费多少时间取决于孩子的年龄和智力。需要再次强调的是，无论是你还是专业人士，都不要过分重视在访谈中得到的信息，因为有太多的孩子在专业人士的办公室中的行为举止并不典型，同时，大多数多动症孩子对自己的问题的认识非常有限。

心理评估师通常会针对以下方面对孩子进行提问。

- 在他们看来，他们今天来与专家面谈的原因是什么？他们自己的看法是什么？他们的家长是怎么告诉他们的？
- 他们的兴趣爱好是什么？他们最喜欢的电视节目、运动或宠物是什么？（借此建立良好的关系。）
- 他们在哪里上学？他们的教师是谁？他们都学习了什么课程？哪些是他们最喜欢的？他们遇到了什么困难？造成困难的原因是什么？
- 他们是否认为自己在教室中有什么行为问题？他们因为自己的不当行为受到过哪些类型的处罚？

- 他们觉得他们是否被学校中的其他孩子所接受？
- 他们对父母所反映的问题的看法是什么？
- 他们希望看到在学校或家中出现什么样的改变或者改进？
- 他们是否能察觉到自己有一些多动症的症状？[《精神障碍诊断与统计手册》（第五版）的标准中包含的症状或笼统地描述。]

一些评估者发现，让孩子在访谈期间在办公室玩耍、画画或者只是简单地走来走去，都有助于更好地了解孩子，尤其是那些年幼的儿童。还有一些专家会让孩子把一系列不完整的句子补充完整。

对孩子的教师进行访谈

通常情况下，教师是和你的孩子在一起时间最多的成人，所以听取孩子教师的观点是评估中的重要环节。如果孩子有多名教师，至少这些教师中和孩子相处更久的那几位教师应该接受访谈。

专业人士可以当面、通过电话或电子邮件对孩子的教师进行访谈，访谈的内容主要集中在孩子当前的学习情况和行为问题、和同学的关系以及在学校不同情境下的行为（特别是那些与作业任务有关的行为，以及在有限制或无监督情况下的行为，比如课间休息时、吃午餐时、在走廊或校园巴士上）。专业人士也应该了解教师是如何处理孩子的问题的，并且仔细阅读学校所做的评估报告。

医学检查

完整的儿科医学检查对于儿童多动症评估至关重要。通常这是每年学校或夏令营体检的一部分，但是由于某些健康问题可能是引发孩子当前行为和学习问题的原因，所以再次进行检查以进一步了解相关情况是有必要的。可以让你的孩子接受前文讨论过的检测，看看是否缺乏维生素或 ω-3 抗氧化剂。

医学访谈

关于孩子的医学访谈类似于心理学家对你的访谈。但是，医生会花更多的时间来了解孩子的遗传背景，母亲怀孕和分娩的情况，孩子的发育史和病史，以及孩子目前的健康、营养状况和总体的感觉运动发展情况。

这样做的主要目的是试图区分多动症和其他可能的疾病，特别是那些有可能治愈的疾病。在极少数情况下，多动症是由明确的健康问题导致的，如严重的瑞氏综合征、溺水或严重的浓烟吸入、严重头部创伤，或者孩子有过脑部感染或脑部疾病。另一种不常见的情况是，多动症可能是孩子体内铅含量或其他金属、有毒物质含量过高导致的。除了多动症以外，以上所有疾病也都需要进行专门的治疗。如果医生强烈怀疑你的孩子有癫痫，那么你的孩子就需要做额外的检查，如脑电图或脑部扫描。

除了寻找可能（虽然罕见）的病因，医生还会全面评估任何同时存在的可能需要治疗的疾病，特别是动作协调不良、尿床、遗粪、偏头痛、肥胖、睡眠障碍和中耳感染等诸如此类的问题，患有多动症的儿童更容易有这些问题。医生也将确定你的孩子是否有任何多动症用药的禁忌证。

医生的书面建议通常需要为孩子在学校所需接受的身体或职业疗法的治疗提供证明。总而言之，在多动症评估中，医生的作用不应被低估。不过，仅凭这些对多动症进行诊断还是不够的。

身体检查

在孩子的体检过程中，医生会根据访谈中的所有发现来进一步开展工作，诊查甲状腺问题、铅中毒、贫血或其他疾病。要知道，患有多动症的儿童可能容易出现缺铁、低 ω-3 抗氧化剂水平和维生素 D 缺乏，因此如果医生没有探讨这些可能性，你可能需要问一下。医生还可能做一个简单的神经学检查，以筛查相对严重的神经问题。医生还会测量孩子的身高、体重和头围，并与正常儿童的标准图表进行比较。还会检查听力、视力和血压。

如果你的孩子在例行体检中，身高、体重和常规的神经学检查结果都正常，你也不必感到意外。而且，这些指标产生异常也并不一定意味着孩子患有多动症，做这些检查的目的是排除那种由听觉、视觉或其他方面的缺陷引起与多动症相似的症状（通常是注意力缺陷）的可能性，虽然这类情况非常罕见。

实验室检测

因为有研究人员声称已经通过实验室检测发现了普通儿童与多动症儿童的区别，而且事实也证明多动症的发生有其生理基础，所以很多家长被这些论断误导，要求对孩子进行医学测试以确诊多动症。然而目前，还没有任何实验室测试或测量方法能够诊断多动症，所以血液检查、尿液分析、染色体研究、基因分型、脑电图、平均诱发反应、核磁共振成像、电子计算机断层扫描、单光子发射计算机断层成像术（血流量研究）或正电子发射型计算机断层显像都不应被当作儿童多动症评估的常规方法。

如果你的孩子要服用某种药物，可能需要进行某些极限测试，如测量心率、血压、脉搏等（见第十九章），但这些并不是诊断多动症的必要条件。

最后一步：进行诊断

在整个评估的过程中，专业人士收集了大量关于你的孩子和你的家庭的信息，这时评估者可能已经做出了鉴别诊断（differential diagnosis）——这是采用《精神障碍诊断与统计手册》（第五版）中的准则来区分孩子可能患有的疾病以及似乎没有的疾病的初步步骤。现在，通过综合你在会面前或会面时填写的行为评定量表，以及通过访谈和观察了解到的情况，评估者将根据经验对你的孩子可能患有哪种或哪些障碍做出最合理的推测。多动症的诊断往往参照或部分参照《精神障碍诊断与统计手册》（第五版）的评估标准，但是针对儿童的精神障碍诊断还远远不是一门精确缜密的科学。缺乏完全客观的评估方法，更多是依靠孩子家长和其他人的观察和个人观点，这会给诊断结果带来一定的不确定性。

你有必要知道以下信息：2019 年年底，美国儿科学会发布了指导意见，敦促儿科医生在评估儿童多动症时予以遵循（*Pediatrics*，2019，Vol. 144，No. 4，e20192528）。这些指导意见与本章之前提到的儿童多动症的评估步骤非常一致。指导意见强烈推荐儿科医生通过使用最新的《精神障碍诊断与统计手册》（第五版）的诊断标准对儿童多动症进行诊断，同时建议儿科医生直接从孩子的父母、教师那里获得有关孩子在家及在校的行为和适应情况的信息。指导意见还建议医生考虑使用由孩子的家长和教师填写的完善的行为评定量表。值得注意的是，指导意见并不鼓励把任何医学、神经学和实验室的检测方法用在儿童多动症的诊断评估中，因为这些方法的此类应用并未经过验证。如果孩子的评估最初是由儿科医生进行的，那么你要知道现在已经有了这样的指导意见，如果有必要也要让儿科医生意识到这一点。如果孩子的评估是由儿童心理学家①或精神科医生完成的，该专家很可能遵循类似的准则，并在评估中使用《精神障碍诊断与统计手册》（第五版）的标准。

在评估期间，专业人士也在制定合理的治疗建议，这些建议会和诊断结果一起提供给你。你必须和专业人士一起讨论这些治疗建议中的哪些是你同意实施的。作为有执行力的家长，你应把专业人士看作你的顾问。作为有科学头脑的家长，你要权衡那些与你对孩子的看法相反的信息，以及你从多方面收集到的多动症相关信息，来判断专业人士给出的诊断结论和治疗建议是否合理，然后向专业人士提出你所有的疑问和关注点。一定要请专业人士向你解释所做出的诊断结果，因为他所说的多动症可能和我在这本书中所使用的概念并不完全相同（参见下面的

---

① 在中国，目前只有专业的医生才有做诊断的资质，心理学家无法做多动症诊断。——译者注

专栏）。如果你对这次诊断有很多疑问，那么在对该评估者表示感谢之后，你可以再寻找其他专家咨询他们的建议。

作为一名以原则为核心的家长，你要根据柯维博士的7项原则（在引言中进行了总结），力求在整个评估过程中有尊严、有技巧地进行沟通，这样的沟通不光要体现在你和孩子之间，也要体现在你和其他人的互动中。

临床科学家已发现两种类型的注意障碍

有一些孩子可能只有注意力不集中的问题，而没有冲动或多动症状。以前，这些孩子可能被诊断为多动症，主要是基于《精神障碍诊断与统计手册》（第五版）中的注意力不集中的表现，《精神障碍诊断与统计手册》是美国（以及很多其他地方）常用的精神障碍诊断手册。然而，这些孩子中的许多人实际上表现出与多动症不同的注意障碍。他们经常被描述为比其他人更爱做白日梦或者"疯疯癫癫的"，行动时就像一直处于一种神志迷茫的状态，比其他人更多地发呆，看起来昏昏欲睡，而且对他们周围发生的事情不那么关注。这些孩子的家长告诉我们，这些孩子不仅没有多动症状，而且事实上与其他孩子相比，他们显得无精打采、迟钝，甚至行动迟缓。这些孩子看起来对于日常生活中发生在他们周围的事情只是随意应付，行动起来就像健忘的小学究。结果，他们经常错过许多其他孩子会注意到的环境中的信息，因此看起来恍恍惚惚。在跟随口头或书面指示的时候，他们比其他孩子犯更多的错误——但不是像多动症孩子那样，因为莽撞而犯冲动性错误。有这种类型的注意缺陷的儿童，看起来在筛选指令中的信息和快速判定信息中的重要部分方面存在问题，他们的心理过滤器似乎在区分无关信息和有关信息上有所不足。与患有多动症的儿童不同，他们在任务中可能表现得很安静，然而在心理上他们"不全在那儿"——不完全集中在任务和指令上。一些科学家认为这代表了一种适应不良的走神。临床科学家将这种病症命名为*认知速度*

缓慢。请注意，我不喜欢这个术语，因为我认为它带有侮辱性，所以我正试图让我的科学家同事把这个名称改成更中性的，比如专注力缺陷障碍。但这一术语出现在关于这种病症的研究文章中，因此它还会继续存在一段时间。研究发现，此类型的注意缺陷有别于多动症，相比于多动症孩子，有这种类型的注意缺陷的孩子并没有在学校或家中表现出强烈的逆反、攻击、冲动以及多动，这些孩子和其他孩子相处中的麻烦也少得多，但是他们往往表现出退缩、沉默，甚至害羞和社交焦虑。在心理测试中，他们在感知－运动速度或手眼协调及速度上的表现要差得多。

他们在记忆提取测试中也会犯更多的错误。特别是随着时间的流逝，他们重新回忆已学过的信息的一致性有很大问题。在多动症孩子中没有发现这些问题。其他研究，包括我的一项针对有多动症和认知速度缓慢的美国儿童的大规模研究发现，这些孩子相比其他典型孩子，甚至那些更常见的混合型多动症孩子，更容易被诊断出抑郁或有更多的焦虑症状。这项大型研究也发现，在这种障碍中男孩和女孩的发病率没有差异（两者均为 5% 左右），这一点与多动症不同（男孩患多动症的概率是女孩的 3 倍）。我和同事还发现，在童年期认知速度缓慢的症状比多动症的症状出现得稍晚一些，并且不会随着年龄的增长而减轻。两组儿童在学校的表现都一样差，但是患有认知速度缓慢的儿童似乎在任务的准确性上有更多问题，而患有多动症的孩子则在完成任务的数量（工作效率）上存在更大的问题。两组儿童都倾向于有学习障碍，但是问题模式不同，认知速度缓慢的孩子更有可能存在数学障碍。我还注意到在 35% ~ 49% 的案例中认知速度缓慢和多动症同时存在。相比仅患有一种障碍的孩子，这种孩子的问题更加严重，并且更有可能存在其他的精神和学习障碍。波多黎各大学的约瑟夫·J. 鲍尔迈斯特（José J. Bauermeister）博士及其同事的研究指出，相比于患有认知速度缓慢的孩子，多动症孩子的养育过程更加费力和有压力，因此家庭矛盾也多得多。

不幸的是，现在人们对认知速度缓慢的治疗方法的了解比对多动症治疗方法的了解还要少得多。对兴奋剂类药物哌甲酯（利他林）的少量研究发现，利他林对患有认知速度缓慢的儿童的作用远不如对患有多动症的儿童那样显著。反而是小剂量的利他林对认知速度缓慢的孩子比较有效，而中等剂量和大剂量的利他林对多动症孩子比较有效。研究进一步发现，兴奋剂类药物在 30% 或更多的患有认知速度缓慢这种注意缺陷的孩子身上是完全不起作用的，而对此类药物完全无反应的多动症孩子的比例才不到 10%。相对于认知速度缓慢的孩子，多动症孩子的药物治疗效果更明显。一项研究发现，托莫西汀 [择思达（Strattera）] 对治疗认知速度缓慢的儿童有好处。与多动症儿童相比，这些儿童可能对行为矫正计划和社交技能训练计划更有反应，尽管到目前为止对每种治疗方法只做了一项研究。关于哪种类型的心理、教育和医学治疗对认知速度缓慢最有用，仍需要做许多研究。不要指望大多数专业人士听说过这种注意障碍，除非他们随时关注多动症相关的最新期刊出版物。此外，认知速度缓慢还没有被列入《精神障碍诊断与统计手册》（第五版），所以还不是一个官方认可的诊断。本书中的许多内容并不适用于患有认知速度缓慢的儿童，特别是第二章中所讨论的执行功能和多动症的理论。认知速度缓慢与多动症中的大多数自我调节和执行功能问题有关的可能性要小得多。即使有一些关联，也主要是与自我组织和问题解决的问题有关，而与时间管理、自我约束或情绪自我控制无关。

第九章

如何面对多动症诊断

对你的孩子进行专业评估是迈向成功的重要一步,你投入了自己的心理、身体和情绪能量去做正确的事情。现在你得到了这样一个诊断:你的孩子患有多动症。那么下一步你该怎么做呢?

你可能有何反应

首先,暂停一下,试着承认你的感受。从几千名向我咨询多动症的家长以及其他成千上万听过我的公开演讲的家长那里,我意识到,在对孩子患病这一事实的适应过程中,父母对于多动症相关信息的情绪反应是他们适应孩子障碍的很重要的一部分。这些反应同时也影响着家长对孩子提供帮助和支持的力度。

否认还是释怀?

有些家长可能最初会对孩子身上存在的多动症标签、多动症诊断结果或多动症的主要神经学基础持否认态度。他们极力坚持自己最初的观点:我的孩子没什么问题,因此没必要通过饮食控制、心理咨询、减少电子产品使用时间或简单的行为管理方法去纠正。这种反应一般发生在这种情况下:家长一开始并不认为自己的孩子有多么大的问题。通常是日托员工、幼儿园教师，甚至孩子玩伴的父母提出孩子可能有问题。当父母最后知道他们的孩子患有多动症时，他们很自然地会否认或者尽量减小这个问题的严重程度，直到他们能够重新评估他们接收到的信息并正视孩子的问题。如果你拒绝接受诊断结果，消除你的疑虑的最好方法是寻找一位你相信并且了解多动症的人，听取他的意见。

另外一些家长愿意接受他们得到的关于多动症的信息，以开放的态度消化这些消息，并把它们当作长久以来困扰他们的问题的解决之道。最终他们得到了对孩子问题的诊断，并且开始寻求帮助。这些家庭从无法确定孩子的问题所在而承受压力——并且通常感到内疚——转而感到释怀。了解多动症有其生理基础，可以让父母从是自己造成这一问题的想法中解脱出来。

愤怒

对有些家长来说，孩子被确诊为多动症会激怒他们——对任何之前向他们保证孩子没有任何问题的人感到愤怒；对那些将孩子的问题归咎于父母的育儿方式和家庭环境的人感到愤怒；对因为没有人告诉他们真相而导致错失改善孩子状况的机会感到愤怒。人们在寻找这种障碍的"罪魁祸首"时，我所在领域的从业者、多动症孩子父母的亲戚以及媒体常常会指责、羞辱，甚至"抨击"多动症孩子的父母。当家长最终意识到过错不在自己时，愤怒和怨恨就不是毫无道理的反应了。如果他们被告知没有什么问题，或者"这只是孩子可能会经历的一个阶段""所以只要坚持下去，一切都会好起来的"，那么感到沮丧是很自然的。

哀伤

当听到你的孩子患有多动症的消息时，你可能会感到轻微的哀伤，这是一种正常且健康的反应。几乎所有家长，当他们最初面对自己的孩子在某些方面有缺陷的消息时，都会为偏离常态而感到哀伤。一些家长为孩子未来将面临的风险感到哀伤；另一些家长则很快行动，整个家庭都要为适应多动症而做出调整。

对于大多数人来说，这种哀伤会随着他们重新定义自己的孩子和孩子的问题而淡化。但是，也有一些父母告诉我，无论如何，他们永远无法完全消除这种哀伤。他们只是适应了这样的哀伤，当他们面对抚养孩子和工作的日常责任时，似乎在一段时间内将这种哀伤置之脑后。但是当孩子在很长一段时间内表现良好却又突然出现病情反复或重大危机的时候，这种轻微悲伤的感觉又会重新回来。这也可能发生在你身上。如果发生这样的情况，与其他多动症孩子的家长聊天可能会对你有所帮助，你可以加入本地的家长支持团体，也可以通过相关的网络聊天室或博客来获得支持（参见本书末的信息）。如果这种哀伤反应一直持续，你就要考虑去找有多动症专业知识的咨询师进行短期咨询，或者到专门辅导残障儿童父母的专业人士那里进行治疗。

接受

在面对多动症确诊信息时，自然且合意的结果是接受——接受你的孩子是什么样的人，以及他可能会成为什么样的人，同样重要的是，接受你的孩子不是什么样的人，以及他永远也不会变成什么样的人。在这一阶段家长的内心是平静的，就像拨云见日一样，这使得家长能够更现实地看到他们孩子的问题以及他们自己对于这些问题的反应。从这个新的视角，你可以更清晰地看到，你的孩子也不想有这些问题，然而这并非他所能控制的，他需要你帮助他来应对这些问题，包括保护他免受那些不理解他病情的人的伤害。孩子需要你的支持和呼吁，从而帮助他获取在社区和学校服务中的合法权利。无论是对正在经历这一过程的父母，还是任何一个像我一样有幸见证这一过程的人，这种视角的转变都是令人感慨且具有深远意义的。

有一段基于艾米丽·佩尔·金斯利（Emily Perl Kingsley）大约30年前写的一篇文章拍摄的视频，有助于促进家长对这件事的接纳。该视频讲述了父母期待得到一个正常的孩子，却发现自己的孩子有残疾的故事。事实证明，这篇文章对许多父母解决他们的哀伤和愤怒，并接受自己的特殊孩子非常有帮助，因此它被改编为许多不同版本的视频，都相当感人，有些提到了多动症，有些则涉及孤独症，甚至更严重的医学疾病。这些视频可以在 YouTube① 或者其他网站观看［搜索"欢迎来荷兰（Welcome to Holland）"］。

如果你已经达到这个阶段，你可能会渴求关于如何更好地帮助自己孩子的相关知识。也许你现在有动力加入支持团体、寻求心理咨询，或者参加一个正式的儿童管理训练项目，以获得可以帮助你的孩子取得成功的相关技巧和技术。你也会发现自己开始渴望寻找改善周围环境而不是改变孩子的方法。对你的孩子来说，合适的"假肢"可能是组织结构图或家庭积分系统，而不是轮椅；更好的"通道"可能是特别的座位安排方式或者将家庭作业划分为小块并在其中插入短暂的休息时间，而不是一条通往大门的坡道。试着为孩子设置一定的环境，从而使孩子获得成功。

"接受"同样意味着认识到，有一些事情无论如何去改善，也无法让多动症孩子像未患多动症的孩子那样，取得极大的成功或达到良好的适应。如果不能接受孩子能力上的不足，你就会感到难以忍受、生气和受挫，也会因让孩子遵从你的非常不合理的期望而给孩子造成过多压力。

底线是你对于自己的孩子患有多动症以及所有这一切的接受，将会让你在孩子的进步过程中承担起至关重要的角色。相比其他家长，你必须更加积极地支持孩子的自尊，除了未患有多动症的儿童常使用的通过学术和社交成功构建的路径外，更多地使用一些非传统的方式努力提高孩子应对日常生活需要的能力。你需要创造性地训练自己去寻找帮助孩子成功的出路，无论是通过有组织的体育活动、美术、爱好、科学、机械项目，还是非传统活动，比如音乐、戏剧和表演、摄影、电子和计算机、烹饪等。一旦你真正接受了孩子的多动症，你就可以超越孩子的能力限制，看到他独特的力量和天分——其他任何人都做不到这一点。

---

① 一个美国视频网站，中文别名为"优兔""油管"等。——译者注

了解可供选择的治疗方案

就像在本书第三部分到第四部分将会清楚表明的那样，大多数多动症孩子需要接受一种结合行为（心理）、教育和药物的综合治疗才能达到最佳治疗结果。不用怀疑，确实存在少数案例仅仅接受药物治疗就已经足够，但是以我的经验以及其他很多从事多动症临床科学研究的专家的经验来看，这对于大多数人是不够的。有些孩子几乎对药物治疗没有反应。即使是那些药物治疗起了作用的孩子，在他们接受药物治疗期间，也有将近一半的人在行为、学校表现或同龄人关系方面不能完全实现正常化。即使是在那些孩子得以正常化的案例中，很多孩子也常常不能在晚上使用兴奋剂类药物。因此在很多时候，多动症孩子需要一些其他形式的治疗。更进一步来说，就像我在第五章中解释过的，许多多动症孩子可能患有除多动症以外的其他心理和学习障碍。那些障碍通常不能用多动症药物来治疗。学习障碍不会随着药物治疗而痊愈，与同龄人交往中的一些社交技巧问题、他们可能具有的某些违抗和反社会行为，以及不是由于孩子的多动症因素造成的家庭冲突，也都不会因为药物治疗而消失。因此，对于大多数患有多动症的孩子来说，包含多种干预手段的治疗组合可能是最有效的方式。

然而有趣的是，迄今为止完成的最大型的多动症治疗研究是多动症多模式治疗研究（Multimodal Treatment Study of ADHD，由美国国家精神卫生研究所赞助），该研究表明，如果我们单独使用单一类型的治疗方法，药物治疗可能是对多动症孩子最有效的治疗方法。这项研究涉及来自美国5个不同地区和加拿大的一些地区的超过570名儿童。这些儿童接受了细致而彻底的评估，之后被随机分配到4个不同的治疗小组里：一个小组接受社区转介，然后让他们自行跟进治疗；一个小组单独接受管理良好的药物治疗；还有一个小组接受充分的各种各样的心理治疗，但是没有涉及药物；最后一组同时接受药物治疗和心理治疗。经过14个月的治疗，这个大规模研究初步发现，以合适的剂量并且在良好的监管下进行药物治疗，对于多动症相关的症状和问题可以起到很大的改善作用。超过一半的仅仅使用药物治疗的案例被认为是成功的，或者说使多动症孩子达到了正常状态，而仅接受心理学治疗的案例中成功率只有大约 1/3。药物和全面的心理治疗相结合的治疗方法取得了最大的治疗成效（有效率高出 10%～15%），并且在不同类型的孩子身上还显现出一些额外的疗效。这种综合治疗也使得多动症孩子对药物需求更少或者药物使用剂量更低。仅仅采用心理学治疗是有效的，但可能不会产生和药物治疗同等的效果。这个研究表明综合治疗方案是最有效的。

了解关于多动症的知识

幸运的是，对孩子患有多动症这一事实的接受会引发对知识的渴求，因为保持学习是有执行力、有科学头脑的家长最基础的持续性任务。在我 40 多年的临床治疗工作中，我在多动症门诊接待过数千例患者，我发现最为重要的干预是向家长提供关于这种障碍的最新信息。你可以通过以下几条途径来学习有关多动症的知识，并追踪了解最新的治疗进展。

1. 尽可能多地阅读关于多动症的书。在本书末尾我把自己认为最好的一些书推荐给你们（"推荐读物"）。请记住，真相是多种事物的组合。关于多动症你阅读和学习得越多，你就越接近有关多动症的本质、起因和正确治疗方案的真相。你可以通过当地书店或网上书店购买这些书。你也可以去当地的图书馆，但小图书馆可能没有最新的相关书籍。如果一本书的出版日期是在 10 年前，你应该认为其信息不够有时效。如果想了解关于多动症的最新科学文章和专业书籍，可以用学术搜索引擎在互联网上搜索，如果你有更多时间，可以到当地大学图书馆或医疗中心图书馆查询。查阅本书中提到的研究人员的名字，了解最新的科学研究报告。一些学校的专业人士或学区也为家长建立了资料借阅室；询问你的学区是否有关于多动症或注意缺陷障碍的资料。

2. 在美国的儿童和成人注意缺陷/多动障碍协会和加拿大的加拿大多动症学习中心（Centre for ADHD Awareness, Canada）网站上阅读信息。这些网站在本书末的"家长支持服务"中有更详细的描述。专业协会的网站上也有一些有用的信息，如美国儿童与青少年精神病学会（American Academy of Child and Adolescent Psychiatry，AACAP）和美国儿科学会（American Academy of Pediatrics，AAP）的网站。在访问其他网站或在搜索引擎中输入"注意缺陷/多动障碍"或"注意缺陷障碍"时要谨慎，因为你会得到数以百万计的相关信息，而不知从何下手。网络上传播的关于多动症的信息有很多都具有误导性或者对这一障碍完全不予认可，因此通过这种方式查询信息时，你就像在大集市里游逛一样，这里有很多网站，它们都试图吸引你的注意力（以及你的钱），或者让你对多动症产生偏见；你一定要当心。

3. 观看关于多动症的商业化视频，包括我自己制作的7个视频［可从吉尔福特出版社或多动症仓库（ADD Warehouse）获得］，但如果费用太高，可以查看YouTube或看看当地学区是否有你可以借阅的视频。也可以去图书馆看看，现在有些图书馆已经专门设置了健康、自我提升和心理学视频节目区域。但还是要警惕，甚至要持怀疑态度，因为互联网上的许多信息要么只是个人意见或偏见，要么是完全错误的陈述。一些专家的演讲视频也可以在上面提到的加拿大多动症学习中心的网站上找到。我还有一个网站，里面有十几小时的给家长的讲座和超过25小时的给专业人士的讲座，可以免费观看（但你必须使用台式电脑或笔记本电脑，而不是平板电脑或智能手机来播放）。

4. 你可以与当地这一领域的专家会面以获得相关意见以及任何可以借阅的教育资料。但是要做好心理准备，他为你提供服务的时间是要收费的，或者你可以将其作为心理咨询服务的一部分列入你的健康保险项目中。

5. 你也可以加入当地的家长支持团体，如儿童和成人注意缺陷/多动障碍协会或注意缺陷障碍协会（见本书末的"家长支持服务"），这两个团体都有当地的分会，他们会印制信息丰富的新闻简讯并且经常邀请一些专家来参加他们频繁开展的分享会。你当地的团体通常也会收到在你所在区域开展的为期一天的研讨会或工作坊相关的小册子和通知。虽然这种工作坊通常的目标对象是专业听众，但家长也可能会被允许参与。当然你也可以请任何正在与你合作的专业人士及时告知你这种活动的相关信息。

6. 这些家长支持协会的全国分支机构也是很好的资源。儿童和成人注意缺陷/多动障碍协会和注意缺陷障碍协会都会举行为期2~4天的年度会议，在那里你可以听到许多演讲者关于抚养多动症儿童各方面的演讲。请致电全国性组织，了解此类会议的举办时间和地点。参加为期3天的会议，与其他数百名患有多动症儿童的父母一起，努力学习更多关于照顾和抚养这些孩子的知识，这可能是极大的鼓舞和安慰。

采用有执行力的教养原则

在这个自我教育的过程中，请记住你的孩子正在与一种发育障碍做斗争，而你正在承担这项有点艰巨的任务，尽可能地帮助孩子克服这种障碍带来的问题。从接纳中自然流露出同理心，在同理心的支持下，在你所能积累的所有知识的武装下，你已经准备好帮助你的孩子，这是别人无法做到的。在我数十年与患有多动症的儿童及其父母的合作中，我发现以下12项原则对父母最为有用。大致上，这些原则的前半部分是关于养成一种可以帮助孩子、家庭和你自己的心态；后半部分是解决多动症缺陷的更具体的策略。在本书的其余部分，你会找到关于采用这些原则的更多细节，在本书末还有一些资源可以帮助你获得更多的信息、工具和专业帮助。

原则 1：找到通往成功的钥匙

要想在任何事情上取得成功，我们必须集合所有可用的资源。抚养多动症孩子也不例外。要想让你的孩子在正确的轨道上走向积极的未来，你需要从专业的评估和诊断开始，然后用适合孩子的经科学验证的治疗方法。通过本书这一部分的信息，你正朝着这个目标迈进。然而，在前进的道路上，同样重要的是，你要识别和促进孩子的优势和才能，找到能够培养它们并支持孩子的社区资源，而且可能最重要的是，相信、支持和接受孩子的每一步。这并不总是容易的，但这些关键因素是有执行力的父母的最佳基础。

原则 2：记住这是一种障碍

正如你在本书中读到的，多动症会给所有家庭带来压力和冲突。有些事可能会增加你的挑战，比如你会（如果你还没有）遇到一些人，他们认为你孩子的问题更多是"不愿意"而不是"不能"。当你感到疲惫和沮丧时，重要的是要记住（也许在感觉适当的时候提醒别人），孩子不是故意不符合人们对他那个年龄阶段的孩子的期望的。你的孩子有障碍，或有残疾。有很多方法可以帮助患有多动症的孩子在很大程度上克服这些挑战，但孩子（和你）必须更加努力才能达到目的。接纳和宽容会帮助你们都坚持下去。

原则 3：做牧羊人，而不是工程师

今时今日的父母非常容易自我责备。即使你提醒自己你的孩子有障碍，当你的多动症孩子过得不顺利的时候，你也可能发现自己陷入了"都是我的错"的模式。另一方面你可能认为，如果孩子患有多动症或者受到多动症的影响是你的错，那么就应该由你来纠正这个问题，就好像你可以找到计算机程序中的错误，然后设计一个新的孩子。这只会让你发疯。你的孩子需要的是一个支持性、善良、明智的牧羊人，而不是一个能"造"出更好的后代的工程师。当你提醒自己不要对孩子太苛刻时，也让自己休息一下。

原则 4：分清任务的轻重缓急

无组织性、时间管理不善和缺乏冲动控制是多动症的特征，这可能使日常生活困难重重。有时，应对每一天生活的最好方法是退后一步，考虑自己的优先事项。上学前真的要铺床吗？家务事必须按特定顺序完成吗？我发现，当父母评估一项任务的重要性和紧迫性，以及更重要的——完成这项任务是否能促进孩子执行功能的发展时，小事往往就从待办事项清单上被删除了，这会使每个人的生活更平静、更快乐。

原则 5：正念育儿——陪伴与觉察

患有多动症的儿童需要大量提醒和练习来学习计划、问题解决和管理日程。重要的是，你要致力于关注你的孩子在做什么，这样你才能成为一个有执行力的牧羊人。

原则 6：提升孩子的自我觉察和责任感

作为牧羊人，你的目标是帮助你的羔羊长大并照顾好自己。在孩子还住在家里时，你可以做很多事情来帮助孩子了解她的行为的后果，并开始对自己负责，这样你就可以在她成年后把接力棒传给她。

原则 7：多触摸，多奖励，少说话

多年来我发现，父母往往会不断地与他们的多动症孩子交谈，发出命令和提醒，纠正和重新引导。不幸的是，随着时间的推移，这往往成为亲子冲突和亲子关系破裂的直接原因。把手简单、温柔地搭在孩子的肩膀上或鼓励性地拍打来吸引孩子的注意力，这比语言更有力量——奖励也是如此。

原则 8：让时间变得真实可感

我们都需要某种形式的时钟。患有多动症的儿童甚至比大多数人更需要它们。

有一些系统的方法可以帮助多动症儿童知道他们有多少时间完成一项任务，并使他们在最后期限前完成任务。

原则 9：工作记忆失灵——卸下负担，将任务步骤实体化

人们已经开发了许多工具，来帮助孩子记住该做什么和什么时候做——这是许多多动症儿童面临的最大挑战。请利用所有这些工具。

原则 10：有规划，有组织

同样，对于患有多动症的儿童来说，有条不紊是一个很高的要求，但几十年来，人们已经开发出许多可供患有多动症的儿童（和成人）使用的方法和策略，并取得了很大效果。

原则 11：使问题解决具体化

你越是能使问题的解决具体化，你的孩子就越有可能成功。患有多动症的儿童不善于抽象思维。

原则 12：未雨绸缪——为家里和家外的困难做好预案

你可以在家里应用前面的所有原则，为整个家庭创造一个避风港，并为多动症孩子的发展提供一个支持性环境。但是，当你不得不在节日去外婆家吃晚餐时，会发生什么？或者去参加一个超级刺激的生日聚会？或者去度假？将混乱保持在最低限度的最好方法是提前考虑。在这些活动中可能会发生什么？什么会导致你的孩子出现最严重的问题？活动中的其他人会对你的孩子有什么期望？做出预测能帮助你在其他地方运用跟在家里一样的有效策略和工具。

这些原则和你在本书中到目前为止所读到的所有其他建议可能会让你感到不知所措。千万不必如此，重要的是照顾好自己，这是下一章的主题。

第十章

给父母的话

如何照顾好自己

毫无疑问,相信你已经明白抚养一个多动症孩子的压力有多大。与其他孩子相比,多动症孩子需要更多的监督和管理,他们的行为很鲁莽,生活中充满了危险。他们不停地说话、坐立不安、跑来跑去让人筋疲力尽,有时他们要求很高、反叛,甚至有攻击性。一项研究表明,那些多动症孩子的父母,尤其是孩子还处于学前期的父母,其压力、抑郁、自责这些方面的水平都高于同龄普通孩子的父母。另一项研究显示,事实上,就压力水平而言,多动症孩子的父母与那些有严重发育障碍的孩子(如智力障碍和孤独症)的父母是一样的。由于亲戚、朋友和邻居都尽量避免与有多动症孩子的家庭接触,许多父母最终也会陷入社交孤立。

当然,如果孩子的多动症症状比较轻微,或者其他变量减轻了症状,这种情况可能就不那么可怕了。但正如我经常看到的那样,这种模式可能会使父母处于一种螺旋式下降的状态,使他们筋疲力尽,士气低落,陷入绝望。照顾孩子使他们一无所有,而最终这会使他们也没有资源来照顾孩子。很明显,这种情况对谁都没有好处。

对那些与多动症抗争的家庭来说,我没有什么灵丹妙药给你们来改善这些糟糕的情况。一定程度的压力是必然存在的。但是对于你或家庭中的任何一个人而言,压力不是不可战胜的。这一章正是专门为父母准备的:预防压力事件的特别提示和常规建议；尽可能降低无法避免的事件所带来的影响；给自己应得的休息。

避免压力事件

对于父母来说，要减少需要处理的压力事件的数量，你要做的第一件事就是确认压力来源。有很多曾经和我合作过的父母，我发现他们更关注自己对压力的情绪反应，而较少关注压力的起因或来源。比起引发情绪反应的事件，他们认为阻断自己的情绪反应更有必要，比如紧张、易怒、抑郁和悲伤、疲倦感，以及头疼，实际上他们把二者混淆了。坦率地说，有些压力事件是无法避免的——你所经受的此类事件要远远多于没有多动症的孩子的父母。为此你将不得不借助一些减压技术，例如正式的放松方法、冥想、体育锻炼，在一些极端情况下，甚至可能会用药物治疗。但是，在其他情况下——此类情况数量之多可能会让你感到惊奇——你可以鉴别它们，避开它们，或者至少减少压力源，并加以预防。让我们来试试这种简单的方法。

1. 当你有一些安静的时间时，拿出纸笔、智能手机、计算机或平板电脑并坐下来，回想过去几周让你感到有压力的情境：易怒、生气、敌意、焦虑或抑郁。然后列出压力源——不是记录你的感受，而是记录每次产生压力反应之前的那一刻你所遭遇的事情。你认为是情境中的哪些因素促发了你的压力反应？你的孩子或者别人做的什么事引发了你的负面反应？别人对你的孩子做了什么？你的另一半做了什么？发生了什么事情让你有这样的感受？在列出的每一个压力源下面留一些空白行。

2. 仔细看看第一件事。为了避免或消除该事件或问题，你做了什么？你的反应是不是让情况恶化了？柯维博士的 7 项原则（见引言）中，有没有哪项能帮助你消除压力源？或者，在养育多动症孩子的 12 项原则中，有没有哪项能帮助你避免这种情况的发生？你能看到这些原则如何帮助你在下一次消除或避免这个压力源吗？或者，你能否简单地计划来规避造成压力的人或事？在每一个压力源下面，至少写一种应对方法。

3. 关注其中一个（最多不能超过两个）压力源，然后想办法在未来避免这个压力源，如果是无法消除的压力源，那就找出下一次事件发生时你应采取的应对方法。闭上眼睛，想象一下自己在那样的情境里应做出的不同、更有效的反应。

4. 把一些小纸条贴在家里或者你工作的地方，提醒自己这些计划。

5. 每天花几分钟来想象自己如何实践这个新的行动计划。这样的练习能增强你的信心，当压力源再次出现时，你就能真的做到有备无患。

6. 一旦你建立起了信心，或者你已经尝试了这个新计划，就可以继续关注另外一个或两个压力源。每次只关注一个或两个，直到你真的能控制或消除这一两个压力源，然后再关注其他一两个，依此类推。每次当你能够处理好这一两个压力源时，你就朝成功迈进了一小步，但是不要试图一次性解决所有压力源。

应对那些无法避免的人或事

尽管压力对于每个人来说是生活的一部分，但我们还是可以采取许多有效的策略以减少压力带来的负面影响。任何与你一起工作的专业工作者都能给你提供一些有关这一话题的信息源，你还可以在网络、图书馆或书店获得相关的信息。你甚至可以找到一些教授知名方法的录音和视频。但因篇幅有限，不可能在此深入探讨，所以下面只列出了一些简单的建议。

推迟你的反应

对于压力事件,我们大多数人的反应是迅速的,也是冲动的。当我们的情绪被调动起来时——比如愤怒或焦虑——我们的生理机能也被唤醒了:脉搏加快,脸发烫,肾上腺素也让我们做好了"战斗或逃跑"的准备。不幸的是,这并不能帮助我们更敏锐地思考。事实上,我们通常到最后都会为自己做出了冲动反应而感到后悔。所以,有时候最好的选择就是不做任何事情。如果离开现场是唯一能推迟你的反应的方式,你可以短暂地离开房间,或者让你的孩子离开,同时冷静地告诉他:"我过几分钟再和你讨论。"

当你和孩子面对紧张的情况时,试着等待一下,让你的头脑充分思考这种情况及其可能性。这并不意味着让你的头脑中充满"噢,我该做什么?我该做什么?"或"我知道处理不了这个问题"或"这行不通,我没有选择,我不知道该怎么做"这样的想法。相反,试着保持冷静,让你的头脑专注于思考这个问题。这就是人类思维的奇妙之处:要帮助它想出主意,你要做的唯一一件事就是不要干扰它天生的解决问题的能力。只要给它一点时间。

练习放松或冥想

许多人会定期使用一些放松技巧来降低他们的总体压力水平。这些方法有明显的预防效果,因此当你面对那些即将到来的无法回避的压力事件时,它们可以帮助你。举个例子,学校打来电话说,你的孩子因为先动手和另一个孩子打架,已经被送回家了,你必须在第二天去见校长。当你在见校长之前思考可能发生的情况时,压力也许就已经产生了。此时练习一些方法,比如渐进式肌肉放松,能够避免你小题大做。很多书都总结了这种方法和其他放松方法。渐进式肌肉放松包括以下步骤:深呼吸,依次放松每一个肌肉群,接着想象自己正处于一个使人感到放松、风景优美的环境中。这种方法很容易学,但如果你多加练习会非常有效,因此你可以预期压力的出现,并提前开始练习这种方法。

扩展你的关注点

当你身陷压力环境时，避免小题大做的另一种方式是扩展你的关注点。要避免把注意力放在小细节上，你要纵观大局，从你或孩子一生的角度去看。通常，这样会让你意识到，压力事件并不像你认为的那样重要，你是可以控制它的，就算情况没有改善，它也不像你想的那么严重。就拿之前说的学校会面的例子来说，你可以听一听校长讲话的细节，但你也应该同时意识到这仅仅是一次学校会谈，校长所表达的观点并不代表最终结果，也不会在你或孩子生命中造成巨大的破坏，而作为一名有执行力的家长，你才是那个真正能够掌控这次会面及其对孩子产生的影响的人。

以终为始

在压力情境到来之前以及在经历压力情境的过程中，设想一下，你希望孩子的情况如何。在心中保持积极的目标会减轻消极事件带来的影响，也会降低你的反应强度，因而能避免冲突的加剧和结果的恶化。

进行个人休整

抚养多动症孩子对家长的心智、生理、心理和精神力量的要求非常高。要调整好自己的情绪，增加自己对生活的控制感，增强自己处理难以预料的压力事件的能力，你可以参考以下建议。其中许多建议也许你之前已经听说过，但是其中也有一些新东西。在悉心照料孩子的同时，你也应该同样好好照顾自己，也就是说，你要为自己留出一些时间。如果你抗议说你没有时间，那么不妨看看下面的"挣脱困境的关键之一：时间管理"专栏。

挣脱困境的关键之一：时间管理

对大多数人而言，时间管理并不是天生具备的能力，因为这根本不是管理时间的问题。时间不能被操纵或管理，它只是如水般流逝。时间管理其实是在时间进程中进行自我管理，是一项可以习得的技巧。你需要进行练习并付出努力，如果做得好会有巨大的回报，尤其是对受到多动症影响的家庭而言——多动症孩子的父母非常需要掌握时间管理技巧。

图书馆或书店中有很多非常棒的书，它们能告诉你关于有效管理时间的所有细节。大多数书在一开始就会告诉你，你需要做的第一步是：设定具体、明确且合理的长期和短期目标。这样你就为每天、每周、每月都做好了计划——这是你可以切实执行的，当达成目标时你会获得满足感。多动症孩子天生没有条理、容易引发混乱，这会让你感觉你的生活没有任何秩序，所以获得这种成就感对你而言尤其重要。

时间管理方面的专家把时间运用划分为 5 类：重要且紧急的，重要但不紧急的，紧急但不重要的，既不重要也不紧急的（琐碎繁忙的工作），以及被浪费的时间。了解其中的区别能帮助你更好地检视你的惯常做法，也许还能让你了解该怎样改变你目前的家庭或工作活动的性质，以更好地达成目标。

1. 重要且紧急的。必须立刻处理或在不久的将来需要完成的任务就属于这一类。由于任务具有紧迫性和重要性，通常需要立刻完成。一般在这种情况下时间都不会被浪费。

2. 重要但不紧急的。高效能父母和低效能父母的区别就在于此。这些任务在你或别人看来是重要的，但并不是需要立刻去做的。大部分时候你根本不会去做这些事。时间管理能够帮助提高这些任务的优先级，提升其紧急程度，这样你就会着手去完成它们。个人休整、运动、与亲密朋友保持联系或维系伴侣关系，这些都需要花时间去做，都属于"重要但不紧急的"一类，但往往被忽略了，而这种忽略从长远来看是有害的。

3. 紧急但不重要的。通常是那些他人要求在截止日期前紧急处理的次要或琐碎的任务，但如果仔细想想，这些小事的重要程度并不高。但是与那些对你而言更重要但不紧急的目标相比，因为它们的紧急程度高（需要立刻执行），你会给予它们更多的注意力。回邮件、发短信、在社交媒体上发状态，或者通过邮件答复请求，这样的事情通常归为此类。我们感觉必须尽可能快地回应他人或对他人的请求做出回应。然而绝大多数这些事情并不重要。

4. 琐碎繁忙的工作。此类包括各种重要性一般的任务，例如家务活、回复电话、跑腿的活儿、查看垃圾邮件、整理庭院等。你可能会把这些活动放在重要工作之前去做，因为它们既用时很短又让人分心，或者它们能给你一种产出的感觉，但是这些事情对于你或多动症孩子真正的目标意义不大。

5. 被浪费的时间。看没有营养的电视节目、阅读24小时不间断的网络新闻、看完一部糟糕的电影，或者参加不必要的委员会会议，这种类型的事情会让你觉得，要是用这些时间做点别的就好了。大多数人认为这些事情是导致他们时间管理效率低下的原因，但是专家认为，通常情况下，真正的原因是你在第3类和第4类任务上耗费了太多时间，而没有足够的时间去完成第2类任务。看看你是怎么分配时间的，对你来说是这样吗？

与此同时，也要注意那些真正浪费时间的地方：优柔寡断，责怪他人浪费你的时间，追求完美而非卓越，因为不必要的事情和社交媒体的琐事（电子邮件、即时通信、短信、状态更新，等等）而分散注意力，在零碎的等待时间里无所事事而不是对其加以利用。

离开去享受周末长假

有时候，为自己重新注入活力的唯一方式是离开。别犹犹豫豫，让你的配偶照顾孩子，自己去做点事儿。和朋友小聚，做瑜伽或健身，做按摩，躺在沙滩上或湖边看一本好书，或者做一些对你有独特吸引力的事情。重新给你的情绪充电，补足睡眠，这些能够弥补安排这次假期可能带来的所有麻烦。如果有信任的人可以帮忙照顾孩子，不妨尝试着和你的配偶时不时去度个假——成人之间的关系也需要注入活力。

发掘爱好或参加社交活动

对父母来说，多动症孩子的需求最终把他们变成了自我牺牲者——父母牺牲了自己所有的个人爱好和娱乐时间，全身心陪着孩子。因而父母会变得疲惫不堪、压力重重，经常脾气暴躁，也更易怒。为了自己，也为了孩子，你应该定期发掘一些能给你带来个人满足感和成就感的东西。

我认识的一个父亲是业余酿酒师，他成立了一个小型俱乐部，会员定期聚会酿制新酒，学习酿酒，参加品酒会。还有些人参加保龄球联盟、合唱团、手工小组、排舞或其他舞蹈班、跑步俱乐部、乐器小组、读书会、早餐或午餐俱乐部或运动团队。也有一些非正式的聚会，比如咖啡品鉴和聚餐。还有一些私人爱好，比如木工、捆绑鱼饵、模型制作、古董收藏、研究家族族谱、绘画、缝纫、钩针编织、读书、彩色玻璃制作……这些例子不胜枚举。关键是只要你真正喜欢，这些个人兴趣就能像短期旅行一样为你注入活力。

在支持团体中积极主动

也许当你需要为自己注入活力时，你最不想做的就是与一群和你有同样问题的人见面，然而定期参加支持团体聚会其实有多重收益。事实上，父母团体是强大的信息源，你能够从中得到很多建议，他们还会给予你同情，许多父母最终在那里结交了真正的朋友。有些团体甚至还成立了临时保姆合作小组；你不妨看看你所在的地方是不是也有这样的组织。

寻求好友的安慰

别忘了维系与多年好友的亲密友情。当我们忙碌的时候,大多数人会疏远这种关系,但是我们都需要"安全庇护"——这是亚里士多德对真正的朋友的称呼。向好友倾诉心声有非常显著的治疗效果,一个非常了解你、关心你的人不仅是你可以依靠的肩膀,也能够为你的问题提供全新的视角。

实行共同养育

如果对你来说,以上任何建议听上去都像是在放纵自己,你认为自己没有时间去做这些事,那么你应该和你的配偶谈谈,重新分配抚养多动症孩子过程中的工作量。通常母亲会在照料孩子方面承担得过多,即便在你家里不是这样,你也可以与伴侣协商,两人轮流照看孩子,每人全权负责一天(或者,如果你们两人当中的一方或双方都要外出工作,就改为每人负责一个晚上),你会从这样的安排中获益。这样安排能给你预留出发展个人兴趣的时间,也使你有闲暇休息放松一下。

关注当下

许多世界级的哲学家都建议我们,在任何时候,都要把自己的心智放在自然之美、快乐、安静以及我们身处的这个世界的奇妙之处上。然而,我们却变得更专注于为即将到来的事情未雨绸缪,而往往错过了当下的美好或平静。我非常推荐我的前同事乔恩·卡巴-金(Jon Kabat-Zinn)博士写的一本书《所往即所在》(*Wherever You Go, There You Are*)。这本书的主旨是:通过专注于当下将正念融入生活——关注其感官丰富性和质感,关注其范围,包括它的宽度及精度,在恢复个人能量、思想观念以及平衡和控制情绪方面,我们投入的时间会得到百倍的回报。这会大大减轻多动症孩子父母的压力感、时间压力和每天感受到的紧迫感。

这个方法被称为"正念冥想",其步骤是:停下你正在做的事情,闭上眼睛,把注意力集中在一个点上,比如集中在你的呼吸上,然后把其他所有思绪都从你的脑中清除。如果有任何别的念头钻进了你的头脑中，只需要知道它们出现过，就不必再注意了，不要发展这些想法或在脑中就这些想法与自己对话。然后睁开眼睛，试着只关注你在那一刻接收到的感觉信息，或者只是关注你的呼吸，有人可能会称之为那一刻经历的质感，不考虑任何想法，不考虑刚刚过去的事情，也不考虑接下来可能发生的事情。

识别并改变易带来压力的思维模式

至少就情绪而言，在很大程度上，你的状态是由你的想法决定的。比如，你很可能注意到，当孩子在商店里突然发脾气时，其他父母似乎会就事论事地管束孩子的不当行为，不会觉得惊慌或痛苦，但是，如果相似的情况发生在多动症孩子身上，家长就会觉得很丢脸。你可能会推断，也许普通家长能够做到冷静处置是因为他们的孩子不会每次走进商店都惹祸，但是你的孩子会。

其实未必如此。很多年前，著名的心理学家阿尔伯特·艾利斯（Albert Ellis）博士提出了这样一套理论：我们对特定情境的感受取决于我们怎么看待情境中的人和事。这与近2600年前发展起来的哲学很相似，我们的大部分痛苦来自我们思考事物的方式，以及对我们所没有的东西的渴望，比如完全的健康或幸福、经济上的成功、财产、爱、接受或社会地位。若我们持有消极、苦恼、自我批判的想法，我们便煽起了负面情绪的火焰，助长了我们的痛苦。但是如果我们认识到这些消极思维模式，将其转变为有建设性、积极、自我激励的思维模式，即使只是停止思考过程，专注于外部现实，我们就能够减少甚至消除消极的情绪反应。

所以，当你的孩子在商店里发脾气时，你可能会这么想：

"我的孩子怎么能让我那么丢脸？每个人肯定都在围观。他们会怎么想我？他们一定认为我是一个糟糕的家长，我管不了自己的孩子。我知道我本应该待在家里。这个孩子怎么能让我如此丢脸？我永远不要再踏进这里一步。为什么作为家长的我如此失败？"

在相同情况下表现更镇静的父母也许会这么想：

"我不会因为孩子胡闹就顺从他。他知道规则，来到这里之前我就告诉过他这次我们不会买任何玩具或糖果。我是这个孩子的教师，他可能要吃点苦头才能知道我不会被这些坏脾气吓到。他并没有真的受伤。几分钟之内他就会冷静下来。真不幸，他让自己这样出丑，还打扰了来购物的其他人。我已见过很多父母因为孩子的这种情绪爆发而不得不管教他们。事实上，很多孩子在商店里偶尔也会这样做。但是，如果现在顺着他，他就会形成错误的认知。我是一个好家长，我没有屈服于他的要求，而是坚持我的计划，更好地管教他。"

要学会怎么识别负面思维模式，你可以随身携带一个笔记本，当遭遇引发压力或烦恼的事件时，记录下你对自己说或想的话。当同样的压力源再现时，你一发觉自己使用了负面或令人痛苦的思维模式，就尝试用更积极、更乐观、更有建设性和更宽容的思维模式来代替它。

定期锻炼

所有人都听过这条建议，但是只要你身处紧张的生活之中，这条建议就显得格外重要，所以值得在这里重申一遍：定期锻炼能够减轻压力，增加耐力，增强自我控制能力，让我们更有能力应对日常的种种需求。如果你觉得难以抽出时间，不妨试试把锻炼融入其他有助于自我休整的活动：邀请朋友和你一起骑自行车出游，召集4人组队去打高尔夫球，或者和老朋友计划定期在周末徒步旅行（见时间管理专栏）。记住，根据健身专家的说法，即便每周进行3次20～30分钟的轻度运动，也会让你获益匪浅。

避免摄入有害化学物质

你之前一定也听说过：酒精、咖啡因及尼古丁这些东西弊大于利。现在，我们都知道了吸烟的危害，但是对咖啡因和酒精的负面作用却知之甚少。其实很简单,如果你想保持精力充沛,适度是关键。酒精能让人去抑制和放松,因此它对人们有诱惑力,但随后它会变成镇静剂;如果长期过量饮酒,你会变得冲动、反应过度、疲倦、出现脑雾①、易怒、挫折容忍度低,还会逃避责任。尼古丁和咖啡因都是兴奋剂,它们可以增加心率、血压、呼吸频率、大脑活动、肌肉紧张度、烦躁不安的情绪,让人们在情境中更容易感到有压力、紧张和烦躁。你最不需要的就是反应过度,我想你一定同意这一点。所以不妨花些时间检视一下你的习惯,看看它们是否对你有益。

应对自己的多动症

如前所述,多动症儿童的父母本身患有多动症的可能性是普通儿童父母的 5~7 倍。研究一致表明,患有成人多动症甚至会对养育普通的孩子产生一些不利影响,对患有多动症的儿童更加不利。如果你也有多动症,做什么事能有所助益?

患有多动症的父母未被诊断和治疗,却要抚养患有多动症的孩子,这将导致长期冲突和其他心理灾难,更不用说增加孩子遭受意外伤害的风险(与减少监督和父母对孩子的活动关注度不足有关)。患有多动症的父母也可能在他们作为父母的角色中感受到更多压力。其中一些压力源于他们自己的多动症以及由此带来的冲动、情绪化和混乱的养育方式。有些压力显然是由于他们的孩子更有可能患有多动症或相关疾病。而其中一些压力则与多动症父母更有可能患有抑郁症有关。我们的建议简单明了。

1. 对你的多动症进行评估和治疗。如果是中度到重度,就服用多动症药物。

---

① 英文为 brainfog,主要包括思维和反应迟缓、模糊、混乱、精神感到疲劳、注意力不集中等一种或多种表现。——译者注

如果你无法控制自己的多动症，就无法如你期待的那样抚养孩子。

2. 让你的孩子接受可能的多动症和相关疾病的评估，如果还没有接受过专业的治疗，就去寻求治疗。不要因为在网上或其他地方看到一些关于多动症的信息就进行自我诊断或为孩子诊断。你不是儿童或成人精神障碍、鉴别诊断或管理疾病方面的专家，因此要请专业人士为你和孩子做这件事。

3. 在附近的心理健康诊所、医学院、大学、医院或县心理健康中心参加父母行为训练课程。大多数大都市都有这样的资源。如果你住在缺乏此类服务的农村地区，或者找不到这样的家长课程，可以考虑阅读我的书《如何养育叛逆孩子》①（*Your Defiant Child*），学习更多相关方法，这对抚养多动症儿童很有帮助。对于青少年，请看我的书《如何养育叛逆少年》（*Your Defiant Teen*）。这两本书在网上都可以买到。患有多动症的父母如果自己的多动症没有得到治疗，他们在这些课程中的表现就不会很好，所以在开始这些课程之前要先治疗自己的多动症。

4. 让父母中没有多动症的一方处理学校的家庭作业，特别是如果你的多动症没有得到治疗。大多数父母都不是孩子的好导师，所以你可以打赌，一个有多动症的人可能也不太擅长。

5. 夜晚交替照顾孩子——父母双方每隔一个晚上轮流管理孩子，特别是如果孩子有多动症。这样做是为了不让父母中的一方承担全天或放学后监督和照顾孩子的全部或大部分负担。

6. 让父母中没有多动症的一方处理与孩子有关的有时效性的事件，如医疗和学校的预约，或学校项目的最后期限。父母中有多动症的一方可以通过承担对时效性不强的任务（洗衣服、打扫房间、维护房子和汽车、照料院子、给孩子洗澡、读睡前故事等）来弥补。

7. 如果你对孩子感到不知所措或有压力，就让自己进行计时隔离（一个安静

---

① 本书中文版由中国轻工业出版社于2019年出版。——译者注

的房间）。

8. 在你采取重大儿童惩戒行为之前，与你的伴侣讨论这些行动。这样做是为了避免因你的多动症相关症状而冲动地，也许是过度地管教孩子。

9. 尽可能让没有多动症的家长开车送孩子去参加活动（除非有多动症的家长服用了药物）。

10. 如果在放学后、周末、暑假或其他任何时间，你的孩子在家或在院子里，而你负责监督他们，请频繁地设置一定时间间隔的闹钟，如每隔 15～30 分钟，以提醒你停止手头的事情，监测孩子的活动或行踪，特别是多动症孩子。

11. 每周都要给自己一些喘息的机会。患有多动症的成人比一般成人更需要遵循本章前面的建议，以应对在自身患有多动症的同时还要养育孩子的压力。寻找一些你喜欢的爱好、活动、俱乐部、组织、项目，或仅仅是娱乐活动，让你在情感上得到恢复，使你的压力得到缓解，或以其他方式使你有时间为养育孩子重新注入能量。所有的父母每周都需要一些时间离开自己的孩子（和配偶），让自己重整旗鼓，找点乐子，或者让自己的情绪得到恢复，这对患有多动症的父母来说尤其如此。因此，找到休整的机会——如果你需要，每周或更经常地这样做。

关于在患有成人多动症的情况下如何养育孩子的更多信息，请参阅本书末列出的资源。

第三部分

管理多动症孩子的生活：在家和在校该如何做

第十一章

八个步骤改善孩子的行为

当孩子患有多动症时,家人会发现家更像战场,而不是避难所或庇护所。孩子违反家规、忽视家务、抗拒做家庭作业,并且通常会扰乱平静的生活。多动症无法治愈,但有一些合理的原则可以帮助你和孩子一起改善行为、社会关系,以及适应家庭生活。本章将介绍我在多动症诊所教授的一些管理原则,在我的整个职业生涯中我一直与这些诊所有联系。超过75%的就诊家庭都认为,这些原则帮助他们显著改善了孩子的行为和他们与孩子的关系。

这里所描述的策略是为减少孩子的顽固、违抗或对立的行为,同时增强孩子的合作性而专门设计的。不要指望这些策略能够显著减轻孩子多动症的症状。在大多数情况下使用这些方法的结果是,孩子能够更好地应对家庭中的日常任务和生活需求,并做出一些积极行为,使他们在学校、社区和更大的社会范围内更加成功。

以下是你可以通过努力应用这些原则来实现的目标。

1. 通过相互尊重、合作和欣赏,加强亲子关系;让亲子关系更加充满爱、更加友好。

2. 减少可能会渗透到你与孩子的日常交往中的日常冲突、麻烦、争吵甚至发脾气——既包括你,也包括孩子。

3. 增加孩子适当的和被社会所接受的行为,同时减少孩子反社会的和不被社会所接受的行为。

4. 帮助孩子做好社会化的准备。本治疗方案可以应用于各种各样的儿童行为问题，远远超出了家庭的范围——包括所有父母必须期望他们的孩子以亲社会（有效和社会支持）的方式行事，必须信任他们会履行家庭和社会责任，必须培养孩子与其他孩子和成年人之间积极和合作的社会互动的情况。

当幼儿学会遵守父母的要求和规则时，他们就形成了一种社会合作的基本态度和向成人学习的开放态度，这对孩子持续性的社会发展和成年后的社会适应非常关键。你将履行父母在社会上最基本的角色之一：帮助孩子在更大的社会群体内做好社会化的准备。不要误解父母责任的重要性。心理学研究在这一点上得出了清晰的结论：一些孩子学会了用违抗父母、固执、发脾气、攻击性行为等手段成功逃避大人的要求和他们应承担的社会责任，这些孩子长大后将成为反社会和犯罪行为、学业失败、被同龄人和社区排斥，以及低龄物质滥用的高危群体。设计该方案的目的是直接解决这一风险，并提高孩子接受你和其他重要成人的社会互动的开放性，以及与你、同龄人和更大的社会团体合作的开放性。这种社会合作精神和对社会规则与经验的开放性对于每个孩子长大后适应成年世界是非常关键的。

该方案适合你吗？

该方案可以帮助你管理多动症孩子的行为，使用该方案的前提是：

- 孩子的年龄在2—12岁；
- 孩子的语言发展总体正常；
- 不是严重的对抗或挑衅，以及极端的情绪爆发；
- 当你试图限制孩子的行为时，孩子不会攻击你，也不会变得非常具有破坏性。

如果出现以下情况，请不要尝试此方案：
- 孩子的语言发展水平低于2岁儿童的平均水平；
- 孩子的年龄在13岁或以上（本书第十三章中的方案可能更适合他）；
- 当你试图限制孩子的行为时，孩子会做出身体暴力行为或威胁他人。

如果孩子存在下列情况，只有在有专业人士的帮助时再尝试本方案：
- 被诊断为患有中度或更严重的孤独症谱系障碍（语言理解能力严重受损）、精神病性障碍（如精神分裂症），或者破坏性心境失调障碍或严重甚至自杀性抑郁症；
- 违抗性极强。

最后警告一句：如果你还没有准备好改变自己的行为来帮助孩子，那么这个方案不适合你。对于一些家长来说，这些原则要求他们在亲子互动中做出重大改变，如果你没有充分准备好实施这个方案，那么它一定会失败。

如何使用该方案

该方案在我的书《如何养育叛逆孩子：八步改善儿童行为，重建亲子依恋关系》中有详细的说明。在尝试对孩子使用这些方法之前，你可能需要先阅读这本书，因为本章仅提供了该方案的概述。整个方案平均要花费父母大概8周的时间来完成（方案的八个步骤列在了下面的专栏里）。你应该在开始前为每个步骤至少设定一周时间。直到你对本周进行的步骤感到满意，才能继续进行下一步。你的孩子形成当前的消极行为模式可能用了几个月甚至几年，因此不要指望他很快就会发生变化。该方案的每一步都建立在前一步的基础上，因此，你必须按照本书提供的顺序应用它们。千万不要跳过前三步，直接采用涉及纪律和惩罚的方法。为了使其更有效，后面的涉及纪律的步骤必须在前面的步骤之后进行。如果在家庭环境中，你做不到对孩子的适当行为给出足够的奖励、认可、认同和表扬，那么惩罚通常是无效的。

改善行为的八个步骤

第一步：学会给予孩子积极关注。

第二步：使用有力的关注来获得孩子的配合。

第三步：给出更有效的指令。

第四步：教孩子不要打扰你的活动。

第五步：设立家庭代币制度。

第六步：学会用建设性方法惩罚不当行为。

第七步：扩展对计时隔离的使用。

第八步：学会在公共场所管教孩子。

第一步：学会给予孩子积极关注

目的和目标

你给予孩子的关注是一种非常有力的奖励或后果。这就是为什么孩子会来找你、努力获得你的注意，并且享受你给予他们的任何积极关注。然而，即使不是积极关注，孩子也非常渴望。即使缺乏积极关注，仅仅是负面关注——谴责、批评、大吼大叫——似乎也值得孩子来找你，因为有关注总比没有好。孩子由于打扰父母打电话而受到的责骂也许会在这一次使他配合指令，但下一次他有很大可能还会继续打断父母的电话。

即使积极关注也往往是有缺陷的。比如，父母会将表扬和批评结合在带有讽刺意味的赞美中，例如："你这次清理房间做得很好，但是你为什么不能每天都自觉地去做呢？"如此，积极关注对于孩子积极行为的强化力度会被大大削弱。

了解什么时候该给予孩子注意、什么时候拒绝给予是这一方案的重要目标。同样重要的是，当你给予孩子关注时，应该如何去关注，这是该方案第一步的主题。我们在进行第二个步骤时也会涉及这个问题。

如果你不认为自己的关注时间和关注方式对孩子的顺从性和其他行为有很大的影响力，你可以做下面专栏里的练习。这一步骤的目的是帮助你履行好家长的监督责任。它的目的是改变你的行为。孩子行为的改变应该是循序渐进的，但终究还是要从你的改变开始。

说明

该方案的第一步是学习如何关注孩子在玩耍时做出的良好行为。如果你的孩子不到 9 岁，你可以每天抽出 20 分钟作为你与孩子共度的"特别时间"——如果孩子尚在学龄前，可以在早晨其他孩子都去上学以后进行；如果是学龄儿童，可以在放学后或晚餐后进行。别让其他孩子参与！如果孩子的年龄在 9 岁以上，你不需要选择特定的时间，你可以在每天孩子开心地独自玩耍时抽出一段时间，停下你手头的事情，加入孩子的游戏，按下面的方法去做。

如果你已经设置了一个特定的时间，你只需要简单地说："到了我们一起玩耍的特别时间了。你想做什么呢？"孩子应在合理的范围内选择游戏活动（不包括看电视或单独玩电子游戏，这些都不是活动）。如果你没有设置特定的时间，那么只需要问你是否能加入。

不管哪种情况，你都不要控制孩子的游戏或指挥孩子。在加入孩子的活动之前，先花几分钟时间放松地观看孩子在做什么。很明显，当你心烦意乱、非常忙或不久后将要离家外出时（比如外出办事或旅行），不应该进行这个特别的玩耍活动。你的思绪会被这些事情占据，你给予的关注质量会相当差。

你是自己能想象到的最好的监管者还是最差的监管者？

1. 将一张纸分成两栏（或使用计算机、平板电脑或智能手机），左栏顶部写"最差的监管者"，右栏顶部写"最好的监管者"。

2. 回忆你为其工作过的最差的人，想想这个人是如何对待你的。这名监管者曾说过什么或做过什么，让你厌恶这种管理或互动方式？如果可以避免，你不会愿意再为这种人工作。为什么？在左栏列出至少 5 种不同的负面特点。父母经常写出如"不欣赏我的工作""似乎不听我的意见""不诚实""太霸道或过度控制""打断我手头的工作也不道歉""表现得好像我是他的奴隶""真正的独裁者""脾气暴躁"以及"总是挑别人的刺儿"。

3. 接下来，想想你曾为其工作过的最好的人——一个你愿意再次为之工作的人。如果这个人在你的职责范围之外请你帮忙做一些额外的工作，你会非常乐意帮助其完成。为什么？在右栏列出 5 个积极的特点。父母经常写出如"诚实""感谢我所做的，即使只是小事情""对我和我的观点感兴趣""鼓励我努力做得更好""尊重我的时间和我的工作"以及"对于他自己的工作和我们的工作都很积极乐观"。

4. 现在看看两栏的信息，坦诚地思考你的孩子会把你放在哪一栏。

与我合作过的超过 90% 的父母震惊地发现，他们在与孩子互动时更容易表现得像个"最差的监管者"，而不是"最好的监管者"。当你监管孩子时，你给予孩子关注的方式给他们的感受与这一方式给你的感受是相同的。

在看完孩子的游戏后，你可以开始大声描述孩子在做什么，以此来表达你的兴趣。换言之，偶尔叙述一下孩子的游戏。尽量保持你所说的内容充满激情和动感，而不是单调乏味的。幼儿真的很喜欢这样的评论。对于年龄较大的孩子，你仍然应该发表评论，但要少说一些。

不要问问题也不要给指令！这是非常关键的。提问是破坏性的，应该仅限于你想要搞清楚你不确定孩子在做什么的时候。要记住，孩子的特别时间是用来放松和享受你的陪伴的，而不是由你来教导孩子或接管孩子的游戏的。

有时，你需要给予孩子赞美、认可或积极的反馈。要准确且诚实，不要过度恭维。例如"我喜欢我们像这样一起安静地玩耍""我喜欢我们一起度过的特别时间"以及"你看你做得真的很好"都是积极恰当的评论。如果你不知道该如何说，不妨试试以下表达方式。

表示认可的非言语方式

- 拥抱
- 轻拍头或肩
- 深情地揉搓头发
- 用手臂搂着孩子
- 微笑
- 轻吻
- 竖起大拇指
- 眨眼示意

表示认可的言语方式

- "当你……时我很喜欢。"
- "当你……时非常好。"
- "你真是个了不起的男孩（或女孩），因为你……"
- "你做……的方式真是了不起！"

- "太棒了！"
- "干得好！"
- "厉害！"
- "棒极了！"
- "宝贝，你真的长大了，因为你……"
- "你知道吗，6个月前你还不能做得像现在一样好——你成长得真快！"
- "漂亮！"
- "哇！"
- "我会告诉爸爸（或妈妈）你表现得有多好！"
- "你做得真好！"
- "这些都是你自己做的！继续努力！"
- "因为你表现得很好，你和我将……"
- "我为你自豪，因为你……"
- "我非常喜欢我们一起像这样……"

如果孩子开始胡闹，你只需转过身去，看一会儿别的地方。如果他继续做出不当行为，就告诉孩子特别的游戏时间已经结束，然后离开房间。告诉孩子，当他能好好表现时，你再陪他玩耍。如果孩子在玩耍时表现得非常具有破坏性或虐待性，那就像你通常做的那样管教他。

每位家长要在特别的游戏时间与孩子共度20分钟。第一周时，要尽量每天都进行，或者至少一周进行5次。第一周以后，继续实行这一特别的游戏时间，一周至少进行3次或4次。

如果你的指令太多、问题太多，或者一开始给的积极评论太少，不要担心，下一次努力提高你的参与能力。一旦你与多动症孩子相处的技巧提高了，你可能也会想和家里的其他孩子一起度过这种特别的游戏时间。

如果你与孩子相处得很不错，你也许会发现孩子非常喜欢你的陪伴。当你们的"特别时间"结束时，孩子甚至会请求你留下多玩一会儿。在极少数情况下，你甚至会发现孩子开始赞美你做得好或者赞美你为他所做的事情。

如果你仍然不习惯这样与孩子相处，就需要在进行第二步之前再花一周时间练习这项新的参与技巧。当你发现你与孩子一起游戏时，只是评论他的活动但不管教他、指挥他，不问一些不必要的问题，你就已经准备好进入下一步了。你也许会发现对孩子在玩耍中做得好的事情，以及你们之间的良好互动给予赞美和积极反馈是件相对容易的事情。如果你在大部分游戏时间都不知道要和孩子说什么，你也需要再多花一周时间进行练习。通过执行第一步到第四步，你会明白，推进这一方案的前提条件是你的行为得到了何种转变，而不是孩子有多大的改变。但是，请放心，如果你遵循这些方法，改变很快就会发生，你和孩子的关系也会变得更亲密并且得到改善。

提示

1. 一定要立刻表现出你的认可。不要拖延！
2. 一定要具体说明你喜欢的是什么。
3. 不要话里带刺。

第二步：使用有力的关注来获得孩子的配合

目的和目标

现在你需要做的是，拓展在游戏时间里关注孩子的方法的使用范围，当孩子听从你或遵守你的指令时，也采用同样的方法。这两种情境下使用的方法相同，只是关注和评论的焦点不同。你的目标是改进自己监管孩子的方式，以期提高孩子配合你做事（服从）的意愿和做事的努力程度。

说明

当你给出指令以后,要对孩子的表现给予即时的反馈。不要走开,留下来,关注孩子并对孩子的配合给出积极的评论(见上文表示认可的言语方式)。

当孩子在做事或遵从指令时,不要再给其他指令或者问孩子任何问题。父母经常一次发出好几个指令或者问一些不必要的问题,这会分散孩子的注意力。

当你注意到孩子已经遵从了指令,如果你必须离开,那么可以离开一会儿,但是一定要经常回来给予关注并表扬孩子服从的表现。

如果你发现孩子在没有被告知的情况下已经能够自觉地做事或做家务,要给予孩子积极的赞美,甚至可以给孩子一个小特权,以帮助孩子记住并自觉遵守家庭规则和完成任务,而不总是需要有人提醒。即使是多动症儿童,尽管他们有缺陷,但是他们的记忆力和遵守规则和指示的能力也会提高,帮助他们的一种方法就是当他们自觉地这样做时给予奖励。

本周,无论你给出什么指令,都要给予孩子积极关注。另外,选择2~3个孩子不总是遵从的指令,无论他何时开始遵守这些指令,你都要特地表扬他、关注他。简而言之,"抓住一切他们表现好的时刻!"

设立遵从训练期

在接下来的1~2周,时不时地花几分钟训练孩子的遵从度是非常重要的。选择一个孩子比较空闲的时间,请他帮你一个小忙,如"递给我铅笔"或"可以把毛巾给我吗"。我们称这种为"拿来指令",这种指令只需要孩子做出简单的努力就可以完成。在这几分钟时间里,给出5~6个这种指令,但是一次只能给出一个指令。当孩子每完成一个指令时,一定要给孩子一些具体的表扬,如"你听我的我很高兴""当你照我说的做的时候真的很棒"或"谢谢你按我的要求做了",然后再让孩子做其他事情。

试着这样一天做几次。因为这些要求非常简单和简短,大多数孩子(甚至是有行为问题的孩子)都能做到。这为你提供了绝佳机会去"抓住一切他们表现好的时刻！"以及表扬孩子的顺从。如果孩子没有遵从其中某一个指令，那就跳过它，再提出另一个简短的要求。此时，你的目标不是对孩子不遵从指令做出对抗或惩罚，而是发现、关注并奖励孩子对指令的配合。这样就可以增加孩子遵从你提出的其他必要的指令的可能性。

当你可以非常自然地指出孩子为你做的很棒的小事时，当孩子在遵从训练期间遵从了你的大部分或全部要求时，当你发现表扬孩子的遵从很容易时，你知道你已经准备好进入下一步了。

经过一周的实践之后，许多父母告诉我，孩子对他们的行为开始发生变化了，尽管并不是非常明显，但已经足以令父母注意到。

第三步：给出更有效的指令

目的和目标

第三步的目的是改善你要求孩子做事或遵从你的指令的方式。当我治疗有行为问题的孩子时，我注意到父母只需改变他们对孩子下达指令的方式，就常常会在提高孩子的遵从度方面取得显著成效。

说明

当你要给孩子一个指令或指示时，一定要做到以下几点。

一定要当真！

千万不要下达你不打算执行的指令。你应该提前设置好与每一个指令相匹配的适当的后果，来表明你说到做到。你最好集中精力在你想要的几个指令上，而不是抛出几百个指令，然后跟进其中不到一半的指令。

不要用提问或请求帮助的口吻说出指令

要用简单、直接、公事公办的语调陈述指令。不要说"为什么我们现在不捡起玩具呢？""该吃饭了，去洗手，好吗？"。这是问题式指令或请求式指令。在句子的最后询问孩子是否同意，这种指令的效果远远不如直接陈述好，如"把你的玩具捡起来""该吃饭了，去洗手"。你不需要大喊大叫，只需要坚定、直接地说出来就可以，就像克林特·伊斯特伍德①（Clint Eastwood）在电影里坚定的语气一样。

不要一次下太多指令

大多数孩子只能同时执行一个或两个指令。现在，试着一次只给出一个具体的指令。如果你想要孩子完成的任务有些复杂，那就把它分解成更小的步骤，一次只做一步。

确保孩子注意到你

一定要与孩子有眼神交流。如有必要，轻轻地将孩子的脸转向你，确保他在倾听并保持注意。

在发出指令前减少所有干扰

家长经常犯的一个错误是，当孩子在看电视、听音乐、玩电子游戏，或者在手机或计算机上使用社交媒体时下指令。当有更有趣的事情时，家长不要指望孩子会认真听你说。在下指令前，要么你自己切断这些干扰源，要么让孩子将它们关掉。

让孩子重复这个指令

当你不确定孩子是否已经听到或理解指令时，要求孩子重复指令是非常有效

---

① 美国演员、导演、制片人，是美国影坛最受欢迎的硬汉明星。——译者注

的。此外，让孩子重复指令也能够使注意力持续时间较短的孩子更有可能将任务进行到底。

制作家务卡

如果你的孩子已经到了可以做家务又有一定的阅读能力的年龄，你会发现为每一项家务准备一张家务卡是很有用的。例如，你可以用单独的卡片来代表一项家务，比如打扫卧室、收拾家庭活动室、把餐具放进洗碗机或清空洗碗机、在用餐前摆放餐具。你只需要简单地列出正确完成这项任务所涉及的步骤即可。然后当你想让孩子做家务时，只需要将卡片给孩子并告诉他这是你想要让他做的。这些卡片会大大减少关于孩子是否正确地完成了任务的争论。

设定最后期限

你也可以在卡片上注明每件家务活要花多少时间，然后设置计时器，或者使用智能手机上的定时器功能，这样孩子就可以确切地知道什么时候该做什么。无论你是否使用家务卡，都要给孩子一个具体的最后期限。不要说"今天某个时候你得倒垃圾"或"中午之前你必须打扫你的卧室"，你需要在任务时间到了的时候说："现在你该去扔垃圾了。你有 10 分钟的时间来完成这项任务。我会定时 10 分钟。咱们来看看你能否在此之前完成。"为了公平起见，在任务开始前 5~10 分钟，你可以给孩子一个礼貌的警示，再过 5 分钟或 10 分钟，你会回来要求他开始做事。

在接下来的一周里你要练习下达有效的指令，并且继续练习该方案前两个步骤的内容。当你能够用一种平和自然的指令口吻下达大部分的任务要求或指令，而不是以请求或询问的口吻时，你就已经准备好进行下一步了。你应该会注意到，你发出指令的形式变得更简单了。在进行下一步前，问问自己，你是否检查了孩子的日常家务，写明了时间限制的家务卡是否为他们提供了必要的帮助。另外，你现在是否对大部分任务设置了时间限制？给予明确的指令，使任务指令相对简单，以及为任务完成设定时间限制，做到了这三点，你就可以进行下一步了。

第四步：教孩子不要打扰你的活动

目的和目标

许多有行为问题的孩子的父母都会抱怨，当他们在打电话、做饭或拜访邻居时，孩子总会打断他们的活动。第四步是为了帮助你教导孩子在大人忙碌时独自玩耍。许多父母在孩子干扰大人的活动时给予了孩子很大的关注，而当孩子没有干扰大人、独自玩耍时，他们几乎没有给予任何关注。难怪孩子总是干扰父母！

说明

当你要开始忙一些事情时，比如打电话，你就要给孩子下达一个包含两部分内容的直接指令：一部分是告诉孩子当你很忙时他应该做什么，另一部分是明确地告诉他不要打断你或打扰你。例如，你可以说："我现在要打电话，所以我希望你待在房间里看电视，不要打扰我。"你给孩子的任务不应该是家务，而应该是一些有趣的活动，如给画本涂色、玩玩具、看孩子最喜欢的电视节目、剪图片等。过一会儿，停下你手里的事情，到孩子那里看看他，表扬他可以自己待着且没有打扰你。你要再次提醒孩子待在这里做给他布置的任务，不要来打扰你，然后回去做自己的事情。等稍微长一点的时间后（要比刚才的时间长一些），再次去看看孩子，然后表扬他没有打扰你。再次回到你的活动中，等待的时间再长一些，然后再次表扬孩子。随着时间的推移，你就能慢慢地降低表扬孩子的频率，并增加你停留在自己事务上的时间。一开始你必须频繁地中止自己的活动，也就是每隔1~2分钟就去表扬孩子。这样几次之后，你可以等待3分钟再去表扬孩子。然后延长到5分钟，依此类推。每次在表扬孩子前，都把这段时间稍微延长一些。当你教给孩子新东西时也可以使用该方法：开始时很频繁地关注和表扬孩子，然后渐渐降低表扬孩子新行为的频率。

如果你感觉孩子就要停止他的活动过来打扰你时，马上放下你正在做的事情，到孩子那里，表扬他没有打扰你，然后重新告诉孩子要待在这里完成任务。

一旦结束你所做的事情后，就去表扬孩子让你做完了事情而没有打断你。你甚至可以定期给孩子一个小小的特权或奖励，以表扬孩子可以让你不被打扰地做自己的事情。

本周，选择一个或两个活动，比如准备一顿饭、与一名成人聊天、写信、完成任何特定的事务、打电话、阅读、看电视、做文书工作、在饭桌上聊天、拜访别人家、大扫除，你可以在进行这些活动时练习这个方法。如果你选择打电话，就让某个人一天给你打 1～2 次电话。这样，以后有重要的电话打来时，你接电话就不会再受到那么多干扰了，因为你之前已经与孩子做过这样的练习了。

经过一周的练习后，问问自己，停下你正在做的事情，然后去表扬孩子能让你不受打扰地独自处理事情，以及当你不想被孩子打扰时，你常常记得给孩子布置任务，这样做现在对你来说有多容易。如果这些练习变成了你与孩子之间典型互动的一部分时，你就已经准备好进入下一步了。

第五步：设立家庭代币制度

目的和目标

有行为问题的孩子一般需要更强大的刺激而不是仅仅靠表扬来激励他们做家务、遵守规则或遵从指令。将遵从与强大奖励相结合的一种方式就是家庭筹码方案（适用于 4—8 岁的孩子）或家庭积分系统（适用于 9 岁及以上的孩子）。虽然你可能会很快看到效果，但是如果你很快就停止使用该方案，孩子行为上的积极改变就不太可能持续下去，因此你需要坚持使用这个方案 1～2 个月。

筹码方案的说明

拿出一套塑料扑克筹码，然后与孩子一同坐下来，用积极的语气说出奖励方案。例如，你告诉他，你认为自己一直没有对他在家里做得好的事情给予足够的奖励，因此，你想要建立一种方式，使他可以因为表现好而获得特权。如果孩子只有 4—5 岁，你需要向孩子解释，无论什么颜色，每个筹码都代表 1 个。对于 6—8 岁的孩子，可以告诉他不同的颜色有不同的意义：白色代表 1 个，蓝色代表 5 个，红色代表 10 个。然后，将每种颜色的 1 个筹码系在一块小硬纸板上，将它们代表的数量也标注上，把这些纸板贴在孩子容易看到的地方。

然后，你和孩子要设立一间"银行"——鞋盒、咖啡罐（不要使用边缘锋利的）、塑料瓶或其他容器都可以，用来存储孩子赚的筹码，和孩子一起装饰它是非常有意思的一件事。

现在，列出孩子赚得筹码后可以获得的一系列特权。这不仅需要包括偶尔的特殊特权（看电影、滑冰、买玩具），还要包括孩子认为理所应当的日常特权（看电视、玩电子游戏、上网、用手机、玩家里已有的特殊玩具、骑自行车、去朋友家，等等）。要确保至少列出 10 条，最好有 15 条。它们不一定需要花钱，其中也可以包括孩子很喜欢的在家周围进行的一些活动。

然后，列出你经常让孩子做的工作或家务：饭前摆好餐具、饭后收拾桌子、打扫卧室、铺床、倒垃圾、做作业或其他家务活。你还应该列出可能会引起冲突的个人护理任务，如穿好衣服准备上学、准备睡觉、洗漱和洗澡、刷牙。

接下来，决定每种工作或家务对应多少筹码。对于 4—6 岁的孩子，大多数的任务都"价值"1~3 个筹码，工作量非常大的任务可以对应 5 个筹码。对于 6—8 岁的孩子，每种任务可对应 1~10 个筹码，工作量非常大的任务可以对应更多的筹码。记住，工作越难，所对应筹码的数量就越多。

然后算一算，通常你在一天中会给孩子布置多少任务？如果孩子完成了其中的大部分，他能挣得多少筹码；在便签上写下这个数字。我们通常建议，孩子获得的日常筹码的 2/3 要花费在普通的特权上，余下的 1/3 存起来购买更大的特别奖励。例如，如果你的孩子做日常工作一天能获得 30 个筹码，那么其中 20 个应该用在日常特权上。做到这一点最简单的方法是，将每种日常的普通特权标定价格，然后将它们加起来，看看总数是否约为孩子每日赚得筹码的 2/3。如果总数过高，就降低特权的价格，最终使总数约等于孩子每日所赚筹码的 2/3。不要太在意确切的数字，只需要运用你的判断力并保证公平即可。

下一步是，给特别的特权设定价格。问问自己，你觉得孩子多久应享有这些特权一次，然后用孩子储存的筹码数（每天筹码收入的 1/3）去乘以隔多久能够获得长期特权的天数。如果孩子一天挣 30 个筹码，而且你认为孩子应每 2 周租一次视频游戏，那么应该用 14 天乘以 10 个筹码来得出特权的价格，也就是 140 个筹码。设定长期特殊特权的价格时，也不要太在意确切的数字。表 11.1 展示了一个日常家庭筹码方案。

表 11.1 家庭筹码方案任务和特权示例（适用于 6—8 岁儿童）

任务	获得的筹码数量	奖励	花费的筹码数量
穿衣	5	看电视（30 分钟）	4
洗手 / 洗脸	2	玩电子游戏（30 分钟）	5
刷牙	2	在院子里玩	2
铺床	5	骑自行车	2
将脏衣服收好	2	玩某种特殊玩具	4
收拾玩具	3	外出吃快餐	200
饭后将用过的餐具放到洗碗池里	1	租游戏光盘或电影	300
做家庭作业（每 15 分钟）	5	打保龄球或微型高尔夫球，或者滑冰或滑旱冰	400
给狗换干净的水	1	晚睡（30 分钟）	50
洗澡	5	让朋友来家里玩	40
把外套挂起来	1	让朋友来家里留宿	150
不与兄弟姐妹打架		去电子游戏室	300

（续表）

任务	获得的筹码数量	奖励	花费的筹码数量
从早饭到午饭之间	3	得到零用钱（每周15元）	100
从午饭到晚饭之间	3	选择特别的点心	20
从晚饭到睡觉之间	3	去朋友家玩	50
向爸爸妈妈提要求时用态度好的语气	1		
穿睡衣	3		
父母一叫就过来	2		
被问问题时说实话	2		
积极的态度	额外奖金		

注：我估计，通常在上学的日子，孩子仅靠做日常任务就可以获得约50个筹码。因此，这些筹码中的25~30个要被用来换取日常特权，如看电视（1小时）、玩视频游戏（1小时）、出去玩、骑自行车、玩需要父母同意才能玩的特殊玩具（如遥控车、轨道赛车玩具、玩具火车、战斗模型玩具、有衣服和配饰的娃娃、私人音乐播放器、直排滑轮鞋、滑板）。其余的特权，其价格依孩子应多久享有一次而定，也就是说，这一次到下一次之间应等待多少天（储存多少天筹码）。

  一定要告诉孩子，如果他做家务的态度良好，就有机会获得奖金筹码。也就是说，如果他迅速且愉快地完成家务，你就会给他额外的筹码。此外，请务必告诉他，你非常喜欢他积极的工作态度。当然，你不应每次都给孩子这种筹码。

  告诉孩子，只有在第一次下指令就遵从时，才可以得到筹码。如果你不得不重复下指令，孩子就不会得到任何筹码。

  最后一点是，在本周一定为任何小的适宜行为都给予筹码，即使这些行为并不在你的家务清单上。记住，你可以奖励孩子表现得好的不在清单上的行为。要注意抓住奖励孩子的机会。

  本周不要因为孩子不好的行为而扣除筹码！

  一旦孩子赚到了筹码，他就有权去消费。当然，也会有一些时候，如睡觉时间，是不方便让孩子使用特权的，但是他可以询问你什么时候可以使用这一奖励，于是你就可以将其安排在下一个更合理的时间。

家庭积分系统说明

准备一本类似支票簿的笔记本，在上面列出5列，分别记录日期、项目、存入、支出和余额。当孩子获得积分时，在"项目"栏写下具体做的事情，在"存入"栏写下具体的数量。当孩子购买特权时，将特权写在"项目"栏，将数额写在"支出"栏，然后在"余额"栏将其扣除。只有父母能在这个笔记本上记录。孩子随时可以看笔记本，但是不能自己操作。（如果你愿意，可以用计算机或智能手机代替笔记本。）

家庭积分系统与筹码方案的操作是一致的，只不过你是用笔记本来记录而不是给孩子筹码，并且使用更大的数字来代表每种任务的价值。通常，大部分日常工作都可对应5~25个点，工作量非常大的任务能达到200个点。凭经验估计，孩子每工作15分钟，你就可以给他大约25个点。

提示

1. 每隔几周就查看一次奖励和任务列表，在必要时增加一些你认为需要的新项目。同时询问孩子想要哪些新的奖励。
2. 你可以用筹码或积分奖励孩子几乎任何形式的良好行为。它们甚至可以与第4步结合使用，以奖励孩子没有打断你的工作。
3. 在孩子完成任务前不要给予他筹码或积分，但孩子配合后要尽可能迅速地给予孩子奖励。别拖延！
4. 父母双方都要使用积分或筹码制度，使其尽可能有效。
5. 当你因为孩子表现好而给他积分或筹码时，微笑着告诉孩子你具体喜欢他行为中的哪些地方。

在进行下一步前要实行本方案至少一周时间。当孩子能够完成大部分分配给他的工作或家务，同时孩子看起来非常享受该方案，而你也感到自己总是能记得给予孩子积分或筹码时，就可以进入下一步了。直到你认为本方案已成为日常习惯，才可以开始下一步。对于有些家长，这个步骤要持续两周时间。

第六步：学会用建设性方法惩罚不当行为

目的和目标

第六步是本方案最关键的部分。当孩子行为不端或不遵从指令时，使用这种方法来管教他们需要家长有非常高的技巧。这一步的目标是减少孩子的违抗行为、拒绝服从或其他不当行为。

你也许会问："如果是多动症造成了孩子不遵从指令，那么任何管教方法怎么可能有帮助呢？"多动症不会直接造成孩子拒绝或反抗你的要求。但是，如果分配给他们的任务冗长、枯燥、重复或单调，多动症就确实会造成他们的服从问题，也会导致孩子在做任务期间更容易分心。但是，一开始就拒绝服从要求并不是多动症的行为症状，它属于故意的违抗行为并且可以通过执行本方案得到改善。

为什么多动症孩子一开始会表现出违抗行为？部分原因是许多任务都很枯燥但却是必须完成的，而乏味无聊对于多动症孩子而言是非常不愉快的，他们渴望刺激、乐趣和新奇。或许是因为过去由于缺乏毅力而受到批评使他们变得抗拒；因此他们在害怕失败或被再次批评的情况下，渐渐变得畏缩不前。一些成人的过度批评和负面反馈无意中造成了孩子的对抗。这就是本方案强调在惩罚之前要先给予激励的原因。而且父母也培养了多动症孩子的违抗性，他们对孩子最初的情绪表现所做出的反应使得孩子了解到，抵抗、反抗和消极是逃避任务的有效手段。还要记住，有关社会合作、分享、利他主义和关心他人的研究表明，当人们想与其他人在未来再次互动时，这类行为就会得到发展。如果孩子对未来的感觉受限，比如多动症孩子，他就会较少关心他人，也缺乏与他人合作的动机，因为多动症孩子活在"当下"，而合作关系到社交生活的"未来"：这个人以后还想再和你互动吗？

你回应孩子最初的抵抗行为的方式决定了这些行为在未来会变得多么过分和严重。因此，使用此处所述的方式来应对多动症孩子的违抗，将会大大减少多动症孩子的此类行为。

对孩子罚款的说明

在你使用筹码方案或积分系统 1～2 周之后，你就可以开始偶尔选择性地将其作为一种管教的方式来使用。告诉孩子，无论何时，在要求他做家务或遵从指令时，如果他没有配合或者照做，他就会被罚款。从这时起，如果你给出指令但是孩子没有回应或遵从，就对他说："如果我数 3 声你还没有按我说的做，你就会失去 _____ 筹码（或积分）。"数到 3，如果孩子仍然没有开始执行，你就从"银行"或记录积分的笔记本上扣掉完成该任务所应支付的数额。如果该任务不在家务清单上，就选择一个较合理的与该不当行为严重程度差不多的罚款额度。

从本周起，对于孩子任何形式的不当行为，你都可以进行罚款。但是，注意不要罚款太多或使用得过于频繁，否则你就会迅速将孩子的银行账户清空，该方案也就不能再起到激励孩子好好表现的作用了。试想一下：如果在工作第一周内，因为你有一些小的违规行为，老板就扣光了你的全部薪水，那么你还愿意再回去工作吗？一般情况下，使用"3∶1"的规则——每奖励孩子 3 次，就可以对孩子罚款 1 次。如果你发现自己对孩子罚款太频繁，而这个方案对孩子已经失去了吸引力，也失去了激励孩子的能力，那就停止实施本方案 1 个月左右的时间。当你重新开始时，一定不要对孩子太严厉，不要罚孩子过多。

使用计时隔离的说明

计时隔离是惩罚更严重的不当行为的一种常用方式。它是指在惩罚期内让孩子待在一个安静、与他人隔离的地方。在接下来的一周，只对 1 种或 2 种不当行为使用计时隔离。你可以选择在前面的步骤中使用代币制度效果不好的那一类不当行为。

如果你不打算为该任务设置适当的后果，就不要下指令。在首次向孩子下指令时，要用坚定但中性或者友好的口吻。不要向孩子大喊大叫，也不要用请求帮忙的口吻。你可以在最初的要求或指令前面加"请"，但是不要以请求或询问的语气说出来。

下指令后，数到5。你可以大声地数出来，但是如果你发现孩子对此已经习惯了，总是等到你说出最后的"5"才开始遵从指令，那你就改为默数。

如果孩子在这5秒内还没有采取行动，你可以直视他，提高音量（但不要喊叫或尖叫），以坚定的姿势或立场对孩子说："如果你再不按我说的做，你就得坐到那把椅子上！"（同时用手指着墙角的椅子。）给出这个警告之后，再数到5。如果孩子在5秒内还是没有执行，你就要紧抓住孩子的手腕或上臂，说："你没有按我说的做，所以现在必须开始计时隔离！"

你应该更大声且用更加坚定的语气去说，但不要生气。提升音量是为了引起孩子的注意，而不是让你情绪失控。然后将孩子带到计时隔离椅上。孩子必须马上坐到椅子上，无论他做出什么承诺。如果孩子反抗，你可以采用一些必要的轻微的强制引导动作。例如，你可以紧抓孩子的上臂或肩膀，将孩子带到椅子处。如果需要，可以抓住孩子的裤腰后部或是衬衣领子的后部让孩子坐在椅子上，这样不会造成身体伤害。孩子不能去卫生间，不能喝水，也不能站着争论。孩子必须马上被带到计时隔离椅上。

让孩子坐到椅子上，严肃地说："你就待在这儿，直到我让你起来！"你需要告诉孩子，直到他安静下来，你才会回到椅子这里来，但是只说一次即可。在此期间，不要与孩子争论，也不要让其他人和孩子说话。你回去做你的事情，但是同时一定要留意孩子在椅子上做什么。孩子得一直坐在椅子上，直到满足以下3个条件才可以离开。

1. 孩子每增长1岁，计时隔离时间就要增加1~2分钟，这是"最短刑期"——轻度到中等的不当行为为1分钟，严重的不当行为为2分钟。
2. 当"最短刑期"结束，你也需要等到孩子安静下来才能让他离开。孩子第一次接受计时隔离的时候，可能需要几分钟到1小时，甚至更长的时间才能安静下来。直到孩子已经保持安静大约30秒，你才能到他那里去，即使这可能意味着孩子因为争吵、发脾气、尖叫或哭喊而在椅子上待1~2小时。

3. 当孩子已经安静了一段时间以后，他必须同意做父母要求他做的事情。如果父母让孩子做家务，他必须同意去做。如果是孩子暂时无法改正的行为，如骂人或撒谎，他要承诺下次不再这样做。如果孩子不同意（说"不"），就让他继续坐在椅子上，直到你允许他离开。接着，孩子继续待在椅子上再一次接受"最短刑期"的计时隔离，安静下来，同意按父母的要求去做。直到孩子同意遵从最初的指令，他才能离开椅子。如果孩子同意了，你就用平和的口吻说："我喜欢你照我所说的做。"

接下来，你要做的就是等待孩子的下一个适当行为，并为此表扬孩子。这样可以确保孩子受到的奖励与惩罚一样多，这表明你不是在生孩子的气，而是对他所做出的不当行为生气。

如果孩子未经允许就离开计时隔离椅，怎么办？

很多孩子在第一次接受计时隔离时，时间没有结束就会试图从椅子上逃离，以此来挑战父母的权威。一般来说，如果一个孩子的臀部离开了椅面，那么他就被认为离开了椅子。当孩子坐在计时隔离椅上时，不需要面向墙壁。应该告诉孩子：摇晃椅子或掀翻椅子都被视为离开。如果座椅本身经常成为玩具，那么就在角落里放一块小地毯或垫子作为实施计时隔离的位置。或者如果你住的房子有两层，也可以使用通向二楼的楼梯的第一级台阶作为计时隔离的位置。

孩子第一次离开椅子（垫子或楼梯）时，让他回到原位，大声而严厉地说："如果你再从那里（椅子、垫子、楼梯）下来，我就要罚款了！"如果孩子再次离开，你就从孩子的"银行"账户里扣除一大笔筹码或积分（大约是每日赚取数额的 1/5）。然后，再让孩子回到椅子上，对他说："现在你就待在这儿，直到我说你可以起来！"

此后，每次孩子擅自离开椅子时，都要罚款，即使是孩子因为一些其他的不当行为被再次送到椅子上。如果孩子未经允许就离开计时隔离椅，不需要再次警告，直接罚款。但是，在这段时间内，不要因为孩子离开椅子而罚款 2 次以上。对于这种情况，你可以使用如下惩罚方法：计时隔离时，将孩子送到他的卧室进行计时隔离。一定要把所有的玩具、游戏、电视、音响及其他娱乐设施和可以玩的东西从房间里都拿走。如果不能把房间里所有吸引人的可以玩的东西都拿走，就一定要限制孩子的行动，只允许他坐在床上。

一些家长和专业人士认为，使用孩子的床作为实施计时隔离的位置，可能会使孩子出现一些睡眠问题，但是我知道这种说法没有任何科学依据。

椅子应该放在哪里？

椅子应该是带靠背的，并且放在离墙足够远的角落里，这样孩子就无法踢到墙。周围不能有孩子可以玩的东西，还要确保孩子无法从这里看到电视。大多数父母选择厨房的角落、一楼的洗衣房、门厅、长走廊的中间或尽头或客厅的角落（未被他人占用的）。你在做自己的事情时要同时能够观察孩子。不要选择浴室、卫生间或孩子的卧室（一开始不要）。如上所述，有时孩子可以坐在角落的垫子上或通向二楼的楼梯的第一级台阶上。不要选择通往地下室的台阶，因为许多年龄小的孩子都害怕地下室。

本周你能期待什么？

一般来说，孩子在第一次接受计时隔离时会变得非常惊讶和不安，部分原因是你用了意想不到的方式和坚定的态度对待他。他们可能会十分生气，大声喊叫或哭闹，因为他们的感情受到了伤害。对于很多孩子来说，这种发脾气只会使第一次计时隔离的时间延长；一般来说，从计时隔离开始到他们安静下来并同意按父母的要求去做需要 15～30 分钟，但也可能会花 1 或 2 小时。渐渐地，孩子将开始遵从你的第一次指令，或至少是在你警告要对他施以计时隔离时服从你，因此使用计时隔离的频率最终会降低。但是，这需要 1 或 2 周时间。在第一周要记住，你这样做不是在伤害孩子，而是在教会他更好地进行自我控制、尊重父母的权威并认识到遵守规则的必要性。

如果你发现自己变得不安，怎么办？

大多数父母的愤怒来源于不得不在很长一段时间内多次重复被孩子忽视的要求。据我所知，父母很少会在使用本方案时感到烦恼不安，因为孩子从第一次拒绝遵从到同意遵从之间的时间是非常短暂的。但是，如果你发现自己出现了不安的情绪，请考虑一下是否出于以下原因。

- 在孩子因为不服从而被惩罚之前，你是否过于频繁地重复指令？你是否将这种互动拖延了太久，因此你的愤怒情绪越积越多？
- 你是否把生活中的其他问题带到了你与孩子的互动中？如果是这样，坐下来好好想想如何直接解决这个问题。让它影响到你与孩子的关系对你和孩子都不公平。
- 你是否持续感到抑郁或焦虑？这些情绪状态会使你的反应更加痛苦、敌对或易怒。不妨尝试一些在第十章中提到的压力管理建议。你可以向有资质的心理学家、精神病学家或其他心理健康专家寻求帮助，如果有需要，可以进行评估和治疗。

提示

1. 孩子不能离开计时隔离位置去卫生间、喝水、吃饭（孩子可以在之后吃饭）。不要在计时隔离结束后给孩子准备特殊的零食来弥补他错过的一餐，因为正是孩子坐在椅子上时错过的东西，才让计时隔离变得有效。
2. 如果你想针对孩子的睡前行为问题使用计时隔离的方法，你需要将处罚时间加倍，因为孩子在睡前所错过的事情不是那么重要。

3. 在未来的 2 周，不要在家庭以外使用这些惩罚措施。

4. 下周一定要继续进行前几步的练习，特别是代币制度。

第七步：扩展对计时隔离的使用

目的

继续使用计时隔离和罚款。当你使用计时隔离后，如果作为目标的不当行为减少，那么这周再选择 1 或 2 种新的不当行为作为目标。请记住，我们的目的是不要过度惩罚。如果你对上一种不当行为使用计时隔离仍然较频繁（一周超过 2～3 次），就不要再对任何新的不当行为使用计时隔离。

当你在家使用至少 2 或 3 周计时隔离之后，如果发现作为目标的不当行为的出现频率降低，你就可以进入下一个步骤了。你不需要在消除或减少孩子在家里的所有不当行为之后才进入下一个步骤。如果这种方法对孩子效果不好，孩子与你之间的冲突一如既往，甚至变得更加糟糕，那么你应该再次寻求心理健康专业人士的建议，或者求助于如本书所述的儿童行为管理方法方面的专家。

第八步：学会在公共场所管教孩子

目的和目标

一旦你觉得孩子的行为在家里得到了合理的控制，你就可以在商店、餐馆、别人家或其他地方使用这些方法。你本周的目标是开始在你们外出时减少孩子的不当行为。使用前面学过的方法达到这一目标并不难：（1）积极地关注和表扬孩子的良好行为；（2）当孩子遵从指令时，表扬他；（3）有效地下达指令；（4）对孩子的良好行为奖励代币或积分；（5）对于不当行为给予罚款和计时隔离的惩罚。

说明

在公共场所管理孩子的关键是制订一个计划，并确保孩子在进入公共场所之前了解这个计划。该方法在第九章介绍过。请遵照以下几个简单的规则。

规则1：在进入公共场所前定好规则

在你们进入某个公共场所之前，停下来并和孩子一起复习孩子需要遵守的重要的行为规则。根据不同场合，判断孩子最有可能会出现的不当行为，然后以此为基础给孩子设定3条规则，并让孩子复述。如果孩子拒绝复述，你要警告他，他将会被放到车上的计时隔离位置上。如果孩子仍然拒绝，你就带孩子回到车上，对孩子实施计时隔离。

规则2：激励孩子服从

在进入该公共场所之前，告诉孩子如果他遵守规则将会得到什么。在家庭之外的场所，筹码或积分也可以作为对良好表现的有效奖励。或者，对于4岁以下的儿童，家长可以带一小包相对健康的零食（如花生、葡萄干、椒盐脆饼干、玉米片等）或一些果汁，如果孩子在途中表现良好，定时将零食给他。有时，你可以在行程结束时答应孩子给他买一些东西，但是只能在极少数情况下孩子表现非常好时这样做，这样才不会让孩子总是期待这种奖励。

关于对孩子使用食物奖励，目前民间流传的说法和流行"心理学"认为，有些孩子变得肥胖的原因是他们或他们的父母总是将食物作为对成功或成绩的奖励。我认为并没有科学研究支持该观点。虽然如此，你也只有在其他社会性或象征性的奖励（如表扬、代币或积分）无效时才可以用点心或零食作为奖励，并且要尽可能地使用孩子喜欢的健康零食，毕竟这是一种奖励。

规则 3：为不服从设立惩罚规则

在进入该公共场所之前，你还需要告诉孩子当他不遵守规则或行为不当时会受到什么惩罚。在大部分情况下，轻微违规会导致损失积分或筹码，而中等到严重程度的不当行为或不遵从指令会招致计时隔离。不要害怕在公共场所使用计时隔离——这是在外出时最有效的方法。一旦进入公共场所，请寻找最方便的计时隔离地点（见下面的专栏），同时也要关注并表扬孩子遵守规则的行为。

公共场所的计时隔离地点

在百货商场。（1）让孩子面对人少的陈列柜或角落里沉闷单调的一侧站着；（2）将孩子带到外套区，让其面对衣架站着；（3）将孩子带到礼品包装处或结账处等沉闷单调的角落；（4）将孩子带到洗手间的沉闷单调的角落；（5）使用附近的更衣室；（6）将孩子带到孕妇服饰用品区（那里人不多，而且有具有同情心的母亲们）。

在杂货店。（1）让孩子面对冷冻食品柜台的一侧站着；（2）将孩子带到商店最里面的角落；（3）找到贺卡陈列处，在你看卡片时让孩子面对柜台沉闷单调的一侧站着。（你在大多数杂货店都难以找到一个僻静的位置，因此你也许不得不使用后文中列出的某种计时隔离的替代方法。）

在餐厅。 使用洗手间或后文中列出的某种替代方法。

在别人家。 你首先要向别人说明你正在使用一种新的儿童管理方法，当孩子出现不当行为时，需要让孩子待在椅子上（或楼梯台阶上）或一个沉闷单调的角落里。如果以上都无法做到，你可以使用后文列出的某种替代方法。

在长途汽车旅行中。 上车前，与孩子一起回顾规则，设定激励方法。确保携带了孩子玩的游戏或活动用具。向孩子说明，他在途中既可以赚筹码，也可能会失去筹码。如果孩子出现不当行为，就扣除筹码或积分。如果这种方法无效，你就将车停到安全的地方，然后让孩子坐在车旁边的地上（垫一块地垫）接受计时隔离的惩罚，你就站在旁边。切勿将孩子丢在车上或车旁不予理睬。

在途中要定期奖励给孩子筹码或积分，而不是直到旅程结束时才给。另外，要常常表扬并关注孩子遵守规则的行为。如果孩子开始出现不当行为，要立刻扣除筹码或积分，或者将孩子带到计时隔离的位置上。不要重复指令或警告。

在公共场所计时隔离的"最短刑期"应该只有在家里的一半。这是因为在公共场所计时隔离所错过的比在家错过的更多，更何况孩子还会因别人的目光而感到尴尬。如果孩子未经允许就离开计时隔离位置，你可以使用在家采用的罚款方法。

当你与孩子一起外出时，对孩子的不当行为一定要迅速反应（10秒以内），这样，不当行为就不会升级为大声对抗或发脾气。此外，在途中一定要经常表扬和奖励孩子以强化其良好行为。

规则4：布置活动

外出时给孩子布置一些活动让他有事可做，这是非常重要的，特别是当你需要先后去几个地方时，比如购物或办事。在这样的环境中，孩子都会感到无聊，多动症孩子更是如此。小型掌上电脑游戏、上网本、平板电脑，或可以连接Netflix[①]或其他儿童节目的在线图书馆的智能手机是极好的选择。小型机械绘图玩具也是很好的选择，比如，永不过时的涂鸦画板。有些餐馆会提供蜡笔和纸，甚至待上色的图片，但是不要依赖这些，因为许多餐馆不提供这样的玩具。带一些孩子喜欢的东西来吸引他的注意力。最重要的是，带来的东西是孩子很喜欢的，并且可以在你忙着处理自己的事情时占据孩子的头脑和双手。如果你匆忙之间忘了带给孩子解闷的东西，那就看看是否能给他一些与行程相关的事情让他做，例如，让孩子在杂货店里推购物车，或者让他到通道尽头的货架上去取一些他认识的货品。下次你可以提前计划，带上那些可以占据孩子的双手、头脑和时间的东西。

---

① 美国奈飞公司，是一家会员订阅制的流媒体播放平台。——译者注

当无法使用计时隔离方法时

总有一些地方无法让你在孩子出现不当行为时将他安置在角落。下面有一些替代方法，但是只能在你找不到可实施计时隔离的区域时使用。

1. 将孩子带到建筑物外，让他面对墙站着。
2. 将孩子带回车上，让他坐在后座上。你坐在前面或待在车旁。
3. 带一本小的螺旋记事本，在进入公共场所前，告诉孩子，你会记录下他的所有不当行为，并且一回家就会罚他计时隔离。拍一张他在家被罚计时隔离时的照片，把它放在你的笔记本里或存在手机里。在进入公共场所之前，将照片展示给他看并且告诉他，当你们回家后他会因为在这里做出的不当行为而被实施计时隔离。
4. 带一支标记笔。在进入公共场所之前，告诉孩子，如果他表现不好，你就会在他的手背上做记号。回家后，手上有几个记号，他就得接受几次计时隔离的"最短刑期"。

当未来出现行为问题时

到这个时候，你应该发现你与孩子的互动更积极了，特别是在与任务相关的情况下，孩子对于你的要求的配合度也更高了。如果你发现孩子没有任何变化，你与孩子的冲突仍然非常激烈，请务必再去咨询和你合作的心理健康专业人士或其他帮助父母解决儿童行为问题的专家。

尽管你已经成功地完成了这八个步骤，但是要记住，所有孩子都会偶尔出现行为问题。幸运的是，你现在有能力去解决这些问题。如果出现新的问题或者旧的问题再次出现，你可以按照以下步骤去做。

1. 拿出一本笔记本，记录下孩子的行为问题。要尽量具体地写出孩子哪些地方做错了。记下孩子未遵守哪条规则，特别是要写清楚孩子具体做错了什么，以及你现在是如何进行管理的。

2. 将这个记录保留大约一周。然后，认真看一看，它是否能给你提供什么解决问题的线索。许多家长发现，问题的出现至少部分是由于他们在解决孩子的问题时，会再次使用一些无效的旧方法。你要经常反思自己和孩子的行为。你是否：

- 过于频繁地重复指令？
- 使用无效的方法发出指令？
- 当孩子遵守规则时，你给予他的关注、表扬或奖励是不是不够？（你是否过早地停止使用筹码方案或积分系统？）
- 孩子违反规则后你是不是没有立即惩罚他？
- 停止实行与孩子共度的特别游戏时间？

如果你发现自己重拾了这些旧习惯，请予以纠正。再次回顾本方案中的各个步骤，务必确保你能够正确使用这一方法。

3. 如果需要，你可以针对该问题设立专门的管理程度。向孩子明确解释，在该问题情境下你期待他怎么做。建立筹码方案或积分系统来奖励孩子遵守规则。每当问题行为发生时，就立即施以少量罚款。

如果罚款不管用，你可以尝试在孩子的不当行为或违抗行为发生后立即使用计时隔离。如果你的笔记表明问题发生在某一特定的环境或情况下，你可以使用在公共场所管理孩子的方法：（1）预见问题并在问题发生前复述规则；（2）回顾对良好行为的激励措施；（3）回顾对不当行为的惩罚措施；（4）给孩子布置活动。

结语

本章所述的方法需要及时且经常使用，少谈论或讨论。你应当始终如一、公平恰当地运用这些方法——尤其重要的是，要牢记本书第九章提到的12项原则。不要那么情绪化或让自己深陷其中，这会使你无法客观地看待孩子的缺陷，也无法对自己作为多动症孩子父母的角色保持幽默和乐观的态度。最重要的是，不要把孩子的行为问题个人化。练习每日原来孩子的过错和自己的错误。

你会收获丰厚的回报。遵循这八个步骤的父母会发现孩子的行为变得更加适应社会、更具有合作性、更加友好。通过遵从父母的建议、规则和指令，孩子学到了责任感和向成人学习的开放心态。孩子与兄弟姐妹的互动也变得更加积极和乐于合作。一些家长甚至发现他们管理家里其他孩子的能力大大提高了，他们的夫妻关系和婚姻关系也得到了改善，因为多动症孩子的行为问题有所减少。当然，大多数使用此方案的家长，会对他们作为多动症孩子的父母、教师和朋友的角色有新的认识，他们变得更加自信且更有能力。我希望你会发现该方案对你也是如此。

第十二章

在家管理孩子

解决问题的艺术

第十一章的八个步骤——以及本书后文给出的建议——可以帮你应对许多不同的情况，但是也不能涵盖所有可能的事件。毫无疑问，有时候你会不知道如何处理新问题。如果出现这样的情况，可以尝试以下方法。

解决新问题的方法

我们中的许多人已经可以熟练地解决问题了，但在某种程度上我们是无意识地使用这种能力的，有时我们不容易在需要的时候立刻进入问题解决状态。下面的七个步骤会将这个过程系统化，即使在压力笼罩着你的时候，你也可以很自然地使用这个方法。大多数时候，这个方法会引导你做出一个你以前难以想到的行动计划。如果你与配偶或亲友一起来实践这一方法，效果可能会更好。就像人们常说的：三个臭皮匠，赛过诸葛亮。

第一步：界定问题

在解决问题前，首先必须要清楚地界定问题。例如，问题是孩子没按要求收拾好玩具，或者没按要求做家庭作业，这两个表述都比"我的孩子不听我的"或"为什么孩子不按我说的做？"这种表达方式更好。前者使用了清晰而具体的语言来界定问题，后者则是模糊的，无法表达孩子做或没做的事情，也无法准确地表达你想让孩子怎样做。

在一张纸上（或在计算机、平板电脑或智能手机上）明确地写下你想要解决的行为问题。

第二步：将问题行为重新表述为积极行为

现在，把问题重新表述为你希望孩子做出的行为。例如，"孩子没有收拾好玩具"可以表述为"孩子学会按照要求收拾好玩具"。这会使你的行为管理目标变得非常清晰。

让我们来看一个稍微复杂点的例子。假设你最初对问题的表述是"我的孩子撒谎"。当你第一次尝试时这是个不错的表述，但是可以更加具体："当我发现孩子做了错事并为此询问他时，他对我撒谎。"这种方式可以清楚地表明，孩子并不总是撒谎，只有在被发现做错事的情况下才会撒谎。然后，你就可以重新表述为："孩子将学会诚实，当我问他一些他有可能做错了的事情时，他会告诉我实情。"

这就是为接受特殊教育方案的儿童制订教育计划的方法。将问题重新表述为目标，可以指导学校教职工更清晰、更有效地表达出希望孩子达到什么样的要求，从而帮助孩子。这样做能够让你更清晰地知道要达成目标需要采取什么样的方法。当你知道你想鼓励孩子的哪些行为时，你更容易记住：强化这种行为是你的目标。因此对上述撒谎问题的解决方法是"当孩子诚实地告诉我他做了什么事情时，我会奖励他"或"每天我会定期问孩子他做了什么来检测他是否诚实。如果孩子给了我正确的答案，我会奖励他"。

把"目标"写在纸上或计算机里，并加下划线或用亮色标记出来。在"目标"旁边，写下你刚才记录的问题行为所对应的积极替代行为。你现在记录下了两项内容：一项是得到具体陈述的问题；另一项是目标，即该问题的理想替代方案。

第三步：列出选项

此时你要充分发挥创造力。你现在的任务就是开动脑筋，尽可能多地想出解决问题行为和达到目标的各种可能选项。这听起来可能很容易，但是实际却很难，因为许多人刚列出一个可能的解决方法，马上又觉得不满意。如果你总是过快地批评自己，你的创造力就会枯竭。先把批评放一放。现在，你的任务就是创新。让你的思维自由地思考各种与目标相关的事情，自由地翱翔在主题中。想想其他父母是如何处理这种问题的。想想你在电视上、电影里或书中看到过哪些有关这种问题的内容。你的父母是如何处理这类问题的？你最好的朋友是如何处理的？你认为医生或心理学家会怎么说？

把"选项"一词写在纸上或计算机里，并加下划线或用亮色标记出来。在"选项"下面，写下所有可能的选项或替代方案，无论它们看起来有多么可笑。写下你认为其他人可能会提出的所有解决方法，即使你知道自己不会按照他们的方法去做。你现在的任务就是想出尽可能多的选项或解决方法。

第四步：建设性地评估各种选项

现在回到清单的第一个选项上，然后想想它会产生什么效果。如果你这样做，可能会发生什么？你能预估到什么问题吗？那些问题容易解决吗？请合理公正地进行评估。不要因为实施某种方法需要付出一点努力就将其放弃。那有可能是清单中最有效的选项。

以这种方式评估每个选项之后，在它们旁边标上 1—10 中的某个数字，1 代表最负面的评估结果，10 代表最积极的评估结果。

第五步：选择最佳选项

大部分时候，选择最佳选项相当容易。通过每个选项旁边的数字，你就自然而然地知道哪些是最可取的选项。先注意看看那些最可取的选项。也许你给其中几个选项的打分是相同的。重新考虑一下。你认为哪个最可能对你有帮助或最可能得到孩子的积极回应？如果你不能确定，就随机挑一个先试一下。你只是要测试这个想法，就像用科学实验验证假说一样。如果它没有效果，你可以再选列表中的其他优良选项。如果它有效，你就继续尝试。关键在于没有人会指望你第一次就挑到"正确"答案。没有人事先知道对于一个特定的孩子来说哪个选项是正确的。如果你总是期待能够准确地预测，那你只会失望。抱着开放的心态去验证你认为有价值的想法，这就是我们所说的"科学育儿"——它一定是一种比力求永远正确更加现实、实用、宽容的方法。

圈出你选择的选项。如果有必要，你可以把这个选项写得更详细一些，这样你就可以准确地知道你应该怎么做。将这一解决方法付诸实践一周时间，如果它看起来确实有效，你就可以按照你的需要继续进行。如果效果不好，那就再看看列表上其他可能的选项，另选一种方法实践一周时间。不断地尝试，直到你认为问题解决了为止。

第六步：就分歧达成妥协

如果你与另一个成人共同致力于解决孩子的问题，比如你的配偶或亲密的朋友，你们也许会在选项的选择上有分歧。在这种情况下，尽量不要太执着于自己的选择。详细地询问对方的理由，认真倾听。然后简要地解释你的选择。你们中的一方也许会发现自己就此被说服了。

如果你们仍然在僵持，那就向对方让步——是的，让步！记住，你只是要做一周左右的实验，而不是改变你的家庭生活。你可以按照对方的意见实践一周。这也意味着公平；不要破坏他人的选择。如果这一方法效果不佳，你就可以尝试自己原先选择的那个选项。

第七步：执行计划并评估是否成功

既然你已经有了计划，那么就坚持下去。孩子的行为问题不会在几天之内就得到解决。不要因为一开始的失败或其他人的反对——特别是孩子的反对——而放弃。我遇见过一些父母，他们和孩子签订了一个关于做家庭作业的行为协议，但是很快就放弃了，仅仅是因为孩子在一开始时表现出了一些不满。如果孩子不喜欢你的计划，你一定要坚持。孩子的抗议可能意味着你已经找到了正确的方向——孩子已经意识到新的计划需要他改变自己的行为，而这正是你想达到的目的。你不会因为孩子不喜欢打针就不让他接种疫苗吧，因此，也不要因为孩子抗议就放弃可以长远改善孩子行为的努力。

执行计划大约一周后，你需要花时间去评估它是否成功。如果它看起来没什么效果，那么再另选一个选项。但是不要因为第一个计划失败而责备自己。记住，你只是在试验，这就意味着你不一定会成功。

帮助孩子为过渡做好准备

你已经知道多动症孩子是活在当下的，他们很难预测，也很难为未来做准备，如果孩子难以快速适应新活动，你也不用太惊讶。所有孩子都会因为父母控制他们的时间安排而感到烦恼，而对多动症孩子来说，即便是适应有规律的日常安排也会让他们感觉很困难。通常，这些孩子很难从有趣、有回报的活动切换到他们认为无聊的活动，比如从玩耍切换到做家庭作业或做家务，或者从看电视切换到就餐或睡觉。从活跃的户外游戏切换到不活跃的长时间乘车，对他们来说也有困难。突然切换到一套新的规则对你的孩子来说困难重重：当他们与父母相处时有电话打来，他们需要变得安静；或者当孩子在家自由玩耍时，突然有客人来访，他们需要变得有礼貌，并且待在一个房间里。没有多动症的孩子可能会学着预见从看电视到做家庭作业的转换，因为这样的转换在每个上学日都会有规律地进行。但是对于多动症孩子，这种转换似乎更具有侵入性，因为孩子无法学会预测未来。

正如第十一章提及的如何在公共场所管教孩子，最好的方法是帮孩子提前为活动的过渡做好准备。以下是一些建议。

1. 在新活动发生之前的几分钟，提前通知孩子，如："几分钟后晚餐就好了。到那时我会要求你关掉电视、洗手并到餐桌上来吃饭。"这些话会帮孩子为即将到来的活动转换做好准备，它们也为你几分钟后对孩子下达"过来吃饭"这一坚定的指令做好了铺垫。

2. 礼貌地要求孩子重述一遍你提示他的内容，这样你才知道孩子是否听到了你说的话。尤其是当孩子忙着做其他事，如看电视或玩游戏时，让孩子复述就更加重要。简单地说"你听到我说的了吗"可能只会得到孩子"是的"的回答，而孩子说"是的"只是为了避免挨骂，而并非真的记住了你说的话。

3. 当过渡到下一种活动的时间到达时，给孩子下指令，但是要以一种直接但中立、公事公办的口吻对孩子说："汤米，我在几分钟前告诉过你，该吃饭了。关掉电视，去洗手。"不要理会孩子的任何抗议，也不要争论。如果有必要，简单地重复指令即可，然后确保该指令得到执行，即使这意味着你可能得自己去关电视。如果孩子直接遵从指令，那么就奖励孩子。如果孩子没有遵从，那么就按照第十一章的步骤对孩子罚款、收回特权或实施计时隔离。

使用"只有……才能……"策略

就像多动症孩子不能事先预见活动的转换一样，他们也无法预测他们当前的行为会带来什么样的后果，或者将这些后果与他们现在将要做的事情联系起来。所以，对这些孩子明确说出后果是非常有帮助的。你也可以采取进一步的措施：重新安排事件，让孩子现在的行为可以使他稍后再做一些更有回报的事情。

可以人为地把孩子现在的行为与未来的收益联系起来，这种方法叫作"普雷马克原理"。该方法是由戴维·普雷马克（David Premack）博士提出的，它也因此而得名。根据普雷马克原理，利用频率较高的活动或行为来强化频率较低的活动或行为，可以促进低频活动或行为的发生。（有些人称其为"祖母法则"。）麦克马斯特大学医学院的查尔斯·坎宁安（Charles Cunningham）博士称其为"只有……才能……策略"，它是指，在一些无趣但是必须完成的任务完成之前，拒绝让孩子进行有趣的活动。"你只有写完作业，才能看电视。"这是奖励孩子非常容易的方法，因为它将孩子通常可以进行的活动转变成了孩子要获取的特权。但是，因为孩子已经习惯于免费获得这些特权，一开始，他们有可能会抗议通过完成任务来获得特权。所以，你必须要坚持，也许需要付出一些额外的努力才能令你的计划进行下去。

本章提及的所有策略都需要你提前进行规划，以减少问题发生时可能会出现的麻烦。实际上，使用这些策略非常有趣，它们会自然而然地成为你的养育行为的有机组成部分，它们可以帮助孩子在与家人和其他人相处时更快乐、更合作。

第十三章

如何帮助孩子处理与同伴之间的问题

"那天安德烈娅打电话给我,说她不希望我们今年带着博比去她家过节。事实上,博比在家庭聚餐中完全不受欢迎——除非他能学会'守规矩'。这让我觉得很沮丧——安德烈娅是我的亲妹妹!"

"我们真心希望参加社区团体活动对萨曼莎来说是一种积极的体验,我们试图向领队说明女儿的情况。所以当她告诉我们萨曼莎太爱惹麻烦,不能再留在社区团体中的时候,我们唯一能想到的是'为什么我们不能一起做点什么来解决这个问题呢?'"

"上周邻居拖着我儿子上门告状,细数他的种种破坏行为。当然,邻居的每一条指控都暗藏着一句潜台词'为什么你们管不住自己家的孩子?'我当时就知道汤米以后不会再被邀请去邻居家做客了。每天放学后的时间我该怎么安置他?周围的邻居们都在疏远他。"

"虽然我们尽量避免让她发现这些事儿,但是孩子的举动有时候也是很残忍的。如果你的女儿眼泪汪汪地过来问你,为什么她是幼儿园班级里唯一一个没有被邀请去参加生日派对的人——而且这种事情总是一而再再而三地发生,你要怎么说?"

我和同事在我们的多动症诊所经常听到类似这样的故事。你也可能曾经遇到过这种情况。如果我不幸言中，你就能理解在多动症孩子面临的众多问题中，最棘手的就是他们与同龄人之间的关系。作为成人，你清楚地知道友谊对于一个人的终身价值，但你也知道，不能强迫其他孩子喜欢自己家的多动症孩子并跟他交朋友。看着孩子被自己的同龄人一次又一次地拒绝，这无异于一种情绪上的毁灭性打击。你眼睁睁地看着孩子的自尊受到影响，以及孩子由此产生的孤独感。虽然在家里你可以和孩子一起解决问题，在学校可以得到教师的帮助，但在社会舞台上，你往往只能无助地站在一旁。

我想起了动画片《淘气阿丹》(Dennis the Menace)的情节，母亲跪在地上抱着哭泣的丹尼斯，丹尼斯说自己提前从学校回来了，因为他需要有人能够在他身边。还没有哪个画面能够将多动症孩子父母的感受表现得如此淋漓尽致——有时，父母是唯一能够陪在孩子身边的人。

多动症孩子通常在与其他孩子的相处上存在严重问题。他们过度兴奋、冲动和话语过多的特点往往会激怒其他孩子，或者让其他孩子觉得讨厌，尤其当多动症孩子需要和其他孩子合作或一起玩游戏时。其他孩子也不喜欢多动症孩子的直率或坦率，多动症孩子常常口无遮拦地对其他孩子说出一些刻薄的话。如果多动症孩子在运动或游戏的关键时刻变得注意力不集中，而此时他本应该更专注于自己正在做的事情，这时候其他孩子可能非常刻薄，他们会取笑多动症孩子做事三心二意。当然，其他孩子也会因为多动症孩子突然变得心烦意乱、沮丧或咄咄逼人而受到威胁。当孩子出现了口头上或身体上的攻击、挑衅、对立或敌对时，多动症孩子与其他孩子相处的问题就变得更加严重。最终的结果是，多动症孩子在邻居或同学间的名声非常不好。

所有这些社交问题的核心是，多动症孩子在时间感和未来意识方面发展迟滞，他们倾向于关注身边发生的许多事情，而这些事情大多与手头的活动、运动或集体任务无关。他们往往活在当下——当下能得到什么对他们来说是最重要的。这意味着，社交技能通常无法产生即时的回报，比如分享、合作、轮流、守信用以及对另一个人表现出兴趣，多动症孩子一般会认为这些社交技能似乎没有什么价值。因为，他们无法考虑未来的后果，他们通常无法看到他们的自私和以自我为中心的行为表现最终会让他们没有朋友。他们只是不理解这样的概念：人与人之间密切的关系是建立在长期相互帮助与相互喜欢的基础上的。

对父母而言，试图帮助有社交问题的多动症孩子可能是他们面临的主要挑战，并且父母的努力有可能收效甚微。在多动症孩子与同龄人交往时，父母通常是不在场的，因此他们无法帮助孩子抑制自己的冲动，或者让孩子停下来好好思考一下自己的行为举止。出于这些或其他原因，父母难以对孩子的社交能力或同伴关系产生实质性的影响。尽管如此，父母还是能够带来一些影响的。

"我们的儿子没有朋友。我们怎么做才能让其他孩子喜欢他呢？"

对于多动症孩子的社会互动问题，专家建议父母进行以下尝试：（1）致力于培养孩子良好的社交技能；（2）帮助孩子处理被他人嘲笑的问题；（3）在家里安排积极的同伴接触；（4）在社区里安排积极的同伴接触；（5）针对孩子的同伴交往问题寻求学校的帮助。

培养良好的社交技巧

虽然在家里学习的社交技巧也许不能拓展到孩子在家庭之外的人际交往中，但是这种做法不会损害孩子的社会关系。把自己当成孩子的"友谊教练"，尝试做如下事情。

1. 建立家庭奖励机制，如第十一章提到的代币制度，在孩子与同伴日常交往的众多社交行为中，重点关注 1~2 个你希望他改善的行为。这里所说的社交行为包括分享、遵守先后顺序、手放好、不大声喧哗、保持坐姿、不霸道，甚至包括询问同伴想玩什么以及用什么方式玩。切勿一次选择太多行为，否则对家长来说将会不堪重负，成功的可能性也不大。

2. 在一张纸上写下 1~2 个你希望孩子改善的行为，并将这张纸贴在你和孩子都能看到的地方，例如冰箱门上或橱柜的侧面。不要贴在太显眼的地方，尤其是当你知道孩子的同伴要来家里做客的时候，因为这会让你的孩子感到尴尬，并造成他和同龄人之间的另一种社交问题。这张纸只用于提醒你和你的孩子：你们在未来1~2个星期需要努力做什么。

3. 当你有机会观察孩子与同伴玩耍时，放下你手头正在做的事，把孩子叫过来。用手臂轻柔地环住孩子的肩膀，然后悄悄地回顾你和孩子这周正在试图改善的社交行为。提醒孩子，如果他能够尝试一下新学到的社交技巧就能得到积分或代币，如果做出不可接受的行为就会被扣分。这个过程类似于第十二章所讨论的为过渡做好准备的策略，只不过在这里你和孩子讨论的是如何改善他和同伴之间的互动。

4. 现在开始比以前更加频繁地注视孩子与其他孩子在游戏过程中的行为。当你注意到孩子使用了新技巧时（或与其他孩子交往时表现良好），花一点时间来夸奖孩子，甚至可以奖励积分或代币。换句话说，就是要"抓住一切他们表现好的时刻！"。然而，一定要等到孩子活动的自然间歇再做这些事。我发现，如果家长能够把孩子叫到身边，并用其他孩子听不到的方式奖励孩子，孩子更不容易觉得尴尬。

5. 每周找几次机会，抽出几分钟来和孩子一起复习你希望在那一周让他学习的新社交技巧。在这几分钟里，你应该：（1）向孩子说明你希望他尝试使用的新技巧；（2）使用角色扮演的方式，你扮演一个孩子，并演示新社交技巧；（3）让孩子当场尝试新技巧，你扮演一个孩子；（4）鼓励孩子下次与其他孩子玩耍时也尝试使用新学到的技巧。在演练新技巧时，你相当于社交技巧"教练"，这和运动场上的运动教练相似。在教学环节之后，一定要使用上述第3点和第4点中介绍的方法来观察孩子，在与其他孩子玩耍之前提醒孩子使用技巧，观察孩子使用技巧，如果孩子做到了就要奖励他。

6. 尝试使用录像的方式记录孩子与其他兄弟姐妹或邻居的孩子的游戏互动，但需要谨慎行事。许多智能手机、平板电脑或上网本都有这种功能，可以方便地完成这项工作。如果你希望捕捉孩子典型的行为，可能一开始没必要说明自己要录像，或者至少在录像过程中不要引起孩子太多的注意。你可以与孩子一起观看这些录像，让他看到自己的行为表现，从而提升他对自己的社交行为的意识，还可以指出他做得好的地方。当然，你也可以用这些录像向孩子展示在与其他孩子交往时，哪些地方是需要改善的。多动症孩子通常意识不到自己和他人之间的互动方式，而录像为孩子的行为提供了一种具体的视觉反馈，这对多动症孩子来说是十分有效的。

这些视频是一种有效的教学工具，但是你一定要注意，在回顾这些视频时你的评论需要是积极且具有建设性的，甚至是有趣的，不应该说教或惩罚孩子。首先，要指出你发现的孩子与其他孩子玩耍时做得好的地方。努力找到孩子的一些积极行为，专注于这些行为，并且给孩子大量积极的反馈。然后，挑出1~2个孩子做得不恰当的地方。按照第5点介绍的方法来告诉他如何改变。回顾完之后，奖励孩子一些积分或一个小特权。再次按照第3点和第4点中介绍的方法来观察孩子，"抓住一切他们表现好的时刻"。

7. 另一种强化孩子的积极社交技巧的方法是，找一个你和孩子都熟悉的其他孩子，这个孩子似乎天生就会使用良好的社交技巧。向你的孩子指出这个孩子的行为哪些是积极的，你的孩子在与别人玩耍时可能会想要尝试一下。但是要小心，你有可能会引起孩子的不满，特别是当你用来作为榜样的孩子与你的孩子之间有矛盾的时候。也不要用孩子的兄弟姐妹作为榜样。大多数孩子最不愿意的就是与兄弟姐妹做比较，除非这个同胞比多动症孩子大得多，并被他所钦佩。你甚至可以使用电视或电影里的孩子作为榜样来教导孩子。

无论你使用哪些方法，要注意以下几个你的孩子可能会出现问题的社交场景：（1）与另一个孩子或团体开始互动；（2）与另一个孩子开始交谈，并保持交谈（包括倾听其他孩子，询问其他孩子的观点或感觉，轮流讲话，表现出兴趣）；（3）解决冲突；（4）与他人分享。

处理他人的嘲笑

被嘲笑是孩子在与同龄人的交往中最常遇到的问题。如何处理其他孩子的嘲笑往往会决定一个孩子在同伴群体中未来关系的质量。如果孩子没能处理好，那么嘲笑就会"变本加厉"，甚至以争吵或拒绝告终。有时，嘲笑只是孩子用来测试另一个孩子的手段，测试他们之间社会关系的强度，或者测试这个孩子的情绪控制能力、对同伴群体的忠诚度，或者这个孩子处理社会冲突的能力。男孩的同伴群体似乎尤其如此：男孩想知道，如果以后出现危机情况，他们能在多大程度上依靠这个被他们嘲笑的男孩，在这些危机情况下，他们可能需要这个被嘲笑的男孩帮忙应付其他人。这些男孩也想知道，当自己的同伴群体受到其他群体的挑战时，这个被嘲笑的男孩对自己的群体有多忠诚。这个男孩是否能够保持对本群体的忠诚，在和其他群体发生冲突时是否对本群体不离不弃并提供帮助，在受到攻击时能否控制自己的情绪、保持冷静，能否在被嘲弄、被批评时不退缩、不爆发，但在需要时也能够与他人协商？嘲笑一个人，然后看他做何反应，这是一种对社会关系强度的测试，如果你的孩子在这种测试中表现得很糟糕，这就向其他同龄人传递了一种信号：他们之间的关系是脆弱或不堪一击的，你的孩子对这个群体或这段关系缺少承诺。在另外一些情况下，嘲笑当然也是一种轻微的社会攻击，这样做的目的是通过羞辱造成他人的社会性损失，在同伴群体中丧失地位和声誉。无论男孩还是女孩都可能使用这种轻微的攻击去取笑另一个人，有时这种行为只是一种玩笑，没必要因为别人的嘲笑就做出身体上的攻击反应。

你的孩子如何处理嘲笑是非常重要的。有趣的是，当父母告诉孩子如何处理嘲笑时，他们通常只是告诉孩子忽略那些嘲笑。肯塔基州大学的研究者理查德·米利奇博士、莫妮卡·克恩（Monica Kern）博士和道格拉斯·克拉普勒（Douglas Scrambler）博士就如何应对嘲笑对孩子进行了访谈，孩子最常给出的回答是，忽略完全不管用。事实上，在孩子看来，忽略反而会增加被嘲笑的可能。这些心理学家在研究中发现，他们采访的孩子发现应对嘲笑最好的办法是一种称为适应性的回应方式，这种方式与忽略或以愤怒和敌意报复完全不同。适应性回应包括，面对嘲笑孩子可以微笑以对，甚至可以自嘲，用一种幽默的方式承认被嘲笑的内容，将嘲笑变成笑话或者诙谐地回应，接受嘲笑但是试着让局面更加地幽默。

换句话说，告诉孩子可以把嘲笑作为一种对自己的幽默感的社交测试，以及对与其他孩子之间可能存在的潜在友谊的测试，而不是把嘲笑视为一种对自己的攻击，无论是别人对自己当面、通过电话还是通过社交媒体的嘲笑。无论如何，帮助孩子避免表现出这些评论伤害了他的感受，而是学会如何自我解嘲，甚至接纳自己的一些缺点，虽然在他人的嘲笑中，孩子的缺点可能是被刻意夸大了的。比如，如果被人叫作"蠢货"，也许可以教导多动症孩子这样以幽默的方式回应："我不是真的蠢，我只是有机会比你多学一遍而已。"米利奇博士及其同事发现，这种以适应性方式回应嘲笑比忽略嘲笑，或者用愤怒回击嘲笑更加有效。

但请记住，嘲笑不是霸凌，霸凌需要成人及时介入处理。霸凌不是什么好笑的事。它通过使用身体暴力或其他可能造成严重伤害的方式（散布谎言以破坏一个人的社会声誉）对孩子造成威胁，霸凌通常（尽管不总是）包括强迫另一个人做某些事。无论成人还是孩子对霸凌的态度都应当是零容忍，无论是面对面的霸凌还是通过社交媒体的霸凌。现在，大多数学校都有反霸凌程序，包括同伴监督、向教师或其他学校工作人员提供匿名举报、向学校人员报告等。告诉孩子，在第一次遇到霸凌的时候，就可以使用上述途径求助。

在家里建立积极的同伴关系

你的孩子不一定要成为同龄人中最受欢迎的孩子，才能有令人满意的社会交往或友谊。受欢迎（或者说人气）只是指个人在群体中的社会地位，但受欢迎并不等同于获得友谊，后者更加重要。从这个意义上来说，很多多动症孩子并不受欢迎，而且你也会发现很难改变这些孩子在群体中的社会地位。对父母来说，更有价值的目标是鼓励孩子发展友谊。当两个人频繁地接触，并向对方表示友善，对另一个人做的或喜欢的事情表现出兴趣，有共同的兴趣爱好（或经验），为再次见到对方两个人都会做出努力（而不是等待另一个人来联系自己）时，友谊就产生了。通过这一更详细的过程来看待友谊，你可以看到你能在哪些方面帮助孩子建立一段或更多段友谊。那么，你应该怎么做呢？

1. 鼓励孩子邀请同学在课后或周末到家里来玩。关注与你的孩子拥有共同兴趣的孩子，如运动、爱好、音乐等。如果你的孩子有严重的社交技巧问题，不要让他和其他伙伴的游戏处于无序状态。为孩子的活动提前做出计划——让孩子在你的监督下一起看电影、打游戏，在孩子触手可及的地方放一些他们都喜欢吃的零食，在你的协助下做手工、做模型或其他你认为另一个孩子可能会喜欢的事情，但是上述这些活动要有清晰的结构和明确的目的，并且要在你的密切监督下进行。这些经过精心计划的同伴活动为更积极的同伴交往打下基础，继而可能发展出友谊。

2. 如果别的孩子到你家来玩，密切关注他们的活动，捕捉任何可能导致孩子之间互动失控的迹象：相互间的讽刺增多，胡闹，打闹，用比平时说话更大的声音交谈。当然，孩子垂头丧气或互生敌意的情况也是你需要关注的信号。无论上述哪种情况，中断活动，让孩子暂时休息一会儿，吃点零食或者进行更有组织性且更平和的活动。你可以特意让孩子告诉你一些事情，这样他们的关注点就会转向你而不是在对方身上，或者你也可以让他们换一个地方玩。

3. 尽一切努力避免让孩子在家里看到其他家人表现出负面情绪或攻击行为，尤其是孩子已经出现了这两方面的问题时应更加注意。观察你自己和家庭成员的行为，看自己是否无意识地成为孩子不良行为的"榜样"，无论是大喊大叫、骂人、大声争吵、说脏话，或扔东西。你还应该密切地关注孩子看电视和电影的习惯。儿童节目（包括卡通）中常见的暴力场景通常不会增加正常儿童的攻击性，但是会增加已经有攻击和冲动倾向的儿童的攻击性，比如多动症孩子。如果你不能限制孩子看电视，那么考虑偶尔与孩子一起看电视，并向他指出节目中那些不合适的且有可能不被其他孩子喜欢的攻击行为。

4. 不鼓励孩子与有攻击性的同伴一起玩耍，也不鼓励孩子和出于其他原因与已经受到社会拒绝和孤立的孩子一起玩耍。多动症孩子最不需要的，就是受到其他孩子对他们的攻击性倾向的强化，甚至是可能正在经历社会排斥的具有攻击性的同伴的榜样行为。鼓励孩子与能够很好地处理同伴关系的孩子一起玩，邀请这样的孩子到你家来。不要太担心孩子与年龄较小或较大的孩子玩，因为不少多动症孩子似乎都会这样做。这样的孩子有可能更加容忍多动症孩子在社交上的不成熟。确保一起玩耍的孩子能够对多动症孩子带来积极影响，并且这些孩子拥有良好的行为举止。

5. 如果你的孩子已经接触到了那些异常、具有攻击性的或带有反社会特征的同伴群体，尽你最大的努力切断孩子与这些人的关系。如果做不到，那就认真考虑搬家，搬到另一个有着更好、更亲社会的同伴群体的社区去。研究确实表明，搬到新社区并让你的孩子与更合适的同龄人一起玩，可以减少他们犯罪和进行反社会活动的风险。

在社区中建立积极的同伴关系

在社区建立积极的同伴关系要比在家庭环境中做到这一点更难，但是你仍然需要做出一些努力来帮助孩子。父母可以尝试下面的几种方法。

1. 为你的孩子报名参加为他这个年龄段的孩子举办的有组织的社区活动：俱乐部、运动队、兴趣小组。公园或娱乐部门组织的夏令营或日间活动也有所帮助。这些活动的优点是，它们可以在成人的监护下为孩子提供有组织的活动，这可以减少孩子行为失控的可能性。如果包含一些相对较小的儿童群体，这些活动似乎就非常适合。多动症孩子在大群体中经常会出现更多麻烦，让他们参与到大群体中会适得其反，导致社交失败，因此，孩子参加的活动应确保规模不要太大，并且有成人的监护。

2. 如果同伴群体的活动涉及需要与其他孩子一起进行大量的合作协调，或者活动涉及复杂的任务规则，那么应当尽量避免多动症孩子参与其中，因为这对他们来说是难以应对的。也应该避开涉及大量被动行为或长时间静坐的活动，因为你的孩子会发现自己难以满足这种活动的要求。例如，如果你的孩子参与少年棒球联盟，那么让孩子当内场手要比外场手更适合，因为在内场更多的跑动会使孩子的注意力保持在游戏上。许多患有多动症的外场手会感到无聊，他们会因为附近的蝴蝶和小虫子、附近发生的事情或自己的思绪而分心，他们只会错过偶尔向他们打出的球。

3. 有组织的和成人监护的活动要比没有组织且没有或很少有成人监护的活动更好。

4. 专家认为，当多动症孩子与同龄人接触时，活动涉及的竞争不应太多，在孩子能力不及同龄正常儿童的方面上，尤其不应设置多动症孩子与其他儿童竞争的活动内容。竞争会触发多动症孩子情绪上的过度唤醒，增加其无组织行为和沮丧的可能性。然而，有一种情况例外，如果多动症孩子在活动涉及的某些领域天赋过人，并且能够获得成功，那么无论活动是否带有竞争性，多动症孩子都是可以参加的。

5. 尝试为孩子安排一些合作性学习任务，尽管这可能需要家长亲力亲为来组织这样的活动。这类任务包括把几个孩子组织起来形成一个小组，然后以团队合作的方式为一个共同目标完成一项任务：例如，孩子们一起建模型，在后院搭一个帐篷或树屋，跟着向导漫步大自然（你就是他们的活动向导），解决实际问题，做简单的科学实验，或者一起做手工。小组内的每个孩子都会被指派一项特定任务，达成这些任务才能实现小组的共同目标。

所有小组成员都能分享完成任务的积极成果。通常参与到这类活动中的孩子都会表现出对彼此的积极感受，彼此之间的好感也会增加。

寻求学校的帮助

孩子在家和在学校中遇到的同伴交往问题可能截然不同。学校环境涉及更大的儿童群体。结构化的课堂时间穿插着自由玩耍或非结构化的时段（课间休息），不同的学校对孩子社会行为的期待也相当不同。出于上述原因，多动症孩子在学校中面临的同伴关系问题比在家里的更多。家长可以考虑以下几条建议。

1. 通过与孩子教师会面或本书第十六章推荐的方法，尝试改善孩子的课堂行为。破坏性行为和不恰当的课堂行为与多动症孩子受到同龄人的拒绝高度相关，特别是如果你的孩子很容易表现出愤怒、敌意或强烈的攻击性。如果多动症孩子在学校出现破坏性行为，那么所有帮助多动症孩子改善社会性行为的努力都有可能付诸东流。

2. 如果有必要，考虑是否给孩子提供本书第十九章提到的药物治疗。研究已经发现，兴奋剂类药物可以增加积极的同伴关系以及提升孩子的社会地位，这可能是由于药物可以减少他们过多的行为和破坏性举动。

3. 如果你的孩子正在接受一些特殊教育辅助，作为家长，你无须过于担心。孩子不会因为他们在学校接受了某种特殊帮助就拒绝他人。相反，教师的负面评论或关注、过度强调纪律、把多动症孩子单独挑出来进行批评，这些都会对其他孩子造成影响。对于其他普通孩子来说，他们通常会学习周围的成年权威角色来对待同龄人，因此多动症孩子的家长要努力使教师减少对孩子的这类批评性，甚至羞辱性的言论。家长可以建议教师尝试本书第十七章中的一些行为改变方法来培养孩子的积极行为。

4. 在有其他孩子在场的情况下，请教师给多动症孩子分配一些特别的任务。

专家认为，这可以使其他孩子以一种积极的眼光看待多动症孩子，并且能增强多动症孩子在班级里被他人接受的感受。

5. 家长可以与教师合作，为多动症孩子设计一种行为评定表，其中包括2~3种你和教师都希望多动症孩子在与同学交往的过程中能经常使用的社交技巧。在表格的左侧列出这2~3种行为。在表格顶部设置5~7列代表教师评估孩子每日使用这些技巧的次数。表格上的每一列可以代表特定科目（例如阅读、数学或科学）的课程时间，这可以给教师的评估提供自然的中断点。它们也可以代表在每天的自由玩耍或小组活动时间，这些时间对你的孩子来说也许有困难，比如到学校时间、课间休息、午餐时间、课内游戏时间、大型集体活动或小组合作任务。你可以使用本书第十七章（表17.2）中的报告卡示例，用它来监控孩子在学校或在其他同伴群体（如俱乐部）中的社交行为。如果你觉得这张表适合你的孩子，你可以根据自己的需要进行复印。

　　一旦你给孩子设计好了这张评定表，多复印几份，每天使用一张新表格。让教师在每列中代表的时间结束时，就表格中所列的2~3种行为来对孩子进行评估。你的孩子每天应该接受5~7次与他人互动的评估。可以使用1~5的分数（1表示"非常好"，2表示"好"，3表示"中等"，4表示"中下"，5表示"不好"）来对孩子进行评估。教师也可以在表格下方或背面写下额外的评论。教师可以根据孩子在这些方面的表现的优秀程度而在学校奖励孩子。孩子可以将这些表格带回家，这样你也可以奖励孩子。你可以通过给不同的得分分配特定的筹码、代币或积分来奖励孩子。例如，1代表获得15积分，2代表获得10积分，3代表获得5积分，4代表扣去10积分，5代表扣去15积分。将所有得分或扣分综合统计，让孩子使用最终的余额来购买奖励清单上的奖励或特权，正如第十一章所示。

6. 如果孩子学校的指导教师、心理专家或社会工作者在校内提供一周几次的社交技巧培训小组活动，考虑让你的孩子加入这个小组。这样的训练小组比校外的诊所或其他机构提供的服务更加有效，因为这些小组的参与者包括多动症孩子身边的同伴群体，而且是在普通日常的环境下进行的。

帮助有同伴社交问题的多动症孩子是一件相当困难的任务。对孩子能够在社交方面发生的改变以及你作为父母能够实现的目标来说，你的期待都应当保持理性。作为父母，你在孩子上学的大部分时间都见不到他。寻找机会来安排你的孩子与其他同龄人进行积极互动。避免可能导致孩子社交失败的情境。你的努力最终将使孩子建立更加积极的同伴关系，甚至更加亲密的友谊。

与兄弟姐妹打交道

"我的第 3 个儿子（我有 4 个儿子）在 8 年前被诊断为严重的多动症和其他障碍。我至今仍在他的 3 个兄弟面前为他的行为辩护。我需要帮助。"

兄弟姐妹是同伴群体的一种特殊形式，我们每天都要和他们一起生活和相处。兄弟姐妹之间的竞争往往是多子女家庭中不可避免的一种挑战。本节内容着重于多动症儿童可能给兄弟姐妹带来的特殊问题。每天面对自我调节能力极差的多动症儿童或青少年，兄弟姐妹可能会感到失望或难过，这并不令人奇怪。有时，兄弟姐妹会对家里的多动症孩子产生敌意、攻击性或排斥多动症孩子。这就是为什么预测和解决孩子之间的问题如此重要。

导致这些问题的原因可能是其他孩子嫉妒你在多动症孩子身上花的大量时间。凯文·阿诺德（Kevin Arnold）博士曾在网上发布了一篇关于多动症儿童兄弟姐妹的文章，正如他所说，父母精力分配上的这种差异可能会导致兄弟姐妹觉得自己是家里的"鬼魂"，或者是家里"透明"孩子（更多关于兄弟姐妹之间的竞争的信息，请参阅本书末的"推荐读物"）。因此，多动症儿童的父母必须成为"鬼魂"终结者，付出远远超出普通父母的努力，以确保家里所有孩子都能感到自己很特别、受重视和受尊重，并确保所有孩子都能得到父母时间和家庭资源的公平分配。

你可能会注意到，多动症孩子或青少年的兄弟姐妹开始花更多的时间待在卧室、家中偏僻的地方，或家外的街区或社区里，以避免与患病的兄弟姐妹打交道，或者回避父母与那个孩子的冲突，或父母彼此之间的冲突。我自己就是这样的例子。

我已故的异卵孪生哥哥就患有至少中等程度的多动症，当我还住在父母家里的时候，我很快就意识到，当他在家的时候，家对我来说并不是一个最平静、最愉快的地方。是的，曾经我们俩也经常和其他兄弟姐妹或邻居的孩子一起玩，并且很开心。但是，由于我的孪生哥哥的冲动、情绪化甚至反应性攻击行为，这些情况往往会迅速恶化。他会弄坏我的东西，骂我，对我做出轻微的攻击举动，更不用说我们之间频繁爆发的争论，无论是关于玩耍的游戏规则还是对家规的遵从，我们都能吵起来。甚至当我们一起看电视时，他的烦躁不安、话多、注意力分散的表现都非常烦人，以至于我会躲到我们共用的卧室或地下室的游戏室去看书或寻找其他可以独自进行的活动。

随着年龄的增长，我会花更多时间在家外和朋友们在一起，并且经常躲避我的孪生哥哥，因为他可能会干扰我和朋友们想做的事情。如果他真的来了，他有时会给我和我的朋友们带来麻烦，因为他的粗鲁评论、挑衅行为、冒险行为，甚至一些小的反社会行为，比如从商店或别人家里偷小东西，或者只是为了好玩而故意损坏财物，炫耀自行车、滑板或体育器材的危险使用技巧，或者只是取笑我的朋友或者他们的兄弟姐妹。

有一次，他那胆大妄为的天性让他从湖边的一块巨石上一跃潜入水中，在跳下去之前，他根本没检查过水面下到底有什么。他的头撞到了水下的岩石，导致闭合性脑损伤——我们都不得不去带他去急诊室检查。还有一次，我们和妈妈一起去买新校服时，他跑上了一条繁忙的街道，被一辆慢行的车撞了（真是万幸）。虽然他伤得不重，但司机给了他很多糖果，甚至那天晚些时候还带了更多的玩具和零食来我家。是不是让人嫉妒！我和我的其他兄弟姐妹什么也没有得到，我们开玩笑地想，我们是否应该试试这种"特技"来得到那些糖果和漫画书。

即使在家里，我的孪生哥哥的冒险精神和易出事故的倾向也给其他人带来了麻烦。如果我们知道他违反了父母的一条规定，我们是否应该告诉父母，并在一个随时可能发生"战争"的家庭里引发另一场"爆炸"？我们是否应该视而不见，并且再次处理我们对他侥幸逃脱的怨恨？当他从父母的钱包或我们的银行账户里偷钱的时候呢，我们应该怎么做？当他恳求（或试图贿赂）我推迟给父母看我的成绩单，让父母晚一点感受对他的学习成绩的失望时，我该怎么办？我讲这些故事并不是说我们其他人对我的多动症哥哥只怀有敌意。我们知道他有时非常可爱、有趣且顽皮，但有时我们和他真的很难相处，常常是在同一天之内，他让我们又爱又恨。如何面对他带来的所有麻烦是摆在我们面前的一些困难的决定。

你能做些什么来缓和家里孩子之间的冲突

为了解决家庭中的这种互动困难，你可以重温前文给出的一些建议——关于如何帮助多动症孩子或青少年改善与家庭外同龄人的互动。其中许多建议也可以拓展到兄弟姐妹之间的关系上。此外，你可以考虑与其他孩子私下讨论患有多动症的孩子以及多动症是什么，让他们了解多动症是一个基于生物学的大脑发育问题，患病的孩子不能简单地靠自己"克服它"，只要患病的孩子和兄弟姐妹一起住在家里，整个家庭都不得不应对这些症状。最重要的是，鼓励其他孩子尽量做到最好，因为与患病的孩子打架在家里是不能被容忍的，这种情况也不能长期持续下去。

帮助未患多动症的孩子了解多动症

在有多动症儿童的家庭中，没人能保证你能完全修复家庭中的这些社会关系。当然，让多动症儿童或青少年服用药物来控制症状会有所帮助——这在我哥哥的成长过程中是做不到的。像前文建议的那样，家长与其他孩子交谈有时会有帮助，因为这可能会让他们明白，他们的同胞在某些方面有发育障碍。你甚至可以在多动症孩子不在家的时候，进行一次全家人的讨论。早在20世纪50年代，我们和我那有多动症的哥哥一起长大的时候，人们还不了解多动症，所以我的父母没有这方面的知识，因此也就没有机会向我们提供有价值的建议。这样做是希望引发兄弟姐妹对多动症孩子的共情和关爱。有一些写给多动症患者的兄弟姐妹的书可供参考，比如迈克尔·戈登（Michael Gordon）的《我兄弟的世界级痛苦》(*My Brother's a World-Class Pain*)。

一旦多动症孩子再次对兄弟姐妹造成伤害或对家庭造成破坏，理解和关爱并不总会出现，即使有也不会长久持续。这一观念也假定家里年长的孩子有一定的心理成熟度，能够理解精神残疾对一个人意味着什么，但这种成熟度可能还不存在于每个孩子身上，尤其对那些年纪尚小的孩子来说，他们根本"无法理解"。如果家里的孩子年纪已经足够大了，当你与心理学家、精神科医生或咨询师会面时，你可以鼓励这些年纪大一些的孩子与你一起去，让他们与孩子的兄弟姐妹谈谈多动症，看看他们是否对此有疑问。

花时间和未患多动症的孩子单独相处

你可以尝试的另一个策略是留出时间和家里的每个孩子单独相处，做一些其他孩子喜欢和你一起做的事情，特别是在家庭环境以外的地方，这样多动症孩子就不会打扰你们了。在外面吃一顿特别的饭、看电影、观看孩子的体育活动、购物，或者只是一起散步或骑自行车（只有你们俩），这样你就可以确保一些高质量时间，让你把注意力集中在其他孩子身上，努力保持和孩子的亲密关系。让年长的兄弟姐妹比多动症儿童睡得晚一点，这样每周有几天你就可以利用这些时间和孩子一起度过私人的特殊时刻。如果家里没有多动症孩子，父母可能不需要经常或根本不必安排这样的"特殊时间"活动，而你可能需要有意识地安排这样的一对一时间，以此试着抵消因为必须和多动症儿童一起生活而对你和其他孩子之间关系的损害。这种与未患多动症的孩子的一对一交谈和对他们积极的照顾不必专门在家外花几个小时来实行——只要抓住和每个孩子单独待在家里的机会，你就可以和孩子讨论与多动症相关的问题，或者只是表现出对孩子特别的关注和感情，以此尽量让孩子的"情感银行账户"充盈（由此促进亲子关系），同时还能处理多动症孩子对他造成的破坏性影响。

考虑针对和睦相处的奖励计划

对于一些家庭，如果其他孩子比多动症孩子年纪大很多，我会建议父母把其他孩子纳入特殊的奖励计划，比如积分系统。在积分系统中，其他孩子可以通过与患有多动症的兄弟姐妹融洽相处来获得一些他们想要的特殊目标或活动的积分。当然，如果你能保证这个奖励计划的私密性会有所帮助，但是，如果家长把多动症孩子和其他兄弟姐妹都纳入同一个奖励计划，对他们彼此之间的和睦相处以及与其他家庭成员的和睦相处进行奖励，有时我发现这是没有必要的。相比于多动症孩子，其他孩子在这样的奖励计划中很容易成功，因为他们没有多动症症状或其他破坏性行为，这可能会使多动症孩子在计划中表现不佳。你也可以鼓励没有多动症的孩子在家外参加更多的体育活动、俱乐部或其他活动，这些活动不涉及他们患有多动症的兄弟姐妹，这样其他孩子可以靠自己的成功而获得关注，从而减轻家庭内部问题对他们的影响。

当心弟弟或妹妹受到多动症孩子的欺凌

如果其他孩子的年纪远远小于多动症儿童或青少年，就有可能出现一个独特的问题——弟弟或妹妹受到多动症孩子的欺凌。如果证据确凿，家长就需要对欺凌者迅速实施惩戒。此外，当受到有多动症的哥哥或姐姐的威胁或身体欺凌时，家长应该鼓励弟弟或妹妹立刻把这种情况告诉父母或其他负责监督的成人。是的，如果年幼的孩子学会了编造故事让哥哥姐姐陷入麻烦，他们可能会滥用这项规则。但是，你要让年幼的孩子知道，一旦这种"瞎告状"的行为被证实，他们一定会立刻受到惩罚，以此阻止这种情况的发生。

不要做出消极对待多动症儿童的示范

过度批评、口头攻击、身体攻击或羞辱多动症儿童在任何时候都是错误的策略，尤其是当家里的其他孩子目睹了上述情况，问题会更为严重。这会很快让其他孩子相信他们也可以这么做。记住，作为父母，你的工作不仅是培养你和多动症孩子之间的良好关系，而且要培养他们和兄弟姐妹之间的良好关系。因此，寻找机会来促进孩子之间（以及与你之间）的积极互动，无论是通过表扬、认可、尊重，以及在这些积极互动发生时对 2 个孩子的积极关注，还是如前文所建议的方式，将他们中的 1 个或 2 个纳入积极的奖励计划里，比如代币或积分系统。

不要把未患多动症的孩子当保姆

即使作为成人的父母都很难和患有多动症的儿童和青少年相处，对其他孩子来说就更难了，因为同为家里的孩子，其他孩子在多动症孩子的眼中缺乏父母的权威。

本书末的"家长支持服务"中列出了一些关于解决兄弟姐妹冲突的参考信息。

第十四章

顺利度过青春期

本章合著者：阿瑟·L. 罗宾（Arthur L. Robin）博士*

青春期带来了一个充满各种机遇的新世界——酒精、烟草、毒品、驾驶、就业和性行为——青少年必须做出明智的选择，防止这些机遇成为危险。多动症导致的执行功能缺陷会干扰人们的决策质量，因此许多家长在面对孩子的青春期时会感到恐惧。更为复杂的是，对于患有多动症的青少年来说，这些正常的青春期挑战也会被无限放大。多动症可能会阻碍孩子达成这个年龄段需要完成的发展任务。你的孩子可能会遭遇学业失败、社会孤立、抑郁和自卑，也可能在如下问题上与家人发生不愉快的冲突：

- 按时且有序地完成家庭作业；
- 顺利完成日常家务；
- 选择适当的朋友和适当的社交场所；
- 尊重其他家庭成员的权利和隐私；
- 离家在外时做出负责任的行为；
- 在规定的宵禁时间回家；
- 喝酒、抽烟、性行为，以及驾车（对年纪较大的青少年来说）。

---

* 罗宾博士，现已退休，曾任密歇根儿童医院心理培训部主任，韦恩州立大学精神病学和行为神经科学教授。

在格温尼思·爱德华兹博士和我（拉塞尔·A.巴克利）在马萨诸塞大学医学院进行的研究中，我们（1）对比了多动症青少年与父母之间的冲突和争吵，以及典型的青少年与父母之间的争吵；（2）研究了青少年与父亲之间和母亲之间的冲突是否存在差异。研究结果可能不出你所料：多动症青少年及其父母之间比普通青少年及其父母之间有更多的冲突。然而，让人有些惊奇的是，多动症青少年与母亲之间产生的各种不同的冲突几乎是他们与父亲之间冲突的2倍。多动症青少年与父亲的冲突似乎大多围绕以下问题：着装、音乐开得太大声、在学校惹麻烦、和兄弟姐妹打架、把房子弄得乱七八糟。多动症青少年的母亲与普通青少年的母亲遭遇的大多数冲突是相同的，但多动症青少年与母亲也会陷入不按时睡觉、成绩不好、结交狐朋狗友和不做作业等问题的争吵中。母亲也报告说，和父亲相比，在这些问题上自己和孩子的争吵更激烈。显然，母亲在养育孩子方面承受了更多压力，这种情况从孩子小时候一直持续到了青春期。

时间维度以及父母与青少年关于控制权的冲突

当然，核心冲突通常是所有父母与青少年争吵的焦点：青少年希望自己做决定的自然意愿与父母想保留决策权的渴望之间的冲突。使这一问题更为复杂的是，所有青少年和他们的父母之间，特别是多动症青少年和他们的父母之间，在决策的时间维度上存在差异。成人倾向于提前2~3个月思考和计划，而青少年——即使没有多动症——最多也只能提前几天思考和计划。这立刻产生了一种冲突：妈妈可能在考虑孩子在接下来的几个月里需要做些什么来准备历史期末考试，而孩子却几乎没有想过要在本周末完成历史论文。对于多动症青少年来说，他们在时间维度上的问题更严重，他们不仅更"短视"，而且可能根本不考虑他们认为没有回报的事情。放学后和朋友出去玩，或这周五穿什么去参加聚会，这些事情对多动症青少年更有吸引力，周末完成历史论文可能会自动退居次要位置。因此，父母和多动症青少年在任何时候都会因为什么事情是重要的而发生冲突。当你和孩子沟通时，要记住这一点：试着用孩子的方式思考，把注意力集中在未来一两天的事情上，而不是未来几个月的事情上。这段时期的主要挑战在于，如何在尽量不破坏亲子关系的前提下，与青少年协商，让他们自然地过渡到能够自我决定的状态，并且处理这些与时间维度不同有关的冲突，与此同时还能够为子女走向独立做好充分的准备。

黄金生存法则

有几条"黄金法则"可以帮助你和青春期孩子改善生活质量。

1. 了解青少年的发展，以及多动症对青春期的影响。
2. 培养应对的态度和合理预期。
3. 建立明确的家庭和邻里守则。
4. 父母携手合作，监督和执行家庭及邻里守则。
5. 积极有效地沟通。
6. 共同解决相互之间的分歧。
7. 试着像你的孩子一样思考，把注意力集中在接下来一两天需要做的事情上，而不是接下来一两个月。对于长期项目，把它们分解成更小的步骤，及时地把它们加入孩子的"时间窗口"中，让孩子知道今天或明天他需要做什么，以便朝着长期目标不断取得进展。
8. 如果不断升级的冲突给家庭带来危机，去寻求心理健康专家的帮助。
9. 保持幽默感，定期离开孩子去度假。

青少年发展与多动症：速成班

从家长的角度来看，这可能并不明显，但青少年有许多"工作"要做。在这些年里，孩子应当从童年期对父母的完全依赖，走向成年期与父母之间的平等关系。在逐渐独立的过程中，他们应该弄清楚自己是谁，支持什么（即自我同一性和价值观），如何与他人结成深厚的友谊，以及形成终生的关系，如何克制自己有时难以控制的性冲动，以及他们想要什么样的生活（教育和职业目标）。青少年应当完成上述所有任务，成功完成学业，建立持久的同伴关系，与家人和睦相处。

在孩子寻求独立的过程中，家庭内的某些冲突是不可避免的，对12—14岁的青少年来说更是如此，作为青少年他们急于挣脱父母，但是一旦他们在外面残酷的世界中遇到了不公平待遇或需要父母提供资源时，他们又马上折返回来。

与此同时，巨大的身体变化，尤其是身体的快速发育和性成熟，使青少年变得喜怒无常，他们对批评很敏感，自尊心很脆弱。青少年或许渴望一种无所不能的感觉，这样他们才能应对自己正在经历的各种快速变化，给他人留下他们知道自己在做什么的自信印象，并树立自己是独立自主的人的形象。承认自己有缺点，对他们而言似乎是一场灾难。当然，伴随这些的是一种永生感——青少年愿意尝试各种冒险，藐视这些冒险行为可能带来的任何后果。

多动症青少年与其他所有青少年一样，也要经历相同的生理成熟过程，面临相同的冲动和挑战。然而，他们的执行功能（自我调节）更弱，这导致他们通常在社交或情绪上更不成熟，自我控制能力也不如其他青少年。因此，多动症青少年可能看起来比"正常"青少年更不稳定，对轻微的批评反应过激，或者把一切都视为批评。多动症青少年可能更加没有准备好承担独立的责任，但他们和其他青少年一样渴望独立。

事实上，即使你刻苦钻研前面章节提到的儿童管理技巧和问题解决步骤，但只要有多动症青少年在家，接受你的照顾并需要你负责，他就可能比普通青少年需要你更多的帮助和干预。请记住，这些方法（以及本章讨论的方法）的初衷不是为了"治愈"孩子，而是为了减少冲突和混乱。在理想状态下，你的孩子最终将学会这些技能，形成更好的社交行为模式，并且能够按照社交场合的需要自发地使用它们，但不要指望你能够完全停止使用这些方法。

重要的是，请理解：虽然生理上的成熟会对注意力不集中、冲动、多动和执行功能（自控力）带来一些量的变化，但患有多动症的青少年在培养日益复杂和高级的心理能力上，仍然落后于其他青少年，这些心理能力可以帮助他们自己做决定，有条理地做事，让他们的行为不再受制于当前即时的情境，而是帮助行为指向更远的未来。普通青少年的自我克制、后见之明、先见之明、计划性和目标导向行为是不断在发展的，并且能够在他们生活中发挥越来越大的作用，但这些能力在你的多动症孩子身上比较晚熟，发展的速度也更慢。在这些逐步发展的技能上的缺陷，将会形成多动症孩子在青春期最大的困扰，因为这些问题再加上已有的注意力不集中和多动，会产生一种全新且复杂的家庭冲突矩阵。

- 许多多动症青少年似乎无法遵守与父母之间的约定。这是注意力不集中和自我调节能力缺失的表现，还是真正的叛逆呢？答案通常是"二者皆有"。
- 青春期再加上冲动会使多动症青少年更加喜怒无常、情绪化、易激惹、暴躁、尖酸刻薄、无法忍受挫折，甚至不考虑自己行为的后果，从而导致情绪爆发、频繁争吵、冲突迅速升级，甚至与父母发生肢体冲突。
- 30%～40%的多动症孩子的肢体动作过多会持续到青春期，当在与父母进行讨论时，他们会表现出焦虑不安、抖脚、踱步或看上去百无聊赖，这些表现很容易被误解为对父母的不尊重，从而引发愤怒和敌意的恶性循环的沟通模式。

应对态度与合理预期

这些冲突往往会令父母得出一个结论：多动症青少年"态度有问题"。事实上，父母的态度也有问题。如果你想让青春期孩子改变态度，就必须先改变自己的想法。

期望与要求

期待多动症孩子取得令人满意的成绩，在不惹麻烦的情况下完成家庭作业，这是有益的。期待他在家里遵守基本的生活规则，尊重其他家庭成员，这是有益的。期待他学会和你以积极的方式沟通，尽量在没有暴力或不发脾气的情况下解决冲突，这也是有益的。最后，期待你和学校为多动症孩子提供更多的结构去完成这些任务，这同样是有益的。

这些都是期待，而不是要求。不要苛求完美或完全服从。不要指望孩子有完美的学习成绩，或面带笑容地循规蹈矩。如果你有不切实际的期待，毫无疑问，结果多数时候会是失望、沮丧和愤怒。你的失望和愤怒将妨碍你有效且合理地处理青少年的问题行为。如果你苛求完美和孩子的服从，持有不切实际的期待，你就很容易失控，会冲动地做一些事后令你后悔莫及的事情。

预期中的毁灭

父母经常害怕青春期孩子犯太多错误会毁了她的前途，父母还会担心，如果给孩子太多自由，孩子可能无法负责任地驾驭手中的自由，这也会毁了孩子。不做作业、不打扫房间，真的会让你的孩子以后变得无家可归、吸毒，或走上犯罪的道路吗？家长的许多恐惧都被夸大了。这种夸大的结果就是，它们成了自我实现预言：既然你不信任他们，青春期孩子可能就会专挑让你最担忧的事情去做。

恶意归因

如果你的青春期孩子没有倒垃圾或铺床，你可能会得出这个结论：他故意想气你。多动症青少年做事有各种各样的理由，有些理由是无法预测的，但绝大多数时候他们并不是故意要惹父母生气。如果将这些青春期孩子的多数行为理解为故意或恶意的，你可能会一直生闷气，不能和孩子以恰当的方式相处。你对自己有不合理的期望感到内疚吗？下面的表14.1将帮助你和青春期孩子进行评估，评估你持有不合理的预期和扭曲的信念的倾向。

表 14.1　常见的不合理信念

父母

I. 毁灭："如果我给孩子太多自由，他就会毁了自己的生活、做出错误的判断，并且惹上大麻烦。"

举例：1. 房间打扫得不干净："他长大后会成为一个邋遢的人，没有任何自尊，永远找不到体面的工作。"

2. 晚回家："她迟迟不归可能会受到伤害。她可能会怀孕、吸毒，或者变成一个酒鬼。"

3. 没有完成作业："他无法从高中毕业，永远无法进入一所好大学，找不到好工作，无法养活自己。他将永远是我们的累赘。"

II. 恶意的动机："我的孩子行为不当是对我的有意伤害。"

例子：1. 忘记关灯："她想让我破产。"

2. 说话无礼："他用那种态度说话是为了报复我。"

3. 把音响的声音开得太大："她那样大声放音乐就是为了激怒我。"

III. 服从和完美主义："我的孩子应该永远服从我，表现得像个圣人。"

例子：1. 没有遵从指令："要是我不提醒10次以上，他甚至都不去扔垃圾。他完全不听我的！要是我对我爸做出这种事情，我就死定了。"

2. 在亲戚面前表现得亢奋："在这个年纪她应该坐下来，表现得更加成熟。"

IV. 感恩和爱：我的孩子应当主动对我做出的牺牲表达爱和感恩。

例子：1. "看看在我为你做了这一切之后我得到了什么。你一点也不关心我。你这个自私鬼。"

2. "你说你要更多的零花钱是什么意思？我给了你这么多钱，我为你买了这么多东西，你应该特别高兴。"

（续表）

青少年

I. 不公平和毁灭："我父母制定的规则完全不公平。我永远没有好日子过，也交不到朋友。父母这些不公平的规则毁了我的生活。"

 例子：1. 宵禁："为什么我要比我的朋友早回家？这不公平。我永远交不到朋友。"

    2. 学校："琼斯老师一点都不公平。她总是刁难我。她跟我过不去。就是因为她，我的数学才不及格的。"

II. 自主："我父母没有权利告诉我该做什么。"

 例子：1. 抽烟："这是我的身体，我可以做任何我想做的事情，你们无权干涉我。"

    2. 家务："我不需要任何提醒。我自己可以完成所有事情。"

III. 感恩和爱："如果父母真的在乎我，他们就会让我去做任何我想做的事情。"

 例子：1. "如果父母真的爱我，他们就会允许我开车去参加那场音乐会。"

    2. "萨拉的妈妈给她买了那么多名牌衣服。她父母真的爱她。我父母讨厌我，想让我看起来很丑。"

注：摘自 Robin (2015). Copyright © 2015 The Guilford Press. 经许可改编。

改变预期

如果你在制定合理的预期方面有困难，可以尝试以下练习。

想象一下你会有什么感觉……

  闭上眼睛，想象一下你的孩子在超过宵禁 2 小时后才回家；让你的孩子想象同样的事情。现在想一想，青春期孩子的这种行为是多么不尊重你，多么不知道感恩，因为他无视已经达到极限的规则，你已经给了他尽可能多的自由。让你的孩子想象一下，被迫提前离开一个派对是多么不公平和尴尬，家长制定的规则对于他的社交生活造成了多么大的打击。现在你们双方都有什么感受？双方似乎都出现了强烈的愤怒和受挫感。问一问自己，如果在这种每个人都非常情绪化的时候进行家庭谈话会有什么结果。据我们所知，家庭成员通常认为，在这种时刻会发生一场"血战"，而不是进行合理的讨论。

  上面的这个练习向你展示了一个激发事件（Activating event，简称为 A），这个事件给予了你们每个人绝对化的信念（Belief，简称为 B），并且让大家都很生气（Consequence，简称为 C）。专业人士将这种情绪模型称作 ABC 情绪模型。它展示了你的感受大部分（或者更多）是由你自己和你对于事件的看法引发的，而不是由事件或其他人的做法引发的。通过评估和改变自己的信念，让自己的信念更加灵活和合理，你可以控制这些行为对自己情绪的不良影响。

最坏的情况

如果你在某个有分歧的问题上对他人让步或妥协，最糟糕的情况是什么？举例来说，如果青春期孩子没有完成作业，你可能会想，"如果吉姆没有完成数学作业，他的数学会不及格，他可能会在九年级留级，无法毕业，只能做不体面的工作，成为一个不开心的成人。"或者你可以想，"他会在这一次数学作业上得 F。这只是很多次作业中的一次。能发生的最糟糕的情况是什么呢？他可能会得到很低的分数。难道我以前就没有不完成作业的时候吗？我没事，他也会没事的。"后者合理且灵活，前者不合理、僵化且无逻辑。

请记住，对自己也要灵活和宽容。即使你开始有不同的想法，你也会重新回到你对孩子僵化或扭曲的旧观念中去。在能够避免扭曲的信念影响你对待孩子的方式之前，你需要大量的练习，练习"捕捉"自己那些扭曲的信念。

考虑一下，一名父亲非常愤怒，因为他为女儿买书、买校服、买生活用品、买计算机、请家教，为了帮助她在学校取得成功而把钱花在心理咨询上，而女儿却没有表现出丝毫的感恩，并且因为无论什么时候（通常是在父亲的冗长说教中）这个话题被提起时，她总是表现得焦躁不安和百无聊赖，她"既不尊重，也不服从"。这个家长也许可以以捕捉自己的绝对化信念为起点，改变自己僵化的思维模式：青少年应当总是对父母的牺牲表达深深的感激，当一个患有多动症的青少年——这个孩子天生缺乏自我控制，从来没法老老实实坐着超过 10 分钟——在父亲对她说教超过半小时的情况下，表现出焦躁不安，就被当成一种极度不服从或不尊重的信号。现在这位父亲可能会问自己，如果是女儿的朋友，这些孩子会对自己的父母表达多少感激之情呢？当他自己还是个青少年的时候，这位父亲又对他的父母表达了多少感激之情呢。这位父亲可以和其他孩子的家长聊聊各自的孩子，也可以阅读关于青少年发展的图书。所有这些都可以帮助他获得另一种信念：即使青少年爱并且感激自己的父母，他们也很少会表现出来。

这些策略非常值得付诸努力。问自己这样一个问题：是你的孩子在一周内无法达成承诺更糟糕，还是在数年内失去你和孩子和谐的关系更糟糕？要成功地养育多动症青少年就像坐过山车一样，可能会给你带来1分钟的兴奋感，也可能出现很多磕磕绊绊。试着不要对每次小碰撞都过度反应，而是"随波逐流"，决定哪些问题是需要立即采取行动的优先事项，哪些是微不足道、最好被忽略的事情。当你试图对青春期孩子保持合理的预期并且准确地理解孩子的各种行为时，一定要记住孩子在青春期时对自我决定的强烈渴求，以及多动症对于这一过程的影响。

建立家庭规则和邻里规则

对于年幼的孩子，成人经常使用家长的权威来解决冲突，通过强有力的奖励和惩罚来巩固自己的地位。由于青少年对独立的渴望以及逐渐增强的力量，简单使用家长权威可能无法达成效果；青春期孩子会想尽办法绕开家长的控制。当家长发现自己已经无法简单地对孩子发号施令时，他们有时候就会无可奈何地一挥手，说："我不管了，你爱干什么就干什么，有什么后果你自己承担。"这种放任的方式对孩子也没用，因为多动症青少年就是会想干什么就干什么，他们想干的通常不包括写作业，却经常包括冲动甚至危险（如果不是违法）的活动。当相关部门因为青少年的问题行为联系家长的时候，成人可能会再一次行使家长权威来压制孩子。随着时间的流逝，家长可能会在过度管束和管束不足两种方式之间切换，而多动症青少年很快就能学会识别这种循环，他们会等待父母出现过度管束的阶段，然后和父母"打消耗战"，因为自由的"曙光"就在眼前。

"我家的青春期孩子总是随心所欲。他想来就来，想走就走，无论白天还是黑夜。他对家里的事不管不问。我们要怎样做才能让他听我们的话呢？"

研究发现，更加民主或者更有助于双方达成共识的方式，尽可能地让青少年参与决策，通常比严厉的一边倒的独裁方式更有效。发出最后通牒的方式看似节省时间，但是通过协商找出一个大家都能接受的解决方案更有利于培养青少年负责任的行为，这可能是由于青少年看到了制定当前决策的各种理由，并且自己也参与到了决策过程当中。最重要的是，今后青少年在家庭之外也可以采用这种模式去解决争议。

如果你本能地认为患有多动症的青少年对任何事情都颐指气使、目中无人和咄咄逼人，那么有一件事需要明确：在能够通过民主方式处理的事情和没有讨价还价的余地的事情之间，有一条重要的分界线。每个家庭都有一套共同生活的底线规则，这些是父母价值观的体现，也是在文明世界生活需要遵守的普遍原则。在进一步行动之前，列出这些规则。保证清单的内容简单明了，并将其分为以下几部分内容：（1）家庭规则（在家适用）；（2）邻里规则（在家以外的其他地方适用）。比如，家庭规则中可能包括：（1）禁止暴力和咒骂；（2）不抽烟，不吸毒或饮酒；（3）你可以表达不满（而不是愤怒），但是在表达时需要尊重他人；（4）尊重家庭成员的隐私；（5）拿别人的东西前要先询问；（6）当家长不在家的时候不带朋友回家。邻里规则可能包括：（1）仅仅在自我保护及其他方式全部无效的情况下才使用暴力；（2）不抽烟，不吸毒或饮酒；（3）按时上学；（4）告诉父母你要去哪里，如果行程变更要打电话告知父母；（5）按照约定好的宵禁时间回家。

将这张清单作为不能讨价还价的规则贴在冰箱上。经常和你的青春期孩子重复这些条例。澄清任何有歧义的地方。解释清楚为什么这些规则是有必要的，如果有必要，让你的孩子想象一下如果住在一起的人不遵守一些基本规则，生活会变成什么样。在你的孩子和朋友出去玩之前向他提醒邻里规则。

监督和执行规则

随着多动症孩子逐渐长大,执行规则会越来越难,因此保持一致性和团队合作就显得非常重要。

父母联盟

在任何一个父母无意中向孩子表明,父母一方的决定可以通过向另一方求助而被推翻的家庭中,青少年将学会许多创造性的分而治之的方法。然而,由于多动症青少年的父母可能需要设定比惯例限制更多的限制,家庭是青少年尝试这种策略的沃土。因此,父母之间建立统一战线的沟通至关重要(见下面的专栏)。单亲父母的工作特别艰难,应该寻求任何他们可以得到其持续支持的人的帮助,比如附近的亲戚或密友,尤其是青少年可能尊敬的人。

当父母团结起来:一个成功的故事

14岁的安德鲁·诺顿一周会发4~5次脾气,起因经常是家里一些微不足道的小事。当父亲拒绝带他去商店购买万圣节服装的时候,安德鲁向他父亲价值400美元的西装上喷了一瓶芥末,毁了这件衣服。当母亲拒绝给他最喜欢的甜品时,他向母亲扔了一瓶汽水,把墙壁撞出个洞。他经常恐吓他的妹妹,随意打她,扯她的头发,偷她的钱和物品。诺顿夫妇对于如何管理他们儿子的观点非常不一致。诺顿先生倾向于体罚,而他的太太害怕这会导致安德鲁和他爸爸伤害彼此。她尝试着跟她的儿子"讲道理",事实上她居于丈夫和儿子之间,以防止他们出现身体对抗。除了讲道理之外,她对于孩子发脾气的行为不做任何回应。

在一名心理治疗师的帮助下,诺顿一家同意设定一条"底线":如果出现攻击行为,就叫警察并对攻击行为提出指控;如果财物有所损毁就要进行相应的经济赔偿。虽然过程很艰难，但诺顿一家对如何处理安德鲁每次出现冲动的情况达成了共识。诺顿先生坚持体罚的必要性，而他的太太则坚持除了在事情发生后和她的儿子进行一场平静的谈话外不做任何事。他们双方都指责是对方造成了安德鲁乱发脾气的问题的持续发生。安德鲁降低了他的暴躁程度，声称他可以在任何时候控制自己的脾气，他抗议父母提出的"愚蠢"的规矩，他觉得自己的破坏行为是一种"报复"。

在治疗师的推动下，父母达成了一系列针对安德鲁乱发脾气的问题的共识。父亲同意不对孩子进行体罚，条件是孩子的母亲必须坚决要求安德鲁控制自己的行为，或者到自己的房间里待 30 分钟不许出来，直到他冷静下来。在接下来的 1 个月里，诺顿太太要么"忘记"对安德鲁坚决地提出要求，要么在处理安德鲁的行为时表现得"唯唯诺诺"。诺顿先生最初试着约束自己，但是当他第 3 次看到太太无法坚决地对安德鲁提出要求时，他又回到了体罚的老路上。而只有当诺顿先生真的站在太太一边，并且对太太施以援手时，她才能够对儿子做到态度坚决。有一次，安德鲁打了妹妹，并且狠狠地嘲笑她，看着女儿被逼到角落，咬着大拇指并哭得歇斯底里的时候，诺顿太太变了，这可以说是一个转折点。她意识到儿子就是一个暴君，决定开始"镇压"他。诺顿先生本来不相信太太能够管教儿子，但现在他开始坚定不移地支持她。在 3 周多的时间里，安德鲁发脾气的行为从每周 4～5 次降低到了 1～2 次。安德鲁声称，这种行为上的改变是出于他自己的"意志力"，治疗师并未对这种幻想提出质疑。

密切而频繁地监督

执行规则的第一步是监督——保证孩子能够遵守家庭规则和邻里规则，检查孩子的大致行踪，跟进孩子在时间节点内完成任何结构化任务的进展情况。监督实际上只是结构化生活的另一个方面，在照料所有多动症孩子的过程中，这都是一项核心任务——增加监督和责任感或反馈。相比于其他青少年，多动症孩子需要更密切且更频繁的监督；你需要一直知道你的孩子在哪里。在自由时间里如果你的孩子和伙伴一起出去玩，你应该要了解他们的目的地，如果他们的计划有任何变动，都应当告知你。你也需要保持清醒并等待宵禁时间的到来，确保孩子说的是实话，检查他是否饮酒或吸烟；此外，在孩子写家庭作业的时候你也要尽可能待在家里。

就像父母有时容易对多动症青少年管束不足或管束过度一样，他们会面临这样的风险：要么在某方面对孩子放任不管，要么在另一方面事无巨细地管束孩子。父母既不要把青少年单独留在家里一整个周末，也不要出现在年轻人的派对上监督自己的孩子。放任不管是一种危险的行为，因为你没有履行家长的职责，而过度管束也不好，它剥夺了孩子形成自我决定能力的机会。既尊重孩子的隐私，同时提醒他们负责任，在这二者之间找到平衡才是解决之道，当然这绝非易事。下面为你提供了一些建议。

持续使用正面和负面后果

你可以而且应该使用本书第十一章中描述的多种技术，建立积分系统，在遵守家庭规则和邻里规则与正面后果之间构建联系，在不遵守家庭规则和邻里规则与负面后果之间构建联系。主要的区别在于这些行为后果要和孩子的年龄相匹配：除了剥夺看电视的特权以及分配家里的家务活外，对于青春期孩子来说，行为后果可能还包括使用家里的车、上网、获得零花钱或拥有手机，等等。

展现权威

家长必须使用一种合情合理、克制的，但又意志坚定的语调，才能取得成效。青少年需要从家长的语气和行为举止中了解到，家长对于不可协商的事情是认真的：展现自信和可信度（你说到做到）。父母要准备好在始终如一地支持对方的时候可能会经常"碰壁"，还要准备好与一个极其愤怒的青少年一起经历不愉快的后果。当你的孩子已经习惯了为所欲为时，这尤为重要。两名家长刚刚形成的新统一战线会激发孩子极大的怒气和挫败感，而你们要做的就是携手共同坚定地面对孩子的这些反应。

做好求助的准备

总有些时候你无法恰当地管束自己的孩子并有效地实施家庭和邻里规则。你可能需要治疗师的协助——或者，在极端情况下需要外部权威的介入，比如少年法庭和警察。如果你已经试遍了其他方法，那就尽量不要回避这种求助。

有效沟通

你和青春期孩子很容易形成不良的沟通习惯。当多动症叠加了青春期的常见冲突时，许多家长在与青春期孩子意见不合时"失去理智"（通常在放学后，尤其是家长在一整天的工作后也疲惫不堪），也没什么好奇怪的。家庭成员会发现他们之间的"讨论"不断演变为贬低、指责、辩护、讥讽和家长的最后通牒。家长总是没完没了地说教，而青少年对此则无动于衷，沉默以待，不尊重地翻白眼，或诅咒他们。消极的沟通模式可能激怒家长和青少年，以至于家长情绪激动，行事通常基于激动的情绪，而不是冷静的逻辑分析，最终的结果只是空留遗憾。

花一点时间看看下面的表 14.2，表中罗列了一些常见的不良沟通习惯以及一些建设性的替代方式。试着回忆一下近期这些习惯在其中发生作用的事件。和孩子之间的消极沟通让你有多生气？你的孩子又有多生气，到底发生了什么？

表 14.2　消极的沟通习惯

如果你的家庭中存在下列情形，请打钩：	更加积极的处理方式：
1. _____ 互相辱骂	采用更加不伤人的词语表达自己的愤怒
2. _____ 贬低对方	"你做了 _____ 让我很生气"
3. _____ 打断对方	轮流讲话，保持简短
4. _____ 总是吹毛求疵	指出好的和不好的地方
5. _____ 一受到攻击就进入防御姿态	仔细听并且确认你听到了什么——然后平静地表达反对
6. _____ 好说教或夸夸其谈	直截了当地说
7. _____ 别人说话时看向别处	注意眼神交流
8. _____ 表现得懒散或瘫坐在地上	坐起来并且注意听
9. _____ 用讥讽的语气讲话	用正常的语气讲话
10. _____ 逃避话题	结束一个话题后再进入下一个
11. _____ 总是想到最坏的结果	保持开放态度，不要草率下结论
12. _____ 翻旧账	关注当下
13. _____ 猜测别人的心思	询问别人的想法
14. _____ 指挥，指令	和善地提出要求
15. _____ 沉默以对	你觉察到什么就说出来
16. _____ 乱发脾气；"情绪失控"	从 1 数到 10；离开一会儿；放松一下；离开房间
17. _____ 忽视重要事件	认真对待，即使它对你来说可能并不重要
18. _____ 否认做出的行为	承认你做的事，但说出你不喜欢被指控
19. _____ 揪住小错误不放	承认没有人是完美的；让小事情翻篇
你的消极沟通得分（总共有几个打钩项）_____	

注：摘自 Robin (2015). Copyright © 2015 The Guilford Press. 经许可转载。

　　与青春期孩子一起讨论消极的沟通方式会如何伤害彼此：它们会怎样冒犯他人，甚至引发他人的反击或报复。家长可以从陈述自己身上的不良沟通习惯开始，然后说一说在下一次你和孩子的沟通中你将如何试着去改变。如果你从罗列孩子的坏习惯开始，就会让孩子立刻进入防御状态。

　　下一步，指出更加积极的替代方式，家长可以使用表 14.2 中的例子，也可以让孩子给出一些例子。试着通过角色扮演的方式演练新的沟通模式。值得注意的是，要强调你不是在让孩子压抑自己的感受，隐藏自己的愤怒。相反，你要尝试让孩子在表达合理的感受的过程中，不去冒犯或伤害其他人的感受。不要忘记沟通中的非言语部分，比如眼神交流和良好的姿态。

和青春期孩子签署一份协议，在一段时间内集中训练1~2种沟通技巧。然后，在一天结束后就选定的这些沟通习惯给予对方反馈，并且试着用更积极的方式重现之前的场景。有时候可以把对话录下来（比如，在餐桌上的对话），然后再回顾这些录音，这种方式非常有帮助。当你的孩子在尝试新的沟通技巧的时候，你应该尽量坦率地赞扬她的努力。

例如，一位母亲和她患多动症的16岁孩子决定专注于解决冲动性打断问题。她们经常在对方话说到一半的时候打断对方，这导致了双方的冲突和争执。她们都同意试着让对方先说完，无论自己在中途多么想讲话。她们也同意尽量让自己的陈述简短。如果一方出现了打断行为，另一方就会说"犯规！这是打断。让我们重新开始"。要改变原有的模式需要好几周时间，但是一旦成功，她们就会发现两人之间少了很多争执。

用问题解决步骤与孩子处理冲突

一旦你开始和青春期孩子一起练习新的沟通方式，你就准备好了用你的沟通技巧来解决冲突和化解分歧。第一个尝试需要改进的地方是，当你和孩子在讨论问题时应当遵循的步骤。在一段对话中，你和孩子是否在大量问题中来回跳跃，但是没能解决其中任何一个？你们的讨论是否更多在宣泄愤怒而不是为了找到真正的解决方案？无论你们在问题解决上有什么难处，可以尝试本书第十二章中提到的问题解决步骤。或者拿出几张纸，回顾一下在表14.3中列出的问题解决步骤。在你开始以前，请确保父母和孩子都同意使用下列方法。

表 14.3　问题解决概要

Ⅰ. 界定问题
　　A. 告诉他人，他们做了什么让你烦恼，以及为什么。"宵禁时间是 11 点，在这一点上我们已经达成了共识，而你实际回家的时间晚了 2 小时，我对此非常生气。"
　　B. 用"我"作为界定问题的陈述的开头；保持语句的简短、清晰，当然不要指责或贬低他人。
　　C. 你向他人表达自己的观点了吗？让他人重新表述你的问题界定，以确认他们真的理解了你的意思。如果他们理解了你，继续下一步，否则重述你的界定。

Ⅱ. 提出其他替代解决方案
　　A. 轮流罗列解决方案。
　　B. 在罗列解决方案的时候遵从以下 3 个原则。
　　　　1. 列出尽可能多的想法。
　　　　2. 不要评估这些想法。
　　　　3. 要有创造力；任何事情都有可能，因为你不需要做你列出的所有事情。
　　C. 由一个人在一张工作表中写下所有想法。

Ⅲ. 评估这些方案，并且选择一个最佳方案
　　A. 轮流评估每一个想法。
　　　　1. 如果家庭按照这个方案执行将会发生什么，说出你的想法。
　　　　2. 为每一个想法投票，用"+"或"−"表示，并且在工作表上的相应位置记录你们的投票情况。
　　B. 选择最佳想法。
　　　　1. 看看那些得到最多"+"的想法。
　　　　2. 在这些想法中选择一个。
　　　　3. 把若干个这样的想法综合起来。
　　C. 如果没有一条是所有人都投"+"的，那就试着通过谈判找出折中方案。
　　　　1. 选择一条由一位家长和孩子都投"+"的想法。
　　　　2. 尽可能多地列出折中方案。
　　　　3. 像步骤Ⅲ.A 和Ⅲ.B 中描述的那样评估折中方案。
　　　　4. 形成一个大家都能接受的方案。
　　　　5. 如果你们还是不能达成一致，那就等待下一次谈话。

Ⅳ. 计划实施被选定的解决方案
　　A. 决定谁将要做什么、在哪里、如何做，以及什么时间做。

（续表）

B. 决定谁来监督这个解决方案的实施。
C. 决定遵循和不遵循这个解决方案的后果。
   1. 对遵循进行奖励：特权、钱、活动、表扬。
   2. 对不遵循进行惩罚：失去特权、禁足、干杂活。

注：摘自 Robin (2015). Copyright © 2015 The Guilford Press. 经许可转载。

1. 作为家长，你需要在整场对话中保持冷静和"公事公办"的态度，并且对孩子的观点感兴趣。
2. 在这些对话中双方应该互相让步，不是为了让一方赢过另一方，而是制订一个双方都可以接受的合理计划。
3. 任何一方都要对另一方的意见表现出乐意倾听的意愿。
4. 可以从一个双方有分歧的话题开始，在这个话题上双方虽然有分歧，但是不带有强烈的愤怒或"激动的情绪"。
5. 不要试图在一次谈话中解决所有分歧。在你与孩子的每次沟通中，尝试只解决1个问题，最多2个。然后，在至少等待一周后再讨论其他问题，直到你有机会把上一个计划付诸实践，并且起效。只有当一个领域的冲突似乎都被解决后，你才可以回到问题清单，解决清单中接下来的1~2个问题。
6. 让家庭中的一位成员担当书记员的角色，记录你与孩子之间沟通的内容。我们发现，如果你和孩子在对话中轮流承担这一任务，将会产生非常好的效果。

第一步：界定问题

每个家庭成员需要通过清晰、简短的陈述来对问题做出界定，明确自己对问题的看法。每个人都要给出自己对问题的界定，其他人需要把发言者的话语复述一遍，以确认自己对于这个界定的理解。举例来说，如果讨论的主题是青少年的宵禁时间，家长可能会说，"我听到你说，你希望周末晚上可以在外面待更长时间"，或者"我懂了，听起来你觉得这个宵禁时间对你来说太严格了"。

在讨论中，重复表述正在讨论的具体问题有时会引出几个不同的问题。例如，在针对孩子宵禁时间的讨论中，你可能会提起另外一件事，比如，儿子回家的时候车的油箱空了，他和朋友出去玩的时候花了太多钱，或者当儿子从外面回来的时候，你发现他的呼吸中带着酒精或香烟的味道。实际上，这些都是不同的问题。将这些问题写在纸上（或者记录在你的手机或计算机里），列入问题清单，留待下次讨论。

再拿一张纸，专门用于解决宵禁问题。绘制一张与表14.4类似的表格，并且在上面记录每个人对问题的陈述。

表 14.4　问题解决工作表示例

家庭名称：琼斯一家		时间：2015年11月25日	
主题：家务			
界定问题：			
妈妈：关于扔垃圾和打扫房间这件事，我要跟艾伦说10次以上，这让我觉得非常沮丧。			
爸爸：当我回到家时，发现垃圾都没有扔，艾伦的本子和书散落在家庭活动室的各个角落，而我妻子对着他大呼小叫，这让我很困扰。			
艾伦：在我观看我最喜欢的电视节目的时候，父母让我去扔垃圾。在我所有的朋友玩得很开心的时候，他们让我去打扫房间。			
解决方案和评估：	妈妈	爸爸	艾伦
1. 在父母第一次提出要求的时候就去做家务	+	+	-
2. 不做任何家务	-	-	+
3. 如果做不完就禁足一个月	-	+	-
4. 聘请家政服务人员	+	-	+
5. 通过做家务赚零花钱	+	+	+
6. 晚上8点前打扫房间一次	+	+	+
7. 家长打扫房间	-	-	+
8. 关上房门	+	-	-
9. 在合适的时间要求艾伦做事	+	+	+

（续表）

解决方案和评估：	妈妈	爸爸	艾伦
10. 提醒一次要去做家务	+	+	+

达成共识条目：5、6、9、10

执行计划：每天晚上8点前艾伦同意打扫他的房间，具体来说就是把书和本子整齐地码放好，衣服叠好放在衣架上或柜子里。不需要通过"白手套测试"。如果在没有提醒或者只有一次提醒的情况下就完成这些事，可以额外获得每天1美元的零花钱。星期二晚上8点前，艾伦同意将垃圾整理好并放到垃圾站。如果完成这个任务，艾伦将会额外获得2美元。

对于不遵守协议的惩罚：第二天放学后禁足。由爸爸监督倒垃圾事宜，妈妈监督打扫房间事宜。

注：摘自 Robin (2015). Copyright © 2015 The Guilford Press. 经许可转载。

第二步：生成可能的解决方案

现在家庭成员针对问题轮流提出各种不同的解决方案。在进行头脑风暴时遵循以下规则：（1）尽可能多地出主意——量变导致质变；（2）不要评估这些想法，因为批评会扼杀创造力；（3）发挥创造力，即使你的想法非常离谱或好笑，要知道你说出这个想法并不意味着你就要去做。

通常情况下，家长和青少年在一开始都会以自己最初的想法作为解决方案，然后逐渐加入一些新的想法。如果气氛非常紧张或者家庭成员提不出新的想法，试着提出一些"光怪陆离"的想法来活跃一下气氛，并激发一下创造力。首先，试着写下最离谱的解决方案，这样你就可以看到，你的想法或孩子的想法其实没有你想象的那么离谱。就宵禁时间问题而言，你可以写"整晚都待在外面"以及"周末晚上完全不出门"。这种极端的选项能帮你了解，介于这两者之间的有效的解决方案在一定程度上更容易被接受。一旦你在列表上看到了至少1~2项"可行的"想法——且双方都能接受——那就继续下一步。

第三步：评估备选方案

现在每一个家庭成员都评估了这些想法，并决定了最佳选项。首先，请思考使用每一种解决方案会带来什么样的结果，然后对这些可能出现的结果进行评估，哪些是你可以接受的（在工作表中画"+"），哪些是你不能接受的（在工作表中画"–"）。仅仅关注于个人对这些选项的感受，避免离题，并且再次重申这些感受，以确保每个人都可以理解。

当所有想法全部都得到评估之后，看看工作表中是否有达成一致的项目。你会惊讶地发现，在80%的情况下大家可以达成一致。之后选择一个大家都表示同意的想法，或者结合几个大家都同意的想法形成一个新的解决方案。

如果不能达成一致意见，你们需要商量出一个折中方案。寻找最接近一致意见的想法，以此为出发点，通过一些小的修正让它更能够被每个人所接受。仔细看看选择中有哪些部分和细节可能会让孩子不接受。试着就这些部分提出一些替代建议，来拉进你们双方的距离。注意那些被歪曲的预期可能产生的影响，愿意做一些让步或妥协。你们可以下周再次讨论这个问题，并尝试另一种选项。

第四步：实施解决方案

在选中的解决方案上画圈或用亮色标记，如果有必要，在工作表的底部再写一遍该方案。此外，你必须决定谁要做什么、什么时候做、在哪里做以及在怎样的监督下做。尤其是对于患有多动症的青少年来说，明确遵从和不遵从解决方案的后果是什么，这是非常重要的，因为这会在接下来的一周提醒你的孩子记住解决方案中涉及的事情。无论你决定了遵从和不遵从方案的后果是什么，请务必把它写在工作表底部，这样每个人都知道可以预期什么。然后让每个人都在工作表的底部签字确认，这样它就变成了一种协议。

试着执行这个解决方案至少1～2周，再看看它是否有效。如果有必要，如果当前的解决方案有不公平或不可行之处，你们随时可以重新协商，并签订新的协议。

试用几周这种问题解决方式，每周都坐下来讨论1～2个在清单中家长和孩子存在分歧的条目。你可能会期望安排定期的家庭会议，这样你和孩子就能运用上述问题解决方式来化解分歧，解决过去一周中累积的问题（有关应用这个四步骤问题解决方法的进一步建议，请参阅下面的专栏）。

多动症与问题解决能力

经验告诉我们，多动症会给孩子带来很多问题解决方面的特殊问题。如果希望成功地使用四步骤法，你需要注意以下几点。

1. 青少年可能在每次讨论的关键时刻都无法集中注意力。你的表达要简短、切中要害，尽可能地让青少年参与到讨论中来，在说话的过程中使用生动且热情的方式，保持一种有建设性或积极的语调。甚至你可以在孩子最初几次成功地与你进行这种对话的时候对他们进行奖励。如果你的孩子正在进行药物治疗，那么最好在药物起效的时候进行讨论。

2. 一些年龄更小的多动症青少年（12—14 岁的孩子）并不总能理解问题解决的概念，或者他们可能在情感上或发展上没有准备好承担起提出选择和协商解决方案的责任。在这种情况下，你可能需要首先自己制定行为协议，然后再和孩子沟通。或者你也可以简化问题解决的步骤，让还不太成熟的青少年也能驾驭这种方式。例如，先准备好一张列有多种替代选择的清单，然后通过评估把备选项简化为 3 个，之后再把清单拿给孩子投票。

3. 如果父母中的一方也患有多动症，家长和孩子之间的对话可能就不可避免地带着火药味。在这种情况下，去咨询专业人士，为家长的多动症寻求诊断和治疗，并且请专业人士协助家长与孩子进行讨论。

4. 患有多动症的青少年非常冲动和容易分心，你也许会觉得这个孩子所做的每一件事以及所说的每一句话都需要纠正。这会引起无休无止的严重问题以及消极的沟通模式。你需要学会明智地选择目标，决定哪些事情是你需要干预的，哪些是你可以忽略的。有一些家庭也会使用积分系统来奖励积极的沟通技巧，以此来处理讨论中孩子的破坏性行为。

明智地使用专业帮助

对多动症青少年的专业帮助类似"牙科检查"模型。通过遵循预防模式，你可以在问题恶化前及早发现问题，因此我们提倡与专业人士建立联系——心理学家、医生或社工，与他们定期会面，回顾孩子的进展状况。如果在学校或家中出现问题，专业人士可能会建议进行更密集的干预，直到问题得以解决；问题解决之后，你可以回到之前的"牙科检查"模式。或者，如果在应用本章提供的"黄金法则"之后没有获得预期的效果，这可能意味着，也许是时候向专业人士咨询，并参加某种形式的治疗干预，比如家庭治疗。如果你和青春期的孩子之间曾经发生过非常严重的冲突，那么本章中提到的许多方法在实施过程中可能都需要有一个家庭外部的人来提供协助。

去度假并保持幽默感

最后一条"黄金法则"可能也是最重要的一条：保持幽默感，并且从你的多动症孩子身边离开，自己去度假。在很多需要管教青少年的情境中，家长要保持幽默感是非常困难的，但是如果你乐意尝试，你会发现自己更容易度过孩子的青春期。每年至少几次，你和孩子都需要暂时离开对方，自己去度假。露营、青少年旅行、去爷爷奶奶家，或者和朋友一起出去——无论哪种方式——每隔一段时间就暂时离开彼此。假期通常可以帮助父母重新"充电"，并且从新的视角看待问题。

拓展阅读

如果你希望进一步了解本章的观点，可以看看下面推荐的这几本书。马里恩·福加奇（Marion Forgatch）和杰拉尔德·R. 帕特森（Gerald R. Patterson）的《家长和青少年一起生活》（*Parents and Adolescents Living Together*）是专门为家长所写的。拉塞尔·A. 巴克利、阿瑟·L. 罗宾和克里斯汀·M. 本顿所著的《如何养育叛逆少年》。关于这些书的更多信息请参阅本书末的"推荐读物"。

第十五章

建立健康的生活方式

自 20 世纪 70 年代以来,科学家就已经知道,多动症儿童比一般儿童遭受意外伤害的风险更大,但过去 20 年的大量研究表明,多动症带来的健康风险要比这复杂得多。有多动症的儿童和成人出现各种健康相关问题的概率更高,他们比未患病的人面临更大的早死风险。本章的目的是让你了解目前所知的多动症高风险因素,并提供关于健康生活方式的建议,你可以使用这些建议来保护孩子现在和成年后的健康。

研究表明,多动症会增加以下风险。

1. **肥胖**。研究表明,随着多动症儿童的成长,他们越来越容易超重,到成年时,普通人群的肥胖比例为 20%,童年有多动症的人群的肥胖比例为超过 40%,后者大约是前者的 2 倍。

2. **不正常的饮食模式**。多动症儿童比其他人更倾向于在日常用餐时间以外进食;在家中无人监督的情况下,他们更容易偷偷进食,尤其是垃圾食品;即使是在两餐之间,他们也更容易出现冲动进食;在接触喜爱的食物时,多动症儿童更容易出现暴饮暴食(过度进食)。这种不正常的饮食模式会导致肥胖的风险,女性患者在青春期中后期被诊断为暴食症的风险也相应更高。

3. **营养选择不当**。多动症儿童比一般儿童更容易食用"垃圾"食品(碳水化合物含量高的食品），而不是营养更丰富的膳食和零食。显然，随着他们逐渐长大，这也会增加肥胖的风险。

4. **牙齿问题**。有多动症的儿童和青少年不太可能坚持进行日常牙齿护理。加上他们对高糖"垃圾"食品的偏好和过度进食的倾向，这可能解释了为什么多动症人士有更多蛀牙，这进一步增加了口腔感染的风险。多动症儿童的牙齿更容易受伤，人们认为这是由于多动症儿童的冒险行为更多，因而发生事故的概率更高造成的。

5. **意外伤害和创伤性脑损伤**。许多多动症儿童和青少年的冲动、冒险和寻求刺激的行为导致他们遭受意外伤害及反复受伤的风险是普通人的3倍以上——从摔倒到头部外伤、骨折、撕裂伤、烧伤、中毒，以及人车相撞、自行车和汽车相撞的事故。多动症儿童和青少年参加可能造成闭合性脑损伤的危险运动的概率更大。现在的研究表明，这样的损伤会加重多动症的症状，而且这种情况可能出现在创伤性脑损伤发生几年后。

6. **久坐行为和低运动量**。尽管一些多动症儿童和青少年比一般人更有可能参与运动和其他体育活动，但在闲暇时间不活动或久坐不动的儿童和青少年也不在少数。这通常与更多地观看流媒体电视节目和电影、上网、查看社交媒体网站以及玩网络游戏有关。因此，这些儿童和青少年的日常体育锻炼水平往往低于普通儿童。

7. **出现睡眠问题的概率更大**。超过40%的多动症儿童和成人有睡眠问题。在许多情况下，这涉及失眠或入睡困难。另一些问题则是由于频繁的夜间醒来而导致睡眠中断。多动症人士也更容易出现下肢不宁综合征（restless leg syndrome），这是一种睡眠时出现腿部不自主运动的情况，即使在清醒时也会出现这样的冲动。一小部分（但数量相当多）的儿童可能由于呼吸道阻塞而出现睡眠呼吸暂停。有时，解决这个问题需要实施扁桃体切除术，它可以改善多动症儿童的一些白天注意力不集中的现象。一些多动症儿童会出现早醒的现象。在很多情况下，他们的睡眠不是很有效率（达不到休息的目的），因此他们白天会感到困倦、疲劳、"脑雾"或困倦，从而导致他们白天更不能集中注意力。

8. **偏头痛**。最近一项大规模研究表明，儿童和成人多动症与偏头痛的遗传风险增加有关，偏头痛的症状通常包括视力扭曲、严重和持久的头痛，有时还包括恶心。

9. **青少年和成人更多地吸烟、饮酒和吸食大麻**。有多动症的青少年和成人被反复证明更有可能尝试吸烟，一旦尝试吸烟，他们的烟草日常使用率会迅速增加，每天比没有多动症的普通吸烟者消耗更多的香烟。出现这种情况的部分原因可能是，尼古丁可以暂时改善多动症症状，因此，多动症吸烟者可以通过这种"自我用药"来帮助控制障碍。但是，多动症患者也更倾向于饮酒和吸食大麻，而且比一般人更经常这样做，这似乎既与他们的冲动和自我调节能力差有关，也与他们对自己的生活感到沮丧或（坦率地说）抑郁有关。有些人可能会过度饮酒，特别是在社交场合，以控制与多动症并发的焦虑症，上述情况可能会困扰多达25%的多动症儿童和青少年，以及35%～45%的多动症成人。

10. **未来患冠心病的风险**。我自己的一项研究跟踪了多动症儿童直至他们成年，结果发现，他们有冠心病风险增加的迹象。考虑到上述许多健康和生活方式问题以及行为都与冠心病、心脏病发作和中风的风险有关，得到这样的结果并不让人感到惊讶。在多动症患者身上，我们发现了较高水平的低密度脂蛋白（或称"坏胆固醇"），低密度脂蛋白占总胆固醇水平的比率较不理想，此外，未来5年和10年内多动症人士心脏病发作或得其他形式冠心病的风险也有所增加。

11. **癫痫发作**。多动症儿童癫痫发作的风险是一般儿童的2倍。虽然发生该风险的概率很低，但这是医疗专业人士在照顾这些儿童时需要注意和监测的一个问题。

着眼于长期健康状况

所有父母都希望他们的孩子健康成长，并尽一切努力确保孩子的前途光明。因此，了解多动症孩子在不久的将来（还在你的照顾下）以及成年后，可能面临的健康和死亡风险是很重要的。当知道存在哪些健康风险时，你可以做很多事情来保护你的孩子。

在过去的 10 年里，越来越多证据表明多动症可能会导致早死的风险，在儿童群体中如此，成年群体更甚。鉴于在迄今为止研究涉及的几乎所有主要生活领域中，对于多动症人士来说不良后果都有所增加，这一结论也不令人意外了。多动症人士不仅面临更高的意外伤害风险，如上所述，还有更大概率的自伤和自杀念头、车祸以及暴力犯罪等反社会活动。因此，多动症儿童在 10 岁之前死亡（主要是意外伤害）的可能性几乎是一般儿童的 2 倍，而多动症成人在 45 岁之前死亡（意外和自杀）的可能性是一般成人的 4 倍多。

然而，不健康的生活方式会给中老年人带来什么样的风险呢？没有研究调查过在早年和壮年时不健康的生活方式及活动是否会带来累积风险，这些活动是否会最终缩短人们的预期寿命，同样不得而知。因此，玛丽莲·费希尔博士和我决定探讨这个问题。我们使用了来自密尔沃基纵向研究的数据，我们将障碍、健康和生活方式这 3 类数据输入最新的统计模型中，目的是把多动症年轻人的预期寿命与普通年轻人（平均年龄 27 岁）的预期寿命进行对比。

作为研究人员，结果并不令我们惊讶，但作为父母，你可能会感到震惊。我们发现，那些有儿童多动综合征，或者现在称为多动症的儿童，他们的健康预期寿命（即，健康预期寿命的剩余年数）减少了 9.6 年，不健康预期寿命延长了 1.2 年，与对照组儿童相比，多动症儿童总体预期寿命减少了 8.4 岁。无论该个体的多动症是否从童年延续到青年，情况都是如此。与对照组相比，那些到青年时期仍然有多动症的个体的健康预期寿命缩短了 12.7 年，总体预期寿命缩短了 11.1 年。

最令人震惊的是，这些与多动症相关的预期寿命的减少远远大于那些与吸烟、肥胖、饮酒、高胆固醇和高血压相关的预期寿命减少，无论是单独计算这些不健康因素对寿命的影响，还是合并计算这些风险因素的影响！为什么？因为多动症被发现会促使个体产生参与不利于健康的生活方式的倾向。

我们的研究还表明，多动症组和控制组之间在预期寿命方面的差异，无法抑制自己的行为这种特征对差异的解释程度能够达到30%以上。在心理学研究中，这是对寿命预测的重大发现。对普通儿童和成人的研究也表明，自我调节的程度，或被称为责任心的人格特质，是个体的预期寿命以及从儿童时期开始因各种原因死亡的最佳预测因子。

更令人震惊的是，多动症似乎与我们在预期寿命研究中使用的几乎所有风险因素（如，受教育程度、肥胖、糖尿病、吸烟、睡眠等）以及我们没有使用的因素（如，胆固醇水平、更早为人父母、患类风湿性关节炎的风险、更年期提早、偏头痛等）之间存在遗传联系。自我们的研究发表以来，另一项大规模且引人注目的研究发表在《自然遗传学》（*Nature Genetics*；2018年11月）杂志上，这项研究包括对35 191例对照组样本和20 183例多动症组样本的遗传物质进行元分析。（这是首次对多动症风险基因进行全基因组元分析的研究，结果发现，至少有12个染色体位点与多动症显著相关，如第三章所述。）与预期寿命有关的最突出的结果是，多动症个体与其父母早期死亡率之间有显著的遗传关系。为什么会这样？很可能是因为这些父母中的许多人也有多动症，可能在几十年前这些父母的多动症没有得到诊断。

尽管这些结果令人警醒，但是父母应该明白，预期寿命缩短的风险不是一成不变的，而是随时可以改变的。我们所要做的就是减少危害健康的风险因素，例如，控制体重、增加锻炼、改善睡眠、减少吸烟和饮酒。这是个好消息，因为这意味着我们可以采取一些措施来应对与事故、受伤以及与不健康生活方式有关的风险。但我们首先必须明白，多动症患者寿命缩短的风险是存在的，这应该促使我们采取行动。

显而易见的结论是，多动症应该被视为一种公共健康问题，而不仅仅是一种精神健康障碍。人们应付出额外的努力，减少可能导致多动症儿童和成人预期寿命缩短的危险因素，如肥胖、吸烟、过量饮酒、不良饮食、睡眠不佳和运动量少。我们的研究结果表明，应当让初级保健医生更清楚地意识到多动症、抑制能力和自我调节能力差以及预期寿命缩短之间的联系。初级保健医生最有可能帮助个体改善不良生活方式、提升健康水平，但目前他们似乎还没有意识到多动症可能带来的风险。毕竟，预期寿命是可以改变的——只要减少不利于健康的生活方式因素，就可以提高生活质量、延长预期寿命。

然而，我们的研究结果也表明，如果不努力解决抑制能力差这种多动症的特殊症状以及其他一般症状，那么试图改善健康和生活质量的努力可能收效甚微。这意味着，人们可能需要服用多动症药物以及接受有科学证据支持的心理社会治疗，以改善可能导致个体参与不利于健康的活动的多动症症状。

目前这个研究领域得到了极大的关注，儿童和成人注意缺陷/多动障碍协会这一全美组织于2019年10月在华盛顿特区举办了多动症与健康峰会。峰会的目的是，使政府和公共卫生官员、保险公司和初级保健医疗专业负责人了解这些关于多动症的研究发现及其意义。他们中的许多人惊讶地发现，如果不解决多动症和自我调节能力差的问题，他们不太可能通过减少吸烟和肥胖等风险因素来改善健康和长寿问题。

你能做些什么呢？在你抚养多动症儿童或青少年的过程中，请密切关注所有这些方面的风险因素，并尽你所能排除或减少可能影响孩子的风险。在接下来的每一个健康领域中，许多建议都是常识，但为了孩子的长期健康把这些建议综合起来考虑，或许是有所帮助的。我已经提出了许多建议，希望能够尽可能解决多动的具体问题。

营养

最明显且最容易注意的事情之一就是你提供给孩子的食物。让患有多动症的孩子只吃健康食品，当然，这是另一回事，但你仍然可以基于现实做出一些积极的改变。以下是一些建议。

1. 检查一下你的厨房，问问自己厨房里有多少高碳水化合物和其他垃圾食品可以被更健康的食品所代替。答案很可能是大部分食品。用肉、蛋、奶制品、浆果或其他水果、坚果、花生酱、绿色蔬菜以及一些全谷物代替白面包、糕点和甜甜圈、白色或浅色（含淀粉）蔬菜、薯条、意大利面、比萨饼、谷物（尤其是含糖的）、蛋糕、馅饼、糖果以及含糖的食品和饮料（苏打汽水、橙汁和苹果汁等果汁、盒装果汁或含糖量高的包装饮品等）。

2. 让"有趣"、舒适、饱腹的食品成为孩子饮食的一小部分，而不是孩子日常的主食和零食。

3. 告诉孩子的医生，研究表明患有多动症的孩子可能更容易缺铁、维生素D和ω-3抗氧化剂。询问医生是否有必要对孩子进行检查，判断孩子的身体是否缺少上述营养物质。如果检查结果是缺乏的，那么就在孩子的饮食中补充这些矿物质、维生素或抗氧化剂。

4. 家里的垃圾食品对多动症儿童或青少年来说是特别诱人的；因此，暂时不要把这些食品带回家。一旦你制订好新的饮食计划并开始实施，孩子也不再试图让你给他垃圾食品或去厨房偷拿垃圾食品，你就可以定期提供一些这些食物作为奖励或特权。

5. 如果家里有垃圾食品，可以在冰箱上贴一条家规：未经父母允许，任何人不得在两餐之间进食。如果孩子未经允许擅自食用，请使用第十一章中的行为管理方法来解决这个问题。

6. 建立并坚持规律的用餐时间表。研究表明，所有孩子，尤其是那些多动症儿童，都受益于每天按照可预测的时间表执行的一致的家庭惯例。孩子喜欢日常惯例，因为这能减轻孩子的压力！出于同样的原因，你也应该喜欢这种方式。所以，如果你家在进餐时间或其他家庭日常事务上比较混乱，建议严格遵守进餐时间表。

要想了解更多改善孩子营养的好方法，请查看本书末的"家长支持服务"。

锻炼

另一种方法是通过经常锻炼来改善孩子的健康和体质，降低孩子患肥胖症和糖尿病的风险，甚至改善多动症症状和自我调节能力低下。与其他儿童相比，多动症儿童能从频繁的长时间锻炼中受益更多。

1. 了解孩子喜欢什么样的体育活动。患有多动症的孩子很容易感到厌烦，因此让他们参与一些自己想坚持的事情是很重要的。你的孩子是否更喜欢在户外自由玩耍？是否喜欢有组织的团队运动，如棒球、足球、橄榄球、冰球或陆上曲棍球、篮球或棍网球？是否喜欢更个性化的运动和活动，如武术、游泳、摔跤、跑步（田径、越野或非正式的）、轻量训练、骑自行车、体操或跳舞？是否喜欢非正式的家庭锻炼，如日常锻炼、在社区散步、在游乐场活动、去社区或健身俱乐部游泳池游泳、与父母一起骑自行车、在家庭健身车或跑步机上锻炼（如果孩子年龄足够大）？
2. 每周锻炼3~5次，每次至少30分钟。
3. 当你的孩子必须在一个更有条理的环境中运动时，比如教室或有人监督的、有条理的小组活动，想办法促使她动起来，比如挤压网球或橡皮球。
4. 同样重要的是，鼓励孩子在家里的空闲时间与兄弟姐妹或邻居的孩子一起进行户外体育游戏。

想了解更多关于锻炼部分的信息，请查看本书末的"家长支持服务"。

屏幕时间和网络游戏

屏幕时间通常指孩子花在看电视上，尤其是花在智能手机、平板电脑和计算机上的时间。由于我们的主流媒体倾向于对研究结果断章取义，并且热衷于报道耸人听闻的研究结果，一些人已经开始相信，在当今的儿童和青少年群体中，"屏幕时间"的显著增加一定导致了注意力不集中和多动症的增加。如第三章所述，这一说法没有令人信服的科学证据。我们知道的是，注意力不集中的孩子往往会发现这些屏幕上的内容，如游戏或社交媒体，比书中的文字更有趣，因此与注意力更集中的孩子相比，注意力不集中的孩子更倾向于使用带有屏幕的设备，以及获取大量刺激性内容。但研究并不支持屏幕时间与多动症临床患病风险提高之间存在相关。

这是否意味着让你的孩子随心所欲地使用智能设备来自娱自乐是可以的？当然不是。考虑到上述体育锻炼的重要性，建议多动症儿童少看屏幕，多玩耍和锻炼。一些证据还表明，那些看屏幕时间更长的人，特别是使用社交媒体时间更长的人，可能更容易抑郁，在现实生活中朋友更少且社交问题更多，除了多动症之外这些人甚至可能有更严重的社交焦虑（或者这些人没有多动症，而有更严重的社交焦虑）。这些发现虽然也不是决定性的，但仍然是一个很好的提示，提示家长更密切地监控孩子的屏幕时间，并限制孩子每天的使用时间。以下是一些限制屏幕时间的建议。

1. 在行为矫正计划中使用屏幕时间，旨在促进孩子的良好行为、遵从性、家务表现和学业（见第十一章）。
2. 监控和限制对屏幕的使用和花在屏幕上的时间。如前所述，孩子，特别是多动症青少年，比一般青少年更容易沉迷于互联网和游戏（包括与他人在互联网上的联机游戏）。
3. 如果你认为限制屏幕时间会成为一个大问题，可以考虑下载能够让家长控制屏幕时间的应用程序，并且注意设置好密码并对密码保密，这样你的孩子就不能无视你设置的限制。

4. 监控孩子在屏幕时间里做什么。你可以下载追踪孩子在线活动的应用程序。另外，你需要定期监控孩子在屏幕上看什么。如果孩子使用的是浏览器，你可以查看他的浏览历史，或者在他使用完设备后查看，以便更好地了解他在看的内容。

5. 限制孩子访问涉及暴力或攻击的游戏或其他应用程序。正如乔尔·尼格博士在他的书《多动症儿童日常生活的科学管理》中指出的那样，证据确实表明，参与计算机设备或互联网上的攻击性游戏似乎会增加在现实生活中最有攻击倾向的儿童出现攻击性行为的风险。换句话说，如果已经表现出攻击性的孩子玩很多涉及攻击性的电子游戏，那么他们在现实生活中的攻击性也会增加。在更普遍和低攻击性的儿童中，这种关系的证据远没有那么明确。无论如何，对攻击性游戏加以限制似乎是明智之举。考虑到患有多动症的儿童和青少年在现实生活中更容易表现出攻击性行为，尤其是在受到情绪刺激和感到沮丧时，你比其他父母更需要限制患有多动症的儿童或青少年玩此类游戏。

6. 给孩子树立一个好榜样，你应当控制自己的屏幕时间，多与孩子一起玩耍，或让孩子在你的陪伴下使用数字技术，这样你就可以和孩子讨论正在观看的内容，并向孩子解释可能出现的任何不寻常或潜在的恐怖事件或内容。

7. 当不使用电子游戏、平板电脑或其他设备时，找一个篮子、架子或箱子作为存放这些设备的地方。不要随手把它们放在家里的任何地方，让孩子可以在任何时候拿起来玩。

有关屏幕时间和限制儿童的屏幕时间的更多信息，请参阅本书末的"家长支持服务"。

睡眠卫生

早些时候，我注意到多动症与儿童和青少年（以及成人）的睡眠问题之间存在着明确的联系。其中一个问题是失眠，或者因为难以入睡而在合理的就寝时间之后还在熬夜。如果你的孩子或青少年正在服用兴奋剂类药物，那么你首先需要向孩子的医生确认这种睡眠问题是不是药物导致的。毕竟，高达 50% 的儿童服用兴奋剂之后会出现失眠的副作用。如果你的孩子也在其中，你的医生和你可以尝试以下方法。

1. 早上早点给孩子吃药，通过这种方式减少药物在晚上的不良影响，让身体有更多的时间在睡前代谢药物。

2. 减少服药剂量，看看是否能解决睡眠问题。当然这么做的风险是药量减少后无法达到控制孩子症状的效果。

3. 考虑更换为一种新的兴奋剂药物 Jornay PM①——在前一天晚上 9 点服用，但直到第二天早上 6 点左右才会起作用。药物的作用会持续到孩子醒着的大部分时间，但可能不会产生太多失眠的风险。尽管存在这种可能性，但与服用安慰剂的儿童相比，服用这种兴奋剂的儿童确实出现了更多的失眠副作用，因此这并不是解决你的孩子因药物引起失眠问题的万无一失的方法。

4. 改用非兴奋剂类药物，如托莫西汀（择思达）、胍法辛缓释片（Intuniv XR②），这类药物导致失眠副作用的可能性要小得多。事实上，如果你把这些药分 2 次服用，一半在早上服用，一半在睡前服用，孩子可能会比平时睡得更快。

5. 最后，如果孩子失眠相当严重，医生有时会建议在睡前服用诱导睡眠的药

---

① 暂无中文译名，一种新配方的哌甲酯。——译者注
② 药物商品名，暂无中文译名。——译者注

物。你可以在药店买到褪黑素。一定要选择那种放在孩子舌下的，因为这种药物起效更快，药效更好。一些研究表明，这种药可以帮助人比平时早入睡20~30分钟。这种药也不是没有副作用的，所以在尝试之前要和孩子的医生讨论一下。另一种非处方药是由Vicks①生产的ZzzQuil，它是感冒药NyQuil②的一种变体，据称ZzzQuil有助于加快睡眠，但制造商不建议对12岁以下的儿童使用这种液体药物。他们提供另一种含有褪黑激素、薰衣草和洋甘菊的纯Zzzs儿童（Pure Zzzs Kidz）软糖，供幼儿使用。

在其他情况下，医生可能会开一些安眠药，如水合氯醛（chloral hydrate），这是一种在医院常用于儿童的短效镇静药物。如果你的孩子已进入青春期，医生可能会考虑使用安必恩（Ambien），这是一种常用于成人的安眠药。

40%或更多的多动症儿童和青少年的睡眠问题与服用多动症兴奋剂类药物无关，如果你的孩子属于这种情况，你该怎么办？以下是一些小型研究或一些临床医生发现的有效方法。

1. 你的孩子到底需要多少睡眠？这是个好问题。你可以在美国睡眠基金会（Sleep Foundation）的网站上找到一些有价值的信息。一般来说，美国儿科学会对不同年龄段的人的建议睡眠时间如下：幼儿（1—2岁），11~14小时；学前儿童（3—5岁），11~13小时；小学生（6—12岁），9~12小时；青少年（13—18岁），8~10小时。
2. 禁止在睡前1小时内使用智能设备或游戏设备。一些研究确实表明，这些屏幕中使用的照明类型会对大脑的光受体中心产生不利影响，大脑的光受体中心与人类感知夜间和启动睡眠周期有关。一些研究还表明，睡前玩令

---

① 美国著名的制药公司。——译者注
② ZzzQuil和NyQuil均为药物商品名，暂无中文译名。——译者注

人兴奋或情绪激动的电子游戏，或使用其他应用程序会对睡眠产生不利影响。即使对这两个问题的研究还没有定论，在睡前限制孩子的屏幕时间和令人兴奋的游戏应用程序也是一个好主意。

3. 把孩子的房间里所有带电子屏幕的设备、计算机和电子游戏拿走。当你试图让冲动的多动症孩子上床睡觉时，这些对孩子来说太诱人、太刺激了。一旦孩子稳定地建立起了良好的睡眠习惯，如果必要，你可以留其中的一两个设备在孩子的卧室，但我依旧建议，你的家里应该有一个单独的房间来放置带电子屏幕的设备，而不是把它们留在孩子的卧室里。

4. 确保你已经建立并一直遵守就寝时间表（一个时间表用于上学期间的晚上，一个时间表用于周末的晚上，后者可以比前者更宽松一点）。所有可预测且保持一致的家庭惯例（晚餐时间、就寝时间、醒来时间、晨间惯例等）对所有儿童都非常有帮助，尤其是对自我调节能力弱的儿童，如多动症儿童。确保你在准备睡觉时遵循一致的惯例，即所谓的睡眠卫生。研究表明，有多动症孩子的家庭比有普通孩子的家庭在就寝时间安排上更混乱、更不一致、更缺乏条理。这可能源于孩子自己的多动症症状和较差的自我调节能力，以及可能的对立行为，这使得就寝时间演变为一场真正的"战斗"。也有可能是因为孩子的父母患有多动症（25%~35%的多动症孩子的父母也患有多动症）以及在执行各种类型的家庭惯例时可能产生的不一致。不管是什么原因，家长应该尽量做到使就寝时间和日常惯例具有可预测性和一致性。

5. 确保你的孩子在临睡前不会摄入含有咖啡因的物质。咖啡因可留在孩子体内数小时，摄入后会扰乱睡眠长达7小时。因此，在下午晚些时候或晚上要注意孩子是否摄入苏打汽水和其他可能含有咖啡因的物质。

6. 多动症儿童在从高刺激（如游戏）过渡到低刺激或无刺激活动（如睡前黑暗的卧室）时会有很多困难。因此，在孩子实际就寝时间前60~90分钟就应该开始进行睡前准备例行活动。从这时起，不允许使用带电子屏幕的设备或玩电子游戏。花 20 分钟左右的时间做一些安静的活动，比如打牌、玩玩具或老式的棋盘游戏，这些游戏不像电子游戏那样刺激或兴奋。看教育电视节目似乎也是可以的，但我甚至会把这限制在睡前 1 小时以上。把洗澡纳入睡前准备例行活动中也是有帮助的，至少在一些晚上有帮助。它有助于进一步安抚过度兴奋的孩子。

然后，依次完成脱衣、穿睡衣、刷牙、上厕所、洗脸和洗手的步骤，尽可能在每晚睡前的同一时间，按照同一顺序完成这些活动。家长可以在卧室和浴室张贴一些图片，展示睡前活动的顺序——如果这有助于孩子养成好习惯。虽然这些方法经常被推荐给被诊断为孤独症谱系障碍的儿童，但它们同样可以帮助患有多动症的儿童，甚至对普通儿童也是有好处的，可以帮助他们视觉化以及遵循这些例行程序。只要上网搜索一下儿童日常惯例流程图片，你就会发现有大量网站提供免费（或付费）下载，你可以打印这些活动和其他活动的流程图片。

接下来，把房间的灯光调暗，花点时间和孩子坐在床上，谈谈孩子这一天中发生的好事，给他读书，或者让他给你读个故事。你也可以考虑在床边放一个装了水的杯子，这样他就无法再找喝水的借口起床了。

不要在睡前制造压力，也不要在这个时候讨论孩子的任何行为问题。

确保室温舒适、凉爽。

再接下来，当你在向孩子道晚安、拥抱和亲吻孩子后离开房间时，打开一盏夜灯，或者留下一台收音机在房间里播放非常柔和的音乐（或白噪音）。当孩子睡着时，如果你愿意，你可以关掉音乐。

注意这里的步骤，在至少 60 分钟的时间内逐渐减少刺激，而不是像一些家庭那样，在几分钟内从电子游戏转换到完全黑暗的卧室，这种变化过于急剧和迅速。对于多动症孩子来说，这种刺激水平的快速变化是引发麻烦的原因。

7. 如果你的孩子害怕睡着时有怪物，或者其他可能潜伏在房间里的生物出没，这对孩子来说是很常见的，你可以养成打开壁橱门的习惯，然后坚定地告诉孩子，没有怪物，对床下和任何其他黑暗的地方，如衣柜或窗帘后面，你也可以这样处理。你甚至可以带上一罐空气清新剂，告诉孩子这是一种喷雾，可以防止或驱赶怪物、鬼魂或其他可怕的生物进入房间。

8. 如果孩子在睡觉时打鼾或听起来像有呼吸问题，这可能是由于呼吸道阻塞（鼻窦和喉咙），请务必与孩子的医生交流，看看是否可以采取一些医疗干预措施来帮助打开呼吸道。睡眠中呼吸不畅通常会导致睡眠效率低下，甚至导致经常在夜间醒来，因此，请尽快找医生解决这个问题。一小部分患有多动症的儿童可能需要切除扁桃体来改善呼吸。研究确实表明，在这种常规手术后，儿童白天注意力不集中的情况通常会有所改善。其他孩子可能有鼻窦问题，可以通过用药减少鼻窦肿胀或使用可以进一步打开小鼻腔通道的鼻贴来改善这个问题。听取医生的建议，了解他认为针对孩子的具体问题最好的应对方案。

9. 如果孩子经常打鼾，但呼吸道通气良好，且经常在夜间醒来，比其他孩子起得早，或者睡觉时双腿非常不安宁，请询问医生孩子是否需要进行睡眠实验室评估。这种评估可能需要孩子在医院或特殊机构睡一晚，在那里医生可以监测孩子的睡眠行为和脑电活动模式，从而确定是否存在导致他的睡眠问题的疾病。

10. 当然，你也可以和孩子一起尝试前面提到的非处方药物褪黑素，即使他的睡眠问题与多动症药物使用无关。

研究表明，即使采用简单的步骤在每天晚上的同一时间建立规律的睡前例行活动，也可以大大改善多动症儿童和青少年的睡眠。想要了解更多信息，请参阅本书末的"家长支持服务"。

口腔卫生

以下是一些通过关注牙齿卫生来预防牙齿问题的方法。

1. 减少孩子对含糖食品和饮料的摄入。
2. 每天早晚都要坚持刷牙。
3. 教孩子从左上角刷到右下角,牙齿的前后两面都要刷到,这也是我教给我的儿孙的刷牙法。也可以考虑使用电动牙刷,这比孩子手动刷牙更有效,孩子手动刷牙时经常是在牙齿周围随意和肤浅地移动。任何让刷牙这种无聊的日常事务变得更简单的方法都会帮助多动症孩子坚持下去。别忘了前文提到的图片流程法;你在网上可以很容易地找到与刷牙有关的图片。
4. 需要认真对待为孩子预约牙科检查和清洁这项工作。面对一个自我调节能力薄弱、常有不良行为的孩子,带他们看牙有时对家长来说是一种压力,但在严重的龋齿和感染发生之前,保护孩子的牙齿和尽早发现牙齿问题是家长必不可少的"功课"。

如需有关帮助孩子保持口腔卫生的更多信息,请参阅本书末的"家长支持服务"。

可预测的日常活动

你注意到这一章反复出现的主题了吗?和普通儿童相比,多动症儿童和青少年更能够从一致且可预测的日常活动——进餐时间、洗澡时间、睡觉时间、家庭作业时间、家务时间和游戏时间——中获益。因为多动症儿童的自我调节能力不佳,这样的家庭很容易变得杂乱无章、混乱不堪、压力重重,尤其是当多动症孩子父母中的一方也有多动症的时候。

如果有帮助（通常都是有帮助的！），在一张清单上列出这些日常例行活动，以及你打算每天在什么时候与家人一起执行这些日常活动。把它贴在冰箱或家里其他一些非常显眼的地方，所有的家庭成员都可能经常看到它。这种方式可以让多动症孩子看到在一天中的不同时间会发生的事情，包括吃早餐、准备上学、放学后的自由时间、学校作业时间、吃晚餐、看电视或屏幕时间、准备睡觉，包括刷牙等。这张清单的内容不仅要包括：在什么时候会发生什么事，还要写下每项活动需要多长时间，以及特定的家庭日常活动所适用的常规步骤或规则。这样做可以帮助家长自己和孩子妥善规划，更好地执行这些日常例行活动。

有关创建家庭日常例行活动的更多信息，请参阅本书末的"家长支持服务"。

监督孩子

如前所述，你的孩子比一般孩子更容易发生意外伤害，最终被送进急诊室或医院的可能性也更大。针对大规模人群的研究表明，在孩子服用多动症药物的几个月里，他发生此类事故的可能性（甚至死亡的风险）比不服用这些药物时小得多。因此，治疗孩子的多动症，尤其是药物治疗，可以大大减少这些可怕的风险。但是，探究为何多动症孩子或青少年发生此类事故的风险如此之高的研究也表明，除了治疗和管理孩子的多动症之外，父母还可以做一些额外的努力。除了多动症本身，预测多动症儿童受伤风险的第二大因素是父母对孩子在家内外活动的监控不足。很难面对的一个事实是：你不能让多动症孩子享受其他孩子那样的"自由"，但为了孩子的安全，采取以下措施是值得的。

1. 当孩子在你的视线之外玩耍或工作时，你需要比其他孩子的父母更经常地检查他的活动。为了帮助你记住这一点，请以频繁的重复间隔（每次间隔10～15分钟）设置计时器。将计时器设置为随机间隔是更好的选择（例如，对于年幼的孩子来说，可以设定为3分钟、10分钟、2分钟、5分钟；

对于年龄较大的孩子来说，更长的时间间隔更适合），这样孩子就不知道你什么时候会来监督他。如果孩子不知道你什么时候会来监督他，他的冒险行为会更少，因而会更安全。
2. 当你必须全神贯注于自己需要完成的重要事情时，你可以找"帮手"来监督孩子：孩子的爷爷奶奶、其他亲戚或雇用保姆。
3. 如果你让孩子在邻居家玩耍，请让邻居家的成人意识到你的孩子在无人看管的情况下受伤的风险更大，并礼貌地请求他们更频繁地监督你的孩子，可能要比他们监督自己孩子的频率更高。

有关监督孩子活动的更多信息，请参阅本书末的"家长支持服务"。

性

当谈到在家内外监督孩子或青少年这个话题时，其中一个绝对占据一席之地的领域是，你的多动症孩子在青少年时期在性方面开始"蠢蠢欲动"。考虑到你孩子的冲动控制能力非常有限，研究发现与普通青少年相比，多动症青少年会从事更危险的性行为和性活动也就不足为奇了。因此，问题不是多动症孩子是否会在青少年时期发生性行为，而是他们什么时候发生性行为。在我对多动症儿童进入青春期和成年早期的追踪研究中，我和我的同事是在发表的科学文献中最先关注这个问题的。我们发现，多动症青少年比一般青少年提前一年开始性活动，而且会更频繁地更换伴侣，很大程度上是因为他们的约会关系没有其他人持续的时间长。这些青少年使用避孕措施的可能性远远低于一般青少年。当然，这导致了另外3个结果：（1）多动症少女怀孕的可能性是普通少女的10倍，或者，如果是多动症少年，他们更容易让女朋友怀孕（多动症少年的女朋友怀孕的概率是38%，而普通少年的女朋友怀孕的概率是4%）；（2）多动症青少年患性传播疾病的概率是普通青少年的4倍（多动症青少年为17%，普通青少年为4%）；（3）这些青少年更有可能将自己的孩子送给他人收养或交给父母抚养。对多动症女孩跟踪到成年后的近期研究表明，她们比普通女性更容易陷入性妥协的境地，比同龄的普通女性更容易受到性侵害或性侵犯。为什么？因为她们在自我调节方面落后了30%以上！再加上她们的低自尊、糟糕的同伴关系，以及渴望被喜欢的欲望，以及所有媒体中无孔不入的性内容，难怪多动症青少年在性方面面临着如此高的风险。

请记住，青少年怀孕会给母亲和婴儿带来更多的健康风险，如果母亲的年龄是二十几岁，处于生育的黄金时期，那么母亲和婴儿面临的健康风险就要小很多。考虑到现有的避孕手段，比起以往任何时候，现在我们都能更好地控制这种风险。以下是处理性敏感问题的一些建议。

1. 一旦发现青少年已经性成熟，并且很可能开始性活动，家长就一定要和他们进行"讨论"。不要觉得这是学校性教育的一部分而把这个问题留给学校。你需要与多动症青少年进行一场坦率的讨论，你可以使用任何可用的媒介来帮助你进行这场讨论。有很多书、网站和视频可以帮助你进行这一有点难以启齿但又必要的对话。该谈就必须谈！

2. 根据你的家庭价值观，你可能只想鼓励孩子禁欲。但是，请记住，即使对于一个普通的青少年来说，这也是很难做到的，而且多动症孩子甚至没有那么强的自我调节能力。所以，不要罔顾事实，忽略多动症青少年在这个方面面临更高的风险。多动症青少年远比其他青少年更容易发生冲动性行为。只要记住，对于患有多动症的儿童和青少年来说，谈话和劝说并不是特别有效。所以，仅仅告诉他们"不要做什么"并不是一个有效的策略。如果你这样做，你可能会比自己预想中要早得多当上（外）祖父（母）。

3. 我鼓励家长与孩子讨论避孕方法，甚至鼓励让孩子的儿科医生也参与讨论。一位多动症少女的母亲告诉我，她正在为女儿寻找最新的皮下植入的长效避孕药——例如诺普兰（Norplant），而不是不断监督女儿是否按时服用常规避孕药。这是因为她知道女儿的自我控制能力有限，她的女儿基本上是一个具有性吸引力的美丽少女，她拥有16岁的身体，执行功能却只有11岁孩子的水平。只是祈祷女儿不会陷入性活动或性妥协的境地，或者让女儿做到"你只要拒绝"，在她看来就是天方夜谭。

4. 显然，让青少年接受药物治疗，或者确保孩子在青春期继续服药，是另一个帮助多动症青少年在面临性诱惑时减少冲动并提升自我调节能力的有效策略。虽然目前没有研究表明药物治疗在这方面能够起到显著作用，但这只是因为还没有科学家研究过这个问题。但是，考虑到药物确实能改善患者的多动症症状和执行功能缺陷，并且已被证明可以减少意外伤害、提高驾驶能力（见下一节）、改善学校行为和同伴关系，并从根本上提高抵抗诱惑的能力，服药是一个值得尝试的策略。

5. 有些父母使用的另一种策略是推迟孩子开始约会的时间，这意味着，孩子在18岁之前根本不约会。相反，这些家长鼓励孩子去参加集体活动，而不是一对一单独约会，单独约会这种形式给青少年大量的私密时间，提高了性活动发生的可能性。更好的一种选择是，让家长作为陪护者参与这些集体活动。此外，家长需要密切监督：孩子的朋友是什么人；孩子是否有一个特殊的朋友，当这个朋友来家里做客时他们想逃到家里更私密的地方（开灯、开门，父母监督是必须的！）；孩子和孩子的朋友在性方面是否活跃（如果可能，可以听听他们在闲聊什么）；孩子是否有了特别动心的那个人（这个人在的时候，留意孩子是不是神采奕奕、两眼放光）；孩子在和谁发短信、发邮件，孩子的社交媒体加了哪些好友；孩子手机上有什么照片（用于或来自色情短信），等等。如果有理由让多动症青少年的父母更密切地监督青少年对互联网、社交媒体和应用程序的使用，那么性剥削或受害问题就能得到很好的控制。

6. 当孩子在朋友家里玩的时候，鼓励孩子朋友的家长能够和你一样对孩子进行密切监控。不要屈服于孩子夸张的言辞：你对他生活的监督和参与程度是"不公平的！"，或者其他孩子的父母不会像你一样（不要让其他父母的做法成为你对自己孩子设定的标准），或者其他青少年在隐私、亲密关系和性活动方面比他有更多的自由（同样，你不能让其他孩子的行为决定你的价值观和标准）。

7. 此外，考虑到多动症青少年在青春期和成年早期会有更多性伴侣，你需要知道的是，性活动是感染性传播疾病人乳头瘤病毒（human papillomavirus，HPV）的唯一最佳预测指标，并且HPV感染是女性宫颈癌的主要原因（而且，HPV感染越来越多地成为男女两性患喉癌的主要原因）。所以，你可以考虑的一个选择是让孩子接种HPV疫苗。和孩子的儿科医生讨论一下。据我所知，没有证据表明接种这种疫苗会比教给孩子性知识和避孕手段让青少年在性方面更加活跃（性知识教育也不会让孩子在性方面更活跃）。让你的孩子对所有这些事情一无所知并不是避免风险的策略，无知才是问题之源。想知道更多关于这种疫苗的信息吗？美国疾病控制和预防中心（Centers for Disease Control and Prevention，CDC）以及计划生育组织（Planned Parenthood）的网站上有一些资料可供参考。

有关多动症青少年和性活动的更多信息，请参阅本书末的"家长支持服务"。

青少年驾驶①

如果讨论青少年、性和多动症及其相关的身体伤害无法让你警觉起来，那么接下来这个话题可能会让你警惕。即使是普通青少年的父母，当孩子快到可以开车的年龄时，他们也可能会忧心忡忡。一想到让他们十几岁的儿子操作一个重达2吨，以每小时120～160千米的速度在路上疾驰的设备，那简直就是噩梦。是的，

---

① 根据美国联邦政府的规定，美国领取驾照的最低年龄为16岁，但各个州对此有不同的要求。——译者注

孩子的身体可能足够高大了，可以操作车辆，是的，他们的视力和反应时间远比中年的你要好。但是，即使这些孩子没有多动症，他们的执行功能、自我调节、判断力和对自己死亡的意识也远远达不到成人的成熟水平。如果是患有多动症的青少年，在那些对安全驾驶至关重要的心理能力上，他们的表现比普通青少年还要延后30%，甚至更多。难怪目前有大量关于驾驶的研究表明，患有多动症的人在驾驶机动车时是相当危险的。也难怪多动症患者一般要到20—21岁才能拿到驾照，而没有多动症的人在17—18岁就能拿到驾照。多动症孩子本身的不成熟，父母对他们驾驶的担忧，加上他们难以通过驾照考试和路考，这些因素共同导致了多动症青少年比其他人拿到驾照的时间更晚。

青春期是驾驶车辆的危险高发年龄段。大部分车祸的主要原因是驾驶员注意力不集中，尤其是在高速行驶时，其次是高度冲动（开车时愿意冒别人不愿意冒的风险）。如果孩子患有多动症，疾病会把这些风险放大2~5倍。那么，如果法律允许青少年在16岁（甚至15岁）开车，而你家的多动症青少年也想"享受法律赋予的权利"，父母该怎么办呢？

1. 即使在获得驾照之前，多动症青少年比一般青少年更有可能在没有监督的情况下，未经允许将父母的车开出去兜风。因此，当多动症孩子到了十几岁时，你需要收好自己的车钥匙。如果你把车钥匙留在孩子能拿到的地方，当你不在家的时候，看到车钥匙对冲动的孩子来说就代表着"走，出去转转"。

2. 如果多动症孩子到了16岁时还不太想开车，父母就不要鼓励他们尝试开车，即使孩子自己学会开车可以节省你开车送孩子出门的时间。有趣的是，与前几代人相比，现在越来越多的年轻人似乎对"16岁拿到驾照"没那么感兴趣。或许是因为现在这样做的代价比以往任何时候都大；或许是因为通过优步等智能手机应用程序为人们提供了拼车这种选择；或许是因为孩子在社交媒体上不停地交流，虚拟环境下的交友降低了他们在真实世界和朋友一起出去玩的必要性。现在还不清楚为什么年轻人会对16岁拿驾照的兴趣降低，但对于患有多动症的青少年来说，如果他对驾驶缺乏兴趣，让他晚一两年再开车可能是一件好事。大多数青少年还是想要驾照的，但如果你家的多动症青少年不介意什么时候能开车，那就让他再等等！

3. 当青少年准备申请学习开车时，家长可以和他签订一份行为契约，其中包括青少年必须遵守的规则，如果青少年要学习驾驶和使用你的汽车。告诉孩子，如果他不同意并签署这份行为契约，你就不会同意签字允许他去学习驾驶。这份合同不仅明确规定了你的规则，而且规定了违反某些规则的后果。表15.1是一份合同模板（可于本书目录末尾查找有关下载和打印该合同模板的信息）。

表 15.1　青少年驾驶合同模板

青少年驾驶合同

本合同于_____年___月___日由_____（以下简称新司机）与其父/母_____签订，父母将全权控制通过本合同获得的驾驶特权。双方理解并同意以下内容：

我，新司机，理解我患有多动症，这是一种生物学障碍，它会影响我驾驶。我的父母和我谈论过多动症，并接受了我的诊断。

我，新司机，明白我必须遵守具体的驾驶规则和指导方针，这将有助于使我成为一个更安全、更负责任的司机。

我，新司机，同意所有驾驶课程的规则和指导方针，了解每个驾驶级别为期6个月，除非该期限由于我不遵守本合同中的规则而被父母延长。

分级驾驶规则

日常规则
- 按时服药
- 小声播放音乐
- 预先调好电台
- 开车时不要吃东西
- 开车时不准打电话
- 车上不准有其他青少年
- 绝对不喝酒
- 遵守行驶速度限制

（续表）

1级：0—6个月
遵守日常规则且只能白天驾驶
2级：6—12个月
遵守日常规则且由家长决定延长驾驶时间
3级：12—18个月
正式驾驶——遵守日常规则以及与家长商定的任何其他规则

  我，新司机，同意遵守驾驶课程的所有安全规则。

  我，新司机，同意在我每次开车时提供驾驶日志中要求的所有信息。

  本人，家长，同意在新司机遵守规则的情况下给予驾驶特权，但我有权利和责任检查新司机在驾驶日志中提供的信息。

  此外，本人，家长，有权决定是否违反规则并实施相应的后果，包括取消驾驶特权。

新司机签名_____ 日期_____/____/____
家长签名_____ 日期_____/____/____

Copyright © Russell A. Barkley. 经许可转载于 *Taking Charge of ADHD* (4th ed.).Copyright © 2020 The Guilford Press. 本书购买者可以复印或下载这些材料（下载方式见目录末尾）。

4. **延长多动症青少年在驾校的学习时长**。即使当地法规规定青少年只需要学习3~6个月，对于多动症孩子来说，这个时间也要加倍。你希望自我调节能力不成熟的孩子能够在你（和驾驶教练）的监督下学习更长时间，以便你可以更准确地对孩子是否能够安全使用车辆、是否有足够的判断力做出评估。目前，美国已经有超过23个州对青少年新手司机采取了某种形式的驾照分级策略，因为大量证据表明，青少年新手司机是发生车祸风险最高的年龄组。分级策略可能的形式是，这些新手司机在拿到驾照的最初3~6个月内只能在白天、在成人的监督下开车——而不是其他孩子。如果他们在这个阶段做得很好，他们就可以在天黑后和成人一起开车，但不能和其他青少年一起。如果他们能顺利度过这几个月，那么他们就可以独自驾驶了，但开车的时候车上不能有其他青少年。假设一切顺利，他们随后才能和其他十几岁的年轻人一起开车出行。似乎每年都有更多州朝着这个管理方向发展。如果你所在的州采用这种方法，要心存感激，并尽可能延长孩子在独立驾驶前的阶段或步骤，这样你的孩子就可以从有监督的驾驶练习中获得尽可能多的好处。

5. 让你的孩子参加孩子所在高中提供的正规驾校培训，如果学校不提供这种培训，就让孩子去参加商业培训班。当你教孩子开车时，孩子和你争论的可能性更大，不如让其他成人来指导，孩子的配合度会更高。

如果孩子没有通过第一次驾驶考试，无论是笔试还是路考，不要感到惊讶。正如你已经知道的，多动症青少年在学术型任务上存在更多问题，他们还必须应付考试环境带来的焦虑。单独处在这些测试环境中可以帮助青少年减少焦虑，更好地为下一次做准备。同样，如果你的孩子在服用多动症药物，确保药物在他进行这些测试时处于起效期，因为这些药物有助于改善自我调节和执行功能的缺陷。

费城儿童医院（Children's Hospital of Philadelphia）的网站上有一个教多动症青少年（或任何青少年）驾驶的好资源，其中包含很多建议、实践指南和其他资源。

6. 使用表15.2来定期评估孩子的驾驶技能。在填写此空白表格之前，请将其复印几份，以便你可以在孩子学习驾驶时多次进行评估（可于本书目录末尾查找有关下载和打印该表格的信息）。你也可以给青少年提供一份该表格的复印件，向他们展示"道路规则"和安全驾驶技能的关键。

表15.2　青少年驾驶行为评价表（家长版）

青少年驾驶行为评价表（家长版）

被评估人_____　　　　与被评估人之间的关系_____

说明：请记录日期，并在每个项目旁边圈出数字，表示你认为该驾驶技能在青少年典型驾驶表现中出现的频率。可以将这份表格复印多份，以便多次评估，这样你就能看到孩子在驾驶训练中取得的进步。

（续表）

	从不或极少	有时	经常	非常频繁
1. 在启动汽车之前，孩子会检查所有的后视镜，调整座椅（必要时），并系上安全带	0	1	2	3
2. 在驶入车流时，孩子会检查迎面而来的车辆，等待合适的时机并适当加速	0	1	2	3
3. 孩子在转弯或换车道前使用方向（转向）信号灯	0	1	2	3
4. 孩子在倒车时会转过身来，直接通过后挡风玻璃检查是否有障碍物或挡道的人	0	1	2	3
5. 孩子在换车道前，会直接从左侧或右侧的车窗观察是否有"盲点"	0	1	2	3
6. 孩子开车的速度在规定的限速范围之内	0	1	2	3
7. 孩子在高速公路上行驶在有标记的车道内，在双车道公路上在规定的一侧行驶	0	1	2	3
8. 孩子避免在故障车道或不必要的路肩上行驶	0	1	2	3
9. 孩子在十字路口和环岛处给其他司机让道	0	1	2	3
10. 当前方车辆启动刹车灯时，孩子反应迅速而恰当	0	1	2	3
11. 孩子观察可能在前方出现的障碍物	0	1	2	3
12. 孩子观察并对交通信号做出适当的反应（如黄灯时减速，红灯时停车）	0	1	2	3
13. 孩子根据影响交通和道路的恶劣天气状况调整车速	0	1	2	3
14. 孩子与前方车辆保持适当的距离（16千米/小时的速度至少保持一辆车长的距离）	0	1	2	3
15. 孩子在标记的十字路口按要求平稳地刹车	0	1	2	3
16. 孩子开车时双手都放在方向盘上	0	1	2	3
17. 孩子倒车时以适当的速度缓慢行驶（倒车挡）	0	1	2	3
18. 孩子注意并遵守张贴的交通标志（停车、让行、学校区域、并道等）	0	1	2	3
19. 孩子遵循张贴的路线标记，开车时不会迷路	0	1	2	3
20. 停车时，孩子会放慢车速，把车停在指定的位置	0	1	2	3
21. 开车时，孩子保持对交通和前方道路的注意	0	1	2	3

（续表）

	从不或极少	有时	经常	非常频繁
22. 孩子把音乐或其他音频的音量调低，足以听到警报声或其他车辆的喇叭声	0	1	2	3
23. 孩子确保车上的乘客系好安全带	0	1	2	3
24. 孩子在开车经过一个新的地区或城市之前参考地图	0	1	2	3
25. 孩子放慢车速，远离在道路上或附近工作的维修或施工人员	0	1	2	3
26. 在驶入任何交叉路口前，孩子都会检查附近的车辆以确保安全	0	1	2	3

Copyright © Russell A. Barkley. 经许可转载于 *Taking Charge of ADHD* (4th ed.).Copyright © 2020 The Guilford Press. 本书购买者可以复印或下载这些材料（下载方式见目录末尾）。

7. 如果孩子在服用多动症药物，确保孩子在开车时药物处于起效期。如果孩子在每日药效逐渐减弱的晚上开车，那就让医生开一种该药物的短效片剂，以便孩子在开车时服用。这种短效片剂的药效只会持续 3~5 小时，而不是像现在的长效或缓释药物那样持续 8~12 小时或更长时间。研究发现，对于多动症青少年和成人来说，没有什么比多动症药物（尤其是兴奋剂）更能改善他们的驾驶表现了。所以，只要有可能，只要你的孩子患有多动症，就可以依靠药物帮助改善孩子的驾驶技能。

8. 大量研究结果表明，即使在普通的同龄人中，在车里使用智能手机或其他手机技术也会导致驾驶事故的增加；一些研究表明，这会导致不良事件的风险增加 1 倍。它们是诱人的设备，"诱惑"青少年在开车时进行社交、发短信或以其他方式使用这些设备。现有研究表明，多动症青少年如果在车里放着手机，发生车祸的可能性是普通青少年的 2 倍多。所以，要坚持开车时不使用手机，甚至不要使用一些汽车可以通过蓝牙连接提供的手机免提功能。

为了执行这一不可侵犯的规则，不要仅仅依靠你的规则来禁止青少年开车时使用手机。研究表明，一旦超出家长的监管范围，青少年会立刻违反这一规则。所以，仅靠告诫和禁令是行不通的。幸运的是，现在你可以使用一些便宜的技术手段，将它们安装在车里或孩子的手机上，以防止青少年在汽车运行时使用手机。你可以在互联网上找到这些小装置，把它们插入汽车仪表板，当汽车启动时，它们将发出阻断信号，这样手机就无法使用了。或者查看手机应用商店，看看是否有应用程序可以限制开车时的手机使用，然后将这类应用程序下载安装到青少年的手机里。如果手机的移动速度超过人的行走速度，这种程序就会关闭手机。你可以选择有密码保护的应用程序，这样孩子在离家和开车时就不能关闭它。如果你能负担这部分费用，那就用吧。

9. 以上推荐的对于多动症孩子的监督手段适用于青少年在使用汽车时。你可以在厨房里挂一个签到及签退牌。或者使用表15.3，将其复印一份即可（可于本书目录末尾查找有关下载和打印该表格的信息）。当孩子经过你的同意开车去郊游时，让孩子写下他离开的时间、目的地、计划去哪些地方、和谁一起、什么时候回来。然后在孩子到达这些目的地的时段里随机给他打电话，以确定他在那里，和他计划中的人在一起。如果孩子知道你会检查他的情况，并让他对自己说过的话负责，那么他更有可能按照承诺去做。

表 15.3　青少年驾驶日志

青少年驾驶日志

日期：_____/_____/_____
药物：（若服用请核查）　上午_____　下午_____
出发时间_____:_____　　里程表读数：_____
到达时间_____:_____　　里程表读数：_____
目的地和联系人（提供位置、联系人姓名、地址和电话）
目的地和地址_____
联系人姓名_____　　电话_____
路线／里程_____

（续表）

日期：_____/_____/_____
药物：（若服用请核查）上午_____ 下午_____
出发时间_____:_____　　　　里程表读数：_____
到达时间_____:_____　　　　里程表读数：_____
目的地和联系人（提供位置、联系人姓名、地址和电话）
目的地和地址_____
联系人姓名_____ 电话_____
路线/里程_____

日期：_____/_____/_____
药物：（若服用请核查）上午_____ 下午_____
出发时间_____:_____　　　　里程表读数：_____
到达时间_____:_____　　　　里程表读数：_____
目的地和联系人（提供位置、联系人姓名、地址和电话）
目的地和地址_____
联系人姓名_____ 电话_____
路线/里程_____

Copyright © Russell A. Barkley. 经许可转载于 *Taking Charge of ADHD* (4th ed.).Copyright © 2020 The Guilford Press. 本书购买者可以复印或下载这些材料（下载方式见目录末尾）。

10. 一些研究表明，如果驾驶的汽车是手动挡汽车，而不是更常见的自动挡汽车，患有多动症的人会驾驶得更好，开车时的注意力也更集中。我们认为，这是因为驾驶手动挡汽车比自动挡汽车需要更多的主动参与和操控动作。所以，当孩子达到驾驶年龄时，你可以利用这项研究的发现。如果你想让孩子单独开一辆车，你可以考虑给他买一辆手动挡的二手车，然后教孩子如何开车。

同样，多动症青少年应该被告知不要使用车辆自动巡航控制系统，这类功能会降低司机驾驶行为的参与度，进一步减少操控动作的需要。不幸的是，这是一条必须单独警告家长的建议，因为到目前为止，还没有一种技术可以停用车上的自动巡航功能。

11. 患有多动症的青少年或年轻人开车时绝不能喝酒或吸毒（是的，未成年人饮酒是违法的，但这并不能阻止许多青少年这样做）。作为家长，你需要对这个问题采取零容忍的态度。因为患有多动症，孩子的驾驶能力已经比普通青少年更差了。我在南卡罗来纳医科大学与德博拉·安德森（Deborah Anderson）博士的研究表明，即使低剂量的酒精也会进一步损害多动症患者的驾驶能力——剂量低到对普通人的驾驶能力不会产生影响。

12. 如果孩子违反了你制定的驾驶规则，那么孩子应该被禁足 1~2 周（禁足时间视违规的严重程度而定），并且在这段时间内不得再次使用汽车。如果你希望你制定的规则能够得到切实执行，那么在执行后果时就不可动摇，因为你的青春期孩子的生命和其他人的生命都会因为他的驾驶不当而处于危险之中。所以，在违反规则后，无论你的孩子多少次请求你给他第 2 次或第 3 次机会，请坚持你的原则，执行后果。

13. 当你的孩子的驾驶能力不断进步，达到可以载其他青少年的阶段后，要将车上的青少年乘客的人数限制在 1~2 个，并确保他们是举止得体、值得信赖且相对成熟的青少年。和手机一样，车上的同龄人也会让你的孩子分心。如果你觉得这对你的孩子来说是一个严重的问题，那么将他只能和你或其他成人一起出行的这段监督驾驶时间拉长。你应当劝阻甚至禁止孩子和其他你所知的热衷于冒险、不值得信任、反社会、吸毒或有犯罪记录的青少年一起开车。正如前文在讨论同伴和社交技能时所提到的，确保你的孩子周围都是一些积极、亲社会的榜样。

14. 现在许多汽车都配备了驾驶员辅助技术。其中包括可变辅助动力转向和定速巡航、车道偏离警告和盲点警告等。目前还没有研究表明，这些措施是通过增加反馈来帮助多动症司机，还是通过减少驾驶时的参与度来损害多动症司机的表现。因此，观察你的孩子，认真评估这些功能对他们是有益的还是有害的。

现在，在车上安装跟踪装置是可实现的，而且成本也不是很高，例如安装在后视镜上的固态摄像头，可以在车速突然大幅提高或车辆突然制动时录制视频，记录驾驶员的行为。有些保险公司可能会为你提供或者让你以合理的价格租用这种摄像头，所以请咨询你的保险公司，了解相关政策。这些视频信息存储在一个计算机芯片上，家长可以取出芯片放在计算机里，以查看孩子开车的情况。有些摄像头甚至会在录制紧急事件时通知家长，家长可以使用手机直接查看。还有一些设备可以插入汽车的智能端口，用于监控驾驶性能的其他方面，如速度、加速度和制动。你可以了解这些技术的最新进展。

有关多动症青少年驾驶的更多信息，请参阅本书末的"家长支持服务"。

第十六章

顺利进入校园

管理孩子的教育

本章合著者：琳达·J. 普菲夫纳（Linda J. Pfiffner）博士*

如果你和很多家长一样，是通过孩子的教师第一次了解到孩子的行为问题的，你应该已经知道在多动症儿童面临的最严峻的几项困难中就包括难以适应学校的要求。大量研究表明，大多数多动症儿童的在校表现比同龄儿童的在校表现差得多。1/3 或者更多的多动症儿童，在他们的整个求学生涯中至少会留级 1 年。在几十年前，多达 35% 的多动症儿童可能无法从高中毕业。由于多动症儿童现在有资格接受正规的特殊教育服务，相关统计数据最近有所改善。即便如此，他们的学业成绩和分数往往仍然明显低于同班同学。为什么？正如我的同事拉里·西尔弗（Larry Silver）博士说的那样，多动症大大减少了他们的学习机会。40%～50% 的多动症儿童最终会通过特殊教育项目接受某种程度的正规服务，如资源教室（resource rooms），多达 10% 的孩子会在这种项目中度过整个学业生涯，如自给自足项目（self-containing programs）。使情况更加复杂的是，超过一半的多动症儿童

---

* 普菲夫纳博士是《关于多动症：给课堂教师的完整实践指南》（第二版）（*All About ADHD: The Complete Practical Guide for Classroom Teachers*, 2nd ed.）的作者，也是加利福尼亚大学旧金山分校医学院朗利·波特（Langley Porter）研究所的精神病学教授。

有严重的对立行为问题。这就解释了为什么15%～25%的多动症儿童因为行为问题而被停学甚至被学校开除。

北伊利诺伊大学的米歇尔·德玛雷（Michelle Demaray）博士和林赛·詹金斯（Lyndsay Jenkins）博士在2011年的一项研究中发现，多动症儿童与典型的成功儿童在学校功能的4个主要领域有所不同：

1. 学业参与程度更低（正如前文提到的那样，学习机会少）；
2. 社交技能较差（如第十三章所述）；
3. 学习动机以及在学校表现良好的动机不足（第一章提到的执行功能缺陷之一）；
4. 学习技能较差（较差的组织能力、时间管理能力、完成工作时的坚持性，以及其他执行功能缺陷）。

这些问题直接与孩子可能在学校遇到的困难程度相关。

对于多动症儿童在学校表现的这些方面及其他方面所表现出的挑战性问题，教师通常会变得更具控制性和指导性来应对。随着时间的推移，这些教师在与多动症儿童相处时产生的挫败感可能会导致他们在互动中越来越带有敌意。虽然我们不确定消极的师生关系是如何影响多动症儿童的长期适应功能的，但是经验告诉我们，这可能会使这些多动症儿童本来就差的学习成绩和社交技能"雪上加霜"，削弱他们学习的动力和学业参与度，打击他们的自尊。所有这些最终可能导致他们学业失败和辍学。

相反，积极的师生关系可以提高孩子的学业和社会适应能力，这不仅会在短期内产生影响，甚至会产生长期影响。在童年时期被诊断为多动症的成人表示，教师关心的态度、特别的关照和引导是帮助他们克服童年问题的"转折点"。

事实上，孩子在学校能否获得成功最重要的一点就是，孩子的教师。无论孩子在学校参与了哪个项目、学校的位置在哪儿、是公立学校还是私立学校、学校是否相对富裕，甚至无论班级的规模有多大，上述结论都是成立的。教师是排在第一位且最重要的——特别是教师在多动症方面的经验和额外付出努力的意愿，以及对孩子的理解，这些都是孩子学业成功的要素。2008年，加拿大阿尔伯塔大学的乔迪·谢尔曼（Jody Sherman）博士及其同事发表了一篇综述，文章就教师身上的哪些因素或特点会对多动症儿童的学业成功产生重要影响进行了科研和临床文献综述（*Educational Research*, Vol. 50, No. 4, pp. 347–360）。他们发现，最重要的几个因素包括：教师的耐心，对多动症的了解，对在课堂上管理多动症的有效教学技巧的了解，在多动症儿童的治疗过程中与跨专业团队之间的合作能力，以及对有特殊需要的孩子的积极态度。

所以，你不应该等到每年8月才知道谁将是你的孩子下一学年的教师，也不应该等着计算机系统或学校管理部门随机指派。你应该早在每年的3月或4月就开始与校长商讨谁才是下一学年最适合孩子的教师。

因此，本章的重点是如何找到最适合你的孩子的教师，如果本校可选的教师并不熟悉帮助多动症儿童获得学业成功的方法，本章的内容还包括如何帮助教师了解帮助孩子的最好方法。本章的其他部分探讨了父母普遍关心的第二个问题：应该选择什么样的学校，应该选择什么样的课堂结构和课程，什么类型的教育计划最适合多动症儿童，以及留级（尤其是在幼儿园）是否可能符合多动症儿童的利益。

为多动症孩子选择学校

帮助多动症孩子实现学业成功的第一步就是选择合适的学校。在现实生活中，我们中的很多人都没有选择的余地，无论是因为经济条件有限不能去私立学校，还是因为社区内没有足够的选项。在这些情况下，你可以在几个备选项中做出选择，通常你还是可以在可选范围内找到最合适的教师。但是，现在越来越多的父母——无论孩子是否患有多动症——都是根据学区来选择居住地，因此，如果你的孩子有多动症，你可能会想知道为孩子选择的学校应该具备哪些条件。

1. 与校长交流，了解他们对多动症的认知程度，以及对多动症导致的学业困难的了解程度，该校教师接受过多少多动症相关的在职培训，以及学校对于多动症孩子的接纳程度。

2. 如果学校愿意接受多动症儿童，询问他们学校的班级规模。多动症儿童需要尽可能小的班级规模（每班12～15人是理想状态，30～40人就太荒谬了）。同时，也要询问有什么额外资源可用于协助教师？学校是否配备了学校心理学家、精神科医生、临床心理学家和特殊教育工作者，教师可以向他们咨询孩子的多动症问题？校内是否有受过多动症、学习障碍或行为障碍培训的高级教师，并且这些高级教师是否可以作为资历尚浅且不了解多动症的年轻教师的导师或顾问，帮助他们掌握多动症孩子的课堂管理方法？

3. 学校对于多动症儿童服用行为矫正药物的态度是什么？有些学校认为，药物治疗既没必要也没好处。这些学校很明显不了解科学文献，家长应该避免送孩子去这类学校。即使你的孩子现在没有服用任何药物，但如果某些时候孩子需要药物的帮助，你会需要学校了解这方面的知识并加以配合。

   学校在药物管理和监督方面有什么机制？大多数学校有关于这方面的正式规章制度。例如，许多学校要求医生提供一份关于药物类型、剂量以及服用时间的签字声明。公立学校在允许孩子在学校服药之前，通常还需要医生向州教育部门提交一份单独的审批表格。幸运的是，由于最近长效多动症药物的发展，孩子在上学时间服药的情况越来越少了；在清晨上学前服用一定剂量的这种新药物，甚至在头一天晚上服用这种新的缓释型药物，通常药效就足以让他们安度整个上学日。

4. 学校是否有关于纪律处分的正式流程以及对相关决定进行申诉的流程？如果有，获取一份书面政策的复印件，看看如果你的孩子因行为问题需要受到纪律处分，他拥有哪些权利。然后，决定你对这些规章制度的接受程度。

你需要确认，学校的这些规章制度不仅能起到惩罚作用，同时也强调了学校会付出努力来帮助孩子不再犯同样的错误。

5. 校长是否鼓励家长和学校开放且经常地相互交流？如果你定期到学校看看孩子表现如何，这种行为是否受学校的欢迎？你是否能够要求教师与家长见面而无须太多繁文缛节？学校是否重视家长的投入？一些学校会提供日志本，在家庭和学校之间搭建每日沟通的桥梁。有些学校设有专门的门户网站，供家长和教师就重要事项进行交流。日志或网站的内容可以包括：孩子每天每门课程都学了什么，每门课程的家庭作业是什么。这些日志或门户网站可以很好地让你了解孩子每天的表现。出于同样的目的，其他学校允许，甚至会鼓励教师与家长通过电子邮件进行沟通。每个上学日都要查看日志或门户网站，并迅速回应任何疑问。

6. 如果你认为有必要，还要考察如果校外专业人士和专家与你一同来学校讨论孩子的多动症和教育计划，也许他们会提出进一步的建议来改进该计划，学校教职工是否对此持开放态度。如果校长或教师对这种来自校外的建议很抵触，那就另找一所学校吧。

7. 孩子所在的年级或班级里有多少在行为、学习和情绪方面有问题的孩子？在正常班级里，大多数教师只能管理少数有问题的孩子。如果一个班里这样的孩子超过2~3个，家长就应该考虑要求换到其他班级，或者寻找其他学校。

为孩子选择教师

在为你的孩子做出尽可能好的选择前，你需要根据两个因素来评估教师，正如谢尔曼博士及其同事的综述中所指出的：教师对多动症的了解以及对待多动症儿童的态度。

教师对多动症的了解

很不幸的是，许多教师并不了解多动症，或者他们关于多动症及其治疗方法的知识已经过时了。我们发现，有些教师非常不了解多动症的本质、病程、后果和起因。他们可能也不了解哪种治疗方法对多动症孩子有效、哪种无效。在这种情况下，尝试在这样的班级内对孩子的课程进行调整以及实施行为管理计划，可以说收效甚微。正如你帮助孩子的第一步是自己先要对多动症有所了解一样，学校干预的第一步也是让教师了解多动症。在阅读了本书之后，你应该能够通过与校长和教师的访谈，来确定该校是否有某位教师对多动症是有所了解的。如果这所学校里没人了解多动症，你可以做很多事情来帮助他们了解这种障碍。

通过掌握本章和第十七章介绍的方法，你就具备向孩子的教师提供相关建议的能力。你也可以在学校会议上就孩子的学习表现提出这些技巧作为建议，或者如果你的孩子将要接受特殊教育服务，你甚至可以在适当的时候要求教师中的一些人参与到孩子的个性化教育计划（individualized education program，IEP）中。

你也可以通过提供简短的阅读材料来帮助教师了解多动症，比如本书末的"推荐读物"中列出的材料，甚至给教师推荐本书或另一本我专门为教师准备的书《多动症的校园管理》（*Managing ADHD in School*）。

教师对多动症儿童和行为矫正技巧的态度

教师是否能够以及是否愿意采用本书所倡导的行为方案，深受教师曾经受过的教育培训和教育理念的影响，以及他的个人经验和对教育过程的信念。在某些情况下，可能需要精通这些行为方案的学校心理学家或临床心理学家对孩子的教师进行密集培训。2009年北卡罗来纳州立大学的威廉·埃尔丘尔（William Erchul）博士、理海大学的乔治·杜保尔（Geroge DuPaul）博士以及其他大学的研究者在2009年的一项研究中表明，在商讨时如果教师的态度更加专横跋扈，并且不愿意接受关于多动症的专业建议和信息，那么多动症孩子在学校的表现会更差。这种教师基本上不太可能会采纳专业顾问的任何建议，也不会在自己的课堂上为个别多动症孩子做出改变。即便教师接受了多动症相关的培训，外部专业人士也有必要在培训之后到学校跟进了解教师使用新技能的情况。采取放任型教育方法的教师通常不太可能使用行为矫正技术，他们错误地认为，行为矫正技术太机械，不能充分促进孩子的自然发展和提升孩子的学习动机。这种观点肯定是错误的。在某些情况下，通过与受过行为训练的专业人士交流，教师的这类错误观念能够得到改变。在另一些情况下，教师的这种想法不会改变，这可能会极大地影响在孩子的课堂上对行为方案的有效运用。在后一种情况下，将孩子换到一位新教师的班级中可能对孩子有益，在这位新教师的教学理念中，应当对使用行为方案更加接纳。

如果教师的积极性很差，或者家长和教师的理念存在冲突时，作为家长的你需要态度坚定。向学校管理者施压，要么要求教师提高责任感，要么就让孩子换班或转校，浪费孩子这一年的教育机会并不是明智的选择。当上述方案都不可能实现时，你可能需要通过校外辅导对孩子的教育进行补充，比如额外的辅导、暑期学校项目、可汗学院（Khan Academy）等互联网学习网站，以及你在家里帮孩子复习功课。

有些教师抗拒行为技术不是因为教学理念的冲突，而是因为他们认为多动症孩子的问题主要体现在社会交往层面，家庭的冲突与混乱或过多的屏幕时间是导致孩子的问题的罪魁祸首，或者有些教师认为，由于多动症有生物学基础，因此药物是唯一的解决方案。其他教师抗拒的原因也许是不愿意改变自己的教学风格，因为他们认为改变自己的教学风格就代表是他们的行为导致了孩子的问题。

"孩子的教师不相信有多动症这回事。她说，太多孩子被贴上标签并用疾病作为他们不当行为的借口。这时候，我该如何处理？"

你需要考虑的另一件很重要的事情是，孩子教师的适应程度如何，以及是否有其他家长投诉这位教师不称职、"玩忽职守"，或者教学无效。你当然不能要求孩子的每名教师都去接受心理评估，但是，你可以从校长或其他教职工那里了解到一些关于这名教师在处理有行为问题的孩子方面的声誉。你也可以给该教师当时所带班级的学生家长打电话聊一聊，从而更清楚地了解这名教师的业务能力。

你能做些什么来提供帮助

总体来说，你、孩子的教师和治疗团队中的专家之间的紧密合作是非常重要的。但是，态度很容易影响合作的成功与否——不仅仅是教师的态度，还有你的态度。与学校人员长期对抗所形成的态度是否会阻碍你所付出的努力？或者，你的期待是否不切实际？你是否在等着学校"治愈"你的孩子，而你自己却很被动或表现得"事不关己"？如果孩子在家没有什么困难，你是否会和自己说，学校糟糕的教学或管理是孩子在课堂上出现困难的原因？请确保定期重新审视你的态度，看看你的态度是否阻碍了合作进程。

如果你与教师之间已经出现对立，这很可能会破坏多动症孩子的干预效果。在这种情况下，你需要请专业顾问与你一起去学校，帮助调解你与教师的协商。

另外还要注意，在许多情况下，本书提倡的行为方案需要与药物治疗相结合，以解决多动症孩子在学校的问题。近期研究表明，药物治疗与行为方案相结合的效果比单独使用其中任何一种方法的效果好。因此，如果你的孩子在学校适应方面有严重的问题，你应该考虑使用药物治疗（见第十九章和第二十章）。

最后，如果你发现一个或更多对孩子需求敏感度很高的优秀教师，请不要吝惜你的支持与赞赏；无论以哪种方式，尽可能地协助教师；如果教师建议你做些什么来提供帮助，请对这些建议保持开放心态；不仅要对教师表达你的认可和称赞，对校长也应当这样做。偶尔给他们寄一些节日贺卡和生日贺卡，比如电子贺卡，甚至是当地咖啡店或餐馆的小礼品卡，都能在很大程度上巩固你与孩子教师的良好关系，并激励他们"额外付出"来帮助你的孩子。上述做法都可以极大地增进你与教师之间的关系，增加他们为孩子的特殊需求和能力有针对性地改变课堂方案的意愿，帮助你在孩子在校期间找到与你理念相似的以后将教你孩子的教师，以及鼓励他们在学校管理人员必须做出教育计划的决定时为孩子和你辩护。

积极关注孩子的教师能帮助你与他们建立更紧密的关系，正如这能帮助你与孩子建立密切的关系一样。

关于教室和课程的几点建议

如果你希望帮助孩子改善学校生活，那么与教室环境结构、课堂规则和作业性质相关的各种因素都是你要考虑的很重要的因素。从前，专业人士会告诉家长和教师应当减少课堂上的刺激物，因为这可能会导致多动症孩子过度分心。但是，评估这些措施的研究发现，减少课堂上的刺激物并不能改善多动症孩子的课程行为，也无法提高学业成绩。同样，研究也不支持如下观点：认为传统课堂过于严格，给予孩子更大的自由度和灵活度是最好的方式。

当然，如果教师希望能够帮助多动症孩子，教室里确实有几个部分需要加以调整。当你在为孩子寻找下一学年的班级和教师时，以下几点应当牢记在心。当你与教师会面为孩子制订学年计划时，也要将以下几点牢记在心。无论你相信与否，非常关键的一件事是教室里的座位安排。传统的教室座位安排是学生的座位面向教室前面成排排列，通常教师就站在教室前面授课；另一种教室座位安排是模块式的，几个或更多孩子共享一张大桌子，特别是在学习时他们会面向对方。研究表明，传统的座位安排比模块式的座位安排更有利于多动症孩子。模块式的座位安排似乎为多动症孩子提供了太多刺激物，也为他们与其他孩子的社会互动提供了太多机会，这会分散多动症孩子对教师或课堂作业的注意力。

你可以要求把孩子的座位移到离教师的桌子最近的地方，或者教师在讲课时站的时间最长的地方。这不仅能阻止其他同学关注孩子的破坏性行为，也能让教师更容易地监督你的孩子，更快速、更便利地对孩子进行奖励或惩罚。在增加适当的课堂行为方面，换座位有时和奖励计划同样有效。

对多动症孩子来说，和所谓的开放式教室相比，通常封闭式教室（有四面墙，一扇门)更有利一些。开放式教室通常更嘈杂,包含更多视觉干扰。研究表明,嘈杂的环境通常与多动症孩子对课业的注意力降低以及破坏性行为增加有关。

与在家里一样,组织良好且可预见的课堂常规对多动症孩子也是有帮助的。张贴课堂每日时间表和课堂规则能够增加这种结构感。在教室前面贴上反馈表,在遵守规则、规范行为以及学业方面给孩子提供反馈信息,这也可能对多动症孩子有益。

在一些情况下,"唠叨磁带(nag tapes)"对多动症孩子特别有帮助。虽然这并不是课堂结构方面的一个要素,但是"唠叨磁带"是学校可以开放使用的测量方式的一个例子。在多动症孩子开始学习之前,他可以拿出一个小型便携式数码录音机,戴上耳机(因此不会影响其他学生),并打开录音机。然后,多动症孩子继续学习,录音机会播放对他的提醒——提醒他继续工作,不要打扰别人,等等。录音以一些柔和的音乐作为背景音也无妨。正如前文提到的,在必须完成工作的环境中,一点刺激对集中精力和提高工作效率是有益的,而不是有害的。这种录音的效果很大程度上取决于是否与执行规则的一致方法,以及与对工作和适当行为的奖惩相结合。

以下对于课堂结构和课程的额外改变也可能对多动症孩子有帮助。

1. 学习任务应该与孩子的能力相匹配,这是对所有儿童来说都适用的原则。对于多动症孩子,通过增加刺激性(如颜色、形状、材质)提高任务的新颖性和有趣性,似乎能帮助他们减少破坏性行为、增加注意力以及提高其整体表现。

2. 教师应该改变授课风格和任务材料来帮助维持多动症孩子的兴趣和动机。当布置了无趣或被动的任务时,教师应该在这些任务中穿插一些有趣且积极的任务,从而帮助多动症孩子优化注意力水平和专注程度。需要主动反应而非被动反应的任务,也可以让多动症儿童更好地将他们的破坏性行为转化为建设性反应。换句话说,让多动症孩子在授课、布置作业或课堂活动中做点什么,这将减少多动症孩子的行为问题。

3. 给多动症孩子布置的学业任务应当是简短的，以和他们的注意力持续时间相匹配。凭经验，一种好的规则是，给多动症孩子布置的作业量差不多应该与比他们年龄小 30% 的孩子布置的作业量相同。应该对多动症孩子的作业表现给予即时反馈，完成作业的时间限制也应该短一些。可以通过使用计时器来辅助，如钟表或厨房计时器。

4. 以一种热情而又以任务为中心的方式授课，授课内容保持简短，允许孩子频繁而主动地参与，多动症孩子的注意力水平是有可能提高的。假装得更像演员的教师——充满活力、热情洋溢、情感充沛——比在枯燥的话题上喋喋不休的教师能得到孩子更多的注意。

5. 将课堂讲授与短暂的体育锻炼相结合也许会对多动症孩子有帮助。在延长的课业学习过程中，多动症孩子会比普通孩子更频繁地体验到疲劳感和单调感，这种方式能够减少上述问题。教师可以试着让孩子在课桌旁跳开合跳或跳简单的舞蹈（用简短的音乐片段作伴奏），在教室外快跑或散步 2 分钟，以"康加舞"的步伐在教室里走来走去，或做点其他简单的体育活动。这不仅可以恢复多动症儿童的注意力，也可以恢复其他孩子的注意力。因此，永远不要阻止多动症孩子在课间休息。

6. 对于正在进行药物治疗的多动症孩子，教师应该将困难的学术科目安排在早上，然后将更加活跃的非学术性科目和午餐安排在下午。众所周知，多动症孩子集中注意和抑制行为的能力在一天中是逐渐下降的（见第五章）。

7. 如果有可能，课堂讲授应该使用直接指导的辅助材料——对重要的学术技能进行简短且高度具体化的训练，或者更好的选择是使用计算机软件达到同样的目的。

什么类型的教育计划最适合多动症孩子？

在许多情况下，本书所介绍的措施和第十七章中的方案对管理多动症孩子来说是足够的，特别是对于患有轻度到中度的多动症的孩子，或者使用药物控制注意力不集中和有行为问题的儿童。但是，在其他情况下，特别是有严重多动症症状并且伴发对抗、攻击行为及学习障碍问题的多动症孩子，他们需要接受另外的教育计划——例如，特殊教育或上私立学校。在理想状况下，这些教育计划应包含以下因素：师生比高的班级，教师具备行为矫正专业技能的班级。

特殊教育服务

为多动症儿童申请特殊教育服务往往是一个困难且耗时的过程。直到1991年，根据美国现行《残疾人教育法案》的前身94-142公法规定的准则，许多多动症儿童没有资格获得特殊教育服务。如果你的孩子在学业中面临失败，那么他可能有资格接受这项法案规定的"其他健康障碍"类别下的正式特殊教育服务。要求你所在学区的相关人员解释该法案以及该法案赋予孩子的权利。但是，要记住，你的孩子必须因为多动症而在学校表现出明显缺陷，才能获得特殊教育服务；单凭多动症诊断是不够的。

不幸的是，在美国大多数州，患有多动症但没有相关问题的孩子很可能没有资格接受特殊教育。如果确实存在相关问题，例如学习障碍或情绪障碍（特别是攻击性和违抗性），孩子可能会被分配到聚焦这些问题的班级。当然，有严重语言、言语或运动发育问题的多动症儿童可能会接受语言、职业和物理治疗，甚至适应性体育教育，前提是这些发育问题已经严重到干扰了孩子的学业成绩。

虽然在过去的20年里情况有了明显的改善，但在许多学区，你可能需要对你所在的学区施加压力，要求他们遵守现行法律。自1991年以来，全美家长支持协会一直在努力敦促各州遵循联邦政府的建议，改善对多动症儿童的服务，但是，任何进一步改善都受限于当地学区的财政投入，因为学区要为其他残疾群体提供特殊教育。

同时，你必须熟悉美国联邦、州和地方的指导建议。你可以从你所在的学区得到这些信息。其他关于多动症的有用信息还可以参考琳达·普菲夫纳博士的《关于多动症：给课堂教师的完整实践指南》(All About ADHD: The Complete Practical Guide for Classroom Teachers)。你也可以在其他图书中找到合理的建议，比如桑德拉·里夫（Sandra Rief）博士的《如何接触和教导多动症儿童》(第三版)（How to Reach and Teach Children with ADD/ADHD），玛丽·福勒（Mary Fowler）的《教育者手册：给多动症儿童及成人》[CHADD Educator's Manual，第二版由克里斯·丹迪（Chris Dendy）所著]，以及我的书《多动症的校园管理》。有关这些书的完整信息，请参阅本书末的"推荐读物"。

此外，你应该结识你所在学区的特殊教育主任。在处理孩子的教育问题时，你应当整理一份个人电话号码簿或联系人清单。一份好的电话号码簿应当包含有价值的资源，例如私立学校、正式和非正式辅导项目以及特殊夏令营。另外，请联系当地的家长支持协会（例如，儿童和成人注意缺陷/多动障碍协会或注意缺陷障碍协会的当地分支机构，请参阅本书末的"家长支持服务"），了解你所在地区与学校问题有关的资源建议。这些组织有时甚至可以派一位受过专业培训的工作者和你一起参加学校会议。在某些情况下，如果你在对孩子问题的认识上以及孩子是否有资格获得特殊教育服务方面与学校教职工存在分歧，那么你可能需要来自其他人的建议。

理解"最少限制环境"的概念也很重要，因为它适用于有关特殊教育安置的决策。美国《残疾人教育法案》清晰地表明要提供特殊服务，使残疾儿童不致被无理地排除在与非残疾同龄儿童的交往之外。因此，学区可能会错误地将多动症儿童安置在"最少限制环境"中，以管理他们的学业和行为问题。也就是说，他们可能会把多动症儿童安置在能够最大限度地与一般学生接触的项目中。有些教师并不总是赞同这种制度。他们更希望即使是患有轻度多动症的孩子也能被转移到特殊的教育环境中，这样教师就不必调整课堂教学和行为管理方式来适应多动症孩子的需要了。家长可能同样倾向于特殊教育，他们认为更小的班级规模、训练有素的教师以及更多的教师关注对多动症儿童来说是更好的。学区可能会抵制这些来自教师与家长的压力，以免侵犯法律赋予儿童的在"最少限制环境"中学习的权利，或因此而冒法律诉讼的风险。家长可能会觉得这令人沮丧，但家长必须理解这种安置偏见背后的理念及其法律基础。只需记住，归根结底，最重要的是孩子的教师的素养，而不是孩子被安置在哪个教育计划中，也不是构成孩子的个性化教育计划的那份文件。负责教育项目的人，以及个性化教育和其他辅助手段的实施质量才是对孩子的学业成功最重要的。

孩子应该留级吗？

23% ~ 40% 的多动症孩子在上高中之前至少留过一次级，大多数发生在小学低年级。因此，许多父母不得不决定是否要用留级来解决孩子的困难。但通常留级都不是好的解决办法！

可以理解的是，在很多情况下，留级是被推荐的方式，因为多动症孩子经常表现出与同龄儿童相比不成熟的特征。许多教师也许会合理地建议，"明年就能长大些了"。但是，许多研究都没有发现留级对提高成绩有显著的好处，最近的研究表明，留级可能会对孩子造成多种负面影响。这些负面影响包括：对学校失去兴趣、失去学习动机、攻击性增强（主要是男孩）和抑郁增加（主要是女孩）。留级的孩子更有可能受到同龄人的拒绝，和没有留过级的多动症孩子相比，曾经留级的多动症孩子更可能无法从高中毕业。多动症孩子在学校的困难不仅仅是因为发育不成熟，因此，留级后在第二年重复同样的方法不太可能有帮助。毕竟，它不能解决多动症儿童的特定问题。事实上，当留级的多动症孩子在复习旧材料时可能会感到无聊，因此留级这种方式可能注定要失败。极端地说，留级这种解决方案可能就像这位母亲所说的，"如果让他每一年都留级，照这个速度，他要到

30岁才能毕业!"

琳达·帕加尼(Linda Pagani)博士及其同事研究了蒙特利尔公立学校的数千名学生的多年教育情况。这项研究的目的之一是,考察留级对孩子是有益的还是有害的。研究结果发现,留级对于孩子来说没有显著的实质益处,却有很多坏处。留级的孩子经常会对学校和学习失去兴趣,在未来与同龄人的交往过程中出现更多的问题,经常变得更具有攻击性。我与玛丽莲·费希尔博士的跟踪研究发现,在控制了所有其他因素之后,与没有留级的多动症孩子相比,留级的多动症孩子更有可能在高中毕业前辍学。在越早的时候留级,害处也就越大。帕加尼博士的研究也支持了我的观点,所以我们不应该把留级作为解决孩子学习或行为问题的一种手段。

需要考虑的问题

既然一旦孩子开始正式上学就不建议再留级了,明智的做法是在孩子上一年级之前让孩子多上一年幼儿园。在做这样的决定前,你需要考虑哪些因素?

学业状况

一般来说,如果孩子在智力上有能力完成下一个年级的学习,那么和留级相比,不同类型的学术环境(如,更有力的强化,更小的班级)是更加适合的选择。如果通过儿童心理测试确定儿童在学习成绩和智力上有整体发育迟缓,那么可以留级。如果没有,则应促进孩子的发展,在孩子落后的方面向他提供支持性教育服务。

体型和年龄

当多动症孩子的体型比他们的同学高大时,家长和孩子都反映了留级带来的社交问题。因此,当学龄前孩子的体型较小或者孩子的生日在小学一年级入学日期前后,那么推迟入学或留级似乎是比较明智的选择。

情绪成熟

多动症儿童的冲动和低挫折容忍度，以及其他标志着多动症儿童情绪不成熟的特征，不太可能通过在幼儿园或任何其他年级复读一年而得到治愈。相反，一些类型的干预，例如在学校环境内接受社交技能培训，可能有所帮助。

事实上，孩子的许多困难可以通过普通班级提供的辅导服务——作为留级的替代方案——来解决。职业治疗是一种可供选择的方案，专业的治疗师可以向教师提供建议，供教师在课堂上使用。言语和语言治疗也能让孩子受益，特别是侧重于交流的语言训练，这种治疗能够成为一种有效的社交技能训练方案。

教师的风格和期望

前文已经提到，对学生有能力做什么的期望，以及对类似多动症这种障碍的态度，教师之间的差别很大。对行为矫正策略持开放态度的教师在常规课堂中可以使用许多相对简单的行为策略（见第十七章），从而消除留级的需要。因此，对教师的选择是排除留级选项的关键决定因素。

其他课堂或课程选择

除了常规的幼儿园或常规的小学一年级，你所在学区内可能还有其他可行的选择。包括以语言为基础的幼儿园和一年级，它们提供支持性的基于语言的课程，以及师生比更高的班级。家长也可以寻求幼小衔接的过渡课程，这种课程通常是为发育缓慢的孩子准备的。因为计算机能够给多动症孩子提供大量的即时反馈，所以使用计算机辅助教学对多动症孩子也是有益的。很少有多动症孩子不喜欢计算机游戏。使用这样的计算机游戏增强孩子的学习能力对帮助学习常规课堂上的内容是有帮助的。一些计算机程序能增强孩子的阅读和数学能力，例如，阅读兔子（Reader Rabbit）和数字射击（Math Blaster）。因此，总的来说，应当对之前使用的教学方法深思熟虑，也需要对当前使用的教学方法加以思考，以确保当前的教学比之前更有效。

第十七章

加强学校和家庭教育

获得成功——从幼儿园到高中

本章合著者：琳达·J.普菲夫纳博士

既然你已经找到了最适合孩子的教育环境，就可以开始为帮助孩子最大限度地获得学业成功寻找具体方法了。在这方面你必须成为专家；这可以帮助你为孩子制订干预计划，帮助教师有效地对课堂进行改进以及运用儿童行为管理方法。孩子在学校里是否能够巩固在家庭中取得的成效，这当然取决于你。本章详细地叙述了帮助多动症孩子在学校取得成功的一般原则和具体方法。尽管本章侧重于课堂之上，但也有许多建议是父母在家里可以很容易地调整和使用的，能帮助多动症孩子在家里完成课业，以及改善孩子的家庭行为。因此，当你阅读时，请思考如何在家庭和学校的不同环境中使用这些方法。

请记住，在尝试帮助孩子改善学业表现的过程中也让孩子本人参与进来，这能增强孩子成功的动机。如果孩子的年龄超过了7岁，在你与教师初次会面制订教育计划时就应该让孩子参与其中。这可以让孩子在设定目标，以及决定他的哪些行为是适当的，应当给予奖励，而哪些行为会得到惩罚的过程中增加投入度。这种会面的重要成果之一是行为契约，它概括了孩子的教育方案的细节，家长、教师和孩子都要在这份行为契约上签字，这有助于契约中的内容长期得以实施，并且所有相关方都明确自己的角色。

学校管理的一般原则

无论多动症孩子是否正在服药，在为多动症孩子制定课堂管理方案时，记住一些重要原则是有帮助的。这些原则源于本书第二章中介绍过的理论知识：多动症损伤了孩子的执行功能和自我调节能力。如果你想要给孩子的教师更多的建议，请参考我的书《多动症的校园管理》。这些建议还基于以下原则。

1. 规则和指令必须清晰、简短，并且（尽可能）以图表、列表或其他视觉形式来呈现。依赖孩子的记忆力或对孩子进行口头提醒往往是无效的。鼓励孩子大声重复指令，甚至鼓励孩子在执行指令的过程中轻声对自己重复指令。

2. 用来管理孩子行为的奖励、惩罚及反馈必须快速、即时给予孩子，使用行为后果来管理孩子的方法必须是有组织性、系统化且精心计划过的。

3. 对遵守规则的行为给予频繁的反馈或后果，对于促使孩子继续遵守规则至关重要。

4. 多动症孩子对社会性表扬和训斥不太敏感，因此，对他们好或坏的行为的后果的管理必须比正常儿童更加强有力。

5. 奖励和激励必须恰当使用，且必须在惩罚前使用，否则孩子会发现学校是一个惩罚多于奖励的地方。确保教师在学校建立奖励制度之后，等一两周再开始使用惩罚。然后，确保教师在使用1次惩罚时，要给予2~3次奖励。当惩罚无效时，首先要确认是否因为孩子可获得的奖励程度不足；如果奖励程度不足，惩罚就不能控制孩子的行为。

6. 如果奖励能经常改变，代币奖励制度就能在整个学年中保持有效，同时其效力损失也最小。多动症孩子比普通孩子更容易对于特定奖励感到无聊，如果无法认识到这一点,当孩子对用代币可以购买的特定特权感到无聊时,教师通常会很快放弃代币制度,认为该制度已经失效了。

7. 对即将要发生的事有所了解对多动症孩子来说很关键,特别是在过渡期。确保你的孩子能意识到即将到来的转变,让教师遵循本书第十二章中提出的策略:(1)在开始新活动前复习规则;(2)让孩子重复规则,包括对良好行为的奖励以及对不良行为的惩罚;(3)一旦活动开始就要坚持按计划进行。在这里,对教育者来说一条重要原则是,让多动症孩子把他的想法说出来,在事件发生之前有所思考。

你也可以与孩子的教师分享一些对多动症儿童有帮助的指导原则:(1)努力保持一致性;(2)不要将孩子的问题个人化;(3)认识到孩子因病导致的缺陷;(4)练习原谅。心中牢记这些规则,具有创造性的教师可以轻松地为你的孩子策划出有效的管理方案。

8. 有时,多动症孩子需要额外的校外帮助,使他们和其他普通孩子一样能够完成家庭作业或跟上学术技能和知识的学习。有些家长介入其中并扮演孩子的辅导教师的角色,在某些情况下,这很有效。但是,我们发现许多家长在辅导孩子方面做得并不好,或者父母和孩子在其他方面的矛盾可能会对家庭辅导产生负面影响。由于这些原因及其他原因,我们经常鼓励父母聘请一名正式的家教一周为孩子辅导几次。除了聘请家教,家长还可以去可汗学院查看自学在线课程。上面有些课程是专为儿童和青少年设计的,涵盖了儿童和青少年在学校可能要学习的许多学科内容。可汗学院采用了一种自适应的教学模式,这很有帮助,对多动症儿童来说,这种方式似乎比在学校听教师讲课的效果更好。家长(或家庭教师)也可以与孩子或青少年一起学习这些课程。可汗学院的课程是免费的。

课堂行为管理方法

积极和消极后果是课堂行为管理最有效的工具，就像在家里一样。积极后果通常包括表扬、代币、有形的奖励和特权。惩罚通常包括忽视、口头训斥、代币制度中的罚款或处罚，以及计时隔离。多种策略结合的方式是改善多动症孩子的课堂行为且提高学习成绩的最有效手段。

使用积极后果

教师关注

表扬和其他积极形式的教师关注，如微笑、点头、拍背，是教师可以自行选择的一些最基本的管理手段。大多数儿童喜欢积极关注，其中也包括你的孩子，尽管只用关注来管理多动症孩子在学校的所有问题是不够的。

"教师问我，'为什么你的孩子表现好我就要给奖励，为什么这么多表现正常的孩子我不给奖励？这会导致其他孩子的不满。'我该如何回应？"

表扬和肯定可能看似很简单，但是有组织、有条理地使用这种关注技术需要很好的技巧。教师必须了解什么是值得称赞的，必须表达出真挚的温情。表扬必须要快速传达，且措辞多样化，这样可以使该策略更有效。有效使用表扬也需要加强观察和监督，这样教师能更频繁地"抓住孩子表现好的"瞬间，并给予相应的积极反馈。但是说比做容易多了。在普通的课堂上，这需要教师付出相当多的时间和注意。更密切地监督你的孩子，会与监督所有其他孩子和教授课程形成竞争，这是不可避免的。有些教师甚至会觉得你的孩子不值得这些额外的关注和监督——班里其他孩子没有因为表现好而得到这种关注，因此你的孩子表现不好却受到关注是不公平的。

如果教师有这样的言论和想法，你可以与他分享本书第十六章中提到的知识，这样教师就能理解多动症是一种残疾，不仅仅是顽皮或懒惰。社会常常对有残疾的人做出特别规定，在这种情况下，多动症孩子也不例外。另外，请注意其他孩子可能不需要如此多的反馈就能继续表现良好，但是多动症孩子需要，没有反馈他们可能会落后于其他孩子或在学校表现很差。身体健全的人可能不需要坡道来过马路或进入大楼，但是我们不需要并不意味着身体残疾的人也不需要，这是他们应该得到的服务，也不意味着我们会因残疾人可以使用坡道而怨恨他们。因此，教师的这个论点事实上是站不住脚的。

这种情况可能意味着教师缺乏帮助残疾学生的动力，继而导致你的孩子在教室里遇到更多的麻烦。如果你认为情况确实如此，那就和校长讨论一下，看看学校的这个年级是否在另一个班级有更适合孩子的教师。或者，如果你的孩子有资格接受特殊教育服务，你也可以和地区的特殊教育主管谈谈，也许他们可以为你的孩子提供一些个性化项目，以弥补学校教师对帮助你的孩子没有兴趣的问题。建议你不要浪费一整个学年的时间在"打心眼儿里就不想帮忙"的教师身上，这样的教师是不会愿意给班级里的孩子更多的关照的。

使用提示来提供后果

教师可以使用一些设备来提示自己应当向多动症孩子提供频繁的反馈。

1. 将笑脸贴纸贴在教室里教师经常看得到的地方，用来提醒教师检查多动症孩子在做什么，如果他在做积极的事情那就表扬他。

2. 教师可以在智能手机上设置闹钟，甚至可以设置一个简单的烹调计时器作为定期提醒装置，提醒自己停下手头的事情，转而监控多动症孩子。

3. 可以使用数码录音机录一段轻柔的声音，随机间隔一段时间（头一两周频繁一些，然后逐渐减少）播放声音，在 90～120 分钟的时间里提醒教师检查学生的情况，并适当地给予表扬。对于 8 岁以上的学生，教师可以使用这种类型的提示程序教他们学会自我监控。学生可以获得一张白色的小档案卡，从中间分成两栏，左栏用加号（+）或者笑脸表示，右栏用减号（-）

或哭脸表示。当孩子听到声音时，他就在左栏记一分，表示他遵守了指令，或者在右栏记一分，表示他没有遵守指令。教师的任务是当声音响起时，快速地查看孩子的行为，确保孩子的记录准确。当每节课教室前黑板上列出5条左右的规则时，孩子的自我监控就会得到增强，这样教师也会比较轻松。

4. 教师在一堂课开始时，可以在左侧口袋里放10个宾果筹码，当给孩子积极关注时，教师就把左侧口袋的1个筹码移到右侧口袋里。教师的目标是在下课前，将所有10个筹码移到右侧口袋里。

5. 学校（或你）也可以给教师买一个带有一个振动盒和一个数字计时器的小装置，叫作MotivAider①。定时器可以设置为固定的时间间隔，也可以设置为随机的时间间隔，每次时间一到，振动器就会开启。每当教师感觉到振动时，他都要对你的孩子（和班上的其他孩子）给予称赞，甚至代币，以此表扬他们遵守规则、专心听讲、执行任务，或者配合教师的要求。

有形奖励和代币制度

尽管表扬良好行为和忽视不当行为很有效，但是仅用这些程序通常是不够的。可以给予各种更有力的奖励，通常以特权的形式，比如帮助教师、获得额外的休息时间、玩特别的游戏、玩计算机、做艺术品。应当准备大量备选项来防止多动症孩子感到无聊，这是非常重要的。此外，由于频繁的奖励对于帮助多动症孩子很重要，所以有些奖励孩子一天内可以获得几次。而更有价值的奖励，如比萨饼聚会或特殊课外活动，则需要经过更长时间的努力才能获得，比如一周。

使用代币、积分、筹码制度来赚取奖励也是非常有效的方式（见第十一章）。教师可以与多动症儿童多聊一聊，问问孩子喜欢什么样的活动，或者哪些奖励是他们希望获得的，以及根据对孩子的观察选择一些活动或奖励，这也是很有帮助

---

① 暂无中文译名，一种帮助让人们在自己的行为和习惯上做出想要的改变的装置。——译者注

的。如果多动症孩子在学校无法获得有力的奖励，你就需要建立一种家庭奖励制度，或者你可以把一个孩子在家里很喜欢的玩具或游戏设备交给教师，将其用于课堂奖励系统。

孩子非常喜欢且强有力的一种奖励就是允许他们玩电子游戏。我通过以课堂行为问题的严重性，以及对在课堂上捣乱的儿童进行管理时对这种奖励的迫切需要为主题的演讲，成功说服当地公民俱乐部捐赠此类游戏设备，或者提供一些基金用于购买价格不高的手持游戏设备。教师可以在当地的二手市场寻找此类老式游戏作为课堂上的奖励，或者家长也可以在商店购买这类游戏，然后把它们给教师。更好的选择是，建议教师（或你）准备一份简短的备忘录，发给班级里所有孩子的家长，邀请他们在周末清理玩具橱，把家里孩子很少玩或不再玩的玩具捐赠给学校，以帮助学校开展更丰富多彩的活动。一个孩子对他的旧玩具不再感兴趣了，但很可能其他孩子对这个旧玩具会很感兴趣。在一年中可以这样做几次，尤其是在圣诞节前，家长很可能想把家里的旧玩具处理掉，为新玩具腾地方，旧玩具到了教室里会有各种各样的新用途，它们不但能够丰富学生的活动，还能用来作为对多动症儿童和其他孩子表现良好的奖励。

代币制度可以给一组孩子使用，班里所有的孩子都可以因为其个人或整个小组的良好表现而获得奖励。当同伴的嘲笑和不当行为促进了多动症孩子的破坏性行为时，小组方案尤其有效。在一些小组方案中，多动症孩子的表现决定了整个班级能获得多少奖励。在另一些情况下，基于多动症孩子的表现，班里的每个孩子，其中也包括多动症孩子，都能获得一些代币或积分。这种方式可以鼓励班里的其他同学帮助多动症孩子表现得更好，并且帮助多动症孩子遵守规则、完成任务。小组方案还可以有其他不同形式，包括将班级分成几个小组，是否能够得到积分取决于小组的表现。班里积极积分最多或消极积分最少的小组可以得到小组特权。这种小组方案的好处是不需要把多动症孩子单独挑出来，但是这种方法有利也有弊，因为当多动症孩子表现不好时，会拖大家的后腿，大家都会受到惩罚，所以多动症孩子可能会受到大家的指责。

代币制度也可以用来提高多动症孩子的学习效率和任务完成的准确性。我们建立了一种代币制度，即多动症孩子每次做出一个正确回答就会获得一张支票，他们获得的支票会记录在一张索引卡上，在一天中的晚些时候，孩子可以用这些支票换取在学校的多种奖励（糖果、自由时间、美术材料、在公园野餐等）。这种方式可以大大提高多动症孩子的数学和阅读成绩，将他们的破坏性行为减少到与其使用药物治疗时大致相同。

另外，还有一个非常新颖的方案：如果多动症孩子成功完成 4 项任务就能获得代币，其中 2 项任务涉及学习阅读及在句子中使用新词汇，另外 2 项任务涉及将这些任务教给其他学生，这被称为同辈辅导。完成 4 项任务中的 1 项就可以挣 1 个代币，代币可以用来交换在教室玩 15 分钟的弹球机游戏或电子游戏。当多动症孩子通过了一门课程的单元测试，如完成一章的阅读任务后，他们就可以获得额外的游戏时间。代币制度大大提高了多动症孩子的作业完成度和准确性，也提高了他们在学区每周阅读考试中的成绩。而且，这个方案仅需一名教师就可以执行。

为代币制度选择怎样的目标类型对于该制度的成功至关重要。对于其他孩子来说，对他们的出色表现给予奖励是有效的，但是对于许多多动症孩子来说，较小的成就也需要被肯定。因此，在一开始，即使很小的成就也应当给予奖励——比如，多动症孩子一直以来都难以完成工作而现在完成了一部分工作，或者孩子通常整天都在捣乱，而现在能在一天中的一段时间保持安静。

代币也需要根据孩子的年龄来调整。有形代币，如筹码，对于管理 4—7 岁的孩子非常重要；积分、数字或符号可以等到多动症孩子上高中再使用。但是，对幼儿园或学前班的孩子使用塑料筹码反而会使其分心，因此，我们通常会在孩子衣服背后缝一个小布袋。当分配代币时，将代币放到孩子的小布袋里，然后深情地捏一下孩子的肩膀。每天几次，将布袋打开清空，让孩子用代币来换取各种班级特权。

使用消极后果

忽视

忽视常常被用来作为处理轻度不当行为的首要方法之一，特别是当孩子的不当行为似乎因为教师的关注而受到鼓励时。不幸的是，很难区分多动症孩子是为了引起教师的注意而做出不当行为的，还是出于其他原因。大多数不当行为源于多动症孩子在抑制行为和持续注意方面的生理缺陷。忽视不是简单地不再监控多动症孩子的行为，而是指当多动症孩子出现不当行为时，教师视情况不给予关注。它与表扬结合使用效果最佳——例如，教师可以表扬在座位上坐好的学生，同时不去关注在教室内四处游荡的多动症孩子。但是，即使使用了强有力的奖励计划，忽视也不足以让多动症孩子停止不当行为。在这些情况下，其他消极后果似乎是必要的。另外，如果多动症孩子出现攻击或破坏行为，忽视也是不适合的——如果出现这些不当行为，需要迅速给予多动症孩子某些惩罚，以阻止他们以后出现同样的问题。

训斥

训斥可能是课堂上最常用的消极后果，但是其效果可能会有很大的差别。迅速、不带太多情绪（像商务场合一样）、简短而具体的，并且持续的有其他惩罚方式作为支持的训斥对多动症孩子是有效的。模糊、延迟、啰唆、情绪化、没有其他惩罚方式作为支持的训斥是无效的。与积极反馈"混为一谈"的训斥也会失败，不一致的训斥也是如此。例如，有时多动症孩子会因为大喊大叫而受到训斥，但是有时他们大喊大叫又会得到和举手时一样的回应，因此他们大喊大叫的行为还是会持续（或者增加）。训斥与近距离的眼神交流一起使用会更加有效。另外，孩子在一直对他严肃训斥的教师面前的表现要比逐渐增加训斥力度的教师面前好。总之，训斥和表扬一样，并不总是足以改变孩子的行为。更有效的辅助手段可能是必要的。

行为处罚或罚款

惩罚，或者专业人士所说的反应代价，是指由于表现出一些不当行为而失去或取消奖励。失去的奖励包括各种各样的特权和活动，甚至是代币制度里的代币（罚款）。罚款适用于各种行为问题和各种情况；它比单独使用训斥更有效，并且似乎能增加奖励制度的有效性——奖励制度通常都基于赚取代币或积分。

在一项研究中，教师每次看到学生不在学习状态就会扣除他的一个积分。每扣一分就表明失去一分钟的自由时间。每个学生的桌子上都有一个计数器来帮助他们计算总积分。一个学生的计数器由不同数字的卡片组成，每失去一分，就可以翻到对应的数字卡片。教师的桌子上有一个相同的计数器，用来计算学生失去的积分。教师在课堂上指导这名学生将自己计数器的数值调到和教师计数器的数值一样。另一个学生桌上的是带有数字显示屏的电子"计数器"，这种装置被称为注意力训练器（Attention Trainer）。如果教师发现学生没有在完成任务，可以通过遥控器扣除计数器屏幕上的积分，就像用遥控器打开车库大门那样。如果孩子能够按要求完成任务，每持续一分钟，这个小装置就会自动给孩子计一分，以此作为对孩子专注于任务的奖励。

这两种方法都增加了孩子对任务的关注时长，也提高了他们的学习成绩。这些方法的效果与兴奋剂类药物治疗的效果几乎一样好。在任何方案中，快速给予反馈结果是让方案起效的关键因素。另外，这些方法对教师来说很简单、实用且有效。

但是，和其他惩罚手段一样，使用罚款或惩罚会使人们担心它可能产生的负面影响。减少负面影响的方法会在本章随后的内容中加以讨论。我们发现在课堂上给予大量奖励，并且避免不合理的严格标准可以减少使用惩罚的次数。

计时隔离

我们在第十一章讨论了在家里使用计时隔离技术。计时隔离这个术语意味着无法获得正面强化或奖励的时间。该方法经常被推荐用于在校的多动症孩子，特别是有攻击性或破坏性行为的儿童。计时隔离可以通过几种方式加以应用。其中一种通常被叫作社会孤立，即让多动症孩子在一个空房间的椅子上待几分钟。但是这种方式后来受到了很多批评。现在专业人士建议让孩子离开奖励活动区域，而不是让孩子彻底离开教室。这包括在教室里让多动症孩子坐在一个有三面遮挡的小隔间里，或面对沉闷的区域（例如一堵白墙）。在其他情况下，多动症孩子需要将他们的工作放到一边（失去获取学术表现奖励的机会）或在一小段时间内低下头（减少与其他人互动的奖励）。

另一种计时隔离的方式是，使用良好行为时钟。根据孩子在一段时间内的表现情况来获取奖励（廉价的小饰品、糖果等）。当孩子能够集中注意力工作或表现良好时，时钟就运行。如果孩子偏离任务或出现破坏性行为，时钟就停止。研究发现，这种方法可以使孩子的多动和破坏性行为大幅减少。

大部分计时隔离方案都设置了明确的规则，在结束计时隔离之前这些规则必须得到履行。一般来说，这些规则包括，如果在计时隔离的指定时间段内孩子保持安静并且合作，那么可以结束计时隔离。在某些情况下，极具破坏性或多动的孩子有可能无法完成这些过程。他们会拒绝走进计时隔离区域，或在惩罚结束前从计时隔离区域逃走。为了减少这些情况的发生，孩子可以通过表现出良好的行为或遵从该程序而减少惩罚时间（即整个计时隔离的时间减少）。相反，如果孩子拒绝遵守计时隔离规则，那么每次违规，计时隔离时间就会相应延长。还有另外一种方式是，可以让孩子在教室之外的地方进行计时隔离（例如，其他班级或校长办公室）。不服从计时隔离可能会在班级代币制度中受到罚款和惩罚。例如，孩子可能因为计时隔离中的不合作行为而丢失活动、特权或代币。一个减少计时隔离期间不合作行为的非常有效的策略是，如果孩子在上学期间不遵从计时隔离规则，可以让他们在放学后完成计时隔离。但是如果使用这个方案，需要学校在放学后有工作人员进行监管。

有些教师可能会让多动症孩子在休息时间留下，完成计时隔离，或者在休息时间要求孩子完成正常上课时间没有完成的功课。我们不推荐这种方法，因为多动症孩子需要的定期身体活动比普通孩子多，并且研究表明身体活动可以帮助减少之后一段时间内的多动症症状。

也有多动症孩子在计时隔离期间出现问题行为增加的情况。这需要教师的介入，防止孩子伤害自己、其他儿童或财物。同时也需要计时隔离的替代方案。大多数学校对于其允许的惩罚类型都有一些指导方针。家长可能也需要这些指导方针的复印件，这能够帮助他们熟悉孩子所在学区对这些方法的限制。

停课

对于严重的行为问题，有时会对孩子使用停课（1～3天）作为惩罚，但是要谨慎使用。许多孩子也许会发现待在家里或全天日托中心比在学校更加舒适。如果父母双方都要外出工作（鉴于双职工夫妇越来越多，这种情况也越来越多），不能在孩子停课期间留在家里监管孩子，或者待在家的家长没有任何必要的管理技巧来应对孩子被停课，或者父母因为停课而过度处罚孩子，在上述几种情况下，停课并不是一种很好的手段。更好的办法是学校建立在校停课制度，安排孩子到学校的另一个地方接受停课的惩罚，在那里孩子要接受更加严格的监管，并且要把功课完成才能重新回到原来的班级。

如何控制惩罚的副作用

尽管惩罚总体上是有效的，但果惩罚使用不当，也可能产生一些令人不快的副作用。这些副作用包括孩子问题行为的升级、孩子厌恶教师，或者（在极少数情况下）逃学等。纽约州立大学石溪分校的李·罗森（Lee Rosen）和苏珊·奥利里（Susan O'Leary）博士提供了一些指导建议来减少可能出现的副作用。

1. 惩罚要慎用。过多的批评或其他形式的惩罚可能会使孩子觉得课堂不愉快或产生反感。频繁的严厉处罚甚至可能增加孩子的反抗。这尤其可能发生在教师错误地充当攻击性榜样的情况下——也就是说，教师使用惩罚等同于教孩子像教师一样具有攻击性。

2. 使用消极后果时，也应该教会孩子什么是恰当行为，并且奖励孩子的恰当行为，让孩子了解到恰当行为和不恰当行为是截然不同的。这种做法可以教给孩子恰当的技能，并且减少出现其他问题行为发生的可能性。
3. 惩罚应该使用取消奖励和特权的方式，而不是采用更加恶劣的方法，如孤立或体罚。事实上，由于道德和法律的原因，在学校体罚学生通常是被限制的。

让效果持久，并推广到其他学校环境中

尽管在学校使用上述行为方案能够获得巨大的成功，但是几乎没有证据表明一旦这些方案停止，孩子通过这些方案取得的成果会持续下去。同样，在使用方案的特定环境下（比如，阅读课）获得的成果通常无法延续到另一种环境中（比如，数学课或课间休息）。这可能会让教师和父母非常失望。

目前的一种解决方案是，孩子在哪里出现行为问题，就在哪里使用管理方案，但是这种方法会受到现实条件的制约。不是每个人都能执行这些方案，也不是每个人都能做得和别人一样好。例如，大多数方案在课间休息期间都不容易实施。相反，逐渐减少使用管理方法——通过减少反馈频率（从每天奖励到每周奖励），并且更多地使用表扬或日常活动等自然奖励代替代币奖励——可能会提高孩子的忍耐力，但无法将这种成果推广到其他地方。一项研究发现，突然取消惩罚，即使同时使用强有力的代币制度，也会导致孩子课堂行为的急剧恶化，但是当惩罚逐渐被取消时，孩子仍然会保持高水平的注意力和努力学习。

逐渐淡化对管理方案的使用的一种非常有效的方式是，在任何一天，改变在学校里实施管理方案的地点。孩子并不确定该方案会在什么时间、什么地点实施，因此他们知道在这种情况下最好的办法就是在任何地方都表现良好。

另一种方法是使用每日行为报告卡，由学校教师在当天对孩子的行为进行评分，让孩子将行为报告卡带回家，将评分转换为家庭积分系统中的积分，并可据此获得家庭奖励。该程序将在后文讨论。它回避了将成果从实施干预的环境推广

到不实施干预的环境这个问题，同时让所有教师都参与进来，每个教师只需要花一点时间在他的课程结束时完成行为报告卡。

尽管对这些问题的研究仍在继续，但困难仍未解决。大多数学校都需要为多动症儿童专门安排治疗方案。现在我们知道，在孩子的教育过程中，这些方案必须长时间得到适当的执行，这样才有帮助。这一观察结果似乎令人沮丧，但鉴于我们认为多动症是一种相当慢性的发育致残疾病，这并不奇怪。

让同学帮助进行行为管理

多动症孩子的破坏性行为往往会让同学做出回应，这些回应会促进或维持多动症孩子的问题行为。一方面，多动症孩子的同学可能会用微笑和傻笑来回应他们这种小丑式的愚蠢行为。另一方面，同学有可能会报复多动症孩子的嘲笑或侵扰。无论哪种情况，多动症孩子都会在同学之中"声名狼藉"。如之前所讨论的，使用小组为单位的奖励制度可能会有效地抵消同伴对多动症孩子不当行为的关注。但是，有些研究表明，同学也可以直接进行干预，帮助患有多动症的同学做出良好行为。

同学帮助多动症孩子最有效的方法之一是，鼓励他们忽视多动症孩子的破坏性和不恰当行为。同学之间也可以通过给予多动症孩子表扬和积极关注来增加孩子的适当行为。我们可以在体育比赛中观察到这一点，当小组成员为比赛胜利欢呼和彼此祝贺时，这些行为可拓展为相互表扬对方良好的运动表现，在考试中获得高分（或者接受考试获得的低分，不发脾气），在课堂讨论中做出贡献，或帮助其他同学。同学也可以使用代币制度监督多动症孩子的行为，如果表现好就给予代币，如果表现不好就拿走代币，只要在教师的监督下，这种方式就可以成功。

当然，这些同学也要因为他们付出的努力而得到奖励。否则，这对他们有什么好处？在一些情况下，表扬就够了，但是教师也可以使用有形奖励或代币制度。奖励这些孩子不仅能强化他们的努力，也能确保方案的良好实施。

让同学当"行为警长"具有现实的优势。它为教师必须要一直观察所有人提供了另外一种选择,并且比传统的教师调解方案所花费的时间更少。它也可以用来改善"警长"的行为,鼓励孩子把良好行为迁移到其他同样的同伴在场的情境中。但是,只有当同学有能力且有兴趣学习这些方法,并准确地执行这些方法时,该方案才能成功。教师应该认真训练并且监督同学,并且不要让同学参与惩罚的环节。

家庭奖励方案

在家庭奖励方案中,教师将多动症孩子当天在学校的表现评估信息送到家里,家长可以以此为依据在家里给予或拿走孩子的奖励。这种方法已经得到了几十年的研究,并且有效地改善了多动症孩子在学校的一系列问题。因为它易于使用,并且可以让家长和教师都参与进来,所以这种方法通常是你应该首先尝试的干预手段之一。

行为报告卡

教师的报告可以是非正式的笔记,也可以是正式的报告卡。我们推荐使用行为报告卡。报告卡左侧需要列出该方案关注的"目标"行为。你想改善哪些行为?在报告卡每一栏顶部应该标上数字,对应在校的每一节课。教师在报告卡左侧列出的每一项行为旁边给出一个数字评分,用来表明孩子每节课在这些行为上的表现。下面给出了3个每日学校行为报告卡的示例(表17.1、表17.2和表17.3)。每一张报告卡都可以与家庭代币奖励制度一起使用。表17.1是为了帮助管理孩子的课堂行为问题而设计的。表17.2是为了帮助管理孩子的课余自由时间的行为问题而设计的,例如课间休息或午餐时间。表17.3是一张空白报告卡,可以将你和教师希望关注的孩子的任何行为问题填入这张报告卡。问题区域可以由家长或教师填写,以便聚焦在具体的行为问题上。你可以随意复印这些表格以给孩子使用。这些由教师填写的报告卡需要每天都送到家里。在某些情况下，只有在孩子当天的行为或学习达到一定目标时，报告卡才会被送回家。在另一些情况下，报告卡也可以在孩子表现"好"的日子和表现"差"的日子都被送回家。如果孩子的行为有所改善，日常报告卡可以减少为1周2次，然后减少为1周1次，接着减少为1个月2次，最后就不再需要了。另一种选择是，一开始让教师在每节课结束时用报告卡完成评分，逐渐过渡到让孩子自己评分并与教师分享。然后，教师可以同意或调整孩子的评分，并简要讨论孩子在课堂上的表现。这种方式有助于激发孩子的自我意识和鼓励自我监控，这正是多动症儿童的问题所在。当孩子持续几周没有获得任何负面评分时，就可以停止使用报告卡了。

表 17.1　每日学校行为报告卡示例

每日学校行为报告卡

孩子姓名_____　　　　日期_____

教师：

请对孩子今天在以下方面的行为进行评分。每一栏代表一个科目或一堂课。评价方法如下：1表示非常好，2表示好，3表示一般，4表示差，5表示非常差。然后，在你评价的那一栏底部签名。你可以在卡片背面添加你对孩子今日表现的评价。

待评价的行为	课堂 / 科目						
	1	2	3	4	5	6	7
课堂参与度							
课堂作业表现							
遵守课堂纪律							
与其他孩子相处融洽							
如果留了作业，作业质量如何							
教师签名							

可在卡片背后写下评语。

摘自 Barkley and Murphy(2006).Copyright © 2006 The Guilford Press. 转载于 *Taking Charge of ADHD* (4th ed.).Copyright © 2020 The Guilford Press. 本书购买者可以复印或下载这些材料（下载方式见目录末尾）。

表 17.2　每日课间休息和自由时间行为报告卡示例

每日课间休息和自由时间行为报告卡

孩子姓名_____　　　　日期_____

教师：

请对孩子今天在以下方面的行为进行评分。每一栏代表一个科目或一堂课。评价方法如下：1 表示非常好，2 表示好，3 表示一般，4 表示差，5 表示非常差。然后，在你评价的那一栏底部签名。你可以在卡片背面添加你对孩子今日表现的评价。

待评价的行为	每日课间休息和自由时间				
	1	2	3	4	5
手放好；不推搡他人					
不嘲笑他人；不讽刺或贬低他人					
遵守课间休息和自由时间的规则					
与其他孩子相处融洽					
不打架或打人；不踢人或用拳头打人					
教师签名					

可在卡片背后写下评语。

摘自 Barkley and Murphy(2006).Copyright © 2006 The Guilford Press. 转载于 *Taking Charge of ADHD* (4th ed.).Copyright © 2020 The Guilford Press. 本书购买者可以复印或下载这些材料（下载方式见目录末尾）。

表 17.3　空白报告卡

每日学校行为报告卡

孩子姓名_____　　　　日期_____

教师：

请对孩子今天在以下方面的行为进行评分。每一栏代表一个科目或一堂课。评价方法如下：1 表示非常好，2 表示好，3 表示一般，4 表示差，5 表示非常差。然后，在你评价的那一栏底部签名。你可以在卡片背面添加你对孩子今日表现的评价。

(续表)

待评价的行为	课时/科目						
	1	2	3	4	5	6	7

教师签名

可在卡片背后写下评语。

摘自 Barkley and Murphy(2006).Copyright © 2006 The Guilford Press. 转载于 *Taking Charge of ADHD* (4th ed.).Copyright © 2020 The Guilford Press. 本书购买者可以复印或下载这些材料（下载方式见目录末尾）。

有为你的孩子开发和定制的各种家庭方案。方案所针对的行为包括社交行为（分享、与同伴相处良好、遵守规则）和学业表现（完成数学或阅读作业）。针对学习成绩差（工作效率低下）的方案可能特别有效。这些以家庭为基础的学校报告卡可以改善孩子的学习行为和社交行为。目标行为包括完成所有（或指定部分）的作业、待在指定位置、听教师的指令、与他人合作玩耍。方案的目标也可以是减少消极行为（例如，攻击性或破坏性行为，大喊大叫）。除了以课堂表现为目标，目标也可以包含家庭作业。多动症孩子经常会忘记把家庭作业带回家。他们也可能完成了家庭作业，但是第二天忘记把作业带回学校。这些领域都可以作为基于家庭的行为报告卡方案的目标。

我们建议家长只将孩子的4~5个行为作为方案目标。首先，从你希望改变的几个行为开始，以帮助孩子在项目中取得最大的成功。当这些行为改善进展得很顺利时，你可以加入另外一些行为。对于每种行为的每日评估是整体和主观的（例如，"差""一般""好"）。但是，具体和客观的评价更有效（例如，每种行为的频率或每种行为的得分或失分的数量）。我们建议，这种方案中至少要包括1~2个孩子目前做得很好的积极行为，这样孩子就能在开始实施方案时获得一些积分。

通常来说，孩子在校一整天的行为都应当处于监控之下。但是，在方案刚开始实施的时候，为了能够成功地解决频繁的问题行为，家长应只让孩子一天中一部分时间的行为得到评估。随着孩子行为的改善，评估覆盖的时间就可以逐渐增加。如果孩子要上几名不同教师的课，方案中可能会纳入其中几位教师或所有教师，这取决于每节课的干预需要。当方案中包含一位以上的教师时，每张行为报告卡都需要所有参与评估的教师签字，报告卡上应当留出给教师签字的空间。每节课可能会使用不同的行为报告卡，可以将这些报告卡整理成册，以便孩子在不同的课上随身携带。另外，前文所示的报告卡很有帮助，因为卡片中的栏目可以反映同一名教师在同一门课后对孩子的评价，或者不同任课教师对孩子的评价。

这种报告卡方案的成功与否，取决于家长能否清晰一致地把教师的评分转换成在家的后果。一些方案仅包含奖励反馈，另一些方案不仅包含积极后果，也包含消极后果（可能因为评分差而被扣除积分）。一些研究表明，将消极后果和积极后果结合使用更加有效。以家庭为基础的方案的优势就在于，这种方案可以使用各种行为后果——对孩子的表扬、积极关注以及有形奖励，既包含以天为单位的后果，也包含以周为单位的后果。

总的来说，以家庭为基础的奖励方案与以课堂为基础的奖励方案相结合时更加有效，这可以给家长提供频繁的反馈，提醒家长什么时候要奖励孩子的行为，"预警"家长孩子的哪些行为可能会在学校变成问题行为。另外，家庭奖励在类型和质量上通常比课堂奖励广泛得多——这一因素可能对多动症儿童至关重要，因为他们需要更有力的奖励来改善行为并维持成果。除了这些益处外，将报告卡带回家的方案和基于课堂的方案相比，需要教师投入的时间和精力更少。因此，无法启动课堂管理方案的教师更可能使用将报告卡带回家的方案。尽管这种报告卡方案取得了引人瞩目的成功，但是该方案的有效性取决于教师对孩子的准确评价，同时也取决于家长是否能够在家使用公平且一致的行为后果。在某些情况下，孩子可能会试图通过不把报告卡带回家来削弱该方案。他们可能会伪造评分，仿造教师的签名，甚至连某些教师的名字都弄不清。为了防止这些情况出现，可以这样做：某些报告卡缺失，或报告卡上没有教师的签名，就应等同孩子在学校表现"差"来处理（例如，孩子得不到积分，或者失去特权或积分）。孩子甚至可能因为没有把报告卡带回家而被禁足一天（没有特权）。

"将报告卡带回家"的一些示例

表 17.1 和表 17.2 展示了多动症孩子在 5 个方面的潜在问题。卡片上的栏目可供多达 7 位教师对多动症孩子在这些方面的表现进行评分，或同一位教师在一天内多次对孩子进行评分。我们发现，评分越频繁，对孩子的反馈就越有效，家长得到的有用信息就越多。教师在给孩子的课堂表现评分之后在底部签名是为了防止孩子造假。如果把正确的家庭作业带回家对孩子来说有困难，教师可以在评分前让孩子在卡片背面把需要完成的家庭作业抄一遍。通过这种方式，教师只需要检查卡片背后是否准确地抄写了家庭作业，然后再完成评分，并签上自己的名字。尤其对于负面评分，我们鼓励教师在卡片背面提供简短的解释。教师可以使用 5 级评分制来进行评分（1 表示非常好；2 表示好；3 表示一般；4 表示差；5 表示非常差）。或者，如果孩子对大的数字印象更深刻，那就用 5 代表非常好，1 代表非常差。

让多动症孩子每天带一张新的报告卡去学校；可以把报告卡放在学校，由班主任或上第一节的教师保管，每天早晨给孩子发一张新的报告卡；或者你也可以在孩子早上出发去学校时给孩子拿一张新的报告卡，选择一种最可持续的方式。孩子回到家后，你应该立即检查报告卡，先与孩子讨论积极的评分，然后再以就事论事的中立口吻（不要带有愤怒情绪）与孩子讨论消极的评分和原因。然后，你应该要求孩子制订一个明天避免负面评分的计划。在第二天早上孩子去学校前，你可以提醒孩子前一天制订的这个计划。你要根据报告卡上的积极评分奖励孩子或根据消极评分惩罚孩子。例如，对于小学低年级的孩子来说，报告卡上教师的评分如果是"1"，就意味着孩子可以得到 5 个筹码；如果是"2"就可以得到 3 个筹码；如果是"3"就可以得到 1 个筹码；如果是"4"就扣除 3 个筹码；如果是

"5"就扣除 5 个筹码。对于大一点的孩子来说，教师在报告卡上的 1—5 评分分别对应着获得 25、15、5 个积分，以及扣除 15、25 个积分。然后，将获得的筹码或积分相加，减去扣除的数量，最后确定孩子在家能够得到多少奖励。

正如这些行为报告卡所示，孩子的几乎任何行为都可以作为治疗目标。

训练多动症孩子出声思考、提前思考

许多针对多动症儿童的治疗方案都采用了这样的方法：教孩子大声地自言自语，告诉自己应该做什么，对自己的表现进行口头奖励。这些方法通常被称为认知行为改善法、自我指导法，或自我控制方案。

其中一种方案是教孩子在完成任务时遵从一系列自我导向指导原则。这些自我指导原则包括：（1）让孩子大声地对自己说出分配给他的任务或问题；（2）说出自己打算用什么策略解决问题；（3）将注意集中在任务上；（4）在完成任务的过程中描述自己的计划；（5）告诉自己他认为自己做得怎么样。这包括如果能正确处理问题，就给予自己奖励，如积分或代币。如果得出了错误的答案，孩子被教导对自己说一些鼓励的话，比如，"下一次，如果我放慢速度，我将做得更好"。

首先，成年培训师应该向孩子展示如何在完成任务时进行自我指导。然后让孩子执行同样的任务，成年培训师在旁边提供指导。接下来，让孩子执行任务，大声地对自己说出指令。大声说出会逐渐变成默念（或低语）。通常在孩子遵从了上述流程并且选择了正确的解决方法时，成人应给予孩子奖励。事实上，孩子可以使用这种方法来完成几乎所有类型的学校功课，甚至家庭作业。

尽管这些方法对于自控能力明显受损的多动症孩子有显著的效果，但是许多研究都未显示出有力的积极结果。一般来说，这些方案的有效性是适中的，或者一旦停止使用这种方案，效果也会随之消退。在另外一些情况下，例如不同的班级、场所和情境，如果成人没有教导孩子使用这种方法，或者在这些场合下孩子没有因为使用该方法而得到奖励，上述方法也是无效的。

出于这些原因，我们强烈建议，不要只使用上述方法，也不要将其作为运用于课堂的主要方法，并且应该由教师在课堂上使用——而不是由课堂外的其他人教授，因为其效果无法迁移到课堂环境中。

管理多动症青少年的学业问题

到目前为止，本书所有推荐的方案都适用于多动症青少年及幼儿。但是，孩子到了高中阶段开始出现的变化——有更多教师教授每一名学生，课时变短，更加强调学生的个人责任感，每日课程表变化频繁——有可能导致许多多动症孩子在进入高中后学习成绩大幅下滑。毕竟，多动症青少年往往缺乏执行功能中的时间管理和自我组织。在高中阶段，很少或没有教师对某个特定的学生负责，这种情况会使问题更加复杂。只有当青少年的不当行为非常严重或学业缺陷非常明显时，才会引起人们的注意。通常学校对此的回应都是惩罚性的，而不是建设性的。

"你说我的女儿在高中需要更多的结构性和监督，但是校长说那是对她的溺爱，如果我们这样做，她永远也学不会自律或自我管理。校长说，现在是到了萨拉改变的时候了，她应当承受自己的错误或混乱所导致的自然后果。真的是这样吗？"

除非多动症青少年在进入高中前就接受过特殊教育服务，否则到了高中阶段，多数多动症青少年都很容易被忽视。对之前接受过特殊教育服务的多动症青少年来说，他们仍然会继续被"标记"为需要特别关注的群体。而另一些多动症青少年则可能被认为是懒惰和不负责任的。在这个年龄段，学习成绩是多动症青少年寻求专业人士帮助的最常见原因。

"我们的儿子不愿意向教师寻求额外帮助。他说他不需要，他可以自己提高成绩。他也拒绝服用你推荐的药物。我们应该怎么做？"

对于家长和多动症青少年来说，处理这个年龄段的学校问题很令人沮丧。即使是最有兴趣的教师也很难调动同事的积极性去帮助多动症孩子摆脱困难。这里有一些建议供你参考。

1. 如果你的孩子成绩不理想或表现很差，而且从来没有接受过特殊教育服务，如果你的孩子从前或在过去 3 年内都没有做过评估，那么他需要立即接受特殊教育评估。美国《残疾人教育法案》要求每 3 年对接受特殊教育的儿童进行一次重新评估。只有完成评估你的孩子才有可能接受特殊教育服务，在某些地区，这个过程可能需要 90 天或更长时间。所以，越早接受评估越好。

2. 多动症青少年通常需要接受有关他们身患疾病的性质的咨询。尽管许多青少年已经被告知他们有"多动"问题或患有多动症，但是他们中的许多人都无法接受他们实际上有残疾的事实。正如患有多动症的流行音乐人和电视名人亚当·莱文（Adam Levine）在 YouTube 视频中讨论的那样，他们还没有"承认它"。咨询可以帮助这些青少年学着接受自身的局限，找到防止残疾导致更加严重的问题的方法。这样的咨询是很困难的，它要求对青少年对独立以及想要形成对自己和世界的看法的渴望保持尊重和敏感。如果希望这种咨询能起效，往往需要不止一次咨询，但坚持和耐心终将获得回报。找一位了解多动症的咨询师或其他专业人士，让他们为你的青少年孩子就这种障碍提供几次咨询。对于青少年来说，他们更愿意听专业人士的建议，而不是家长的建议。

3. 如果过去使用药物治疗成功过，问问孩子是否愿意重新使用药物治疗。药物治疗可以提高孩子在学校的表现,帮助孩子在家获得因表现改善而可能获取的特权(开车,更晚的宵禁时间,零用钱增加,等等)。亚当·莱文在青少年时期停药一段时间后又开始服药了。把这个信息分享给你的孩子,或者让他在网上阅读亚当的文章——他讨论了他的多动症和药物的使用。青少年可能会担心其他人知道他在进行药物治疗,要向他保证只有他自己、他的父母及医生知道这件事。对青少年抗拒药物治疗做好准备,并且考虑与孩子签订一份行为契约,根据契约,如果他每日服药,就会获得一定的奖励(金钱、额外的自由时间等)。

4. 在每学年开始时安排一次团队会议,如果需要,可以在学校更频繁地举行会议。团队会议的参与者应该包括教师、学校心理学家、辅导员、校长、家长和多动症青少年。带上关于多动症的讲义分发给每个与会者。

如果你认为这有帮助,请专业人士与你一同去提建议。简单地介绍一下多动症青少年的病情特点,并且说明,如果希望提高青少年的学习成绩,需要学校、家长和孩子三方共同合作才能实现。让教师描述一下孩子目前在班里的优势和问题,让教师提出一些帮助青少年解决问题的建议。其中一些建议可能包括,每周有几天放学后提供额外的辅导;减少书面家庭作业的总量;允许孩子通过口头或录音的方式来证明自己获得了这些知识,而不仅仅依赖于书面方式或限时的测试成绩;开发一种巧妙的提醒方法,当孩子在课堂上没有集中注意力时提示青少年,同时又不会引起全班同学的注意。

在这次会议上,青少年应该公开承诺做一些具体的事情来提高成绩。团队全员或团队中的几人应该同意在一个月内再次会面,来评估计划的成功程度,并找出所有出现问题的地方。未来的会议可能需要根据方案的成功程度来具体安排。每年应该至少安排两次会议来监控进展情况,并让学校关注青少年的需求。每次会议孩子都需要参加。

5. 使用如前所述的每日家庭-学校报告卡。青少年比其他任何年龄段的孩子都更需要这种针对大多数或所有课程的日常反馈。同样，要建立家庭积分制度，青少年可以用在学校获得的积分交换在家的各种特权，如驾驶时间、额外津贴、使用电子设备的特权，甚至他们想要的设备或应用程序、想要的衣服，等等。积分也可以积攒下来用来兑换长期奖励。但是，请记住，给予青少年执行该方案的动力的是日常、短期的特权奖励，而非长期奖励。因此，不要在奖励清单里添加过多长期奖励。

如果持续3周左右，青少年的报告卡上都没有4或5的评分（消极评分），报告卡的使用频率就可以减少到每周1~2次。如果在1个月的时间里青少年都获得了令人满意的评价，就可以不再使用报告卡了，或者减少到每月1次。然后，家长需要告诉孩子，如果成绩下滑，就会重新启用报告卡方案。

6. 向学校购买第二套教材，即使这意味着你要交一笔押金。这样做的好处是，即使孩子把书留在学校，也不影响在家完成作业。这些书对你聘请的家庭教师也有帮助。

7. 找一名青少年的教师，无论是班主任、辅导员，还是学习障碍教师都可以，让这位教师担任青少年的"教练""导师"或"个案管理员"。这个人的作用是每天花几分钟与孩子进行3次短暂的会面，以帮助他保持条理。孩子一到学校就可以去这位教师的办公室。此时这名"教练"要检查孩子是否带了上午的课程所需的家庭作业及教材。如果孩子正在使用行为报告卡，这位教师可以在这个时候把卡片给孩子。在午饭时间，教练需要再次与青少年会面，检查他是否将上午的课程布置的作业都抄写下来了，帮助孩子挑出下午上课所需的教材，然后检查孩子是否带了下午的课程的作业。如果在使用行为报告卡，这时教练可以检查一下报告卡，并与孩子进行讨论。放学时，教练再次检查孩子是否带了作业和完成作业所需的教材。然后，再次检查行为报告卡，并在孩子将报告卡拿回家给父母进一步审查并纳入家庭积分系统之前与孩子进行讨论。孩子每次与这名教师会面的时间不超过 3~5 分钟，但是，由于这些会面穿插在整个上学日中，它们对于组织青少年的课业可以起到很大的帮助。

8. 如果你觉得你无法辅导孩子的家庭作业，请考虑前文提到的私人家教，或者让你的孩子参加学校要求教师在放学后举办的额外辅导班。对于每门课程，孩子可以每周参加一次额外辅导。别忘了可汗学院的在线自学课程，这对多动症青少年和儿童同样有益。

9. 每周找一个特别的时间与孩子单独做一些令你们都很愉快的事情。这为家长与孩子的互动提供了机会，这些互动和多动症青少年经常参加的活动不同，不是以课业为导向的，和学校也没关系，更不会让青少年感受到参与课业导向活动时的那些压力。这些外出活动有助于家长和孩子的关系向着积极的方向发展。由于孩子的学校表现通常会频繁地导致家庭冲突，这些互动有助于抵消这些冲突带来的负面影响。在下一章，你会了解到更多如何在不伤害亲子关系的基础上帮助孩子解决学业问题的方法。

第十八章

对孩子的学校表现保持合理的预期

你也许还记得史蒂夫的妈妈的故事（见引言），她来到我们的诊所，因为她8岁的儿子遇到了麻烦。当我像往常一样问她发生了什么时，她只是简单地回答"帮帮我。我正失去自己的孩子"。这让我措手不及。这是一种恳求，是我永远无法忘记的一次交谈，史蒂夫的妈妈只用了几个字就表达出了多动症孩子家长所经历的那种极度的痛苦。

在我与她接下来的交谈中，我了解到她一开始并没有意识到孩子的问题，她的儿子功课很差，注意力不集中，而且刚开始上一年级时就经常无法按时完成家庭作业。她自然希望能够帮助史蒂夫在学校表现得更好。就这个角度来说，她的任务确实完成得很好。但是，她没有为自己的这一成就感到兴奋。对她来说，那些看似重要，而现在孩子完成得很好的功课，似乎只是一种空洞的胜利。在这个过程中，一些更重要的东西丢失了，相较之下，孩子学业上的成功显得微不足道。

在第一次与教师会面之后，史蒂夫的妈妈就将几乎所有其他活动和责任放到了一边，在史蒂夫放学后或傍晚陪着他一起做作业。最初史蒂夫很喜欢和妈妈在一起，妈妈一开始认为自己帮助儿子完成未完成的功课和家庭作业仅需要1小时。但是，史蒂夫的粗心大意和注意力不集中等复杂问题导致他们每天需要花几小时来完成这些工作。

尽管史蒂夫的妈妈有一些教学经验可以支持她付出这样的努力，但是当面对史蒂夫用失败来回报她的"帮助"时,她感到沮丧、生气和痛苦。她从以乐观、哄骗、刺激和开玩笑等方法来帮助史蒂夫,渐渐转变为威胁史蒂夫要取消他的特权。受到威胁时史蒂夫可能会开始学习,但他有时眼中含着泪水,有时又因为必须做这么多功课而生气和不满。后来,即使他很明确妈妈让他做功课的目的是什么,他还是对妈妈给他布置功课这件事表现出抗拒。

随着时间的推移,史蒂夫开始偶尔在放学后躲着妈妈,有时会向妈妈隐瞒必须要完成的功课。当功课辅导完成后,他会迅速离开她躲进自己房间或家庭活动室。慢慢地,争吵和冲突开始渗透到他们的其他日常活动中,包括吃饭和睡觉。

在过去一年中,史蒂夫的学习成绩得到了提高,他以高于平均水平的成绩完成了一年级的学业,这让妈妈感到欣慰。过去整个学年中不断增加的讽刺和退缩在暑假里有所减少,但史蒂夫竭尽全力地逃避妈妈强加给他的每周辅导课程。当史蒂夫进入二年级,严格的课后辅导重新开始后,史蒂夫变得非常抗拒。史蒂夫的爸爸对于史蒂夫的功课只负有名义上的责任,因此史蒂夫在家时开始寻求爸爸的陪伴。当妈妈想拥抱他或给他晚安吻时,他只是在她的拥抱下僵硬地站着,转过头去,毫无感情地回应她,"晚安,妈妈"。她伤心欲绝。她回到卧室静静地哭泣,或痛苦地向丈夫抱怨,他还有一个儿子,但她似乎已经失去这个儿子了。

史蒂夫再次以优秀的成绩完成了小学二年级的学业。那年夏天她再次开始辅导他,但是那是他们度过的最差的一个暑假。

为什么会失去史蒂夫?她问自己。难道史蒂夫看不到自己为他付出的努力吗?他意识不到学习对他未来的重要性吗?他分不清事情的轻重缓急吗?

这场危机最终让她在史蒂夫开始上三年级时给我打电话。她不想再重蹈覆辙。她变得非常沮丧。她羡慕丈夫与儿子的亲密关系,反感丈夫不怎么管儿子的功课,即使她知道自己是自愿承担辅导儿子的学习这项任务的。她试图用史蒂夫良好的学习成绩来平息自己的悲伤,但是这并没有用。她开始意识到她身边珍贵的东西被夺走了,也许某种程度上是她自己造成的。她不再确定自己是否愿意为了提高孩子的成绩而继续付出这样的代价。

我对史蒂夫的访谈证实了他的母亲已经感受到的事实：他有意回避她，从某种意义上说他真的放弃了她。史蒂夫说，他的妈妈看重的只有学习成绩和他的表现。当被问及他是否对自己的成绩感到高兴时，史蒂夫耸了耸肩说："那又怎样？"他似乎在说，好像那些成绩是妈妈的，不是他的。我几乎可以感受到他的心酸和愤怒，但是我也发现他和他的妈妈一样痛苦。他似乎也在某种程度上意识到（不是完全感觉到）有些珍贵的东西被夺走了。

史蒂夫的妈妈和我都知道，我们面临的任务非常艰难，某一次史蒂夫的父亲加入我们的会面时也对这一点表示认同。什么书能告诉你怎样修复受损的亲子关系呢？有什么小的管理技巧可以用来调整当前的局面呢？有什么药物可以改善对家长和孩子双方都非常重要的社会和情感基础呢？

从这里开始，家长和我之间的关系不再是病人和医生，而是作为一个团队，一起寻找我们都未曾见过的问题的解决方案。本章之后会介绍，我们在这个过程中学习到了什么。然而，一路走来，我们都学到了家庭生活中的几个重要教训。

家庭生活经验

第一课

家长和孩子的关系是一种神圣的纽带和信任，家长和教师在处理任何学习问题时，必须优先考虑家长和孩子之间的关系。有意地承认这种关系的存在，并充分尊重它。不要用不必要或过度的压力去摧毁它，比如，将未完成的作业带回家，要求孩子与家长一起完成。

第二课

如果不能培养和维持这种亲子关系，可能会对双方的情感造成毁灭性的打击。

第三课

　　学校教职工往往会过快地让家长承担与学业相关的责任，这对家庭生活和亲子关系都是不利的。当给小学生布置家庭作业时，老实说，便是给这个孩子的家庭布置了家庭作业，尤其是那个给孩子辅导作业的家长——而不是单独给孩子布置的。因此，布置家庭作业应被视为一种微妙的平衡，需要在促进孩子教育的需要和孩子在学业之外与父母建立全面而充实的关系的需要之间进行协商。

　　研究反复证明，与没有被布置家庭作业的孩子相比，作业并不能提高孩子的学习成绩或学业成就。只有在高中阶段，作业量和成绩之间才被发现存在关联，即便如此，这种关联也很微弱。专家建议，高中生每晚的作业总量应控制在1.5 ~ 2.5小时。超过这一范围的作业对学业成功并没有可测量到的好处。然而，随着时间的推移，许多学校，特别是私立学校，会给越来越小的孩子布置越来越多的作业，仿佛作业不仅是学业成功的关键（事实并非如此），还代表了学校的声望和独一无二的"个性"。一直以来，学校作业占据了学年中的所有上学日和周日晚上，取代了以前家庭在一起建立重要的家庭纽带，传递家庭价值观、文化和传统，以及共同参与休闲活动、爱好、游戏、非正式运动等的时间，这导致了家庭生活逐渐被侵蚀。

　　此外，作为父母，我们中的大多数人都是差劲的家庭教师，在监督孩子完成作业方面也十分平庸。在晚上，我们跟孩子一样感到疲惫，有时易怒、急躁——我们只是想不惜一切代价让孩子完成作业。很少有人会想到未完成的功课和过多的作业对家庭生活的影响。也很少有人和教师探讨这个问题，以此作为缩减作业量的理由。

第四课

　　即使没有学业上的冲突，你可能也未曾想过培养亲子关系，或阻止危害亲子关系的事情。你可能会让孩子看电视、玩电子游戏，或离开家出去玩。你与孩子的关系不会自动维持，它必须通过你对孩子源源不断的爱、亲密、接触、关注、角色榜样、尊重和接受来维持。

第五课

孩子的自然、逐渐发生的个体化过程，不必伴随着亲子情感纽带的破裂。但是，我们有可能因为过分强调教养这一优先事项，几乎排除了其他所有重要事务，而过早地失去这种纽带或关系。在孩子必须掌握的发展任务中，学业虽然是至关重要的，但并不是唯一重要的。

第六课

正如史蒂夫及其家人的例子所示，如果因为过度强调学业而损害了亲子关系，也是可以挽回的，尤其是在关系破裂的头几年就意识到这个问题。也许这种损害甚至可以在几年后部分逆转。但是，亲子关系不会自动修复。

家长的优先事项

修复史蒂夫和母亲的关系的第一步是，确定在养育一个健康、全面且适应能力强的孩子的过程中，家长的优先事项是什么。知道了这一点，我们就能知道在提高孩子成绩的过程中，哪些方面是可以"让步"的。下面是我们提出的家长优先事项列表。

1. 提供充足的食物和住所来维持家庭成员的生存和安全，积极地提高物质生活条件和幸福感。
2. 向家庭成员传递家庭归属感，让他们意识到，成功的家庭需要成员之间相互需要、相互关爱、彼此重视、彼此尊重且负责任。多年前，克雷格·克尼彭伯格（Craig Knippenberg）曾经在专栏中写道，作为家长，我们应该给孩子两样东西，一样是"根"，另一样是"翅膀"。

3. 为孩子的道德发展提供基础。这意味着为孩子的社会化做准备，为孩子进入社会做准备，并且从其他家庭成员的智慧中获益。道德是一种"交通规则"，指导人们如何与其他社会成员共同生活、尊重彼此的权利以及与他人互动，以此促进社会的顺利与和平的运转，尽可能限制冲突，并在发生冲突时和平公正地处理。

4. 指导和发展人际交往能力可以帮助孩子适应社会生活，成功地进行社会交往、接纳，以及获得持久的友谊。除了完成每天的学校功课，等待、轮流、分享、倾听、赞美、原谅、解决问题，以及与同伴和其他人合作，这些只是家长必须花时间教给孩子的一部分技能。考虑到多动症孩子可能存在的社会互动问题，这些方面是多动症孩子的家庭面临的主要问题。多动症孩子没有朋友，从未收到过生日聚会或过夜聚会的邀请，他们的家长在这些方面所经历的痛苦就可以说明儿童发展的这一领域的重要性。

5. 向孩子灌输社区意识，以及教导他们作为社会的一员的义务。无论是否依靠正式的组织来帮助我们，作为家长，我们肩负着很大的责任，来引导我们的孩子进入这个更大的社会。

6. 孩子的身心健康和幸福感的正常发展——不仅包括饮食、运动、卫生等，还包括学会自立和适应技能——能够帮助孩子实现自给自足。另外，这也表明家长需要意识到，要有足够的时间和精力让孩子通过休闲、娱乐、爱好和非正式运动等方式，去追求快乐和自我满足。有时我们忘记了，孩子也需要休息。

7. 向孩子传递一种对更大的人类群体的归属感，我们需要履行自身的义务，意识到我们生活在一个资源正在逐渐减少的有限的星球上。我们如何向孩子介绍世界上的众多民族、宗教和文化团体，会对他们融入社会产生影响。

你现在还认为完成未做完的作业是家长养育孩子的首要任务吗？然后，想一想你的家庭相册里的照片，或者孩子的家庭录像。在这些照片或影像中，有你和孩子一起做作业的场景吗？可能没有。为什么？好好想一想。

当史蒂夫和他的家人——值得注意的是，没有花费太多努力——理清了这些优先事项后，学业功课的重要性开始减弱。最终，史蒂夫的父母达成了共识：优异的成绩虽然值得称赞，但并不是强制性的，只要达到平均水平就可以了。

但这导致了大量未完成的功课和作业的问题。在与教师的一次会面中，我们达成了共识，史蒂夫没有能力完成课堂作业是他在学校课堂中的一个大问题，但不是在家里的问题。如果要真正解决这个问题，就只能在课堂中解决。基于这一点，我们提出了一些专门针对多动症孩子的课堂作业改进建议，具体可见本书的第十六章和第十七章。在家庭作业方面我们与教师也做出了类似的妥协。

第二步是减轻史蒂夫的妈妈辅导史蒂夫功课的负担，让爸爸与妈妈轮流承担这一任务，让妈妈从与史蒂夫的这种单纯的学业关系中解脱。我们还讨论了如果有必要，可以给史蒂夫请一名家教，这样父母就都不需要再扮演学习导师的角色了。我们开始安排一些休闲郊游活动，在此期间不讨论功课，鼓励母亲用积极的反馈给予史蒂夫非指导性的关注（千万不要假意称赞或过度赞美）。亲子关系不会很快发生改变。史蒂夫对我们试图做出的改变肯定会有所怀疑。即使如此，随着这些改变逐渐融入日常生活，史蒂夫对母亲的急躁、讽刺和对立态度开始消减。他甚至再次要求和她一起出去玩，当他参加运动比赛时似乎对母亲在场感到高兴。几个月后，史蒂夫的母亲说她感觉到他们之间的关系在重新建立，但还是不如从前那样亲密。尽管如此，她仍然满怀希望。史蒂夫的成绩有所下降，只能得到C，偶尔也能得到B，但是他的妈妈认为这是可以接受的，因为他们正在改善家庭关系。当我最后一次见到他们一家时，史蒂夫和妈妈已经相处得很好了，她觉得他们的关系基本恢复正常了。他们也重新寻回了对彼此的爱，相对于同等重要的家庭生活的其他方面和亲子关系，他们正在努力地把史蒂夫的学业表现置于正确的位置上。他们似乎已经接受了史蒂夫的多动症是一种残疾，并相应地调整了他们对他学业成功的期望，他们意识到多动症孩子除了学习成绩可能有些普通外，仍然可以全面发展，成为道德高尚的人。

所以，当你在追求孩子能够达成的学习成就时，不要忽视在养育孩子的过程中同样重要的其他优先事项。不要因为学习成绩而牺牲你与孩子之间的亲子关系和情感纽带。如果孩子的学习成绩达不到你的期待（这是肯定会发生的），接受这一点，在合理范围内付出努力，但是无论如何不要让这种落差影响你们的生活。

第四部分

多动症的药物治疗

第十九章

经批准的兴奋剂类药物①

　　药物治疗或许是最广为人知又广受争议的多动症治疗方案。本章将讨论经美国食品药物监督管理局（Food and Drug Administration，FDA）批准的用于治疗多动症的兴奋剂类药物。非兴奋剂类药物托莫西汀（商品名择思达）、胍法辛缓释片（guanfacine XR，商品名 Intuniv）、可乐定缓释片（clonidine XR，商品名 Kapvay），以及早期应用于治疗多动症但现在很少使用的抗抑郁药，将在下一章讨论。总的来说，数以百计的研究结果表明，这些药物安全有效，对治疗多动症有很大帮助。

　　兴奋剂是最常用的药物，之所以这样命名是因为它们能激活大脑的某些区域。这些脑区恰好是许多涉及自我调节（和多动症）的区域，因此兴奋剂类药物促进了儿童更好的自我调节表现，这就是为什么多动症儿童和成人在服药期间可能会有更好的冲动抑制和自我控制能力。这种药物经证明能够有效改善多动症儿童的行为，提高其学业和社会适应能力，有效程度能达到 50%～95%。然而，你的孩子对药物的反应还取决于其他多种因素。事实上，药物治疗并不是对所有人都有效。出于这个原因——并且，因为关于多动症的错误信息比比皆是，在药物治疗方面也不例外——在同意对自己的孩子实施药物治疗之前，家长应该尽可能多地

---

① 第十九章和第二十章中包含大量药品，为方便读者理解和查找，文中对有通用中文译名的药品进行了翻译，没有通用中文译名的药品则使用英文名称。另外提醒读者注意，请务必去正规医院寻求专业医生的治疗，严格遵循医嘱用药，切忌擅自诊断、服药。——译者注

了解相关的背景信息。本章将介绍关于兴奋剂类药物的最新信息。这些化学物质是哌甲酯和安非他明。在美国上市的哌甲酯类药物有利他林、专注达（Concerta）、Medadate CD、Focalin、Daytrana 皮肤贴片，以及最新的缓释剂型 Jornay PM。含有安非他明的药物则有 Dexedrine、阿得拉（Adderall）、阿得拉缓释胶囊（Adderall XR）以及 Vyvanse。所有这些药物在摄入后 1 小时左右起效，但新药 Jornay PM 可以在前一天晚上 9 点左右服用，直到第二天早上 6 点左右才会起效。和这类药物的其他缓释版本一样，其药效会持续大约一天的时间。

作为本章内容的补充，你可以参考美国《医师用药手册》（*Physicians' Desk Reference*，PDR），这本书可在大多数公共图书馆或互联网上找到。这本参考书包含所有美国市面上在售药品信息，包括药品主要针对什么症状（即使用说明）、药品在什么情况下禁止使用（禁忌）以及不良反应（副作用）等。虽然《医师用药手册》每年更新，但是它并不总是提供与药品研究结果相一致的发现，尤其是关于药品主要疗效及副作用的信息。同样，此书并不会告诉你某种药品在孩子身上的副作用是怎样的，它仅仅将所有已知的副作用罗列出来。这可能会让你误以为书上所列的副作用都是一些常见的症状，而实际上并非如此。最好的办法是将这本书当作入门或基本的参考资料。不要相信它告诉你的一切都可能或将会成为孩子的问题。

一个更好的信息来源是你的家庭医生或儿科医生——只要该医生的业务知识与时俱进，并且持续地阅读相关医学杂志上发表的关于多动症的研究。试着问一问你的医生："你对这类药物有多熟悉？你多久给多动症孩子开一次这类药物？"（在同意让孩子服用某种药物之前，你也要问一问医生下面专栏里的问题。特别是，你可以要求医生或药品制造商提供药品说明书。）

另外一个非常不错的信息来源是蒂莫西·E. 威伦斯（Timothy E. Wilens）博士和保罗·G. 哈默内斯（Paul G. Hammerness）博士的《大胆谈一谈儿童精神病药物》（*Straight Talk about Psychiatric Medications for Kids*），这本书或许能够帮助你学到你想知道的东西。有关这两本书的完整信息，请参阅本书末的"推荐读物"。

> **关于药物治疗，你需要从医生那里了解哪些信息**
>
> 如果你的医生建议对你的孩子尝试采用某种药物治疗，你至少需要问一问以下几个问题。这里列出的很多问题可以在本章中找到答案。
> - "对于这种特定的药物来说，它的短期与长期疗效和副作用分别是什么？"
> - "你计划使用的药物剂量是多少？在哪些时间服药？"
> - "在孩子服用药物期间，你应该多久对孩子进行重新评估？"
> - "什么时候应该暂时停药，看看是否还需要继续使用它来治疗多动症？"
> - "在服药期间，孩子应该避免摄入哪些食物、饮料或其他东西，以免影响药物的疗效？"
> - "在孩子服药期间，你是否会定期和孩子的学校联系，观察孩子在学校环境中对药物的反应，或者这项工作是否应该由家长来做？"
> - "如果孩子意外服药过量，我应该采取什么措施？"
> - "有药物说明书吗，我可以看一下吗？"

不能轻易相信的事情

"利他林不是一种危险的药物吗？我听说过很多关于利他林的负面消息。利他林不是会让人成瘾吗？它会不会让我儿子今后更容易吸毒？"

在介绍兴奋剂类药物如何产生作用，以及它们会对你的孩子产生什么样的疗效之前，让我们先澄清一些关于这类药物的误解。

误解1：兴奋剂类药物很危险，并且不应让任何孩子服用。 在20世纪80年代

和 20 世纪 90 年代中后期，一个非主流宗教团体曾经发起过一场反对多动症儿童使用兴奋剂类药物，尤其是利他林的媒体宣传运动，其中的信息是不准确的，然而令人遗憾的是，这场运动成功了，这导致对于该药物的媒体报道急剧增加。实际上，引发 20 世纪 90 年代这次反兴奋剂类药物运动背后的导火线是美国缉毒局（Drug Enforcement Administration，DEA）发布的关于兴奋剂类药物被滥用的信息，而这些信息具有误导性、危言耸听，并且带有偏见。美国缉毒局此举的部分目的在于，阻止利他林重新被列入非成瘾性药物——如果利他林被列入非成瘾性药物，医生在开处方时就会更加方便。因此，在普通大众心中，多动症儿童使用这类药物的问题一直存在争议，而科学界对于此类药物的安全性和有效性则并没有任何争议。

一些医生会要求家长签署知情同意书，以表示家长已经知晓药物的信息及副作用，并且家长已经同意让自己的孩子接受药物治疗。不幸的是，医生的这种行为加深了人们对这类药物的无端担忧。如果你的医生让你签署这样一份知情同意书，不要认为这类药物就是极其危险的。这种形式只是为了应对一些广为人知、来自上述宗教团体的医疗事故诉讼的威胁，而那是 20 年前的事情了。即便如此，有些医生仍然认为有必要以这种方式保护自己。幸运的是，最近 10 年间，这类做法已经大量减少了，因此，作为家长，你可能不需要再签署这样的知情同意书了。关于药物可能产生的副作用的最新信息将在本章后面列出。如果你需要签署知情同意书，请仔细阅读它，因为它包含了药物的相关信息，但是请不要因此就对这些兴奋剂类药物或签署同意书这件事心生恐惧。

误解 2：兴奋剂类药物只是掩盖了"真正的问题"，并未直接触及孩子多动症的根源。 许多家长忧心忡忡地来找我们，他们担心兴奋剂类药物并不能治疗孩子"真正的问题"，然而事实并非如此。批评兴奋剂类药物的人错误地认为，儿童的多动症症状纯粹是由社会因素导致的，例如，纪律性差或缺乏来自家庭的爱。正如前面几章指出的，没有科学证据证明，儿童多动症的根源只包含社会性因素。我们现在知道，多动症很大程度上是一种遗传性疾病，它是由于大脑中有关抑制、

注意和自我控制的特定脑区出现了功能上的缺陷所导致的。而兴奋剂类药物能够直接作用于大脑中促进自我调节的不活跃的区域,正是这种不活跃导致了多动症症状的出现。本章后面的部分将对此进行解释。从这个意义上说,使用兴奋剂类药物治疗多动症和使用胰岛素治疗儿童糖尿病没有什么区别。不幸的是,兴奋剂类药物跟胰岛素一样,只能起到短暂的效果,这就让一些人误认为兴奋剂类药物只能掩盖问题而不能解决问题。和需要胰岛素的糖尿病患者一样,你的孩子可能长期需要每天服用兴奋剂类药物,但这些药物确实是解决问题的直接办法。目前,对于至少 50%～65% 患有多动症的儿童来说,兴奋剂类药物是唯一能改善他们心不在焉、冲动鲁莽以及焦躁不安的行为并让行为正常化的疗法。然而,尽管兴奋剂类药物能够使 70%～90% 的多动症儿童的行为得到改善,但这并不一定意味着所有对药物出现良好反应的儿童都能达到行为正常化的程度。在这类药物的帮助下,30%～45% 的多动症儿童在行为问题上有了明显改善,但是并未完全恢复到正常水平。

误解 3:兴奋剂类药物使孩子"亢奋",它们会产生像毒品一样的效果,并且会让孩子上瘾。 你或许听说过成人在服用兴奋剂类药物之后往往会情绪高涨、异常欣快或有异常的幸福感。事实上,只有在把药物碾碎并直接吸食药粉、将药物注射进血管或服用过高剂量的情况下,人们才会出现上述症状。儿童通过口服的方式摄入这些处方药物时极少出现异常欣快感。确实有一些孩子在服用药物后感觉"不舒服""跟平常不同"、紧张不安、焦躁,甚至在极少数情况下出现眩晕。也有一些孩子反映用药后心情平静,甚至有孩子感觉悲伤,或仅仅是变得情绪敏感。这些心情的起伏变化在服药的几小时后出现,并且更常出现在服药剂量较高的孩子身上。对于大多数孩子而言,这种起伏变化是极小的。

父母往往很担心孩子对兴奋剂类药物成瘾,担心孩子服用这类药物后容易在青少年时期滥用其他药物。至今未发现儿童在服用这些药物后成瘾或者对药物产生强烈依赖的案例报道,并且许多研究表明,和没有服用过此类药物的青少年相比,儿童期服用兴奋剂类药物的青少年并不会更容易滥用其他药物。实际上,我在威斯康星医学院的研究结果、蒂莫西·E. 威伦斯博士及其同事在麻省总医院（哈佛医学院）的研究结果，以及霍华德·奇尔科特（Howard Chilcoat）博士和娜奥米·布雷斯劳（Naomi Breslau）博士在底特律的亨利·福特医院的研究结果都发现，多动症孩子在童年期服用兴奋剂类药物并不会导致他们在青少年时期出现药物滥用的问题。实际上，威伦斯博士的研究还发现，在青少年时期坚持服用这类药物的多动症孩子比不服用药物的孩子更不易产生药物滥用问题。自那以后的其他研究持续证实了这些结果。因此，现有的科学文献应该能使家长相信，让多动症孩子服用兴奋剂类药物并不会使他们在今后容易成为"瘾君子"。家长应该知道，导致孩子在青少年时期药物滥用的最重要因素有：（1）孩子在年龄很小时就出现行为不当或反社会行为的问题；（2）父母对儿童或青少年在社区中的去向监管不足；（3）儿童或青少年与其他使用或滥用非法药物的朋友为伍；（4）父母自己对酒精、烟草制品或非法药物的摄入程度。

误解 4：兴奋剂类药物抑制儿童的发育，并且这类药物的使用严格受年龄的限制。早在 20 世纪 70 年代，一些研究发现，服用这类药物可能会抑制儿童的身高和体重的增长。但是，近期更科学的研究结果表明，事实并不像原来人们想象的那样。尽管近来有实验表明，在服用药物的首年或次年，孩子的身高可能平均比正常少 1 厘米，但是孩子在成年后的最终身高和骨骼大小并不会受这些药物的影响。药物对孩子体重的增长的影响也是极小的，可能就是在第 1 年接受药物治疗时增重比正常要少 0.5 千克或 1 千克。所以，你的孩子不会变得更矮或更瘦小，但和不服药的情况相比，他可能不会长得那么快。在服药的第 3 年及之后，研究则没有发现药物对儿童的身高或体重有明显的影响。即便是发育有所延迟的儿童，他们在青少年期以前也达到了预期的身高和体重，在成年初显期时就更是如此。要注意的是，不同的孩子对于这些药物的反应是不同的。一些孩子服药后无明显的体重或身高增长上的变化，而其他孩子的体重增长则可能少好几千克。请让你的医生追踪孩子的发育情况，以确保没有出现任何严重的体重减轻或身高发育不足。

20 世纪 70 年代，最初人们的看法是兴奋剂类药物可能会抑制多动症儿童的发育，这种看法导致医生普遍采取这样的做法：建议儿童只在上学期间服用这些药物，而在周末、学校假期以及暑假则停用药物（被称为"停药期"）。现在我们知道，药物带来的发育抑制风险比最初设想的要小得多，因此没有必要让所有服药的多动症孩子都经历这种停药期。许多孩子在周末和暑假也都坚持服药。这样的做法能使他们改善与同伴的关系，促使他们参加社团活动、体育活动和暑假项目，以及改善他们在家的表现。他们出现意外受伤的概率更低，并且服药的青少年在驾驶时撞车的风险也更低。对于那些在周末或暑假停药期间行为表现出现严重问题的孩子，以及在用药后并未观察到发育问题的孩子，他们的家长应和医生讨论是否应该让孩子在周末或暑假也持续用药。

误解 5：兴奋剂类药物只能用于幼儿。 和你所听说的恰恰相反，多动症患者在一生中的任何时期都可以服用兴奋剂类药物，而不仅仅是在童年。几十年前的普遍看法是，多动症孩子一旦到了青春期就不应该服用兴奋剂类药物了，因为那时这类药物已经没有多大作用了。这种想法是不正确的。现在，我们看到对患有多动症的青少年开具兴奋剂类药物的情况剧增。同时，我们还看到多动症成年患者也越来越多地在服用这些药物。

误解 6：兴奋剂类药物在提升多动症孩子学业表现上不能带来持续的效果。 一种具有误导性的观点是，兴奋剂类药物对于提高儿童学业表现没有持续的积极作用，这种观点是为了劝家长不要让多动症孩子服用兴奋剂类药物。如果过分简单化地看待"学业表现"，并且期望兴奋剂类药物能够立竿见影地增加孩子在某一学科上的学业知识和技能，那么在短期内兴奋剂类药物当然是做不到的。这些药物本身并不含有任何知识，因此，药物也不会在孩子服用它们时就自动变成知识被存储在大脑里。一个不懂乘法表的多动症孩子并不会因为今天服用了兴奋剂类药物，明天就自然而然地懂乘法表了。认为兴奋剂类药物能带来神奇改变的幻想是愚蠢的，也证明了对于药物的这种批评所存在的漏洞。

兴奋剂的作用是通过提高孩子的注意力广度、注意力集中度、抗分心能力以及深思熟虑的反思行为，帮助孩子在课堂任务中展示出他们所掌握的内容。这些药物还能减少孩子不专心、注意力分散、散漫的课堂表现，从而让他们更好地学习课堂内容。鉴于兴奋剂类药物的这些好处，与不服药相比，服药几年确实能够促进儿童学业知识的增长。

如果从一个更广的角度来看"学业表现"，比如孩子的在校表现、与同学之间的交往、对课堂纪律的遵守和对教师指令的服从、作业的完成情况以及获得的成绩等，兴奋剂类药物在这些方面均展示出了强大的效果。即便兴奋剂类药物不能直接增加儿童的学业知识，但是它能够提高儿童其他方面的在校表现，这些改变足以让家长考虑让孩子接受药物治疗。服用兴奋剂类药物带来的改变不仅能提升多动症孩子在班级里的自尊、自信，也能让他们更容易被同伴喜欢和接受，因而这给了多动症孩子更多的机会和同班同学交朋友。这些药物还能减少多动症孩子在学校面对的来自同伴和教师的责备、惩罚以及拒绝，也能够很好地避免他们因为学业成绩不合格而被迫留级，或者被送入特殊教育班级。基于以上理由，兴奋剂能够改善多动症孩子的学校适应能力和学业成绩，这是医生建议孩子服药的最常见原因。

误解 7：像利他林这样的兴奋剂类药物会致癌。无论你读过什么资料或者听说过什么话，任何科学期刊上都没有证据表明利他林或者任何兴奋剂类药物会致癌。负责监管成人和儿童药物安全的制药公司或者美国食品药品监督管理局都未报告兴奋剂类药物致癌的案例。针对利他林致癌的控诉仅仅是基于邓尼克（Dunnick）博士和黑利（Hailey）博士的一次实验，该实验的对象是一种啮齿类小鼠，它们本身就易患肝癌。当这些小鼠被投喂了比人类正常剂量 3 倍或更多的利他林时，它们比不服用利他林时更容易长肿瘤。这些研究者用不同种类的小鼠进行实验时，并未得到相同的结果。2005 年，埃尔塞因（El-Zein）博士及其同事所发表的一篇文章指出，服用利他林的多动症儿童的血细胞更可能出现基因（染色体）变异，并且预测这些儿童患癌症的风险也更大。但是，这个实验的样本只有 15 个儿童，而且并未详细陈述选取这些儿童作为实验对象的初衷。除此之外，这些参与实验的儿童并未真正患上癌症，只是实验者猜测他们将来患癌症的风险更高。这样一个

单一且小规模的实验并不能得出服用兴奋剂类药物可能致癌的结论。此后，2009年，塔克（Tucker）博士及其同事进行了一个规模更大且更完善的实验，结果并未发现服用此类药物的儿童的血液出现了任何异常，这表明前面的实验结论是不正确的。实际上，兴奋剂作为药物已经使用了 70～90 年（取决于哪一种兴奋剂）之久了，并且没有任何关于服用兴奋剂类药物会增加患癌症风险的报道面世。就算是对服用此类药物的多动症儿童的追踪研究也并未发现此类药物与癌症之间的联系。在有关人类的文献中，没有任何科学证据表明兴奋剂类药物容易导致儿童或成人患上癌症。

误解 8：服用兴奋剂类药物的儿童长大后将无法参军。 我在弗吉尼亚瑞金大学的同事威廉·哈撒韦（William Hathaway）博士采访了军队各军种的军医处长后得知，童年有兴奋剂类药物服用史并不影响年轻男女参军。通常，多动症儿童只要符合其他条件都能应征入伍。而可能使候选者不能到军队服役的是，在应征入伍前的几年因为精神疾病需要服药，因为这意味着候选者有持续、严重的精神障碍，需要药物治疗。如果服用多动症药物的人在规定的 1～3 年内无须再接受治疗（具体标准取决于加入的具体军队分支机构），他就可以参军。

误解 9：兴奋剂类药物会导致儿童或成人猝死。 家长可能时不时地在大众媒体上读到儿童或成人在服用治疗多动症的兴奋剂类药物后猝死的报道。然而，相关专家或美国食品药品监督管理局每次对这些猝死事件的进一步调查总能发现，当事人的猝死和服药并无关联。家长在试图理解此类新闻报道时有必要记住，每年每 10 万人中可能会有 7 例猝死的情况，而且这些人的猝死往往和心脏问题有关。因此，假如服用某种特定的兴奋剂类药物（例如，Adderall XR）的患者人数是 50 万，那么每年 50 万服药患者中可能有 35 例出现猝死，这与服用该药无关。

2011 年年末，两项有史以来对这一问题进行的最大规模的研究发表在科学期刊上，研究包含数十万长期服用这些药物的患者的数据。威廉·库珀（William Cooper）博士及其同事在《新英格兰医学杂志》（*New England Journal of Medicine*）上发表的一篇涉及儿童的文章对超过 120 万名患有多动症的儿童和年轻人服用兴奋剂的数据进行了分析。这两项研究的结论都是，没有证据表明服用兴奋剂与任何严重的心血管事件（例如，猝死、心脏病发作或中风）之间有任何显著的关联。虽然确定药物可能导致的猝死（或其他严重副作用）的风险很重要，但同样重要的是，当这些事件在未使用药物的普通人群中以相同的比例发生时，不要妄下结论。如果错误地将不良事件归咎于药物，那么这可能会导致已经证明对治疗成千上万例多动症有帮助的药物被禁用，从而不必要地剥夺了患者接受有效治疗的机会。

兴奋剂类药物是如何发挥作用的

顾名思义，兴奋剂类药物可以提升大脑的活跃度或唤醒水平。那么兴奋剂类药物为什么不会使人们过度活跃呢？这是因为，这些兴奋剂类药物激活的似乎是负责抑制行为的脑区，让人保持对工作和目标的动力或注意力，并且有助于培养自我调节能力。这似乎解释了这些药物为什么对治疗多动症很有效果。通过增加大脑自我调节中枢的活动，这些药物可以让儿童表现出对自己行为的更多控制，做出更专注的行为，更少出现随机的焦躁不安和活动或任务外的行为。

d−安非他明（如 Dexedrine）和哌甲酯（如利他林、Metadate CD、专注达和 Daytrana）是两类最常被推荐的治疗多动症的药物。新近发明的几种兴奋剂类药物只是哌甲酯的 d 型同分异构体（Focalin），或者安非他明的 d 型同分异构体和 l 型同分异构体的结合（阿得拉、阿得拉缓释胶囊和 Vyvanse）。关于这些药品的更多信息可在美国国家医学图书馆的网站上查询。由于咖啡因（存在于咖啡、茶叶、无酒精饮料和其他食物中）也是一种兴奋剂，于是一些家长询问咖啡因或者含有咖啡因的饮料会不会也有用。尽管 20 世纪 70 年代一些大众媒体的早期报道认为，咖啡因可能有效果，然而该领域的科学研究并没有证实这种说法。原因可能是，咖啡因作用的是大脑中完全不同的一种神经递质，不同于和多动症有关的神经递质。因此，建议你只考虑上面列出的兴奋剂类药物，不要使用咖啡因来治疗孩子的多动症。

在过去的十多年中，令人兴奋的重大技术进展创建了新的药物递送系统，可以给多动症孩子提供比常规的安非他明和哌甲酯的速释剂型更持久的药效来控制症状。这些较新的、每天服用一次的长效药物有专注达、Metadate CD、Focalin XR、利他林长效胶囊、Daytrana 和 Jornay PM，以上所有这些药品都包含各种形式的哌甲酯成分；另一些长效药物包括阿得拉缓释胶囊和 Vyvanse，这些药物都包含阿得拉的缓释剂型。

这些都不是真正的"新"药。它们"新"在新型的药物递送系统，能够在 8～12 小时内协助持续维持体内的药物水平，因此，对绝大多数多动症儿童来说每天只需服用一次。对于那些不容易吞服药片或胶囊的儿童来说，现在甚至有口服液与软糖形式的哌甲酯和安非他明的长效剂型。例如，专注达就是一种类似于小水泵的药品，药品含有黏稠的哌甲酯液体，在服用之后的 10～12 小时内会从胶囊中缓慢释放出来。这使得儿童无须再服用速释型的哌甲酯，例如利他林，这种"旧"药每天需要服用 2～3 次，因为其药效只能维持 3～5 小时。

Metadate CD 是一种含有哌甲酯的胶囊，哌甲酯以"小珠子"的形式存在，每个"小珠子"都由不同的外壳包裹着，而不同外壳的作用是确保哌甲酯在不同的时间释放。这些"小珠子"有的会在服用后立即释放药效，有的则会在服药后的 1 小时、2 小时、3 小时甚至更长时间后释放，因此药物能在儿童体内留存更长时间。对于不喜欢吞服药丸的孩子，家长可以将 Metadate CD 胶囊打开倒入食物中，这种方式不会影响 Metadate CD 在人体内的释放方式和药效。另一些缓释型的多动症药品（如阿得拉缓释胶囊）的工作原理与此类似。

Vyvanse 是一种安非他明类药品，它和阿得拉类似，不同之处是它还与另外的化学物质（赖氨酸）相结合，因此在与它结合的那种化学物质分解之前，这种药品所含的安非他明会处于不活跃的状态，就像要用钥匙打开锁一样。这个过程发生在人体的消化道及其周围的血管中，人体自然产生的酶会让安非他明和赖氨酸相互分离，让前一种药物发挥其常规药效。这个过程的好处是，平常采用吸入和注射形式服用这类药物的服药者不太可能出现药物滥用的情况。和阿得拉缓释胶囊相比，Vyvanse 的药效持续时间似乎会长几小时，因此，对服药的成人或青少年来说，这种药物在白天控制多动症症状的效果更长久一些。

最新的药物递送系统最近（2018 年）获得了美国食品药品监督管理局的批准，并于 2019 年 6 月开始进入临床应用。这种药就是 Jornay PM，它的研发目的是帮助患有多动症的儿童与青少年解决清晨的行为和功能问题（即便他们已经在服用另一种兴奋剂）。Jornay PM 要解决的问题是，其他药物需要 45～90 分钟才能起效。如果多动症儿童和青少年早晨醒来之后才服药，那么短时间内药物可能不会有太大帮助。你可以想象一下，当父母早上要为多动症孩子出门上学做好准备，同时必须准备好出门上班和送其他学龄孩子上学，他们的压力会有多大。Jornay PM 解决了这个问题，它可以在前一天晚上 9 点左右服用。9 小时后，在早上大约 6 点时，Jornay PM 的药效会可靠地被激活，并且它在体内的水平上升得足够快，可以在清晨控制多动症的各种症状。正如你所看到的，这些药物递送系统的优点是显而易见的。它们上市不久就已经成为治疗多动症最常用的兴奋剂类药物形式了。

兴奋剂类药物的主要工作方式是增加大脑中某些自然产生的化学物质的活性。大脑处理信息的方式是，大脑细胞（神经元）产生并释放化学物质，继而以此与附近的神经细胞交流（产生影响）。尽管我们不知道兴奋剂类药物所影响的所有化学物质有哪些，但我们知道受到影响的其中两种是多巴胺和去甲肾上腺素，两者都是在大脑的多个区域中自然产生的，但是主要集中在前额叶和相关的脑区，我们认为这些脑区可能是导致多动症问题的区域之一（见第三章）。通过增加这些从神经细胞释放到细胞间隙的化学物质的数量，或者通过将释放的化学物质保留的时间再久一些，兴奋剂类药物增加了这些脑细胞的活性，这似乎对抑制我们的行为和保持自我控制的贡献最大。

因此，数以百计的针对这些药物如何改变多动症孩子的行为和提高学习成绩的研究表明，70%~90%服用一种兴奋剂类药物的多动症孩子在行为上有所改善。然而，尽管如此，仍然有多达10%~30%的多动症孩子对任何一种药物都不能产生积极反应，甚至在极少的案例中，他们的行为会变得更加糟糕。所以，家长不能假定药物治疗一定会给孩子带来好处。我们必须承认，药物治疗并不是解决多动症问题的万能手段。在一些案例中，药物治疗就足够了，或者是唯一可行的、能够消除你和孩子的教师对于孩子的担忧的方式。然而，在大多数情况下，兴奋剂疗法的最好效果得益于药物治疗和其他心理及教育治疗相结合。

药物对行为和情绪有什么作用？

毫无疑问，兴奋剂类药物在保持长时间注意力和对任务的坚持度上会产生积极效果。药物也会减少儿童的躁动不安和总体活动量。在很多案例中，多动症孩子在所分配的课堂作业上的注意力得到很大提高，以至于他们的表现看起来似乎和普通孩子一样。服药后，大部分多动症孩子的冲动程度变得更低，攻击性、吵闹、不服从和破坏性问题也会减少。整体而言，这些药物可以提高个体的执行功能和自我调节能力。因此，你可以更好地理解为什么医生会常常推荐多动症儿童和青少年服用这些药物。

药物如何改善孩子的学习和学业成绩？

除了行为之外，许多研究对多动症孩子服用兴奋剂类药物后在智力、记忆力、注意力以及学习上的改变进行了考察。这些研究结果表明，兴奋剂类药物极有可能帮助多动症孩子在如下方面有所改善：注意力、冲动控制、精细运动协调能力、反应时间、工作记忆、规划能力和解决问题的能力。当多动症孩子需要完成学习任务时，药物似乎能提高他们的学习效率，并且是以一种更加井然有序的方式提高他们的学习效率，同时他们做事也会更富有成效（完成更多作业）。正如在"误解6"中所讨论的，实际上没有药物能够提高智力或增加知识，但是兴奋剂类药物可以提高孩子展现出所学知识的能力。在坚持用药几年以后，孩子在效率和学习新内容的能力上的提高，确实可以转化为学业知识（成绩）的提升。总之，这些药物在如下环境中能够发挥最大的效果，包括需要孩子表现出自我控制的场合、需要孩子控制自身行为的场合和需要将注意力集中在所分配任务的场合——像学校这样的场合。

药物是否会改变孩子的社交行为？

研究发现，兴奋剂类药物能够缓解多动症孩子的紧张程度，同时能改善孩子与父母、教师以及同伴之间的社交互动质量。兴奋剂类药物能提高孩子遵从家长指令的能力，并且能够让他们长时间保持这种能力。这类药物还能减少注意力不集中、分心、躁动、健忘等行为，这些行为往往会妨碍孩子完成手头的事情。由于药物的良好效果，家长和教师也相应地减少了对孩子的控制与监管。

服药还会给多动症孩子带来更多的表扬和积极回应。有少数专业人士担忧，药物会降低孩子与他人交往的兴趣。但是新近的研究表明，这并不是个问题，但是如果孩子服药剂量过高，这种现象在极少数情况下也是有可能出现的。

多动症孩子在服药后，其症状得到改善的情况各异。毕竟，我们都是独一无二的个体，在我们的大脑功能方面也是如此。我们并没有发现男孩和女孩对药物的反应总体上有什么明显差异。我们确实期待看到中等或更大剂量的药物能够带来更好的疗效，但是在确定对特定孩子的最佳剂量之前，医生必须要尝试若干不同的剂量，而且可能需要尝试多种药物或给药系统。

药效能持续多久？

这取决于药物的种类，也取决于是哪种给药系统将药物成分输送到身体和血液中。兴奋剂类药物通常是口服的。然而，Daytrana（哌甲酯皮肤贴剂）是一种白天可以贴在肩膀上或臀部的皮肤贴片，在睡前几小时揭掉。它含有哌甲酯和其他化学成分，这些药物可以透过皮肤被人体吸收。不论这些药物是怎样被运送到体内，它们都会被吸收到血液中，迅速且便捷地被运送至大脑。另外，这些药物在 24 小时内就会被排出体外。这意味着家长可以放心，即便孩子出现不良反应，通常也只会持续几小时，最多一天。但这也意味着孩子每天至少要服药一次，才能保证药效。

传统的速释型药物，诸如利他林或者 Dexedrine，会在 1 ~ 3 小时内达到体内药物浓度峰值，并且能够控制 3 ~ 6 小时的行为，但是每个孩子服药后的反应都不尽相同，并且每种兴奋剂的效果也不同。服药后的 30 ~ 60 分钟内，可以观察到孩子行为上的变化，这同样取决于孩子服用的是哪种药物。这些速释型药物的问题是，孩子一天要服药若干次，包括在学校期间，而这会造成很多麻烦。

哌甲酯和安非他明除了这些速释、快速起效的片剂（利他林和 Dexedrine）之外，还有缓释型药物。这些缓释型药物达到峰值的时间比速释型药物晚一些（通常在服药后的 3 ~ 5 小时），并且药效会更持久一些（通常是 8 ~ 12 小时）。但是需要注意的是，安非他明类药物，例如 Dexedrine 和更新的药物阿得拉、阿得拉缓释胶囊以及 Vyvanse，其药力几乎是哌甲酯药物（如利他林）的 2 倍。因此，它们会带来更明显的行为改变，在药效持续时间方面要比哌甲酯类药物长 1 ~ 2 小时。当然，因为药力更强，它们也可能带来更多副作用。由于它们药力更强、更有效，因此服用量相对小一些（通常是利他林或普通的哌甲酯用量的一半），避免过量服药或因服用大剂量药物而引起副作用。

家长经常会问，孩子是否会对兴奋剂形成耐药性，以致当前的服药剂量会逐渐丧失效果。尽管有些医生报告，少数孩子在长期服药后似乎会形成一定的耐药性（药效丧失），但研究文献中并没有这方面的记录。通常，如果服药量不变而效果减弱了，这可能是由于孩子在服药的同时也在发育成长。体重的增加会要求服药剂量同时增加以达到和以前同样的效果。还有一些家长询问，孩子是否需要定期接受血液检测，以便监测血流中的药物含量。其实，服用兴奋剂类药物并不需要这样做。血液中的药物含量似乎和控制行为的效果无关，因此并不需要这种检测。

是不是曾经有一种叫作匹莫林的兴奋剂类药物？

是的。匹莫林（Pemoline，商品名 Cylert）曾经在市场上存在了 20 多年，但是现在市场上已经看不到它了。匹莫林与其他兴奋剂的工作原理稍有区别。尽管可能性很小，但是它有可能会显著增加服药者出现肝中毒，甚至肝衰竭和死亡的风险。所以，如果孩子服用这种药，就需要医生每月对孩子进行若干次肝功能化验。由于上述风险以及需要抽血检测肝功能的种种不便，服用匹莫林来控制多动症的患者人数急剧减少。最终，药品生产商（雅培实验室）终止了这种药的生产。匹莫林以仿制药的形式存在了一段时间，即使这样，出于安全考虑它还是被撤出了市场。在美国，匹莫林只有在出于"同情用药"的目的下才会被获准使用，但这需要医生根据具体情况向政府提出申请。

副作用

多动症孩子在服用这些药物时可能会遇到一些副作用，尽管有些副作用的确令人烦恼，但是其中多数副作用是很轻微的。再次提醒，请记住，如果药物的副作用所产生的困扰严重到了需要停药的地步，一旦药物"排出"身体，这些副作用就会消失——在 24 小时内。大部分副作用与孩子的服药剂量关系密切：大剂量会产生更多副作用。然而，据估计，1% ~ 3% 的多动症孩子无法耐受任何剂量的任何一种兴奋剂类药物。

要预测这些药物是否会对你的孩子产生副作用几乎是不可能的。如果孩子的家人曾经对某种药物有不良反应，从基因的角度来说，孩子也有可能出现类似的反应。因此，如果家族中曾经有过这种情况，当医生推荐孩子服用某种治疗多动症的药物时，一定要告诉他。

具体的副作用有多大可能出现呢？我们的确有一些具有启迪意义的研究成果：我和同事在马萨诸塞大学医学院的多动症诊所评估的儿童中，超过一半的儿童出现了食欲减退、失眠、焦虑、烦躁和更容易哭闹的情况。然而，当孩子服用的是假药片（我们称为安慰剂）时，上面提到的副作用中还是有不少会出现（尤其是和情绪有关的副作用）。这就意味着，这些情况可能是多动症的伴发症状，而不是服药所引起的副作用。在多数情况下，药物实际的副作用出现的频率更低，而且较为轻微。大约 1/3 的孩子会报告胃疼和头疼的情况，但是这些症状也很轻微。

食欲减退

所有的兴奋剂类药物似乎在一定程度上都会短暂地降低孩子的食欲——这是暂时的，主要是在上午较晚的时候和下午较早的时候，这就解释了为什么超过半数的儿童在服药期间午饭吃得很少。这可能是他们服药期间体重不增长，并且甚至可能有所下降（如果他们的热量摄入低于正常值）的原因。到了晚上，很多孩子的胃口会回归正常（有时会出现"报复性反弹"！）。这就是为什么你要确保孩子在服药期间每天的任何时候都有机会吃到种类丰盛的食物，以满足孩子生长发育所需的营养。

心率和血压上升

医生可能会发现你的孩子在服用这些药物期间心率和血压略有上升。这些变化都很小，类似于上半层楼梯，而且不会对大多数孩子构成任何危险。然而，如果你的孩子是少数已经患有高血压的孩子中的一员，你就要确保医生在开具任何一种兴奋剂类药物时都要将这种情况考虑在内。

脑电活动增加

许多研究都发现，在服用这些药物期间，孩子的脑电活动会有所增加。在出现这些变化的同时，孩子的警觉性、注意力和自我调节能力也会提高。除非你的孩子因为某种原因做了脑电图，否则你不会直接了解到这些变化。但是，家长可以间接地观察到，因为孩子的行为会出现改善，这是和脑活动的变化相辅相成的，正如前面讨论过的那样。

失眠

1/3 ~ 1/2 的孩子可能会发现，在白天服用这些药物后，晚上入睡会变得较为困难（失眠）。绝大多数孩子会比服药之前晚睡 1 小时左右。我在第十五章中提到了这一点，并提出了医生可能解决这一问题的一些方法。大多数孩子开始服药之后会比没有服药时晚入睡 1 小时左右。如果孩子延迟入眠的时间超过了这个时间，或者家长特别关注孩子的失眠问题，可以告诉医生，让医生帮忙解决这个问题。这种情况有时可以通过如下方法解决：减少服药剂量，或者将上午服用药物的时间提前。在其他情况下，可以尝试服用另一种不会引起失眠的药物，例如下一章所讨论的非兴奋剂类药物。然而，一些研究发现，对 20% ~ 35% 在白天服用兴奋剂类药物的孩子来说，他们的入睡情况会比开始服药之前更好。正如我前面所说的，每个孩子都是独一无二的，所以药物在每个孩子身上可能会（也可能不会）出现的副作用也是不同的。

神经性抽动和怪癖

有一种副作用家长应该关注，那就是孩子有可能出现神经性抽动——面部周围的小肌肉群突然抽搐，还有比较少见的情况是出现在身体其他部位的抽搐。紧张性眨眼、斜视或做鬼脸，这些仅仅是可以看到的抽动症状。还有言语上的抽动——突然发出噪声，例如反复嗅闻、清嗓子或尖锐且大声地叫喊。在极端的表现形式中，会有多种身体抽动并伴有喉部噪声，这被称为抽动秽语综合征（Tourette syndrome）。家长应了解到，10% ~ 15% 的普通儿童会在童年时期出现一些抽动或怪癖，因此如果出现简单或偶尔的抽动，并且这可能与孩子所服用的兴奋剂类药物无关，就不必担心。一些研究表明，对于通过服药治疗多动症的孩子来说，在少数案例中（大约 35% 或更少），抽动症状会由于服药而恶化。如果发生了这种情况，依据我的经验，抽动症状会在停药一周左右恢复到原来的状态。然而，在 20%～25% 的案例中，在服药之前就有抽动情况的孩子事实上在服药期间会有所好转。在大约一半的案例中，孩子的抽动情况和服药前并无不同。有证据表明，和含有哌甲酯的药物相比，安非他明类药物（例如，Dexedrine）可能会加重孩子的抽动症状。

有少数儿童已经患上了抽动秽语综合征，尽管研究报告显示，并没有明确的证据表明服药真的导致了这种障碍。药物可能恶化或加速本身易患这种障碍的儿童的抽动病情，但是这种情况是极其罕见的。大多数情况下，正如我所提及的，多数有抽动病史或抽动秽语综合征的孩子可以安全地服用兴奋剂类药物，并且这些药物不会令他们的抽动病情恶化。然而，如果真的出现抽动恶化的情况，可以停止服药，这样抽动就会恢复到原来的状态。对于这种情况，可以考虑给孩子服用非兴奋剂类的多动症药物。

在给患有多动症的孩子开兴奋剂类药物时，医生应当询问孩子及其家人有没有抽动或抽动秽语综合征的病史。如果有，建议孩子先从服用小于正常剂量的药物开始，以便观察孩子对这些药物的反应。如果服用这些药物加重了抽动，那么应当立即停止服药。孩子的抽动通常会在 7～10 天内逐渐消失。如果孩子的行为表现急剧倒退，可以从低药量再次开始服药治疗。如果在小剂量用药的情况下，抽动症状再次出现，那么可以尝试其他药物（例如，下一章将要讨论的非兴奋剂类药物），这也许会取得成效。在这种尝试失败后，应当告知家长，未来在主治医生给孩子开兴奋剂类药物时，一定要告知医生孩子服用兴奋剂类药物时曾经出现过这些抽动反应。

我们发现，多达 15% 的多动症孩子在服用兴奋剂类药物时可能会产生一些小怪癖，即使他们以前没有这些怪癖，例如咬指甲、挠皮肤、咬嘴唇、玩头发。同样，在停止服药约一周左右的时间，这些问题就会消失。在这种情况下，医生可能会考虑使用下一章将要讨论的非兴奋剂类药物来治疗孩子的多动症。

暂时性精神病

这是一种非常罕见的副作用,在正常剂量下服用治疗多动症的药物很少会出现这种不良反应。对于所有的兴奋剂类药物来说,如果大剂量服用都有可能引起暂时性精神病的症状(思维混乱、语速极快、皮肤幻觉、极度焦虑、对噪声极度敏感等)。在极少数情况下,小剂量服用也有可能会产生这种症状。这种情况产生的概率不到1%;相比稍微大一点的孩子来说,年幼的孩子产生这种情况更常见一些。即使出现了这种不良反应,在停药后它们也会消失。尽管这样,这些不良反应也可能令父母恐惧。如果出现了这种不良反应,带孩子到医院的急诊室,告诉医生发生了什么。如果需要,医生可以开另一种药物来抵消兴奋剂类药物所带来的副作用,从而使这些症状更快消失。

长期影响

批评使用兴奋剂类药物来治疗多动症的人认为,使用兴奋剂类药物具有高风险,因为我们对兴奋剂类药物可能带来的长期不良影响尚无长期的严格对照研究。批评者的顾虑正确的地方在于,我们的确缺乏这类研究,原因是:能够为上述问题提供答案的研究是违背伦理的。我们不能随意给一部分患有多动症的孩子服用多年的兴奋剂,同时让同样多的孩子服用多年的安慰剂,然后追踪他们的情况。这是非常不道德的,因为已经有很多研究表明兴奋剂类药物在治疗多动症方面很有效果,并且短期内服用是安全的,那么专业人员就不能让多动症孩子停药几周以上,并在这段时间内让他们服用安慰剂。此外,这种研究费用高昂,耗费的时间也很长,假使是这样,只有完整地监测一代人的终生服药状况,药物才有可能被批准面世。

因此,我们要通过一些相对间接的信息资源来评估兴奋剂类药物的长期安全性。首先,父母要了解,兴奋剂类药物在市场上已经存在70~90年了。数以百万计的多动症孩子和现在的多动症成人都接受过兴奋剂类药物的治疗,很多人的服药时间长达几年甚至更久。然而,没有案例表明兴奋剂类药物会带来长期巨大的副作用，药品生产公司或美国食品药品监督管理局都没有收到过关于服用兴奋剂类药物会带来长期不良反应的反馈。

其次，我们需要关注短期研究。这些研究结果是否显示了兴奋剂类药物可能会带来长期的不良反应？答案是否定的。学术期刊上已经有超过700项研究验证了兴奋剂类药物的相对安全性，并且70%～90%服用过这些药物的多动症儿童因服药而受益。当然，正如本章所指出的，这些药物的确可能产生一些副作用。但是对于大多数孩子来说，这些不良反应相对轻微，只会持续几个小时，最多持续几天。这些不良反应并没有造成什么伤害，也不会危及生命，而且很容易通过减小剂量或停止用药来消除。没有研究暗示服用这些药物多年有可能会出现长期问题。正如我在前文的"误解4"中指出的，甚至在影响身高这类问题上，近期研究也表明药物的影响只会相对短暂地出现。对于大部分孩子来说，身体发育不能达到预期增长速度的问题通常是相对轻微的。在极少数案例中，发育迟滞在一定程度上确实会发生，如果问题的严重程度让家长或医生感到担忧，那么可以简单地通过在假期停药来解决这个问题——也就是在学年的周末和暑假时停止服药。这种停药期只是例外情况而不再是惯例，因为绝大多数儿童不会遇到严重的发育问题，但是在停药期间，多动症可能给孩子带来多种显著的伤害（意外受伤、家庭冲突、同伴拒绝、危险驾驶，等等）。

最后，我们需要关注的是，这些药物会在儿童和动物的大脑中产生哪些已知的神经化学反应。到目前为止，无论是对儿童还是对动物的研究都没有明显的迹象表明，口服这些药物会出现长期或持久性的副作用。鉴于以上这三方面的信息，我们可以得出结论：目前为止，接受过兴奋剂类药物治疗的儿童产生长期副作用问题的可能性并不显著。这能够"打包票"吗？当然不能。生活中并非事事都有保障，其中就包括给孩子使用非处方药不一定就是安全的，或者，我们自己开车送他们去学校或开车带他们去旅游不一定就是安全的，但我们却没有因此而停止这样做。我所列举的这些风险要远高于服用兴奋剂类药物所带来的风险。重要的是，我们要完全了解服用这类药物可能存在的风险。截止到撰写这部分内容时，此刻我唯一可以明确的是，兴奋剂类药物几乎比所有其他类的精神药物更加安全有效。

孩子应该服用兴奋剂或其他药物吗？

在做这个决定时，家长和医生要考虑很多因素。家长也要对孩子的反应保持警觉，以便迅速地觉察药物尝试的失败，并在必要时结束尝试。兴奋剂类药物是给多动症孩子使用的最常见的精神药物，尤其是当孩子注意力不集中、多动或冲动行为的情况到了影响其学业和适应社会的能力时。据估计，美国每年有200万到300万的儿童，或者2%～4%的学龄人口，可能会通过服用兴奋剂类药物来控制行为。从传统的角度上说，这些儿童绝大多数在5—12岁，但是正如我们所提及的，他们中的许多人现在已经长大了。因此，你可以充满信心地做出决定，因为这是我们了解得最多的治疗多动症的方式。

不幸的是，没有万无一失的方法来预测谁适合服用兴奋剂类药物，谁不适合。目前为止，我们所掌握的最有效的标准是孩子注意力不集中和冲动的程度。这些症状越严重，孩子服用兴奋剂类药物的效果就会越好。我们也了解到，一个孩子越焦虑，他服用这类药物的效果就越差。但是，即使这种预测也是备受争议的。因为一些研究表明，对于患有多动症和焦虑症的儿童来说，他们的服药效果和没有焦虑症的儿童一样好。目前这方面的证据是不一致的。正因为如此，我建议，医生在治疗多动症和焦虑症两种障碍并发的孩子时要格外谨慎，处方最好从小剂量开始，然后用比平常更缓慢的方式逐渐增加剂量。在服药的同时，医生应要求家长密切监控孩子身上多动症和焦虑症两种障碍的症状，对这些症状进行周期性的评估也是一种可行的方式。一些研究还发现，父母与孩子之间的亲子关系质量可以预测孩子服药后的反应情况：父母与孩子的关系越好，孩子对药物的反应越好。出现这种情况的原因可能是，父母对孩子的行为转变表达的肯定和赞赏，会在药物基础上给孩子带来进一步的获益。当然，还有其他可能的原因：更好的亲子关系是孩子多动症症状更轻的标志，这可能解释了为什么这些孩子服药后的效果更好。

孩子的医生还应该考虑以下几个因素。

1. 注意缺陷为主型——有时这被称为注意力缺陷障碍或认知速度缓慢（见第八章）——的儿童中，对药物产生积极反应的比例只有20%～55%。这个比例比患有其他更典型的类型的多动症的孩子要低，并且他们对药物产生的反应也不如其他多动症孩子。也有积极的一面：当药物对注意缺陷为主型的多动症孩子有效时，他们所需的剂量比患有其他更典型的类型的多动症的孩子所需的低。

2. 兴奋剂类药物可能会帮助那些伴有发育迟滞（以往也称为"精神发育迟缓"）的多动症孩子，前提是整体的发育迟缓不严重。在一项研究中，如果儿童的心理年龄大于4岁或智商在45分以上，他们往往对兴奋剂类药物有积极的反应，而那些心理年龄或智商较低的儿童一般对药物反应不佳。

3. 患有癫痫的多动症孩子用药后比不患癫痫的多动症孩子更容易出现副作用（行为问题）。但在其他方面，两者对兴奋剂的反应同样好。所以，在多动症和癫痫并存的情况下，医生对使用兴奋剂治疗有信心。

4. 一些因外伤或头部开放性伤口而产生脑损伤的孩子，以及那些因头颈部肿瘤或白血病而接受放射治疗和化疗的孩子，他们可能会出现多动症的症状，并且其程度适合尝试兴奋剂类药物治疗。虽然这些孩子有可能会对药物产生不错的反应，但是一些研究结果以及我本人的经验表明，这类孩子（他们多动症的成因是"获得性的"）对药物产生良好反应的可能性不大。

说到这里，你一定会意识到，确诊多动症并不代表一定要进行药物治疗。如果孩子的医生想当然地向你推荐药物治疗，那么你可能要换一个医生了。以下几条或许能帮助你决定是否需要进行药物治疗，但是——无论你是多动症孩子的父母还是医生——请务必记住一定要根据孩子的具体需要和具体情况来做决定。

1. **孩子是否已经做了全面的身体和心理健康评估？** 如果儿童没有做全面的检查和评估，则不应进行药物治疗。
2. **孩子的年龄多大？** 相比于 5 岁及以上的孩子，药物治疗对 2—4 岁孩子的效果更差，并且更容易出现副作用。但是，这并不意味着学龄前儿童不应进行药物治疗，只是对他们的药物治疗应该更为保守，并且应密切注意潜在的问题。
3. **孩子是否使用过其他治疗方法？** 如果这是你的家庭首次联系专业的医生，而孩子的多动症症状比较轻且没有与其他障碍共病，那么你应该在尝试其他干预手段（例如，父母接受管理孩子的技能培训）之后再考虑使用药物治疗。如果不是这样，例如孩子的行为已经出现比较严重的问题，或者你的家人无法参加关于管理孩子的培训，那么使用药物治疗当属首选的解决方案。
4. **孩子当前行为问题的严重程度如何？** 在某些情况下，孩子的行为是如此难以控制和令人沮丧，以至于药物治疗可能是其他治疗方式开始前最快和最行之有效的方法了。一旦其他治疗方式取得了进展与成效，则可以减少或终止药物治疗，但这并非总是行得通。
5. **你能负担得起药物治疗及其附带的相关费用吗（如随访）？**
6. **你能很好地监督这类药物的使用并且防止它们被滥用吗？**
7. **你对药物的态度是怎样的？** 如果你真的"反对"药物治疗，那就不要受医生的影响而同意进行药物治疗，因为你可能不会全心全意地遵医嘱按照处方用药。但你必须要认真审视自己的观点，确保你的观点建立在对兴奋剂类药物优缺点的客观且公正的认识的基础上，而不仅仅是基于大众媒体上的信息，因为大众媒体经常渲染这些药物的故事。建议你和你的医生或者其他多动症专家谈谈，浏览一些可靠的网站了解药物的信息，例如美国国立卫生研究院（National Institutes of Health）、美国儿科学会（American

Academy of Pediatrics），以及美国儿童与青少年精神医学会（American Academy of Child and Adolescent Psychiatry）的网站，并查阅本书末尾列出的其他资源，确保你对这些药物有充分的了解而不会草率地做出决定。

8. **家庭成员中是否有少年犯或滥用药物的人？** 如果有，则不应开兴奋剂类药物，因为出现非法用药或兜售药物的情况的风险极大。

9. **孩子是否有过任何精神病史或思维障碍的病史？** 如果有，则不应使用兴奋剂类药物，因为这类药物可能使上述情况变得更糟。

10. **孩子是否高度焦虑、胆怯或更易抱怨身体上的不适？** 这类儿童可能对兴奋剂类药物的反应不那么积极，尽管现在对这个问题还存在争议。正如前文所建议的那样，在这些情况下如果要采用药物治疗，医生在开药时应尽量从低剂量开始，然后循序渐进地增加剂量，并严密观察孩子可能出现的副作用。或者，可以考虑使用下一章将要介绍的非兴奋剂类药物，它们不会让孩子的焦虑状态恶化或产生其他副作用，并且可能缓和孩子的焦虑症状。

11. **医生是否有时间监控药物的疗效？** 除了要对药物在孩子身上的疗效进行最初的监测和评估以确定用药剂量之外，医生还需要定期对孩子进行检查以确定孩子对药物的反应和副作用。我们建议医生每隔3～6个月要对服用兴奋剂类药物的孩子进行一次检查。

12. **孩子对于药物治疗或者其他疗法的态度如何？** 对于年龄较大的孩子或青少年来说，和他们本人讨论药物的使用并解释其中的原因是非常重要的。在一些情况下，如果孩子自己反对药物治疗或者对此有抵触情绪，他们可能会拒绝服药。假如情况真是这样，应让医生与孩子沟通，以消除孩子对于药物无理由或过分夸大的担忧。

兴奋剂类药物如何开具

我在这里描述的流程是，在我督导下的多动症诊所中我的医生同事所遵循的一般流程，很多其他诊所的流程也是类似的。即便如此，你的医生也可能会根据孩子的独特需求，以及医生自身的专业背景和用药习惯，而遵循其他流程。

首选药物通常是哌甲酯的新型缓释剂型之一（专注达、Focalin XR、利他林长效胶囊、Metadate CD、Daytrana、Jornay PM 等）。如果上述药品的药效不令人满意，孩子通常可以转而服用安非他明（阿得拉缓释胶囊和 Vyvanse）。一个孩子对一种兴奋剂没有反应，不排除他会对另一种兴奋剂有积极反应，所以，如果孩子对第一类兴奋剂的反应明显不好，我才建议尝试第二类药物（哌甲酯、安非他明）。如果试验失败，我建议改用托莫西汀（择思达）。如果这也失败了，那么就可以考虑尝试使用胍法辛缓释片或可乐定缓释片。请记住，对兴奋剂反应不佳的 6 岁以下儿童可能会在一两年后对兴奋剂产生积极反应。

如前所述，哌甲酯和安非他明的缓释剂型（如专注达、Jornay PM、阿得拉缓释胶囊或 Vyvanse，以及上述其他药物）可能比它们的短效速释剂型的药力更持久。因此，孩子就免去了在中午服药的麻烦，从而提高孩子服药的保密性，这样孩子的同学就不用知道孩子正在服药这件事了。

尽管没有研究表明，不同厂家或品牌的药物在疗效上存在差异，但一些医生告诉我们，仿制药对一些儿童的疗效并不理想。

这些药物可以根据不同的时间表服用，具体服药方式取决于药物递送系统的类型（短效或缓释）、孩子多动症的严重程度，以及相关的其他问题。许多孩子发现，他们最初经历的副作用会在最初的几周内随着自己适应药物在体内的存在而减少。如果周末停药，副作用可能会在周一再次出现。服用药物的孩子可能会经历体重增加或身高增长方面的轻微停滞。但是，由于只有一小部分孩子在服药后会出现明显的发育迟缓，因此，我们现在不再建议孩子为了增加体重而在学年中的周末停止服药。如今，越来越多的医生不建议孩子在暑假停止服药，除非多动症主要影响的是孩子在学校的表现。许多孩子受益于在整个暑假坚持服药，特别是如果他们在假期忙于参加体育运动、夏令营、暑期学校、辅导或其他结构化的活动。

一般来说，用药剂量应始终是尽可能最低的，且每天按需设定服药次数——次数以达到有效管理孩子行为的效果为准。家长绝不能在未经医生允许或未与医生沟通的情况下随意调整孩子的服药剂量。

在不久的将来，父母可能会发现一些新的兴奋剂类药物将用于治疗儿童多动症。随着研究增加了我们对多动症遗传学以及这些特定基因如何控制大脑神经化学的理解，新的药物可能会被发明出来。新药在控制多动症症状方面可能更有效，副作用更少，因此可能对多动症患者更有帮助。

什么时候应该停药？

没有明确的规定说明多动症孩子什么时候应该停止进行兴奋剂类药物治疗，孩子可以一直服药，直到他不再有这种需要为止。大约有 20% 的多动症孩子在用药大约一年后不再需要服药，其中的原因有几个。一些孩子只是有轻度的多动症症状并且已经成熟到一定程度，因而不需要再吃药了。另外一些孩子则是因为情况得到改善，可以停止服药了，尽管他们身上仍然存在某些多动症症状。还有一些孩子，他们虽然还有明显的多动症症状，但是他们在新的学年遇到了更好的教师，因此多动症不再给他们在学校造成那么多的困扰。然而也有一些孩子可能在停药那年或接下来的几年间需要重新吃药，这取决于他们是否能在学校或者其他场所保持注意力的集中并克制自己的行为。但是，大多数多动症孩子都需要连续服药几年。

药物治疗每年可以停止几天甚至一周的时间——通常是在新学年开始之后的一个月左右，好让孩子有时间适应新的学年，同时让教师能够更好地了解孩子。

医生让孩子停药，是为了观察他们在停药期间上学是否会有困难，但是这会导致教师或同学对多动症孩子形成不好的印象——在继续服药后，孩子还要花力气消除这种消极的印象。更好的方案是，孩子在新学年开始时坚持服药，给自己在教师和同学心中留下一个良好的印象，然后在 10 月短暂地停药。如果停药期间孩子的在校表现出现了明显退步，那么孩子可以在接下来的整个学年中坚持服药。

第二十章

其他药物

虽然不如兴奋剂有效,但其他几种药物对多动症患者也有一定的效果。但请记住,这里涉及的治疗多动症的药物中,只有3种获得了美国食品药品监督管理局的批准,分别是托莫西汀(择思达)、胍法辛缓释片(Intuniv)和可乐定缓释片(Kapvay)。随着美国政府对这3种药的批准,以及这些药物自身的发展,临床上大大减少了使用抗抑郁药治疗多动症的情况。这是因为随着对托莫西汀、胍法辛缓释片和可乐定缓释片研究的深入,人们发现,和三环类抗抑郁药或可乐定相比,这些药物更安全,对心脏功能的显著副作用更少。因此,在使用三环类抗抑郁药治疗多动症之前,应首先尝试使用托莫西汀、胍法辛缓释片和可乐定缓释片。如果你的医生推荐这些药物中的任何一种,或者其他药物,一定要事先询问本书第十九章中"关于药物治疗,你需要从医生那里了解哪些信息"专栏里列出的问题。

托莫西汀

托莫西汀是用于治疗多动症的非兴奋剂类药物。它是一种特殊的去甲肾上腺素再摄取抑制剂,因为它能减缓大脑神经细胞对它本身被激活期间所释放的神经递质去甲肾上腺素的重新吸收。许多已发表的研究表明,托莫西汀对治疗多动症具有良好的效果。此外，大量研究还表明，这种治疗多动症的药物对儿童、青少年以及成年多动症患者都是安全的。

美国食品药品监督管理局在 2003 年批准了托莫西汀作为治疗儿童和成年多动症患者的药物上市。从那时起到现在，已有超过 500 万患者在服用这种药。证据表明，这种药不仅能改善多动症症状，而且能改善患者对立、挑衅的行为和焦虑状态。服用托莫西汀的多动症孩子的父母反映，孩子的情绪问题和行为问题减少了，自尊提升了，他们对孩子的担心变少了，并且对于他们私人时间的限制也更少了。然而，研究发现，托莫西汀与兴奋剂类药物相比，前者在改善多动症症状方面不如兴奋剂类药物有效，尽管服用托莫西汀和兴奋剂类药物后产生积极反应的多动症孩子比例相近，都在 75% 左右。

托莫西汀有哪些副作用？

与兴奋剂类药物不同的是，托莫西汀并不会导致服药者出现失眠或入睡困难的副作用。托莫西汀也不会加剧患有抽动障碍的儿童的运动或发声抽动问题。它主要的副作用包括轻微的食欲不振、嗜睡或镇静状态，这些副作用在服药最开始的几个星期最为明显。托莫西汀还可能会导致血管的舒张压和心率稍微升高，但患者的心电图模式［ECG（Electrocardiography）间隔］不会出现明显的变化。不到 10% 的患者在服用托莫西汀后因严重的副作用而停止服药。对用药患者长达 3 年的追踪研究表明，托莫西汀对于治疗儿童和成年人的多动症具有长期的疗效，并且其安全性和可耐受性都是可靠的。

"我怎么好像听说服用托莫西汀会导致肝脏问题？"

自美国食品药品监督管理局批准托莫西汀上市以来，在 2003—2010 年，超过 500 万服用托莫西汀的多动症患者中仅有两例向制药商和美国食品药品监督管理局报告了严重的肝受损问题。这两个病例在停止用药后均恢复了健康。在这两个病例中，仅有一例的肝脏问题可能与托莫西汀有关，另一案例并未证明其肝脏问题是由于使用托莫西汀而产生的。如果患者出现黄疸症状（皮肤泛黄或眼白发黄），则应马上停止用药。专家及制药商建议，一旦出现皮肤瘙痒、黄疸、尿液颜色变深、腹部右上方压痛或不明原因的类似流感的症状时，服用托莫西汀的患者应立即联系其主治医生。然而，患者因使用托莫西汀而出现肝脏问题的情况极其罕见。

胍法辛缓释片

胍法辛缓释片是目前最新研发出来的治疗儿童和青少年（年龄为6—17岁）多动症的药物，它在2009年通过了美国食品药品监督管理局的批准。胍法辛最初是用于治疗高血压的，它通过降低心率和舒张血管壁使血液流动更加容易。此外，胍法辛还被列为一种降压药。市面上出售的这种药物的商品名为Tenex。和其他降压药（参见下文讨论的可乐定）不同的是，胍法辛在降低血压和对心脏的影响上的效果都不像可乐定那么强，因此，它对于儿童来说是更为安全的。胍法辛的缓释剂型叫Intuniv，它在人清醒期间持续释放。通过将药物做成颗粒状并将其用糖衣包起来，让它们以不同的时间间隔溶解，可以实现药效缓释。为避免破坏药物的糖衣，父母应确保孩子将药丸整粒吞下而不是嚼烂服下。

这种长效药物被认为是通过影响名为α-2受体的神经细胞的小机制在大脑中产生作用的。电信号会在神经上的这些阀样受体（valve-like receptors）打开或关闭时被激活，并流经神经纤维，这时α-2受体似乎可以调节电信号的强度或纯度。Intuniv之所以能够对多动症起作用，似乎是因为它能够降低"噪声（阀样受体的开放性）"的程度，从而增强神经细胞的电信号，这种现象在大脑的前额叶尤其明显，因为前额叶区域有更多的α-2受体。正如你在前几章中所了解到的，大脑的这些区域与持续集中的注意力、冲动控制和其他执行功能有关，这些功能为我们提供自我调节。现在已经发表的研究清楚地表明，这种药物在减少儿童多动症症状方面是有效的。也有很好的证据证明了这种药物治疗多动症儿童的安全性。有关 Intuniv 的更多信息，请访问药品的官方网站、美国国立卫生研究院的网站。

与托莫西汀相似，证据表明，Intuniv 不仅能改善多动症症状，还能减轻对立、挑衅、攻击性行为和焦虑，甚至神经性抽动和抽动秽语综合征的相关症状。

胍法辛缓释片的副作用有哪些？

胍法辛缓释片的副作用与前文所讨论的兴奋剂类药物的副作用区别较大。例如，胍法辛缓释片不但不会使患者晚上失眠或难以入睡，相反，它可能会使患者更早入睡，因为如果患者在就寝时服药，药物会增加困意或嗜睡的感觉。此外，它似乎也不会加剧患有抽动障碍的儿童的运动或发声抽动，相反，它甚至能减轻这些症状，这也是为什么胍法辛（Tenex）已被用于治疗抽动障碍或抽动秽语综合征。胍法辛缓释片最常见的副作用是使患者感到有点头晕，因为它会使心率和血压稍微降低，所以血压低或者心脏有问题的儿童不适合服用它。儿童服用胍法辛缓释片后应多喝水，因为上述症状可能由于脱水而加重。同时，儿童在摄入了具有利尿功能的食物和饮料（例如，咖啡因或酒精）之后，这种药的副作用也会加重。胍法辛缓释片通常还会增加患者嗜睡或镇静的感觉，尤其是刚开始用药的几个星期。最严重的副作用是罕见的，包括昏厥、视力模糊、皮肤红疹，以及显著的心率和血压降低。如果出现这些情况，应立即打电话给为你开药的医生。其他副作用包括口干、疲劳、乏力、头痛、烦躁、胃痛、食欲不振、胀痛、恶心、呕吐、便秘或腹泻和鼻塞，并且成人可能会出现性能力减退。不到 10% 的患者因严重的副作用而停药。此外，父母须警惕不要突然停止用药，因为在极少见的情况下，突然停药可能导致孩子出现严重的血压和心脏问题。

对用药患者进行的连续几年的追踪研究表明，胍法辛缓释片用于治疗儿童多动症具有长期的疗效，并且其安全性和可耐受性都是可靠的。

药品制造商提醒患者注意，不要将药物与任何高脂肪食物一起食用。由于潜在的不良相互作用，Intuniv 也不应与葡萄柚或葡萄柚汁一起服用。如果孩子正在服用某些其他药物，如镇静剂、抗精神病药、抗惊厥药或抗抑郁药，甚至草药补充剂（如圣约翰麦汁），这些药也不应与 Intuniv 同时服用。一定要告诉你的医生，孩子正在服用的任何其他药物及营养或草药补充剂。

可乐定缓释片

另一种对多动症儿童有益的药物是可乐定，它经常用于治疗成人高血压。（在美国，可乐定由一家制药公司以 Catapres 作为商品名进行销售，但更多情况下，这种药物是以其通用名进行销售和引用的。）与胍法辛缓释片（Intuniv）类似，可乐定现在被批准用于多动症治疗的剂型是一种名为 Kapvay 的缓释片。这两种药物都能引起行为和情绪的改变，如果多动症儿童在服用兴奋剂或托莫西汀后出现较大副作用或没有获得有益的效果，Kapvay 和 Intuniv 可能对他们有一定好处。这两种降压药的不同之处在于，胍法辛对心脏功能和血压的不良影响比可乐定小得多，因此产生可能与之相关的副作用（晕厥、头晕、恶心）的风险较小。胍法辛缓释片和可乐定缓释片在血液中的留存时间也更长，因此白天需要的剂量更少，正如药品名所表明的（缓释即缓慢释放）。基于这些原因，如果考虑让多动症孩子服用降压药，那么如上所述，在使用三环类治疗多动症之前，胍法辛缓释片或可乐定缓释片是比抗抑郁药更好的选择。

服用可乐定缓释片可能会减少多动症儿童运动活动过度和冲动的症状。它还可以增加孩子与完成任务和遵从指令相关的合作性，并提高孩子对挫折的容忍度。范德堡大学的罗伯特·亨特（Robert Hunt）博士是美国公认的多动症儿童用药专家，他报告称，可乐定缓释片在改善多动症儿童的持续注意力或减少注意力分散方面可能不如兴奋剂有效。然而，在减少攻击性和冲动性行为，或者儿童的唤醒水平在很短时间内变得过高的倾向方面，可乐定缓释片可能和兴奋剂一样有效。亨特博士认为，这种药物可能最适合对抗性很强、习惯挑衅或有品行障碍的多动症儿童。

口服可乐定缓释片后，药物可在 30 ~ 60 分钟内引起行为改变，并可持续 5 ~ 8 小时或更长时间。常规的可乐定（不是缓释型）也有一种可以贴在皮肤上的贴剂型。当使用这种皮肤贴片时，成人在几天内可能看不到儿童行为上的变化。然而，人们通常需要几个月的时间才能知道某种药物在治疗孩子的行为或情绪问题方面产生了多少作用。

可乐定缓释片有什么副作用？

孩子服用可乐定缓释片最常见的副作用是镇静状态、疲倦或困倦。这种副作用从孩子服药开始，可能持续 2 ~ 4 周。在此期间，孩子可能会经常出现打盹的情况，尤其是在无聊的活动中。对一些孩子（大约 15%）来说，这种嗜睡或疲劳的副作用可能会持续更长的时间，而且造成很大的困扰，以至于需要停药。

开始服用可乐定缓释片后，孩子的血压可能会轻微下降，但这种轻微下降不会对孩子产生显著的负面影响。心率也可能轻微下降，但这种情况很少会很严重。有些孩子可能会在开始服药的前 4 周内出现头痛或头晕。有些孩子会出现恶心、胃痛，甚至呕吐的情况，但这些通常也限于开始服药的前几周。便秘和口干也是可能出现的副作用。不太可能发生的副作用包括：抑郁、心跳或心律的不稳定变化、噩梦或睡眠中断、食欲增加以及体重增加或减少。出现焦虑加剧、手指或脚趾发冷［称为雷诺综合征（Raynaud syndrome）］或水肿的问题的概率也很低。

服用这种药时，孩子绝对不能突然停药。如果突然停药，孩子的血压可能会快速上升，表现出躁动和（或）变得焦虑；主诉胸痛或心跳过快和心律不齐；出现头痛、胃痛、恶心或睡眠问题。

可乐定缓释片也可能与其他药物发生相互作用，并因此给孩子带来问题，所以家长应该告知医生孩子正在服用的药物，之后医生再考虑是否给孩子开可乐定。或者，在孩子服用可乐定的情况下，假如孩子要服用其他药物，也要告知医生。

孩子如何使用可乐定缓释片？

在开始服用可乐定缓释片之前，医生可能需要对孩子进行全面的体检，内容包括心电图和一些血液检查。虽然在服药最初的 2～4 周内，家长可以看到孩子身上的一些行为改善，但通常需要 2～4 个月的时间，药物的益处才会全部显现出来。

可乐定皮肤贴片（名称为 Catapres-TTS）已经上市，但美国食品药品监督管理局并未批准将这种药用于治疗多动症。可乐定皮肤贴片类似于一条黏性绷带，应该被放置于干净的、相对无毛的皮肤上，并且孩子的手不容易够到这个地方（通常是腰背部或臀部后面）。孩子可以带着贴片洗澡或淋浴，但在游泳或大量出汗后，可能需要更换贴片。亨特博士建议，儿童可以从口服可乐定开始，直到确定合适的剂量。如果需要，可以把口服可乐定换成皮肤贴片，这样可以避免在学校吃药的问题。

任何使用可乐定或可乐定缓释片的儿童，在调整药物剂量时，都应当确保每周有医生随访一次；在达到稳定剂量后，每 4～6 周医生随访一次。在定期随访时，医生应对儿童的血压、心率和发育情况进行监测和检查。

如果你的医生不熟悉可乐定缓释片，或你想阅读更多关于可乐定缓释片的内容，你可能希望参考蒂莫西·E. 威伦斯博士和保罗·G. 哈默内斯博士的《大胆谈一谈儿童精神病药物》一书（见本书末尾的"推荐读物"部分）。

三环类抗抑郁药

在 2003 年之前，治疗多动症使用最频繁的抗抑郁药的商品名（通用名称在括号中）是 Norpramin 或 Pertofrane（去甲丙咪嗪）、Tofranil（丙咪嗪）、Elavil（阿米替林）以及 Wellbutrin（盐酸安非他酮）。其中，前 3 种药物被称为三环类抗抑郁药。其他的三环类抗抑郁药还包括 Pamelor 或 Aventyl（去甲替林）和 Anafranil（氯丙咪嗪），但临床科学家尚未研究清楚它们对多动症的影响，所以此处不讨论这些药物。另外，因为 Wellbutrin 与其他三环类抗抑郁药极为不同，所以我将单独对它进行讨论。

Norpramin、Tofranil 和 Elavil 主要用于治疗抑郁症。但是，它们也被用于治疗部分多动症儿童，以及有焦虑或惊恐发作、尿床和其他睡眠问题（如夜惊）的儿童。当多动症儿童在使用第十九章中提及的兴奋剂类药物后没有得到良好效果或无法耐受其副作用时，可以使用这些药物。像其他所有可以调节行为的药物一样，这些药物通过改变大脑特定区域的化学物质来改变行为。我们认为，在治疗多动症的过程中，这些药物能增加大脑内有效工作的化学物质去甲肾上腺素和多巴胺的数量，尤其是在前额叶区域，就像兴奋剂类药物一样。最常被研究的用于治疗多动症的三环类药物是 Norpramin，但其他三环类抗抑郁药也可能产生相似的药效。

有时，一些与多动症相关的行为症状会在服药后几天内出现改变，但有时则需要几个星期。如果医生推荐使用这类药物治疗多动症孩子的抑郁症，请询问医生是否可以用更现代的抗抑郁药，如选择性 5- 羟色胺再摄取抑制剂（selective serotonin reuptake inhibitors，SSRIs）。它们相对更安全，造成的心脏功能问题比三环类药物更少。如果你和你的医生最终决定使用三环类药物，你们需要进行几周的尝试来确定药物的效果如何。根据最初的尝试结果决定是否增加或减少孩子服用药物的剂量，然后，还需要几周时间来观察新剂量的效果如何。这就意味着，孩子可能需要很长一段时间来进行尝试，以确定三环类药物是否比第十九章中讨论的兴奋剂类药物的效果更好。

研究发现，多动症孩子服用此类药物可能会在集中注意力和控制冲动方面有轻微至中等的改善。孩子躁动不安和过度活跃的程度也会降低。一般来说，最显著的效果是孩子情绪的改善。孩子似乎较少或不易发怒，心情更愉快或精神变得更好，并且焦虑或担心也有所减少。这些药物在改变多动症的症状方面，并不如第十九章中讨论的经美国食品药品监督管理局批准的兴奋剂类药物那样有效，因此，应该首选经批准治疗多动症的药物。

像兴奋剂一样，三环类抗抑郁药需要口服，一天1次或2次（早1次，晚1次）。但和兴奋剂类药物不同的是，这些药物不会快速从身体内排出，它们会在血液中停留更长的时间。这意味着药物的药效会持续一整天，但这也意味着，要将孩子身体里的药物逐渐排出可能会耗费几周的时间。一次漏服或突然停止服药可能不会造成危险，但可能会导致头痛、胃痛、恶心或肌肉疼痛等问题。孩子也可能表现出一些情绪或行为上的反应，比如哭泣、悲伤、紧张和睡眠问题。

这些药物有什么副作用？

心率降低

三环类抗抑郁药的问题之一是，它们会减缓心脏电信号的传输，导致心跳或心律的问题。由于这个原因，每个尝试 Norpramin、Tofranil 或 Elavil 的多动症孩子都应该首先做心电图检查——一个测量心脏跳动的简单测试。如果测试发现了任何异常，那么孩子就不应使用这些药物。此外，如果孩子有突发性心脏病的家族史，那么在大多数情况下也应避免使用这些药物。

事实上，由于这些药物对心脏有严重影响，所以它们必须放到儿童接触不到的地方，同时必须谨防有人意外过量服用这些药物；过量服用会致死。

癫痫发作

三环类抗抑郁药的另一个问题是可能增加癫痫或抽搐的风险，特别是如果多动症孩子有癫痫发作史、头部受到过严重的外伤或者有其他严重的神经系统问题。在这种情况下，最好不要使用这些药物。

轻微的生理反应

Norpramin、Tofranil 或 Elavil 最常见的副作用之一是口干，可以通过让儿童咀嚼一些无糖口香糖来解决这个问题；另一种最常见的副作用是便秘，可以通过使用大便软化剂或调整饮食结构（增加纤维）来解决。一些儿童可能会出现视力模糊甚至近视的副作用。有些情况下，儿童会在小便时难以排出尿液。这些都不属于严重的问题，都可以通过降低药物剂量来处理。

罕见的副作用

三环类抗抑郁药可能产生一些非常严重的副作用，尽管这很罕见。除了心率降低和癫痫发作的风险增加外，有些儿童可能会出现精神病性反应，比如思维混乱、言语过多、活动量过大，甚至出现幻觉。在服用高剂量药物的情况下，有些儿童会出现精神混乱。出现这些副作用时，应立即通知儿童的医生并在医生的指导下停止使用药物。服用这些药物也有可能发生血压升高，尽管是轻微的，但如果儿童曾有高血压史，这种情况也应引起足够的重视。

另一种被报告过的同样罕见但不那么严重的情况是皮疹。这可能是用于制造药片的食用色素（柠檬黄）而不是药物本身造成的过敏反应。使用不包含食用色素的其他形态的药物可以解决这个问题。在极其罕见的情况下，儿童服用这些药物后可能出现神经抽动。如果情况严重或抽动频率高，应停止药物，这样抽动反应通常会消失。药物也会增加皮肤在阳光下的敏感性，应要求孩子经常涂抹防晒霜或在户外活动时穿戴防护性更强的衣物。

药物间的相互作用

三环类抗抑郁药可以与许多其他药物相互作用，所以最好询问你的医生，当儿童服用 Norpramin、Tofranil 或 Elavil 时应避免同时使用哪些药物。

孩子使用三环类抗抑郁药的注意事项

有时，当儿童服用这些药物治疗抑郁症时，他们需要进行血液检查，以确定是否有足够的药物进入血液，使儿童受益。有时，当药物剂量似乎是足够的，但孩子要么对药物没有反应，要么没有表现出服药过量的迹象，这时候的常规做法是对孩子进行血液检查，以确定进入血液的药量。然而，即便如此，从已有研究结果看，我们目前还不清楚了解血药浓度对确定儿童最佳用药剂量有多大的价值。

与兴奋剂类药物不同，儿童能够对三环类抗抑郁药产生耐药性，所以通常儿童服用这些药物不能超过 1 年或 2 年。有时这些抗抑郁药在服用仅 4 ~ 6 个月后就开始失去疗效。在这种情况下，可能需要停用药物几个月，然后重新开始服用。

盐酸安非他酮

Wellbutrin（盐酸安非他酮）是一种相对较新的抗抑郁药。一些研究发现，它对儿童和成人多动症症状的治疗都有一定益处。它与三环类药物或其他类型的抗抑郁药没有化学上的联系，因此不具有与上述相同的风险或副作用，尤其是与心脏功能相关的风险或副作用。然而，与其他抗抑郁药一样，这种药物确实需要数天到数周的时间才能在血液中积聚起来，这样才能判断其疗效。Wellbutrin 有常规形式和长效制剂两种，通常的处方是每天服用数次。它有可能引起癫痫发作（但风险很小），特别是在服用高剂量时和对于有癫痫病史的儿童。药物的其他副作用包括水肿（肿胀）、皮疹、易怒、食欲不振和难以入睡。

"我怎么好像听说服用抗抑郁药可能会导致自杀？"

是的，你有可能听说过媒体提出的这种质疑：三环类抗抑郁药、选择性 5- 羟色胺再摄取抑制剂（如百忧解）和 Wellbutrin 等抗抑郁药是否可能增加服药儿童和青少年的自杀念头，甚至自杀尝试。虽然媒体所描绘的故事耸人听闻，但是家长应当清楚的是，有关抗抑郁药的副作用的真实证据并不像媒体说的那样清晰。通常，在使用抗抑郁药治疗抑郁症的儿童中偶尔会出现这种情况。但是，这些儿童和青少年本身就有抑郁症，和普通儿童和青少年相比，他们产生自杀念头或自杀尝试的概率更高。在针对抗抑郁药的 7 项不同的研究中，杰弗里·布里奇（Jeffrey Bridge）博士和同事发现，在患有抑郁症或情绪障碍的儿童中，服用药物的儿童的自杀念头比服用安慰剂的儿童高 0.7%。在这些研究中没有成功自杀的事件出现。但是，2004 年 10 月 15 日，美国食品药品监督管理局颁布了一项公共卫生警报，提醒医生在使用这些药物治疗儿童抑郁症的同时，要关注药物可能会增加儿童的自杀念头或自杀尝试的潜在风险。如果你的孩子正在服用这些药物中的一种或本书未讨论的任何其他药物，请参阅蒂莫西·E. 威伦斯博士和保罗·G. 哈默内斯博士的《大胆谈一谈儿童精神病药物》，该书提供了更多美国食品药品监督管理局关于药物的提示和相关信息，该书同时还建议家长采取适当的预防措施保护正在接受这些药物治疗的儿童和青少年。

家长支持服务

在美国和加拿大有大量的多动症家长支持组织。此外，还有一些较小的地方或区域团体。由于这些团体的联系方式经常变化，我建议你先联系一个全国性组织，该组织有各种各样的支持团体的最新信息。他们会很高兴把你介绍给离你家最近的支持团体。尽管我们努力保持以下信息的与时俱进，但请注意，有些组织的网站可能已停止使用。

大型团体

- 最大的美国全国性协会是儿童和成人注意缺陷/多动障碍协会（Children and Adults with Attention-Deficit/Hyperactivity Disorder，CHADD），该协会拥有来自美国几乎每个州和省的500多个附属支持协会。要找到离你最近的支持团体，请访问CHADD的网站。
- 另一个美国全国性家长支持协会是注意缺陷障碍协会（Attention Deficit Disorder Association，ADDA）。
- 多动症-欧洲（ADHD-Europe）是一个欧洲多国家和地区的多动症组织在欧洲的联合团体，以促进信息传播和支持与多动症患者相关的人。该组织致力于在欧洲就多动症问题进行宣传，以期影响政策并改进有关多动症问题的现有立法。
- 加拿大多动症全国支持团体是加拿大多动症中心（Centre for ADHD Awareness, Canada; CADDAC）。
- 还有一些值得提及的英国和欧洲支持团体。注意力缺陷障碍者组织（ADDers）是一个促进人们对儿童和成人多动症的了解的组织，致力于为英国和其他地区的家庭提供实用建议。
- 关于多动症的时事通讯可以从 CHADD 和 ADDA 以及其他几个来源获得。请参阅"推荐读物"的"期刊"部分。

其他协助组织

正如本书前文所指出的，在网上寻求有关多动症的信息和建议时，谨慎是很重要的。公告栏、聊天室，甚至许多网站（特别是商业网站）上的内容的质量差别很大。我发现以下网站是可靠的，是以科学事实为基础的。

- 多动症信息服务（ADHD Information Services, ADDISS），在英国提供有关多动症的信息、支持和培训资源。
- 现在有一个世界多动症联合会（World Federation of ADHD），它把上述一些独立的组织聚集在一起，致力于提高全世界对多动症的认识。

关于特定主题的信息及建议资源

口腔卫生

- 家庭医生组织（FamilyDoctor）
- 健康儿童组织（HealthyChildren）

- 口腔护理网（DentalCare）
- 美国疾病控制和预防中心（Centers for Disease Control and Prevention）
- 美国牙科协会口腔健康（American Dental Association MouthHealthy）
- 网络医生（WebMD）
- 儿童健康（Kids Health）

锻炼

- 儿童健康组织（Kid's Health）
- 医学索引——美国国家医学图书馆（Medline Plus—U.S. National Library of Medicine）
- 美国运动协会（American Council for Exercise，ACE）
- 梅约诊所（Mayo Clinic）
- 网络医生（WebMD）
- 父母网（Parents）
- 护理网（Care）

家庭日常惯例

- 养育孩子网（Raising Children）
- 健康儿童组织（HealthyChildren）
- 美国疾病控制和预防中心（Centers for Disease Control and Prevention）
- 赫芬顿邮报（Huffington Post）
- 希望与帮助组织（Help and Hope）
- 超级育儿师（Super Nanny）
- 健康家庭BC（Healthy Families BC）

儿童监督

- 是的——安全选择（YES—Safe Choices）
- 北弗吉尼亚扫描（SCAN of Northern Virginia）

营养

- 梅约诊所——健康生活方式——儿童健康（Mayo Clinic—Healthy Lifestyle—Children's Health）
- 健康儿童组织（HealthyChildren）
- 家庭医生组织（FamilyDoctor）
- 医学索引——美国国家医学图书馆（Medline Plus—U.S. National Library of Medicine）
- 斯坦福儿童健康（Stanford Children's Health）
- 精确营养（Precision Nutrition）
- 引导帮助组织（HelpGuide）

成人多动症的父母教育

- ADDitude 杂志（ADDitude Magazine）
- 多动症过山车（ADHD Roller Coaster），来自我的朋友兼同事吉娜·佩拉（Gina Pera）
- 今日心理学（Psychology Today）
- 好头脑（Very Well Mind）
- 网络医生（WebMD）
- 心理中心（Psych Central）
- 儿童心理研究所（Child Mind Institute）

屏幕时间

- 梅约诊所（Mayo Clinic）
- 好家庭（Very Well Family）
- 正面管教（Positive Discipline）
- 养育孩子网（Raising Children）
- 科技窝网（TechDen）
- 今日父母（Today's Parent）
- 无价的育儿（Priceless Parenting）
- 积极生活（Active For Life）

兄弟姐妹

- 父母教育中心（Center for Parenting Education）
- 父母网（Parents）
- 积极育儿方法（Positive Parenting Solutions）
- 优秀父母（A Fine Parent）
- 你的现代家庭（Your Modern Family）
- 赫芬顿邮报（Huffington Post）
- 儿童健康组织（Kid's Health）
- 问问西尔斯医生（Ask Dr. Sears）

多动症儿童及其兄弟姐妹

- 网络医生（WebMD）
- 好头脑（Very Well Mind）
- 为注意力缺陷障碍提供帮助（Helpforadd）
- ADDitude 杂志（ADDitude Magazine）
- 今日心理学（Psychology Today）

- 健康之地（Healthy Place）
- 每日健康（EveryDay Health）
- 高飞（SOAR）
- 健康引擎（Health Engine）
- 校园奔跑网（The SchoolRun）

睡眠卫生

- 今日心理学（Psychology Today）
- 养育孩子网（Raising Children）
- 网络医生（WebMD）
- 健康儿童组织（HealthyChildren）
- 今日父母（Todays Parent）

青少年驾驶与多动症

- 理解组织（Understood）
- 网络医生（WebMD）
- ADDitude 杂志（ADDitude Magazine）

青少年性与多动症

- ADDitude 杂志（ADDitude Magazine）
- 绝佳学校（Great Schools）
- 健康热线（Healthline）
- 儿童心理研究所（Child Mind Institute）
- 多动症博客（ADD ADHD Blog）
- 今日心理学（Psychology Today）

推荐读物

给父母和教师的书

American Academy of Pediatrics. (2011). *ADHD: What every parent needs to know.* Elk Grove, IL: Author.

Ashley, S. (2005). *The ADD and ADHD answer book: Professional answers to 275 of the top questions parents ask.* Naperville, IL: Sourcebooks.

Barkley, R. A. (2016). *Managing ADHD in school.* Eau Claire, WI: Premier Educational Seminars.

Barkley, R. A., & Benton, C. M. (2013). *Your defiant child: Eight steps to better behavior* (2nd ed.). New York: Guilford Press.

Barkley, R. A., Robin, A. R., & Benton, C. (2013). *Your defiant teen: 10 steps to resolve conflict and rebuild your relationship* (2nd ed.). New York: Guilford Press.

Brown, T. (2014). *Smart but stuck: Emotions in teens and adults with ADHD.* San Francisco: Jossey-Bass.

Children and Adults with Attention-Deficit/Hyperactivity Disorder. (2006). *The new CHADD information and resource guide to AD/HD.* Landover, MD: Author.

Cooper Kahn, J., & Dietzel, L. (2008). *Late, lost, and unprepared: A parent's guide to helping children with executive functioning.* Bethesda, MD: Woodbine House.

Dawson, P., & Guare, R. (2008). *Smart but scattered: The revolutionary executive skills approach to helping kids reach their potential.* New York: Guilford Press.

Dendy, C. A. Z. (2017). *Teenagers with ADD, ADHD and executive function deficits: A guide for parents and professionals*. Bethesda, MD: Woodbine House.

Forgatch, M., & Patterson, G. R. (2005). *Parents and adolescents living together: Part I. The basics* (2nd ed.). Champaign, IL: Research Press.

Forgatch, M., & Patterson, G. R. (2005). *Parents and adolescents living together: Part II. Family problem solving* (2nd ed.). Champaign, IL: Research Press.

Fowler, M. C. (2000). *Maybe you know my kid: A parent's guide to identifying, understanding, and helping your child with attention-deficit hyperactivity disorder* (3rd ed.). New York: Broadway Books.

Fowler, M. C. (2001). *Maybe you know my teen: A parent's guide to adolescents with attention-deficit hyperactivity disorder.* New York: Broadway Books.

Fowler, M. C. (2006). *CHADD educator's manual* (2nd ed.). Landover, MD: CHADD.

Fowler, M. C. (2007). *20 questions to ask if your child has ADHD.* Franklin Lakes, NJ: Career Books.

Gallagher, R., Abikoff, H. B., & Spira, E. G. (2014). *Organizational skills training for children with ADHD: An empirically supported treatment.* New York: Guilford Press.

Gallagher, R., Spira, E. G., & Rosenblatt, J. L. (2018). *The organized child: An effective program to maximize your kid's potential—in school and in life.* New York: Guilford Press.

Goldrich, C., & Rothschild, B. (2015). *Eight keys to parenting children with ADHD.* New York: Norton.

Grossberg, B. N. (2015). *Focused: ADHD and ADD parenting strategies for children with attention deficit disorder.* San Antonio, TX: Althea.

Guare, R., Dawson, P., & Guare, C. (2013). *Smart but scattered teens: The "executive skills" program for helping teens reach their potential.* New York: Guilford Press.

Guyer, B. P. (2000). *ADHD: Achieving success in school and in life.* Boston: Allyn & Bacon.

Hallowell, E. M., & Jensen, P. S. (2010). *Superparenting for ADD: An innovative approach to raising your distracted child.* New York: Ballantine Books.

Hanna, M. (2006). *Making the connection: A parent's guide to medication in AD/HD.* Washington, DC: Ladner-Drysdale.

Hinshaw, S. P., & Scheffler, R. M. (2014). *The ADHD explosion: Myths, medication, money, and today's push for performance.* New York: Oxford University Press.

Iseman, J. S., Silverman, S. M., & Jeweler, S. (2010). *101 school success tools for students with ADHD*. Waco, TX: Prufrock Press.

Kutscher, M. (2002). *ADHD book: Living right now!* White Plains, NY: Neurology Press.

Kutscher, M. (2009). *ADHD: Living without brakes*. Philadelphia: Jessica Kingsley.

Langberg, J. M. (2011). *Homework, organization, and planning skills (HOPS) interventions*. Bethesda, MD: National Association of School Psychologists.

Meltzer, L. (2010). *Promoting executive function in the classroom*. New York: Guilford Press.

Miller, J. G., & Miller, K. G. (2016). *Raising accountable kids: How to be an outstanding parent using the power of personal accountability*. New York: TarcherPerigee (Penguin Books).

Monastra, V. J. (2014). *Parenting children with ADHD: 10 lessons that medicine cannot teach*. Washington, DC: American Psychological Association.

Nadeau, K. G., Littman, E. B., & Quinn, P. O. (2015). *Understanding girls with AD/HD*. Silver Spring, MD: Advantage Books.

Nigg, J. T. (2017). *Getting ahead of ADHD: What next-generation science says about treatments that work—and how you can make them work for your child*. New York: Guilford Press.

Pfiffner, L. (2011). *All about ADHD: The complete practical guide for classroom teachers*. New York: Teaching Resources.

Richey, M. A., & Forgan, J. W. (2012). *Raising boys with ADHD: Secrets for parenting healthy, happy sons*. New York: Prufrock Press.

Richfield, S. (2008). *Parent coaching cards: Social and emotional tools for children*. Available from Parent Coaching Cards, Inc., P.O. Box 573, Plymouth Meeting, PA 19462.

Rief, S. F. (2015). *The ADHD book of lists: A practical guide for helping children and teens with attention deficit disorders*. New York: Wiley.

Rief, S. F. (2016). *How to reach and teach children with ADD/ADHD: Practice techniques, strategies, and interventions* (3rd ed.). San Francisco: Jossey-Bass.

Saline, S., & Markham, L. (2018). *What your ADHD child wishes you know: Working together to empower kids for success in school and life*. New York: TarcherPerigee (Penguin Books).

Sarkis, S. M. (2008). *Making the grade with ADD: A student's guide to succeeding in college with attention deficit disorder*. Oakland, CA: New Harbinger.

Sarkis, S. M., & Klein, K. (2009). *ADD and your money*. Oakland, CA: New Harbinger.

Silverman, S. M., Iseman, J. S., & Jeweler, S. (2009). *School success for kids with ADHD.* Waco, TX: Prufrock Press.

Taylor, T. (2019). *Parenting ADHD with wisdom and grace.* Oakland Park, KS: Forward Press.

Taylor-Klaus, E., & Dempster, D. (2016). *Parenting ADHD now!: Easy intervention strategies to empower kids with ADHD.* San Antonio, TX: Althea.

Tuckman, A. (2009). *More attention, less deficit: Success strategies for adults with ADHD.* Plantation, FL: Specialty Press.

Wilens, T. E., & Hammerness, P. G. (2016). *Straight talk about psychiatric medications for kids* (4th ed.). New York: Guilford Press.

给孩子的关于多动症的书

Corman, C., & Trevino, E. (1995). *Eulcee the jumpy jumpy elephant.* Plantation, FL: Specialty Press.

Dendy, C. A. Z., & Zeigler, A. (2003). *A bird's-eye view of life with ADD and ADHD: Advice from young survivors* (2nd ed.). Available from Chris A. Zeigler Dendy Consulting LLC, P.O. Box 189, Cedar Bluff, AL 35959.

Galvin, M. (1995). *Otto learns about his medicine: A story about medication for children* (rev. ed.). Washington, DC: American Psychological Association.

Gordon, M. (1992). *I would if I could.* DeWitt, NY: Gordon Systems.

Gordon, M. (1992). *My brother's a world-class pain.* DeWitt, NY: Gordon Systems.

Krauss, J. (2005). *Cory stories: A kid's book about living with ADHD.* Washington, DC: Magination Press.

Moss, D. (1989). *Shelly the hyperactive turtle.* Rockville, MD: Woodbine House.

Nadeau, K. G. (2006). *Help4ADD@HighSchool.* Bethesda, MD: Advantage Books.

Nadeau, K. G. (2006). *Survival guide for college students with ADD or LD.* Washington, DC: American Psychological Association.

Nadeau, K. G., & Dixon, E. B. (2004). *Learning to slow down and pay attention: A book for kids about ADHD.* Washington, DC: Magination Press.

Parker, R. (1992). *Making the grade.* Plantation, FL: Specialty Press.

Quinn, P. (1994). *ADD and the college student.* Washington, DC: American Psychological Association.

Quinn, P., & Stern, J. (1991). *Putting on the brakes: Young people's guide to understanding attention deficit hyperactivity disorder.* Washington, DC: American Psychological Association.

Shapiro, L. E. (2010). *The ADHD workbook for kids.* Oakland, CA: Instant Help Books.

Taylor, J. T. (2006). *Survival guide for kids with ADD or ADHD.* Minneapolis, MN: Free Spirit.

给多动症成人的书

Adler, L. (2006). *Scattered minds: Hope and help for adults with attention deficit hyperactivity disorders.* New York: Putnam.

Barkley, R. A. (2017). *When an adult you love has ADHD.* Washington, DC: LifeTools, American Psychological Association.

Barkley, R. A., & Benton, C. M. (2010). *Taking charge of adult ADHD.* New York: Guilford Press.

Hallowell, E. M., & Ratey, J. J. (2005). *Delivered from distraction: Getting the most out of life with attention deficit disorder.* New York: Ballantine Books.

Hallowell, E. M., & Ratey, J. J. (2010). *Answers to distraction.* New York: First Anchor Books.

Hallowell, E. M., & Ratey, J. J. (2011). *Driven to distraction* (rev. ed.). New York: Anchor Books.

Kelly, K., & Ramundo, P. (2006). *You mean I'm not lazy, stupid, or crazy?!: The classic self-help book for adults with attention deficit disorder.* New York: Scribner.

Kolberg, J., & Nadeau, K. G. (2002). *ADD-friendly ways to organize your life.* New York: Routledge.

Matlen, T. (2005). *Survival tips for women with AD/HD: Beyond piles, palms, and Post-its.* Plantation, FL: Specialty Press.

Nadeau, K. G. (1997). *ADD in the workplace: Choices, changes, and challenges.* Philadelphia: Brunner/Mazel.

Nadeau, K. G., & Quinn, P. O. (2002). *Understanding women with AD/HD.* Silver Spring, MD: Advantage Books.

Orlov, M. (2010). *The ADHD effect on marriage: Understand and rebuild your relationship in six steps.* Plantation, FL: Specialty Press.

Pera, G. (2008). *Is it you, me, or adult ADHD?* San Francisco: 1201 Alarm Press.

Pinsky, S. C. (2006). *Organizing solutions for people with attention deficit disorder*. Gloucester, MA: Fair Winds Press.

Quinn, P. O. (2005). *When moms and kids have ADD*. Washington, DC: Advantage Books.

Ratey, N. A. (2008). *The disorganized mind: Coaching your ADHD brain to take control of your time, tasks, and talents*. New York: St. Martin's Press.

专业出版物

Accardo, P. J., Blondis, T. A., Whitman, B. Y., & Stein, M. A. (1999). *Attention deficits and hyperactivity in children and adults: Diagnosis, treatment, management* (2nd ed.). New York: Marcel Dekker.

> 这是一本关于多动症的性质、原因、相关疾病和治疗的学术评论集。

American Academy of Child and Adolescent Psychiatry. (2002, February). Practice parameter for the use of stimulant medications in the treatment of children, adolescents, and adults. *Journal of the American Academy of Child and Adolescent Psychiatry, 41*(2, Suppl.), 26S–49S.

> 本书描述了使用哌甲酯、右旋安非他明、混合盐类安非他明、匹莫林的治疗；采用基于详细文献综述和专家咨询的循证医学方法。

American Psychiatric Association. (2013). *Diagnostic and statistical manual of mental disorders* (5th ed.). Arlington, VA: Author.

> 这是一本针对专业人士的手册，阐述了用于诊断精神障碍的标准（在美国境内）。它包含多动症和相关疾病的最新标准。

Banaschewski, T., Coghill, D., & Zuddas, A. (2018). *Oxford textbook of attention deficit hyperactivity disorder*. Oxford, UK: Oxford University Press.

Barkley, R. A. (2012). *Executive functions: What they are, how they work, and why they evolved*. New York: Guilford Press.

> 这是一本为专业人士撰写的学术教科书，详细介绍了执行功能理论及其与多动症的关系，并描述了与之相关的研究。这本书描述了情绪调节、自我激励、计划和工作记忆等能力如何使人们追求对生存至关重要的个人和集体目标；确定了执行功能发展的关键阶段，并详细说明了执行功能缺陷带来的深远的个人和社会成本。

Barkley, R. A. (2013). *Defiant children: A clinician's manual for assessment and parent training* (3rd ed.). New York: Guilford Press.

  本手册旨在指导专业人员一步一步地为患有多动症和/或对立违抗障碍的儿童（2—12岁）的父母进行 10 期培训计划。

Barkley, R. A. (Ed.). (2015). *Attention-deficit hyperactivity disorder: A handbook for diagnosis and treatment* (4th ed.). New York: Guilford Press.

  这是一本非常详细的专业教科书，可作为临床医生的手册，为患有多动症的儿童和成人提供诊断、评估和治疗服务，包括父母培训、课堂管理、家庭治疗和多动症药物治疗。

Barkley, R. A., Murphy, K. R., & Fischer, M. (2008). *ADHD in adults: What the science says.* New York: Guilford Press.

  本书探讨了可能与多动症共存的每一种障碍，以及这些障碍对多动症患者的临床决策有何影响。这是一个了解有关多动症的风险的绝佳起点。

Barkley, R. A., & Robin, A. R. (2014). *Defiant teens: A clinician's manual for assessment and family intervention* (2nd ed.). New York: Guilford Press.

  这是一本写给临床专业人员的基于良好行为原则和认知治疗（问题解决）策略的 18 期家庭治疗计划的分步手册。本书也包含评估叛逆青少年的有效的临床评估工具。

Brown, T. (2008). *Attention deficit disorder and comorbidities in children, adolescents, and adults* (2nd ed.). Washington, DC: American Psychiatric Press.

  在这本书中，25 位顶尖研究者讨论了多动症和常见的共病是如何相互作用的，以及如何治疗。

Buell, J. (2003). *Closing the book on homework*. Philadelphia: Temple University Press.

  本书论证了这样一种观点：家庭作业剥夺了孩子无组织的玩耍时间，阻碍而非促进了情感和智力的发展，并为学习提供了另一种途径。

Buitelaar, J. K., Kan, C. C., & Asherson, P. (2011). *ADHD in adults: Characterization, diagnosis, and treatment*. New York: Cambridge University Press.

  本书回顾了我们对成人多动症日益增长的认识，并从大西洋两岸的角度介绍这种障碍的识别、评估和治疗。

Dawson, P., & Guare, R. (2010). *Executive skills in children and adolescents: A practical guide to assessment and intervention* (2nd ed.). New York: Guilford Press.

  本书描述了评估措施，将评估与干预联系起来，并提出在环境中、通过教练、在课堂上以及针对特定人群提高执行技能的策略。

DuPaul, G. J., & Stoner, G. (2015). *ADHD in the schools: Assessment and intervention strategies* (3rd ed.). New York: Guilford Press.

这是一本为校本专业人员提供有关学校中多动症的评估及管理指导的综合指南。

Eme, R. F. (2018). *ADHD and the criminal justice system*. Newcastle upon Tyne, UK: Cambridge Scholars.

Goldstein, S., & Ellison, A. T. (2002). *Clinician's guide to adult ADHD: Assessment and intervention*. New York: Academic Press.

本书很好地介绍了针对多动症成人的临床诊断和管理。

Goldstein, S., & Goldstein, M. (1998). *Managing attention deficit hyperactivity disorder in children* (2nd ed.). New York: Wiley.

本书对儿童多动症的诊断和治疗的临床文献进行了全面的回顾。

Gregg, N. (2009). *Adolescents and adults with learning disabilities and ADHD: Assessment and accommodation*. New York: Guilford Press.

本书可以帮助教育工作者和临床医生在与青少年及成人诊断和干预决策有关的法律、政策和科学研究的"迷宫"中穿行；提供了关于如何实施和记录基于证据的评估以及选择适当的教学和测试设施的指导。

Kralovec, E., & Buell, J. (2000). *The end of homework: How homework disrupts families, overburdens children, and limits learning*. Boston: Beacon Press.

从减少对家庭作业依赖的角度来看待学校改革的最早的几本书之一。

Mapou, R. (2009). *Adult learning disabilities and ADHD: Research informed assessment*. New York: Oxford University Press.

基于作者本人深受欢迎的工作坊，这本简明的书为评估学习障碍和成人多动症提供了科学且实用的指导。

Mash, E. J., & Barkley, R. A. (Eds.). (2014). *Child psychopathology* (3rd ed.). New York: Guilford Press.

本书整合了广泛的关于儿童和青少年疾病的最先进的理论和实证研究，撰稿者包括顶尖学者和临床医生；描述了全面的覆盖生物学、心理学和儿童问题的社会背景决定因素。

Nigg, J. (2006). *What causes ADHD?: Understanding what goes wrong and why*. New York:

Guilford Press.

本书追踪遗传、神经和环境因素的交叉因果影响，直面持久的争议，如多动症作为临床概念的有效性；为研究提供了具体的建议，这些建议可能会进一步完善多动症的概念化，对治疗和预防具有重大的潜在益处。

Phelps, L., Brown, R. T., & Power, T. J. (2001). *Pediatric psychopharmacology: Combining medical and psychosocial interventions*. Washington, DC: American Psychological Association.

本书通过双盲研究和有经验支持的非药物干预，告知从业人员如何整合在儿童和青少年治疗中被证明有效的药物。

Pliszka, S. R. (2009). *Treating ADHD and comorbid disorders: Psychosocial and psychopharmacological interventions*. New York: Guilford Press.

本书包含详细的案例介绍，可帮助临床医生在评估和治疗全范围的多动症共病时做出合理的决定——如何避免常见的诊断错误，制定个性化药物治疗方案，最大程度地减少健康风险和副作用，与父母成功合作，并根据每个家庭的需要定制心理治疗。

Prinstein, M. J., Youngstrom, E. A., Mash, E. J., & Barkley, R. A. (Eds.). (2019). *Treatment of disorders in childhood and adolescence*. New York: Guilford Press.

在本书中，顶尖的撰稿者对最普遍的儿童和青少年问题的循证治疗提供了权威的评论。

Ramsay, J. R. (2009). *Nonmedication treatments for adult ADHD: Evaluating impact on daily functioning and well-being*. Washington, DC: American Psychological Association.

本书对成人多动症的非药物干预的现状进行了全面回顾，从心理社会治疗到对专科学生的学术支持和安置、职业咨询和工作场所支持、关系和社会功能、神经反馈和神经认知训练，以及补充和替代治疗。

Ramsay, J. R., & Rostain, A. L. (2019). *Cognitive-behavioral therapy for adult ADHD: An integrative psychosocial and medical approach* (2nd ed.). New York: Taylor & Francis.

本书讨论了成人多动症的治疗、复发预防和长期管理的相关因素，采用生物和社会心理治疗相结合的方法。

Rapoport, E. M. (2009). *ADHD and social skills: A step-by-step guide for teachers and parents*. Lanham, MD: Rowman & Littlefield.

本书介绍了教师可以在学校使用，家长可以在家里使用的创新技术，用来帮助多动症孩子改善行为及对社会线索的理解，从而改善同伴关系。

Safren, S. A., Sprich, S., Perlman, C., & Otto, M. (2005). *Mastery of your adult ADHD: A cognitive behavioral treatment program.* New York: Oxford University Press.

  本书提供了对多动症成人进行门诊认知行为治疗的逐节指导。还配有一本来访者手册。

Sleeper-Triplett, J. (2010). *Empowering youth with ADHD: Your guide to coaching adolescents and young adults for coaches, parents, and professionals.* Plantation, FL: Specialty Press.

  本书为专业人士和家长提供了完整的指导，关于对年轻人的多动症教练是什么，以及它能如何极大地改善他们的生活。

Solanto, M. (2011). *Cognitive-behavioral therapy for adult ADHD: Targeting executive dysfunction.* New York: Guilford Press.

  本书描述了有效的认知行为策略，可以帮助来访者提高关键的时间管理、组织和计划能力，这些能力通常因多动症而受损；详细介绍了12次的团体治疗（也可改编用于个体治疗）。

Tuckman, A. (2007). *Integrative treatment for adult ADHD: A practical, easy-to-use guide for clinicians.* Oakland, CA: New Harbinger.

  本书描述了一种整合教育、药物、教练和认知行为疗法的治疗模式。

Wasserstein, J., Wolf, L., & Lefever, F. (Eds.). (2001). *Annals of the New York Academy of Sciences: Vol. 931. Adult attention deficit disorder: Brain mechanisms and life outcomes.* New York: New York Academy of Sciences.

  本书涵盖世界知名的研究人员和临床医生的当前和历史的观点，当时成人多动症还是一个相对较新、仍有争议的诊断；全面覆盖生物学理论和研究成果、临床评估、执行功能障碍、重叠疾病和治疗方式。

Young, J. (2007). *ADHD grown up: A guide to adolescent and adult ADHD.* New York: Norton.

  本书提供了关于成人多动症的简明而全面的概述，包括不同的亚型。

Youngstrom, E. A., & Prinstein, M. J. (Eds.). (2020). *Assessment of disorders in childhood and adolescence* (5th ed.). New York: Guilford Press.

  本书为评估一系列全面的儿童和青少年心理健康问题和健康风险提供了最佳实践建议。

期刊

ADDA E-News, ADDA, P.O. Box 7557, Wilmington, DE 19083-9997; (800) 939–1019.

The newsletter for ADDA members.

ADDitude Magazine: The Happy Healthy Lifestyle Magazine for People with ADD (online and print periodical), 39 West 37th Street, 15th Floor, New York, NY 10018; (888) 762-8475.

这是一份信息丰富且相当准确的杂志（也有网站），可获取有关多动症的信息。网站的视图非常棒，且易于浏览。每期刊物提供的信息都是最新的，涵盖许多不同的主题。需要订阅（在线刊物或纸质版）才能获得每期的全部内容。虽然该杂志的内容在许多方面似乎是科学的，但这并不是对该杂志纸质版或在线刊物中的广告的认可。

The ADHD Report, edited by R. A. Barkley, The Guilford Press, 370 Seventh Avenue, Suite 1200, New York, NY 10001; (800) 365-7006.

这是唯一一份专门为临床医生提供的通讯，可供那些希望了解有关多动症的广泛而迅速变化的科学和临床文献的医生阅读。多动症儿童的父母，以及多动症成人也可能认为这些内容对了解有争议的问题和研究报告很有用。

Attention! Magazine, CHADD National Headquarters, 8181 Professional Place, Suite 150, Landover, MD 20785; (800) 233-4050.

这是一份关于多动症的光鲜、娱乐性且信息丰富的杂志，由美国最大的多动症支持组织（儿童和成人注意缺陷/多动障碍协会）创建，致力于让父母（以及患有多动症的成人）了解与多动症有关的众多问题。

CHADD Newsletter, CHADD National Headquarters, 8181 Professional Place, Suite 150, Landover, MD 20785; (800) 233-4050.

这是一份提供给属于儿童和成人注意缺陷/多动障碍协会的成员的多动症儿童和多动症成人的家长的通讯。

参考文献

Abikoff, H., Courtney, M. E., Szeibel, P. J., & Koplewicz, H. S. (1996). The effects of auditory stimulant on the arithmetic performance of children with ADHD and nondisabled children. *Journal of Learning Disabilities, 29,* 238–246.

American Psychiatric Association. (2013). *Diagnostic and statistical manual of mental disorders* (5th ed.). Arlington, VA: Author.

Barbaresi, W. J., Colligan, R. C., Weaver, A. L., Voigt, R. G., Killian, J. M., & Katusic, S. K. (2013). Mortality, ADHD, and psychosocial adversity in adults with childhood ADHD: A prospective study. *Pediatrics, 131,* 637–644.

Barkley, R. A. (1981). *Hyperactive children: A handbook for diagnosis and treatment.* New York: Guilford Press.

Barkley, R. A. (2011). *The Barkley Adult ADHD Rating Scale.* New York: Guilford Press.

Barkley, R. A. (2012). *Executive functions: What they are, how they work, and why they evolved.* New York: Guilford Press.

Barkley, R. A. (2013). Distinguishing sluggish cognitive tempo from ADHD in children and adolescents: Executive functioning, impairment, and comorbidity. *Journal of Clinical Child and Adolescent Psychology, 42,* 161–173.

Barkley, R. A. (2015). *Attention-deficit hyperactivity disorder: A handbook for diagnosis and treatment* (4th ed.). New York: Guilford Press.

Barkley, R. A. (2015). Health problems and related impairments in children and adults with ADHD. In R. A. Barkley (Ed.), *Attention-deficit hyperactivity disorder: A handbook for diagnosis and treatment* (4th ed., pp. 267–313). New York: Guilford Press.

Barkley, R. A., & Benton, C. (2013). *Your defiant child: Eight steps to better behavior* (2nd ed.). New York: Guilford Press.

Barkley, R. A., & Cox, D. J. (2007). A review of driving risks and impairments associated with attention-deficit/hyperactivity disorder and the effects of stimulant medication on driving performance. *Journal of Safety Research, 38,* 113–128.

Barkley, R. A., Cunningham, C., & Karlsson, J. (1983). The speech of hyperactive children and their mothers: Comparisons with normal children and stimulant drug effects. *Journal of Learning Disabilities, 16,* 105–110.

Barkley, R. A., Edwards, G., Laneri, M., Fletcher, K., & Metevia, L. (2001). Executive functioning, temporal discounting, and sense of time in adolescents with attention deficit hyperactivity disorder and oppositional defiant disorder. *Journal of Abnormal Child Psychology, 29,* 541–556.

Barkley, R. A., & Fischer, M. (2019). Hyperactive child syndrome and estimated life expectancy at young adult follow-up: The role of ADHD persistence and other potential predictors. *Journal of Attention Disorders, 23*(9), 907–923.

Barkley, R. A., Fischer, M., Smallish, L., & Fletcher, K. (2003). Does the treatment of ADHD with stimulant medication contribute to illicit drug use and abuse in adulthood?: Results from a 15-year prospective study. *Pediatrics, 111,* 109–121.

Barkley, R. A., Fischer, M., Smallish, L., & Fletcher, K. (2006). Young adult follow-up of hyperactive children: Adaptive functioning in major life activities. *Journal of the American Academy of Child and Adolescent Psychiatry, 45,* 192–202.

Barkley, R. A., Guevremont, D. G., Anastopoulos, A. D., DuPaul, G. J., & Shelton, T. L. (1993). Driving-related risks and outcomes of attention deficit hyperactivity disorder in adolescents and young adults: A 3–5 year follow-up survey. *Pediatrics, 92,* 212–218.

Barkley, R. A., McMurray, M. B., Edelbrock, C. S., & Robbins, K. (1990). The side effects of Ritalin in ADHD children: A systematic, placebo controlled evaluation. *Pediatrics, 86,* 184–192.

Barkley, R. A., & Murphy, K. R. (2006). *Attention-deficit hyperactivity disorder: A clinical workbook* (3rd ed.). New York: Guilford Press.

Barkley, R. A., Murphy, K. R., & Fischer, M. (2008). *ADHD in adults: What the science says.* New

York: Guilford Press.

Barkley, R. A., & Peters, H. (2012). The earliest reference to ADHD in the medical literature?: Melchior Adam Weikard's description in 1775 of "Attention Deficit" (Mangel der Aufmerksamkeit, attentio volubilis). *Journal of Attention Disorders, 16,* 623–630.

Barkley, R. A., & Ullman, D. G. (1975). A comparison of objective measures of activity and distractibility in hyperactive and non-hyperactive children. *Journal of Abnormal Child Psychology, 3,* 213–244.

Bauermeister, J. J., Matos, M., Reina, G., Salas, C. C., Martínez, J. V., Cumba, E., et al. (2005). Comparison of the DSM-IV combined and inattentive types of ADHD in a school-based sample of Latino/Hispanic children. *Journal of Child Psychology and Psychiatry, 46,* 166–179.

Biederman, J., Faraone, S. V., Keenan, K., Knee, D., & Tsuang, M. T. (1990). Family–genetic and psychosocial risk factors in DSM-III attention deficit disorder. *Journal of the American Academy of Child and Adolescent Psychiatry, 29,* 526–533.

Bogg, T., & Roberts, B. W. (2004). Conscientiousness and health-related behavior: A meta-analysis of the leading behavioral contributors to mortality. *Psychological Bulletin, 130,* 887–919.

Bremer, D. A., & Stern, J. A. (1976). Attention and distractibility during reading in hyperactive boys. *Journal of Abnormal Child Psychology, 4,* 381–387.

Bridge, J. A., Iyengar, S., Salary, C. B., Barbe, R. P., Birmaher, B., Pincus, H. A., et al. (2007). Clinical response and risk for reported ideation and suicide attempts in pediatric antidepressant treatment: A meta-analysis of randomized controlled trials. *Journal of the American Medical Association, 297,* 1683–1696.

Bronowski, J. (1977). Human and animal languages. In *A sense of the future* (pp. 104–131). Cambridge, MA: MIT Press.

Buchsbaum, M., & Wender, P. (1973). Averaged evoked responses in normal and minimally brain dysfunctioned children treated with amphetamine: A preliminary report. *Archives of General Psychiatry, 29,* 764–770.

Buitelaar, J. N. J., Posthumus, J. A., & Buitelaar, J. K. (2015). ADHD in childhood and/or adulthood as a risk factor for domestic violence or intimate partner violence: A systematic review.

Journal of Attention Disorders. [Epub ahead of print]

Campbell, S. B. (1975). Mother–child interactions: A comparison of hyperactive, learning disabled, and normal boys. *American Journal of Orthopsychiatry, 45,* 51–57.

Campbell, S. B., & Ewing, L. J. (1990). Follow-up of hard to manage preschoolers: Adjustment at age 9 and predictors of continuing symptoms. *Journal of Child Psychology and Psychiatry, 31,* 871–889.

Campbell, S. B., Szumowski, E. K., Ewing, L. J., Gluck, D. S., & Breaux, A. M. (1982). A multidimensional assessment of parent-identified behavior problem toddlers. *Journal of Abnormal Child Psychology, 10,* 569–592.

Cantwell, D. (1975). *The hyperactive child.* New York: Spectrum.

Chilcoat, H. D., & Breslau, N. (1999). Pathways from ADHD to early drug use. *Journal of the American Academy of Child and Adolescent Psychiatry, 38,* 1347–1354.

Cooper, W. O., Habel, L. A., Sox, C. M., Chan, L. A., Arbogast, P. G., Cheetham, T. C., et al. (2011). ADHD drugs and serious cardiovascular events in children and young adults. *New England Journal of Medicine, 365,* 1896–1904.

Covey, S. R. (1989). *The seven habits of highly effective people: Restoring the character ethic.* New York: Simon & Schuster.

Crichton, A. (1798). *An inquiry into the nature and origin of mental derangement: Comprehending a concise system of the physiology and pathology of the human mind and a history of the passions and their effects.* London: T. Cadell Jr., & W. Davies. (Reprinted by AMS Press, New York, 1976)

Crook, W. G. (1986). *The yeast connection: A medical breakthrough.* New York: Vintage Books.

Cunningham, C., & Barkley, R. (1979). The interactions of hyperactive and normal children with their mothers during free play and structured tasks. *Child Development, 50,* 217–224.

Dalsgaard, S., Ostergaard, S. D., Leckman, J. F., Mortensen, P. B., & Pedersen, M. G. (2015). Mortality in children, adolescents and adults with attention deficit hyperactivity disorder: A nationwide cohort study. *Lancet, 385,* 2190–2196.

Demaray, M., & Jenkins, L. N. (2011). Relations among academic enablers and academic achievement in children with and without high levels of parent-rated symptoms of inattention, impulsivity, and hyperactivity. *Psychology in the Schools, 48,* 573–586.

Demontis, D., Walters, R. K., Martin, J., Mattheisen, M., Als, T. D., Agerbo, E., et al. (2018). Discovery of the first genome-wide significant risk loci for attention deficit/hyperactivity disorder. *Nature Genetics, 51,* 63–75.

Diener, M. B., & Milich, R. (1997). Effects of positive feedback on the social interactions of boys with attention deficit hyperactivity disorder: A test of the self-protective hypothesis. *Journal of Clinical Child Psychology, 26,* 256–265.

Dimond, S. J. (1980). *Neuropsychology: A textbook of systems and psychological functions of the human brain.* London: Butterworth.

Douglas, V. I. (1980). Treatment and training approaches to hyperactivity: Establishing internal or external control. In C. Whalen & B. Henker (Eds.), *Hyperactive children: The social ecology of identification and treatment* (pp. 283–318). New York: Academic Press.

Dunnick, J. K., & Hailey, J. R. (1995). Experimental studies on the long-term effects of methylphenidate hydrochloride. *Toxicology, 103,* 77–84.

El-Zein, R. A., Abdel-Rahman, A., Hay, M. J., Lopez, M. S., Bondy, M. L., Morris, D. L., et al. (2005). Cytogenetic effects in children treated with methylphenidate. *Cancer Letters, 230,* 284–291.

Erchul, W. P., DuPaul, G. J., Bennett, M. S., Grissom, P. F., Jitendra, A. K., Tresco, K. E., et al. (2009). A follow-up study of relational processes and consultation outcomes for students with attention deficit hyperactivity disorder. *School Psychology Review, 38,* 28–37.

Feingold, B. F. (1975). *Why your child is hyperactive.* New York: Random House.

Fiedler, N. L., & Ullman, D. G. (1983). The effects of stimulant drugs on the curiosity behaviors of hyperactive children. *Journal of Abnormal Child Psychology, 11,* 193–206.

Fischer, M., Barkley, R. A., Edelbrock, K., & Smallish, L. (1990). The adolescent outcome of hyperactive children diagnosed by research criteria: II. Academic, attentional, and neuropsychological status. *Journal of Consulting and Clinical Psychology, 58,* 580–588.

Friedman, H. S., Tucker, J. S., Schwartz, J. E., Tomlinson-Keasey, C., Martin, L. R., Wingard, D. L., et al. (1995). Psychosocial and behavioral predictors of longevity: The aging and death of the "Termites." *American Psychologist, 50,* 69–78.

Fuster, J. M. (1989). *The prefrontal cortex.* New York: Raven Press.

Gillis, J. J., Gilger, J. W., Pennington, B. F., & DeFries, J. C. (1992). Attention deficit disorder in reading-disabled twins: Evidence for a genetic etiology. *Journal of Abnormal Child Psychology, 20,* 303–315.

Gordon, M. (1979). The assessment of impulsivity and mediating behaviors in hyperactive and non-hyperactive children. *Journal of Abnormal Child Psychology, 7,* 317–326.

Hartsough, C. S., & Lambert, N. M. (1985). Medical factors in hyperactive and normal children: Prenatal, developmental, and health history findings. *American Journal of Orthopsychiatry, 55,* 190–210.

Hauser, P., Zametkin, A. J., Martinex, P., Vitiello, B., Matochik, J. A., Mixson, A. J., et al. (1993). Attention deficit-hyperactivity disorder in people with generalized resistance to thyroid hormone. *New England Journal of Medicine, 328,* 997–1001.

Hayes, S. C. (1989). *Rule-governed behavior: Cognition, contingencies, and instructional control.* New York: Plenum Press.

Hoover, D. W., & Milich, R. (1994). Effects of sugar ingestion expectancies on mother–child interactions. *Journal of Abnormal Child Psychology, 22,* 501–515.

Hunt, R. D., Capper, L., & O'Connell, P. (1990). Clonidine in child and adolescent psychiatry. *Journal of Child and Adolescent Psychopharmacology, 1,* 87–102.

Ingersoll, B., & Goldstein, S. (1993). *Attention deficit disorder and learning disabilities: Realities, myths, and controversial treatments.* New York: Main Street Books.

Jacob, R. G., O'Leary, K. D., & Rosenblad, C. (1978). Formal and informal classroom settings: Effects on hyperactivity. *Journal of Abnormal Child Psychology, 6,* 47–59.

Jensen, P. S., Shervette, R. E., Xenakis, S. N., & Bain, M. W. (1988). Psychosocial and medical histories of stimulant-treated children. *Journal of the American Academy of Child and Adolescent Psychiatry, 27,* 798–801.

Jokela, M., Ferrie, J. E., & Kivimaki, M. (2008). Childhood problem behaviors and death by midlife: The British National Child Development Study. *Journal of the American Academy of Child and Adolescent Psychiatry, 48,* 19–24.

Kabat-Zinn, J. (2005). *Wherever you go, there you are.* New York: Hyperion.

Kavale, K. A., & Forness, S. R. (1983). Hyperactivity and diet treatment: A meta-analysis of the Feingold hypothesis. *Journal of Learning Disabilities, 16,* 324–330.

Kessler, R. C., Adler, L., Barkley, R. A., Biederman, J., Conners, C. K., Demler, O., et al. (2006).

The prevalence and correlates of adult ADHD in the United States: Results from the National Comorbidity Survey Replication. *American Journal of Psychiatry, 163,* 716–723.

Klorman, R., Brumaghim, J. T., Coons, H. W., Peloquin, L., Strauss, J., Lewine, J. D., et al. (1988). The contributions of event-related potentials to understanding effects of stimulants on information processing in attention deficit disorder. In L. M. Bloomingdale & J. A. Sergeant (Eds.), *Attention deficit disorder: Criteria, cognition, intervention* (pp. 199–218). London: Pergamon Press.

Landau, S., Lorch, E. P., & Milich, R. (1992). Visual attention to and comprehension of television in attention deficit hyperactivity disordered and normal boys. *Child Development, 63,* 928–937.

Levinson, H. (1992). *Total concentration: How to understand attention deficit disorders.* New York: Evans.

Lezak, M. D. (2004). *Neuropsychological assessment* (4th ed.). New York: Oxford University Press.

Lofthouse, N., Arnold, L. E., & Hurt, E. (2012). Current status of neurofeedback for attention-deficit/hyperactivity disorder. *Current Psychiatry Reports, 14,* 536–542.

London, A. S., & Landes, S. D. (2016). Attention deficit hyperactivity disorder and adult mortality. *Preventive Medicine, 90,* 8–10.

Loo, S. K., & Barkley, R. A. (2005). Clinical utility of EEG in attention deficit hyperactivity disorder. *Applied Developmental Neuropsychology, 12,* 64–76.

Lou, H. C., Henriksen, L., & Bruhn, P. (1984). Focal cerebral hypoperfusion in children with dysphasia and/or attention deficit disorder. *Archives of Neurology, 41,* 825–829.

Milberger, S., Biederman, J., Faraone, S. V., Chen, L., & Jones, J. (1996). Is maternal smoking during pregnancy a risk factor for attention deficit hyperactivity disorder in children? *American Journal of Psychiatry, 153,* 1138–1142.

Milich, R., Kern, M. H., & Scrambler, D. J. (1996). Coping with childhood teasing. *ADHD Report, 4*(5), 9–12.

Milich, R., & Pelham, W. E. (1986). Effects of sugar ingestion on the classroom and playground behavior of attention deficit disordered boys. *Journal of Consulting and Clinical Psychology, 54,* 714–718.

Milich, R., Wolraich, M., & Lindgren, S. (1986). Sugar and hyperactivity: A critical review of empirical findings. *Clinical Psychology Review, 6,* 493–513.

Mohr-Jensen, C., & Steinhausen, H. C. (2016). A meta-analysis and systematic review of the risks associated with childhood attention-deficit hyperactivity disorder on long-term outcome of arrests, convictions, and incarcerations. *Clinical Psychology Review, 48,* 32–42.

Morrison, J., & Stewart, M. (1973). The psychiatric status of the legal families of adopted hyperactive children. *Archives of General Psychiatry, 28,* 888–891.

Multimodal Treatment of ADHD Group. (1999). Moderators and mediators of treatment response for children with attention-deficit/hyperactivity disorder: The Multimodal Treatment Study of children with attention-deficit/hyperactivity disorder. *Archives of General Psychiatry, 56*(12), 1088–1096.

Murphy, K., & Barkley, R. A. (1996). Prevalence of DSM-IV ADHD symptoms in adult licensed drivers. *Journal of Attention Disorders, 1,* 147–161.

Nakao, T., Radua, J., Rubia, K., & Mataix-Cols, D. (2011). Gray matter volume abnormalities in ADHD: Voxel-based meta-analysis exploring effects of age and stimulant medication. *American Journal of Psychiatry, 168,* 1154–1163.

Neuman, R. J., Lobos, E., Reich, W., Henderson, C. A., Sun, L. W., & Todd, R. D. (2007). Smoking exposure and dopaminergic genotypes interact to cause a severe ADHD subtype. *Biological Psychiatry, 61,* 1320–1328.

Nichols, P. L., & Chen, T. C. (1981). *Minimal brain dysfunction: A prospective study.* Hillsdale, NJ: Erlbaum.

Nigg, J. T. (2006). *What causes ADHD?: Understanding what goes wrong and why.* New York: Guilford Press.

Nigg, J. T. (2013). Attention-deficit/hyperactivity disorder and adverse health outcomes. *Clinical Psychology Review, 33,* 215–228.

Nigg, J. T. (2017). *Getting ahead of ADHD: What next-generation science says about treatments that work—and how you can make them work for your child.* New York: Guilford Press.

Nigg, J. T., Lewis, K., Edlinger, T., & Falk, M. (2012). Meta-analysis of attention-deficit/hyperactivity disorder or attention-deficit/hyperactivity disorder symptoms, restriction diet, and synthetic food color additives. *Journal of the American Academy of Child and Adolescent Psychiatry, 51,* 86–97.

Pagani, L., Tremblay, R. E., Vitaro, F., Boulderice, B., & McDuff, P. (2001). Effects of grade retention on academic performance and behavioral development. *Development and Psychopathology, 13,* 297–315.

Paloyelis, Y., Mehta, M. A., Kuntsi, J., & Asherson, P. (2007). Functional MRI in ADHD: A systematic literature review. *Expert Reviews in Neurotherapeutics, 7,* 1337–1356.

Pelham, W. E., & Bender, M. E. (1982). Peer relationships in hyperactive children: Description and treatment. In K. D. Gadow & I. Bialer (Eds.), *Advances in learning and behavioral disabilities* (Vol. 1, pp. 365–436). Greenwich, CT: JAI Press.

Pelsser, L. M., Frankena, K., Toorman, J., Savelkoul, H. F., DuBois, A. E., Periera, R. R., et al. (2011). Effects of a restricted elimination diet on the behavior of children with attention- deficit hyperactivity disorder (INCA study): A randomized controlled trial. *Lancet, 377,* 494–503.

Porrino, L. J., Rapoport, J. L., Behar, D., Sceery, W., Ismond, D. R., & Bunney, W. E., Jr. (1983). A naturalistic assessment of the motor activity of hyperactive boys. *Archives of General Psychiatry, 40,* 681–687.

Rapport, M. D., Tucker, S. B., DuPaul, G. J., Merlo, M., & Stoner, G. (1986). Hyperactivity and frustration: The influence of control over and size of rewards in delaying gratification. *Journal of Abnormal Child Psychology, 14,* 181–204.

Richards, T. L., Deffenbacher, J. L., Rosen, L. A., Barkley, R. A., & Rodricks, T. (2006). Driving anger and driving behavior in adults with ADHD. *Journal of Attention Disorders, 10,* 54–64.

Robin, A. L. (2015). Training families with adolescents with ADHD. In R. A. Barkley, *Attention-deficit hyperactivity disorder: A handbook for diagnosis and treatment* (4th ed., pp. 537– 568). New York: Guilford Press.

Rosemond, J. (2009). *The well-behaved child: Discipline that really works.* Nashville, TN: Thomas Nelson.

Rosen, L. A., Booth, S. R., Bender, M. E., McGrath, M. L., Sorrell, S., & Drabman, R. S. (1988). Effects of sugar (sucrose) on children's behavior. *Journal of Consulting and Clinical Psychology, 56,* 583–589.

Rosen, L. A., O'Leary, S. G., Joyce, S. A., Conway, C., & Pfiffner, L. J. (1984). The importance of prudent negative consequences for maintaining the appropriate behavior of hyperactive children. *Journal of Abnormal Child Psychology, 12,* 581–604.

Rosenthal, R. H., & Allen, T. W. (1980). Intratask distractibility in hyperkinetic and nonhyperkinetic children. *Journal of Abnormal Child Psychology, 8,* 175–187.

Rubia, K., Smith, A. B., Hafari, R., Matsukura, F., Mohammad, M., Taylor, E., et al. (2009). Disorder-specific dissociation of orbitofrontal dysfunction in boys with pure conduct disorder during reward and ventrolateral prefrontal dysfunction in boys with pure ADHD during sustained attention. *American Journal of Psychiatry, 166,* 83–94.

Saylor, K. E., & Amann, B. H. (2016). Impulsive aggression as a comorbidity of attention-deficit/hyperactivity disorder in children and adolescents. *Journal of Child and Adolescent Psychopharmacology, 26,* 19–25.

Shaw, G. A., & Giambra, L. M. (1993). Task-unrelated thoughts of college students diagnosed as hyperactive in childhood. *Developmental Neuropsychology, 9,* 17–30.

Shaw, P., Eckstrand, K., Sharp, W., Blumenthal, J., Lorch, L. P., Greenstein, D., et al. (2007). Attention-deficit/hyperactivity disorder is characterized by a delay in cortical maturation. *Proceedings of the National Academy of Sciences of the USA, 104,* 19649–19654.

Shelton, T. L., Barkley, R. A., Crosswait, C., Moorehouse, M., Fletcher, K., Barrett, S., et al. (1998). Psychiatric and psychological morbidity as a function of adaptive disability in preschool children with high levels of aggressive and hyperactive-impulsive-inattentive behavior. *Journal of Abnormal Child Psychology, 26,* 475–494.

Sieg, K. G., Gaffney, G. R., Preston, D. F., & Hellings, J. A. (1995). SPECT brain imaging abnormalities in attention deficit hyperactivity disorder. *Clinical Nuclear Medicine, 20,* 55–60.

Stein, M. A., Szumowski, E., Blondis, T. A., & Roizen, N. J. (1995). Adaptive skills dysfunction in ADD and ADHD children. *Journal of Child Psychology and Psychiatry, 36,* 663–670.

Stewart, M. A., Thach, B. T., & Friedin, M. R. (1970). Accidental poisoning and the hyperactive child syndrome. *Diseases of the Nervous System, 31,* 403–407.

Still, G. F. (1902). Some abnormal psychical conditions in children. *Lancet, 1,* 1008–1012, 1077–1082, 1163–1168.

Tallmadge, J., & Barkley, R. A. (1983). The interactions of hyperactive and normal boys with their mothers and fathers. *Journal of Abnormal Child Psychology, 11,* 565–579.

Tannock, R. (1997). Television, videogames, and ADHD: Challenging a popular belief. *ADHD Report, 5*(3), 3–7.

Tucker, J. D., Suter, W., Petibone, D. M., Thomas, R. A., Bailey, N. L., Zhou, Y., et al. (2009). Cytogenetic assessment of methylphenidate treatment in patients treated for attention deficit hyperactivity disorder. *Mutation Research/Genetic Toxicology and Environmental Mutagenesis, 677,* 53–58.

Valera, E. M., Faraone, S. V., Murray, K. E., & Seidman, L. J. (2007). Meta-analysis of structural imaging findings in attention-deficit/hyperactivity disorder. *Biological Psychiatry, 61,* 1361–1369.

Virtanen, M., Lallukka, T., Alexanderson, K., Ervasti, J., Josefsson, P., Kivimaki, M., et al. (2018). Work disability and mortality in early onset neuropsychiatric and behavioral disorders in Sweden. *European Journal of Public Health, 28*(Suppl. 4), 32.

Warner, J. (2011). *We've got issues: Children and parents in the age of medication.* New York: Riverhead Trade.

Weiss, G., & Hechtman, L. T. (1993). *Hyperactive children grown up: ADHD in children, adolescents, and adults* (2nd ed.). New York: Guilford Press.

Whalen, C. K., Henker, B., Collins, B. E., McAuliffe, S., & Vaux, A. (1979). Peer interaction in structured communication task: Comparisons of normal and hyperactive boys and of methylphenidate (Ritalin) and placebo effects. *Child Development, 50,* 388–401.

Wilens, T. E., Faraone, S. V., Biederman, J., & Gunawardene, S. (2003). Does stimulant therapy of attention deficit/hyperactivity disorder beget later substance abuse?: A meta-analytic review of the literature. *Pediatrics, 11*(1), 179–185.

Wolraich, M., Milich, R., Stumbo, P., & Schultz, F. (1985). The effects of sucrose ingestion on the behavior of hyperactive boys. *Pediatrics, 106,* 657–682.

Zametkin, A. J., Nordahl, T. E., Gross, M., King, A. C., Semple, W. E., Rumsey, J., et al. (1990). Cerebral glucose metabolism in adults with hyperactivity of childhood onset. *New England Journal of Medicine, 323,* 1361–1366.

Zentall, S. S., Falkenberg, S. D., & Smith, L. B. (1985). Effects of color stimulation and information on the copying performance of attention-problem adolescents. *Journal of Abnormal Child Psychology, 13,* 501–511.

Zentall, S. S., & Smith, Y. S. (1993). Mathematical performance and behavior of children with hyperactivity with and without coexisting aggression. *Behaviour Research and Therapy, 31,* 701–710.